조효제 교수의
인권 오디세이

조효제 교수의
인권 오디세이

교양
인
GYOYANGIN

차 례

1장 | 인권의 뿌리를 찾아서

2장 | 아우슈비츠에서 코스타리카까지

3장 | 21세기 인권의 확장

4장 | 인권 공화국으로 가는 길

인간답게 산다는 것

나이가 들수록 최근 일은 자꾸 잊으면서 예전 일이 생생하게 떠오를 때가 많다. 필자는 어릴 적 집에서 아주 멀리 떨어진 중학교에 배정받아 종점에서 종점까지 매일 버스를 타고 통학해야 했다. 늦은 오후였는지 아니면 흐린 날씨였는지 아무튼 사방이 어두운 어느 날이었다. 달리는 버스 안에서 바깥을 내다보는데 갑자기 이상한 광경이 눈에 들어왔다. 한 젊은 여성이 길가 건물 계단에서 고개를 숙이고 미동도 하지 않은 채 앉아 있었다. 초라하진 않지만 옷 매무새가 흐트러진 채 무릎과 맨발을 모두 드러내놓고 풀썩 주저앉아 있었다. 지나는 사람들을 의식하는 기색이 전혀 없었다. 일상에서 흔히 접할 수 있는 광경이 아니었다. 자세히 볼 틈이 없었지만 그 몇 초 사이에 받은 느낌은 뭐라고 할까, 모든 것을 포기한 듯한 태도, 지푸라기조차 잡을 수 없는 마지막 상태, 눈물이니 감정이니 하는 것조차 사치스러운 어떤 막다른 골목에 몰려 있는 느낌이 들었다. 누가 보더라도 정상 혹은 행복과는 정반대라 할 만한 그런 느낌이었다. 어린 눈을 잠시 스쳐 간 그날의 심상이 지금껏 기억의 수면 위로 올라오곤 한다.

그 부근이 사창가 밀집 지역이었음을 나중에야 알았다. 그 사실을 알고 더욱 더 그 기억이 절망의 인상과 결부되어 마음 한구석을 후벼 파곤 했다. 인간에게 가해지는 험한 일들이 엄청나게 많다는 것을 자라면서 알게 됐지만, 필자에게 그날의 기억은 콜비츠의 판화나 피카소의 〈게르니카〉보다 훨씬 생생하게 인간의 사회적 고통과 비참의 밑그림과 같은 상징으로 남아 있다.

훗날 인권 운동을 만나고 인권 공부를 하면서 인권의 기본적 접근 방식인 '최저 기준(minimum standard)' 원칙을 알게 되었다.[1] 인간이 인간답게 살 수 있도록 하려면 '적어도' 이런 것들은 지켜주어야 하지 않겠는가 하는 요구가 최저 기준이다. 우리가 흔히 오해하곤 하지만 인권은 최대한의 바람직한 상태 즉, '최고 기준'을 요구하지 않는다. 인권을 지지하는 사람도 오해하기 쉽고, 인권에 소극적인 사람도 오해하기 쉬운 점이다. 인권을 지지하는 사람은 인권이 인간 사회의 모든 측면에서 최대한의 바람직한 상태를 지향하는 가치·실천 체계라고 오해하곤 한다. 인권에 소극적인 사람은 인권이 비현실적이고 이상적인 최대치를 요구한다고 비판하곤 한다. 얼마 전 국무총리가 "우리나라의 표현의 자유가 너무 지나치지 않느냐고 말하는 사람이 있다."라고 발언한 것이 좋은 사례다. 오해 없기를 바란다. 인권은 최대한의 바람직한 상태를 반대하는 것이 아니다. 다만 인간의 권리가 보장될 수 있는 현실적인 방안은, 어떤 상태 이하로 떨어지지 않아야 하는 마지노선을 절대적으로 고수하는 것이라고 본다는 뜻이다. 일종의 '하향 한계선'인 셈이다. 최저치로 접근해야 구체적인 기준을 정할 수 있기 때문이다. 또한 최저치로 요구해야 도덕적·사회적 호소력이 더 커지기 때문이다. 최대치를 원하는 것이 아니고, 엄청난 특혜를 요구하는 것도 아닌데 왜 인간에게 이 정도도 안 해주느냐, 최소한의 기준조차 지켜주지 않으면 어떻게 인간답게 살 수 있겠느냐고 절규하는 주장인 것이다. 최저 기준 원칙은 이처럼 최소한의 기준을 절대적으로 강조하는 독특한 접근 방식이다.

마지막으로 한 가지 더 강조하겠다. 인권에서 말하는 최저 기준은 최저 상태에 계속 머물러야 한다는 뜻이 아니다. 시대와 사회 발전 정도에 따라 최저 기준 자체가 상향 조정되어 온 것이 인권의 역사다. 예를 들어, 최저 임금 개념이 과거의 최저 기준이었다면, 오늘의 여건에 비추어 생계 임금 개념이 미래 지향형 최저 기준이 될 수도 있다. 현재 사회 발전 수준을 고려한다면 생계 임금이 인간의 존엄성을 확보할 수 있는 최저 기준이어야 한다는 논리를 충분히 개진할 수 있다는 말이다.

필자가 인권의 최저 기준 원칙에 특히 주목하는 것은 인권이 이처럼 최소한의 안전 장치를 요구하는 것임에도 불구하고 왜 그렇게 심한 반대에 직면해야 하고, 왜 그토록 실천이 어려운가 하는 점 때문이다. 어마어마한 것을 요구하는 것도 아닌데 왜 이 정도의 최소한의 인권 요구조차 받아들여지기가 그토록 어려운가. 사창가 길목에서 처연하게 절망에 빠져 있는 인간의 침묵의 절규, 기업들이 일 년에 접대비로 사용하는 돈이 7조 원이나 되는 나라에서 세 모녀가 생활고로 자살을 선택해야 하는 현실, 민간인 학살의 진상 규명을 둘러싸고 벌어진 온갖 왜곡과 방해, 멀쩡한 병사가 기합과 구타로 죽어 나가는 그런 병영을 바로잡는 것이 왜 그렇게도 어려운 일인가 말이다.

그런데 공부를 할수록 필자가 잘못된 질문을 하고 있는 게 아닐까 하는 의문이 들었다. 왜 최소한의 인권 요구조차 제대로 지켜지기 어려운가를 묻는 것은 순서가 잘못됐다는 생각이 들었다. 오히려 최소한의 인간 존엄성의 의미, 즉 인간이 인간답게 산다는 것이 정확히 무슨 뜻인지, 인권이 왜 필요한지, 그리고 그것을 대다수 사람들이 이해하고 동의하는지를 먼저 물어야 하는 것이었다. 인간답게 산다는 것에 대해 합의가 없는 상태에서 왜 최소한의 인간다움을 지켜주지 않는지를 묻는 것은 공허한 질문에 지나지 않기 때문이다.

인간답게 사는 것의 의미와 인권의 필요성에 대해 다수가 합의할 수 있는 잠정적인 공통 분모를 확정한 후 그것이 왜 지켜지지 않는지, 또 그것을 지키려면 어떻게 해야 하는지를 물어야 하는 것이었다. 만일 사람들이 인간답게 사는 상태에 대해 서로 전혀 다르게 이해하고 있다면 그 후 벌어지는 인권 침해는 그다지 놀라운 일이 아니다. 실제로 대다수 인권 침해는 가해자들이 인간 존엄성의 공통된 의미에 동의한 상태에서 그것을 위반해서 발생하는 것이 아니다. 헌법이나 실정법이 엄연히 존재해도 마찬가지다. 자신의 행동이 명백하게 인권을 침해한다는 사실을 알면서 고의로 타인에게 나쁜 짓을 하는 경우는 드물다. 어떤 식으로든 자기 나름의 이유와 정당화와 핑계를 갖추고 가해 행위를 한다. 사람의 인지적 출발점이 처음부터 인간 존엄성의 방향으로 설정되어 있지 않을 경우, 자기 행동이 옳다고 믿는 상태―혹은 그런 식으로 자기 기만 또는 자기 유도에 빠진 상태―에서 인권 침해를 저지를 가능성이 크다는 뜻이다.

나치는 우월한 아리안족이 열등한 인종을 제거하는 것이 인간 종진화의 정당한 과정이라 믿었다. 모든 인간을 처음부터 동일한 존재로 전제하고 한 사람 한 사람의 최소한의 존엄성을 지켜야 한다는 생각 자체가 없었던 것이다. 나치에게는 자기 나름의 '더 높은 가치'가 있었으므로 이들에게 '모든' 인간의 존엄성이란 오히려 황당하고 바람직하지 않은 개념이었다.[2]

필자는 아돌포 알보르노스(Adolfo Albornoz)라는 칠레 사회학자를 알고 있다. 그가 2014년 겨울에 내게 들려준 이야기가 있다. 칠레에서 피노체트(Augusto Pinochet, 1915~2006) 장군이 쿠데타로 집권한 후 세계 최초로 신자유주의 정책을 시행한 것은 잘 알려진 사실이다. 그런데 신자유주의의 폐해가 만천하에 알려진 오늘날, 심지어 다보스포럼에서조차 대안을 찾아야 한다고 논의하는 이 시점에도 칠레에는 신자유주의를 철석같이 신봉하는 정치가, 경제 전문가, 정책 결정자들이 많이 남아 있다고 한다. 그의 다음 말이 충격적이었다. "효제, 그 사람들이 보기엔 지금도 신자유주의는 아무 문제가 없고 아주 잘 작동하는 경제 체제라네!" 그렇다. 이런 사람들은 아직까지도 신자유주의의 천문학적인 부작용과 비인간적 결과를 그리 심각한 문제로 여기지 않는다. 효율적 경제를 위해 치러야 할 '약간의' 비용일 뿐이라고 본다. 아마 영원히 그럴 것이다. 이런 사람들의 세계관에 따르면 인간에게 적어도 이 정도는 해줘야 하는 존엄성의 최저 기준 같은 개념은 외계어 비슷한 헛소리에 불과하다.

이런 사고방식이 칠레에만 국한된 일일까. 스탠리 코언(Stanley Cohen)이 말한 부인 기제를 기억해보라.[3] 사람의 가치관이 다르면 객관적 사실 자체를 보려 하지 않거나(문자적 부인), 사실을 터무니없게 해석하거나(해석적 부인), 사건에 따르는 함의를 인정하지 않기 마련이다(함축적 부인). 아주 엉뚱한 가치관을 지닌 인간에게 인권은 아무 의미가 없는 미사여구에 불과하며, 설령 말로는 인권에 찬성한다고 하더라도 인권을 해석하고 인권을 위해 행동하는 방식은 진짜 인권과 거리가 멀 때가 많다.

우리가 겪었던 세 모녀 자살 사건을 생각해보자. 그 사건에서 사람들은 충격, 슬픔, 연민, 안타까움, 분노, 불편함을 느꼈다. 손톱만큼의 감정도 느끼지 않았던 사람은 아마 거의 없을 것이다. 그런데 그 사건을 접한 사람들이 아무리 안타깝게 반응했다 하더라도 그 이후의 복지 논쟁에서 모든 사람이 복지 확대나 부유층 증세를 찬성한 것은 아니다. "사람이 죽은 것은 안됐지만 그렇다고 무작정 그런 방향으로 정책을 선회할 순 없는 노릇 아닌가, 일단 우리나라가 먹고 살려면 성장을 해야 하고 기업 하기 좋은 환경을 만들어줘야 해." 정도의 차이가 있지만 많은 사람들이 약간씩 이런 생각을 했던 게 아닐까. 다시 말해, 자기 나름의 '더 높은 가치' 앞에서 세 모녀의 비극을 '부수적 피해' 정도로 여긴 것이 아닐까. 솔직히 말하면 이런 사람들에겐 사건 당시 약간의 불편한 감정을 느낀 것, 그것이 전부였을 가능성이 크다. 아마 이런 이들은 우리 헌법과 실정법에 대해 누구보다 성실하고 충성스런 시민이라고 자부할 것이다. 그리고 적어도 표면적으론 인권이니 인간 존엄성이니 하는 것에 동의할지도 모른다. 하지만 결과적으로 이들은 인간답게 살 수 있는 최저 기준이라는 인권 원칙의 실행에는 적극적으로 동참하지 않았다.

필자는 우리나라에 이런 사람들이 적어도 절반이 넘지 않을까 의심한다. 기초생활보장법을 둘러싼 논란을 얼마나 오래 끌었는지 상기해보라. 기초생활수급자로 혼자 살던 70대 노인이 할복으로 추정되는 자살을 선택한 사건까지 발생하지 않았던가. 솔직히 말해 우리 사회는 인간 존엄성의 최소한의 공통 분모에 대한 합의가 확실히 존재한다고 말하기 어려운 사회라 해도 지나치지 않다. 출발점이 이러하니 그다음 단계에 나타나는 인권 침해는 비정상적 일탈이 아니라 정상적 논리의 연장선상에 있다고 볼 수 있다.

바로 이런 이유 때문에 우리는 왜 인권이라는 '보편타당한' 가치가 지켜지지 않을까라고 질문하기 전에, 인간의 존엄성이란 무엇인가라는 기본 질문부터 매번 다시 해야 하며, 왜 사람들이 인간의 존재론적 가치에 대해 서로 다른 믿음을 품고 있는지부터 물어야 하는 것이다. 이런 과정 없이 겉으로 드러나는 인권 침해의 현상만 시정하려 한다면 질병의 근본 원인을 찾지 않고 진통제만 처방하는 것과 다를 바 없다. 진통제만 쓴다면 그때그때 통증이 가라앉을지 몰라도 병이 계속 잠복해 있으면서 다른 형태로 재발할 가능성이 크다.

에볼라 사태가 터졌을 때 국제 사회는 의료진을 서아프리카 3개국에 파견했다. 질병이 발생한 원천 지역, 바로 그곳에서 질병과 싸워야 가장 효과적이기 때문이다. 인권도 마찬가지다. 우리는 인간이 무엇인가, 인간이 인간답게 산다는 것이 무슨 뜻인가라는 오래된 인간학적 수수께끼 그 자체와 늘 씨름해야 한다. 시대가 아무리 달라져도 언제나 겉모습을 바꾸어 나타나는 새로운 유형의 편견과 억압을 전통적 인권 원칙과 새로운 해석의 혼합적 논리로 격퇴해야만 하는 것이다. 이렇게 본다면 인권은 인간다움의 하방 한계선을 규정하는 법리적·정책적 장치이기에 앞서, 보편적 인간다움이 무엇인가를 영원히 고민하는 철학적·사회적 논쟁으로 이해해야 마땅하다. 인권은 본질적으로 쟁의적인(contentious) 것이기 때문이다.

따라서 보편적 인권 원칙이 이미 확정되었으므로 우리에게 필요한 것은 구체적인 실천뿐인데 그게 왜 그다지 어려울까라고 물었던 필자의 원래 질문은 바로 이런 이유 때문에 오류였던 것이다. 인권 문제가 발생했을 때 인간 존엄성의 원칙이 이미 주어져 있다고 굳게 믿으면서 단지 그 문제의 '해결'만 고민하면 된다고 여기는 태도는 큰 잘못이다. 인권 문제의 구체적인 해결책이나 정책이 불필요하다거나 잘못이라는 말이 아니다. 제도에 호소하여 간단히 해결할 수 있는 인권 문제도 많다. 그러나 대단히 새롭고 도발적인 인권 문제가 등장했을 때에는 보편적 인간 존엄성에 대한 원론적이고 길고 지루한 철학적·공개적 논쟁을 거치며 인간의 가치를 원점에서 재확인하고, 민주적 토론에 따르는 인내를 배우며, 새로운 시대 조건과 새로운 문제 사이의 연결고리를 밝히고, 반인권 논리의 교묘한 포장이 스스로 드러나게끔 만드는 과정이 해결 방안보다 앞서야 한다는 뜻이다. 어떻게 보면 그런 논쟁 자체가 해결의 일부일지도 모른다. 필자는 이런 생각에 도달하기 위해 먼 길을 걸어왔다. 오랜 세월을 고민한 후 겨우 내린 결론이 그동안 잘못된 질문을 해 왔음을 인정하는 것이라면 그보다 허탈한 일도 없을 것이다. 하지만 크게 후회하진 않는다. 늦었지만 이제라도 깨달았으니 다행이라 생각한다.

이 책은 인간이 인간답게 산다는 것이 무엇인지를 찾기 위한 필자의 오랜 여정의 기록이다. 그 길을 통해 어떻게 하면 인권을 더 많이 누릴 수 있는지 확인하고 싶었다. 필자의 인권 찾기 오디세이는 시대와 장소와 상상을 가로지르는 순례길이었다. 그 여행의 흔적이 차례에 반영되어 있다. 1장은 역사 속에서 인간 존엄성 확보의 증거들을 수집하려 했다. 2장에는 필자의 발길이 거쳐 간 세계 각지의 관찰을 담았다. 2010년부터 2015년 초까지 독일, 네덜란드, 폴란드, 헝가리, 체코, 오스트리아, 슬로바키아, 일본, 러시아, 코스타리카, 파나마, 에스파냐, 스웨덴에서 보고 느낀 인권 이야기들이다. 3장은 인간 존엄성을 둘러싼 각종 논쟁의 현장을 필자 나름대로 해석하고 비평한 글들이다. 마지막 4장은 학생, 운동가, 시민, 독자들을 만날 때 자주 듣는 질문들에 대한 답을 모았다.

글 중에는 각종 매체에 발표된 것도 있고 이번 기회에 처음 발표하는 것도 있다. 전자는 '지도 없는 여행', '아침을 열며', '인권 오디세이' 같은 시리즈 제목을 달고 〈한겨레〉, 〈한국일보〉, 〈평화신문〉, 〈우리교육〉, 창비 주간 논평, 〈시민과 세계〉를 통해 발표한 것들이다. 그리고 서울시 권역별 시민 대학의 연속 강좌에서 발표한 꼭지들도 있다. 이미 발표했던 기고문들을 단순히 책 형태로 묶기만 한 것은 아니다. 출판을 위해 모든 원고를 새로 손보고, 필요하면 내용을 업데이트하고 주석을 추가했으며, 낯선 외국 고유명사에는 원어를 병기했고, 참고문헌을 실었다. 그리고 필자가 기존에 번역했던 '세계 인권 선언'을 다시 손봐서 부록으로 실었다. 2008년에 냈던 《인권의 풍경》에 비해 이번 책은 내적 통일성이 훨씬 높다고 말할 수 있다. 미리 책 전체 구성을 계획한 상태에서 원고를 집필했고, 거의 모든 글들이 인권 주제만을 다루고 있기 때문이다. 따라서 이 책은 본격적인 인권 공부를 위한 입문서로 읽을 수도 있고, 일종의 사회 비평집처럼 통독해도 좋겠고, 소규모 모임에서 꼭지별로 읽고 토론을 위한 주제로 삼아도 될 성싶다.

긴 여정 동안 필자의 원고를 격려하고 잘 손질해주신 여러 매체의 담당자들께 이 자리를 빌려 깊이 감사드린다. 광주인권헌장과 서울인권헌장을 제정하는 과정에서 동료 위원들로부터 많은 것을 배울 수 있었던 것도 빼놓을 수 없다. 베를린자유대학, 게이센대학, 코스타리카대학에서 강의할 수 있도록 초청해주셨던 교수님들께도 고마운 인사를 전한다. 성공회대학교 학생들의 날카로운 질문, 그리고 인권 단체에서 밤낮없이 활동하는 운동가들의 헌신은 필자에게 언제나 영감의 원천이었다. 《인권의 풍경》, 《인권의 대전환》, 《거대한 역설》을 냈던 교양인 출판사에서 이번에도 출간을 맡아주었다. 감사할 따름이다. 오디세우스가 거칠고 긴 여정을 마치고 결국 귀향할 수 있었던 것은 아내와 아들의 사랑의 힘이 컸다. 필자 역시 아내 권은정과 딸 명원이의 사랑에 힘입어 여기까지 올 수 있었다. 헤어져 있는 동안 필자의 마음이 항상 고향 쪽을 향하고 있었음을 알아주면 좋겠다. 완성된 책을 들고 가족과 재회할 날을 손꼽아 기다린다.

코스타리카대학교 캠퍼스에서
조효제 드림

1장

인권의 뿌리를 찾아서

서양의 '인권'과 동아시아의 '인권'

—

중세 이후 'right'의 의미가 복잡해지기 시작했다. 인간이 마땅히 행사하고
요구할 수 있다고 인정되는 어떤 특별한 자격이라는
주관적 의미가 덧붙은 것이다. 인간을 어떻게, 어느 정도로
대우하느냐를 정하는 존재론적 기준이 된 것이다.

—

　인권 오디세이, 이 여정을 인권이라는 말의 유래를 찾는 것으로 시
작해보자. 인권과 유사한 인도적 정신은 세계 여러 문명권과 종교에
서 발견된다. 하지만 인간의 '권리'라는 개념은 서구에서 비롯되었다
고 보는 게 정설이다. 그런데 서양에서 처음부터 'human rights'라
고 한 건 아니다. 처음에 '자연권(natural rights)'이라 부르다 나중에
'사람(남성)의 권리(rights of man)'라고 쓴 적도 있었다. 토머스 페인*
이 1791년에 내놓은 《인권》의 원 제목은 'Rights of Man'이었다.[1] 프
랑스 혁명의 '인간과 시민의 권리 선언'에서도 남성형 '사람(homme)'
이 쓰였다.[2] 중립적으로 '인간(human)'이라는 말은 누가 맨 처음으
로 썼을까? 여러 주장이 있지만 1849년 헨리 데이비드 소로(Henry
David Thoreau, 1817~1862)의 《시민 불복종》에 'human rights'가 나

토머스 페인(Thomas Paine, 1737~1809) 미국 독립 전쟁과 프랑스 혁명에 참여한 영국 혁명가.
미국 독립의 정당성을 주장한 팸플릿 《상식》(1776년)과 프랑스 혁명을 사상적으로 지원한
《인권》을 썼다. (편집자 주)

오는 건 확실하다. "사람을 부당하게 투옥하는 국가에서 정의로운 사람이 있을 수 있는 진정한 장소는 감옥뿐."이라는 유명한 구절 직전에 등장한다.[3] 제2차 세계대전 후 유엔헌장에 드디어 'human rights'가 공식적으로 포함되었고 그것이 1948년의 '세계 인권 선언'으로 구체화되었다.

인간(human)이라는 말보다 권리(right)라는 말은 더 복잡하다.[4] 서양 사람에게도 'right' 개념은 어렵다. 여러 의미가 담겨 있기 때문이다. 하물며 동아시아 사람에게는 더 어렵다. 번역을 통해 새로운 의미가 덧씌워진 탓이다. 영어로 'right', 네덜란드어로 'regt', 독일어로 'recht', 프랑스어로 'droit'로 쓰이는 이 말은 고대부터 객관적으로 옳고 정의로운 어떤 상태를 뜻하는 어휘였다. 아리스토텔레스는 옳은 질서, 즉 선이 이기고 악이 단죄되는 상태를 '디카이온(Dikaion)'이라고 했다. 그러다 중세 이후 'right'의 의미가 복잡해지기 시작했다. 인간이 마땅히 행사하고 요구할 수 있다고 인정되는 어떤 특별한 자격이라는 주관적 의미가 덧붙은 것이다. 14세기의 윌리엄 오컴* 혹은 17세기의 토머스 홉스(Thomas Hobbes, 1588~1679), 존 로크(John Locke, 1632~1704), 흐로티위스*가 'right'를 그런 식으로 규정했다. 이렇게 보면 'right'가 인간 행위의 정당성과 한계, 제도와 정부의 구조 및 형태를 규정하는 근거가 된다. 인간을 어떻게, 어

윌리엄 오컴(William Ockham, 1285?~1349?) 영국 신학자이자 스콜라 철학자. 신의 존재나 종교적 교의는 이성의 영역에서 벗어나야 하므로 철학은 신학으로부터 분리되어야 한다고 주장했다. 그의 사상은 베이컨, 홉스를 비롯한 영국 경험론자에게 영향을 끼쳤다. (편집자 주)
휘호 흐로티위스(Hugo Grotius, 1583~1645) 네덜란드의 법학자. '국제법의 아버지'라고 불린다. 1625년《전쟁과 평화의 법》을 발표해 근대 자연법 원리에 기초한 국제법의 틀을 확립했다. (편집자 주)

느 정도로 대우하느냐를 정하는 존재론적 기준이 된 것이다. 그런데 영어 'right'에는 독일어나 프랑스어와는 달리, '법'이라는 의미가 없다.[5]

'right'의 뜻이 이처럼 여러 갈래였지만 워낙 핵심적인 개념이었기 때문에 동아시아에서 서구 문물을 받아들일 때 이 말을 피해 갈 수 없었다. 서구 문화를 수입하는 데 국운을 걸었던 일본이 대표적인 경우다. 하지만 동서양 사이에 크고 작은 오해와 충돌이 끊이지 않던 상황에서 이질적인 외래 문물을 온전히 이해하고 수용하기란 여간 어렵지 않았다.[6]

좋은 예가 있다. 1862년 요코하마의 나마무기라는 마을에서 말을 타고 지나가던 두 일행 사이에 시비가 붙어 일본인이 영국 상인을 찔러 죽인 사건이 발생했다.[7] 제국의 기세가 등등했던 영국은 이 사건을 빌미로 삼아 일본에 공식적인 배상을 요구했고 10만 파운드(현재의 화폐 가치로 약 1천억 원 이상)라는 천문학적인 배상금을 받아내고, 그것도 모자라 다음 해에 가고시마에 함포 공격을 가하기까지 했다. 여담이지만 몇 년 뒤 미국의 링컨 대통령이 암살당했다는 소식을 전해들은 일본 막부의 고위 인사가 "아, 또 물어줘야 하는가!"라고 장탄식을 했다는 웃지 못할 일화도 있다. 서양 사람을 해쳤다 하면 사무라이 짓이겠거니 하고 여기던 때였으니 말이다. 서로 생소한 두 문명의 만남이 얼마나 큰 장벽을 사이에 두고 이루어졌는지 짐작할 수 있다. 아무튼 이런 분위기 속에서 일본은 철저하고 광범위한 번역에 몰두했는데, 메이지 시대의 번역 작업을 연구한 학자들은 한결같이 'right'라는 단어의 번역이 특히 어려웠음을 지적한다.

그 시대에 나왔던 여러 사전을 보면 'right'가 무척 다양한 한자어로 번역되었음을 알 수 있다.[8] 초기엔 염직(廉直) 또는 정직이라 하다, 아예 음역하여 그냥 '라이트'로 쓰기도 했고, 그다음엔 도리, 당연, 면허, 권 따위로 옮겼다. 그 후 진직(眞直), 권의(權義), 공평, 공도(公道), 진실, 조리(條理), 권세, 통의(通義) 등 요즘엔 잘 쓰지 않는 난해한 단어들이 여럿 등장해 서로 겨루었다. 오늘날 널리 사용하는 권리(權利)라는 말은 1885년 처음으로 사전에 등장했다. 'right'를 덕권(德權), 천권(天權), 법권(法權), 권리 등의 의미가 섞인 복합 개념으로 인식한 것이다. 같은 해 출간된 또 다른 사전에서는 권리(權理)라는 번역어가 제시되기도 했다. 결국 '권리(權利)' 혹은 그냥 '권'이 번역어 경쟁에서 최종 승자가 되었다. 하지만 전문가들은 이 말 역시 한계가 있다고 지적한다. 원래 도덕적이고 반권력적이고 장중한 어감을 지닌 'right' 개념이 권력과 이익과 힘의 느낌을 주는 '권리'로 번역되면서 본뜻이 왜곡되어 전달되었다는 이유에서다.

우리나라에서는 '권리'가 1880년대 후반부터 쓰이기 시작했다. 최경옥에 따르면 처음에는 《실록》 같은 공식 문헌에서 조금씩 사용되다 1890년대 들어 일반적으로 통용되기 시작했다고 한다. 《국민소학독본》에 "칭호는 각각 다르나 상대하는 권리는 차등이 없느니라."라는 표현이 나오고, 《서유견문》에도 권리란 말이 등장한다. 1896년 〈독립신문〉에는 "님군(임금)의 권리를 빼앗는 것이요, 백성에게 권리를 주는 것이니."라는 표현도 보인다.

오늘날에는 'human rights'가 '인간의 권리'라는 뜻으로 완전히 일반화되어 굳어졌지만 필자는 권리란 말을 다시 번역할 수 있다면 어떤 표현이 좋을까 자문하곤 한다. '정당하고 옳다'는 의미와 '마땅히 요구할 수 있는 자격'이라는 뜻이 잘 배합된 새로운 말이 없을까? 개인적으로 '의권(義權)'이 비교적 본뜻에 가까운 번역이 아니겠는가 생각한다. 이 질문은 단순한 탁상공론이 아니다. 실제로 인권을 둘러싼 여러 논쟁을 자세히 들여다보면 결국 'right'라는 말을 어떻게 이해하고 있는지의 문제로 귀결되곤 하기 때문이다.

차별 금지법을 둘러싼 논란을 들어보자. 차별을 금지해야 한다고 믿는 쪽에서는 그 누구도 이유 없이 차별받아선 안 되는 것이 인권의 원칙이라고 본다. 그런 입장이 정당하며 옳다고 믿기 때문이다. 더 나아가 차별 금지가 정당하고 옳기 때문에, 당연히 차별받는 사람들에게 차별 금지를 요구할 자격이 있다고 생각한다. 그 반대편에 선 이들은 이유 없이 차별받아선 안 되는 것이 정당하고 옳다는 원칙 자체를 아주 협소하게 해석한다.

물론 이들이 모든 차별을 찬성하는 건 아니다. 하지만 실제로는 차별받지 말아야 할 만한 자격이 있는 사람이나 행동만이 차별 금지 원칙을 적용받을 수 있다고 믿는다. 이런 논리에 따르면 남한 체제를 비판한다고 의심되는 사람은 애초 차별 금지 원칙을 적용받을 자격이 없으므로 그들에게 차별을 가하는 게 전혀 문제가 되지 않는다. 마찬가지 논리로, 동성애 지향을 가진 사람 역시 애초 차별 금지 원칙을 누릴 자격이 없으므로 차별을 받는 게 오히려 당연하다.

이런 식의 선별적 가치관은 원칙적으로 차별하지 않는 것이 '정당하고 옳다'라는 인권의 기본 전제에 어긋난다. 차별 금지를 반대하는 이들을 역사적으로 추적해보면 재산이 없다는 이유, 여성이라는 이유, 유색 인종이라는 이유, 식민지 주민이라는 이유, 장애인이라는 이유, 성 소수자라는 이유로 차별을 정당화하면서도 그것을 인권 침해라고 결코 인정하지 않았던 허위의식과 연결된다. 'right'의 의미를 제대로 이해하지 못한 채 인간의 권리 운운하는 건 이처럼 위험천만한 일이다.

인권 운동에서도 'right'에 내재된 두 측면이 동시에 발현되곤 한다. 첫째, '정당하고 옳은' 대상이나 행위는 계속 발견되고 발굴되므로 인권 운동은 필연적으로 확장되는 경향이 있다. 인권을 윤리적인 어떤 절실한 포부로 이해할 때 사회에 존재하는 모든 불의와 비정상과 억압을 무너뜨릴 만병통치약으로서 인권을 호명하려는 열망이 끊임없이 분출하기 때문이다. 둘째, '마땅히 요구할 수 있는 자격'으로서 인권에서는 입법화와 제도화를 강조하는 경향이 생긴다. 어떤 근거로 주장하는지, 그 요구를 들어줄 의무를 지닌 상대가 누구인지를 확실하게 규정하는 게 중요하기 때문이다.[9] 권리의 객관적 규범성과 주관적 요구 자격의 결합, 이 점이 인권 개념을 여타 인도적 개념과 구분하는 핵심이다. 이러한 인권의 발전 과정을 이모저모 살피는 여행, 그것이 인권 오디세이의 올레길이 될 것이다.

'세계 인권 선언'을 만든 사람들

—

흔히 '천부인권'이라고 말하지만 적어도
'세계 인권 선언'의 기준으로 보면 정확한 표현이 아니다.
'세계 인권 선언'에는 천부인권론의 색채가 옅다.
즉, 형이상학적 존재론을 거부하고 휴머니즘으로서의 인권을 주장한 것이다.

—

매년 12월 10일은 인권의 날이다. 현대 인권의 분기점이 된 1948년의 '세계 인권 선언'을 기념하기 위해 제정되었다. 인권의 역사를 '세계 인권 선언' 이전과 이후로 나눌 수 있을 정도로 이 선언의 의미는 각별하다. 지구상의 439개 언어로 번역되어 있는 '세계 인권 선언'의 성립과 해석을 둘러싸고 이미 수많은 연구가 나와 있다.[10) 중요한 역사적 사건에는 이른바 '정설'이라는 주류적 서사가 존재하기 마련이다. '세계 인권 선언'도 예외가 아니다. 인류가 20세기 들어 두 차례에 걸친 세계대전과 특히 홀로코스트라는 반인도적 · 반문명적 참화를 거친 후 다시는 그런 전철을 밟지 않겠노라고 다짐한 역사적 서약이라는 해석이 그것이다. 루스벨트(Franklin Roosevelt) 대통령이 1941년 미국 의회에서 행한 '4대 자유' 연설*과 같은 해에 발표된 연합국들의 '대서양헌장'에도 인권이 언급되었다며 선례로 거론되기도 한다.

이런 설명은 크게 보아 틀린 것이 아니다. 하지만 그런 해석 뒤에는 '세계 인권 선언'을 제정했던 국제연합(UN)의 역할을 강조하고, 미국 등 전승국들의 헤게모니를 은연중에 받아들이는 시각이 자리 잡고 있다. 이정은의 연구에 따르면 1948년 한국에서도 '세계 인권 선언'을 만민 평등의 세계 헌장, 그리고 유엔의 대표처럼 생각되던 미국 문명의 산물이라는 식으로 이해했다고 한다.[11] 그런데 정경(正經)이 있으면 외경(外經)이 있고, 모든 사건은 하나의 이야기가 아니라 다수의 '이야기들'로 이루어져 있는 법이다. 따지고 보면 정통 서사라는 것도 결국 힘 있는 쪽의 관점에서 본, 여러 이야기 중 '하나'에 불과하다. 그러므로 균형 잡힌 시각을 위해 '세계 인권 선언'의 제정을 둘러싼 비주류적 해석도 알아 둘 필요가 있다.

우선 민간 단체, 비정부기구(NGO), 그리고 개인들의 활약을 살펴보자. 흔히 국제 인권 엔지오는 노예 무역 반대 단체들이 결성된 18세기 말부터 시작되었다고 한다. 그 후 20세기 전반쯤이면 국제 인권 운동계라고 부를 만한 공론의 장이 만들어져 있었다. 국제적 인권 기준을 만들자는 제안은 홀로코스트가 발생하기 전에 벌써 나왔다. 국제인권협회(FIDH)가 1920년대에 국제 인권 선언을 만들자고 제창했던 적이 있고, 1940년엔 소설가 H. G. 웰스(Herbert George Wells, 1866~1946)가 '인간 권리 선언'을 발표하기도 했다.[12] 이렇게 본다면 '세계 인권 선언'의 지적 뿌리는 제2차 세계대전보다 더 멀리 뻗어 있다.

엔지오들은 전쟁이 끝날 무렵 유엔의 창설이 가시화되자 그 과정에서 상당히 중요한 역할을 해냈다. 이들은 유엔을 강대국들의 클럽

4대 자유(four freedoms) **연설** ① 말할 자유와 표현의 자유(freedom of speech and expression), ② 신앙의 자유(freedom of worship), ③ 결핍으로부터의 자유(freedom from want), ④ 두려움으로부터의 자유(freedom from fear)로 이루어진다.

으로 만들려는 패권적 움직임에 제동을 걸었다. 비서구 국가들과 연대하여 인권과 소수 민족 보호, 식민 해방 원칙을 유엔헌장 정신에 반영해야 한다고 주장했고, 안전보장이사회보다 총회의 권위를 높여야 한다는 수정안을 제출하기도 했다. 당시 샌프란시스코 회의에 유엔 참관인 자격으로 참여했던 마흔두 개의 국제 엔지오 중에는 재미 한인 동포들이 1938년에 결성한 중한민중동맹단(中韓民衆同盟團)도 포함되어 있었다.[13] 우리로서는 특별히 기억할 만한 일이 아닐 수 없다. 엔지오들은 공식 발언권은 없었지만 회의장 바깥에서 이른바 '복도 로비'를 통해 인권의 중요성을 각인시키는 데 맹활약을 했다고 역사에 기록되어 있다.

강대국이 아닌 나라들의 역할도 적지 않았다. 유엔 내에 인권위원회를 만들자고 주장해서 관철한 것이 중소국들이었는데, 이들은 1947년부터 시작된 '세계 인권 선언' 작성 과정에 열성적으로 참여했다. 칠레, 레바논, 중국, 이집트, 인도, 파나마, 필리핀, 우루과이가 대표적이었다. 특히 중소국들은 경제·사회·문화적 권리를 인권 목록에 확실히 포함시키는 성과를 올렸다. 의식주, 사회보장, 의료, 적절한 생활 수준, 노동, 휴식, 교육, 문화 등이 인권에 포함됨으로써 '세계 인권 선언'이 18세기형 자연권과는 확실히 다른 새로운 인권 헌장이 되었던 것이다. 특히 칠레 대표 에르난 산타 크루스(Hernán Santa Cruz)는 사회권의 챔피언으로서 지금까지 회자되고 있다.

중소국들은 여성의 권리를 격상시키는 데에도 큰 몫을 했다. 예를 들어 모든 사람(all men)이라는 남성형 표현을 영어권 국가의 반대를 무릅쓰고 'all human beings'라는 중성형 표현으로 바꾸는 데 앞장선 사람이 인도의 한사 메타(Hansa Jivraj Mehta) 대표였다. 중소국들과 소련은 남아프리카공화국의 인종 차별 현실을 고발하는 데에도 열심이었다. 2013년 말 타계한 넬슨 만델라(Nelson Mandela)가 생생히 목격했던 1946년의 유색 노동자 대파업 당시 백인 정권이 저지른 탄압과 학살을 규탄하는 목소리가 회의장을 울렸다. 또한 중소국들은 민족 자결권과 정치적 독립 역시 인권의 일부임을 확실히 부각했다.

식민 지배를 받던 지역의 주민도 동등한 권리를 지닌 평등한 인간임을 각인시켰던 것은 이집트 대표 오마르 루트피(Omar Lutfi)의 공이 크다. 또한 '세계 인권 선언'이 유엔 총회를 통과하기 전인 1948년 4월, 콜롬비아의 보고타에서 남·북미 국가들이 모여 '아메리카 인간 권리와 의무 선언'을 발표했다. 이 선언의 전문에 나온 구절이 '세계 인권 선언' 1조에 거의 그대로 등장할 정도였다.[14]

중소국들은 '세계 인권 선언'의 초안을 토론하는 자리에서 자기들 나름의 독특한 관점들을 제시하여 호응을 받기도 했다. 필리핀과 중국이 '의복'을 인권 항목에 넣자고 주장했던 것이 좋은 예다. 이들이 아니었으면 의식주 중 '의'에 해당하는 인권이 자칫 사라질 뻔했던 것이다. 민주 선거를 규정한 21조의 비밀 투표 항목에 대해 아이티 대표는 문맹자가 많은 나라에서는 비밀 투표가 자칫 국민의 선거 참여를 제한할 수 있음을 지적하기도 했다. 아무도 미처 생각지 못했던 점이었다. 중소국들이 이렇게까지 세심한 기여를 한 덕분에 '세계 인권 선언'은 "국제 규범을 작성하는 데 비강대국들의 참여가 가장 높았던" 문헌이 될 수 있었다.

마지막으로, '세계 인권 선언'에 유교의 가르침이 상당히 반영된 점을 지적해야 하겠다. 흔히 위계적·봉건적·전통적 입장 때문에 유교의 세계관과 근대 개인주의적 인권 사이에는 건너지 못할 골이 깊

다고 생각하기 쉽다. 이런 고정관념을 바꾼 사람이 중국 대표 장평춘
(張彭春, 1892~1957)이었다. 톈진에서 태어난 장평춘은 미국에 유학
하여 컬럼비아대학에서 존 듀이(John Dewey)의 지도로 교육철학 박
사학위를 받은 후 귀국하여 난카이대학 교수를 지냈는데, 나중에 국
민당 정부의 외교관으로서 유엔 대표를 지냈다. 중국 고전과 서양 학
문에 두루 정통한 학자로서 '세계 인권 선언' 작성 과정에서 '지적 거
인'의 역할을 했다.

　장평춘은 '세계 인권 선언'이 서구 중심적 틀을 벗어나 진정으로
보편적 선언이 되도록 하는 데 큰 몫을 했다고 평가받는다. 그는 기
독교 자연법적 인권관을 선언에 명시하자고 주장하는 많은 위원들의
요구를 뿌리치고 인권을 인간의 이성과 양심에 근거한 '인본적' 개념
으로 확정 짓는 데 큰 구실을 했다. 흔히 '천부인권'이라고 말하지만
적어도 '세계 인권 선언'의 기준으로 보면 정확한 표현이 아니다. '세
계 인권 선언'에는 천부인권론의 색채가 옅다. 즉, 형이상학적 존재
론을 거부하고 휴머니즘으로서의 인권을 주장한 것이다. 장평춘은
유엔 대표단들에게 인권의 바탕에는 인(仁)이 있다고 설명하여 깊은
인상을 남겼다. 사람(人)이 둘(二) 있을 때 서로 간에 취해야 할 자세
가 바로 인(仁)이며, 그것이 곧 인권이라는 것이다. 이것을 장평춘은
'two-man mindedness'라고 표현했다. 그는 중국에서 활동하던 서
양 선교사들이 유럽으로 돌아가면서 소개했던 유교 경전들을 볼테르
(Voltaire, 1694~1778)나 디드로(Denis Diderot, 1713~1784) 등 18세기
계몽주의 사상가들이 읽고 그것으로부터 근대 인권 사상의 일부가
도출되었다는 주장을 펴기도 했다. 장평춘은 동양의 과거 제도가 신
분이나 출신이 아니라 본인의 능력에 따라 관직에 오르도록 한 민주

적 제도였다고 설명하여 선언의 21조에 나오는 동등한 공무담임권의 이론적 기초를 제공하기도 했다.[15)]

　엔지오, 중소국들, 비서구권의 기여가 없었더라면 '세계 인권 선언'은 어떻게 됐을까. 아마 지금보다 훨씬 내용이 짧고, 경제·사회권은 대단히 엉성하고 식민 지배를 인권의 이름으로 거부하는 논리도 부족했을 것이다.[16)] 특히 인권이 도덕적 규범으로 호명될 수 있는 절박함이나 우리의 심금을 울리는 '짠함'이 크게 줄었을 가능성이 크다. 이렇게 본다면 인권에서 비주류적 시각이 얼마나 중요한지 알 수 있을 것이다. 주류에 속한 사람은 약자, 소수자의 고통을 진정으로 이해하기 어렵기 때문이다. 이것이 세계 인권 선언이 오늘날 우리에게 주는 제일 중요한 교훈이다.

시베리아의 리코프 가족

—
인권은 공동체를 전제로 한다.
또한 원초적 공동체가 형성된 후에도 권력에 맞서 자유를 쟁취하려는
'인민의' 정치적 기획이 추진되어야 인권이 존재할 수 있다.
—

인권을 이야기할 때 흔히 잊기 쉬운 점이 있다. 너무도 당연하게 권리를 지닌 사람을 중심에 두고 인권을 이해하는 경향이 그것이다. 즉 '나' 또는 '우리'에게 이러저러한 권리가 있다고 요구하는 것이다. 인권은 강력한 도덕적 신념과 정의감에 기반을 둔 개념이기에 권리의 주체를 중심에 놓고 사고하는 경향은 어쩌면 당연하다 하겠다. 하지만 권리 개념의 구조적 특성을 기억한다면 권리 보유자 중심으로만 인권을 이해하지 않도록 조심할 필요가 있다.

필자가 자라던 시절엔 정보에 접근하기가 요즘처럼 용이하지 않았다. 청소년들에게 소년·소녀 세계문학전집은 최고 수준의 지식을 제공하는 포털 사이트와 같았다. 그런 전집류에 빠지지 않고 등장하는 작품이 대니얼 디포(Daniel Defoe)의 《로빈슨 크루소의 모험》이었다. '요크 출신 선원 로빈슨 크루소의 삶과 이상하고 놀라운 모험(The Life and Strange Surprizing Adventures of Robinson Crusoe, of York, Mariner)'이라는 원제로 1719년 발표된 이 소설은 인권 공부 앞부분에 꼭 등장하는 핵심 질문의 모티브가 되었다. "로빈슨 크루소에게

인권이 있었을까?"가 그 질문이다. 학생들에게 물어보면 태반은 '없었다'고 대답한다. 정치학자 벨덴 필즈(A. Belden Fields)는 이 질문 자체가 무의미하다고 말한다.[17] 권리를 요구하려면 그 요구를 충족시켜줄 상대방, 즉 의무를 지는자가 있어야 하기 때문이다. 따라서 크루소가 인권을 상상하거나 허공에 대고 인권을 요구했더라도 그것은 아무 의미가 없는 행동이었다. 의무를 진 책임 있는 상대가 없으면 권리는 무용지물이 되고 만다. 즉 권리는 두 사람 이상으로 이루어진 공동체를 전제한다.

그렇다면 두 사람 이상의 공동체가 성립하기만 하면 무조건 인권을 논할 수 있을까? 상응하는 권리-의무라는 형식적 측면에서 보면 '그렇다'고 할 수 있겠지만, 이 질문 역시 그리 간단하지 않다. 두 사람 이상으로 이루어진 원초적 인간 공동체를 상상하면서 사고 실험을 해보면 어떨까 한다. 역사상 희귀한 사례가 있다.[18] 1978년 소련에서 일어난 일이다.

지질학자들이 철광을 찾아서 몽골의 북서부 국경 너머에 있는 러시아 영토를 답사하고 있었다. 하카스공화국 아바칸 강 유역, 타이가 침엽수림이 끝도 없이 펼쳐진 전인미답의 고산 지대였다. 헬기로 지형을 살피던 기장의 눈에 이상한 광경이 들어왔다. 해발 2천 미터나 되는 첩첩산중 한가운데 사람이 일군 밭고랑이 포착된 것이다. 모스크바에서 약 3,400킬로미터, 가장 가까운 인가로부터 250킬로미터나 떨어진 시베리아의 무인지대에서 인간의 흔적을 발견한다는 건 전혀 예상치 못한 일이었다. 인근에 착륙한 지질학자들은 나뭇가지를 얼기설기 걸쳐 놓은 오두막을 찾아냈고 그곳에 사람이 사는 것을 확인했다.

도저히 말로 설명하기 어려운 정도의 열악한 조건이었다. 답사 팀장의 표현에 따르면 "중세의 토굴 같은 환경" 속에서 다섯 식구가 초근목피의 삶을 꾸리고 있었다. 자작나무 이파리를 엮어서 걸친 누더기 복장, 날감자 이긴 것에 호밀과 대마 씨를 섞어 만든 거친 음식, 그리고 아주 낡은 성경책 한 권, 이것이 그들 삶의 전부였다. 지질학자들과 맨 먼저 말문을 튼 사람은 집안의 가장인 카르프 리코프(Karp Lykov)였는데, 나이가 여든에 가까웠다.

답사 팀이 가장 궁금했던 것은 어째서, 그리고 얼마나 오랫동안 이 외딴 곳에서 살았는가였다. 원래 리코프 가족은 러시아 정교회의 복고신앙파(Starover)에 속한 독실한 기독교인이었다. 복고신앙파는 오랜 세월 박해를 받으면서도 믿음을 지켜 온 경건한 신도들이었다. 리코프는 18세기 초 표트르 대제가 개혁 추진이라는 명분으로 기독교도의 수염을 자르게 했던 조치를 마치 어제 일처럼 이야기하며 치를 떨었다. 게다가 러시아 혁명 후 볼셰비키들이 종교를 탄압한 데다 스탈린이 벌인 대숙청 때는 리코프의 형까지 죽임을 당하고 말았다. 결국 리코프는 아홉 살이던 아들과 두 살 난 딸아이를 들쳐 업고 아내와 함께 무작정 시베리아 숲 속으로 피신했다. 피난을 떠난 해가 1936년이었는데 더 깊은 오지를 찾아 헤매다 결국 이곳까지 오게 된 것이었다.

그 사이에 아들, 딸 하나씩을 더 낳아 기르다 아내가 영양실조로 먼저 세상을 떴고, 결국 아버지와 네 남매만 외로이 남게 되었다. 답사 팀이 이들을 만났을 때 막내딸의 나이가 벌써 서른다섯이었다. 지질학자들을 가장 놀라게 한 것은 리코프 가족이 시베리아 오지로 숨어 들어온 후 40년이 넘는 시간 동안 자기 식구들 말고는 단 한 사람도 만난 적이 없다는 사실이었다. 특히 숲 속에서 태어난 두 아이는 평생 동안 사람이라곤 오직 가족들만 알고 지낸 터였다. 그래도 부모의 독실한 신앙 덕분에 아이들은 성경을 통해 글을 읽고 쓸 줄 알았다. 또한 바깥세상의 '도시'라는 곳에 수많은 사람들이 모여 산다는 것을 '추상적'으로 이해하고 있었다. 그러나 노인을 포함해 그 누구도 제2차 세계대전이나 인공위성, 혹은 텔레비전을 알지 못했다.

그 후 지질학자들은 여러 번 리코프 가족을 방문하면서 이들에게 외부 소식과 생필품을 전해주었다. 한사코 선물을 사양하던 가족은 답사 팀과 상당히 친해진 뒤에야 비로소 소금을 얻고 싶다는 요청을 했다. 노인은 소금 없이 살았던 수십 년 생활이 마치 '고문 같았다'고 토로했다고 한다. 이들은 문명 세계에 나와 사는 것은 거부했지만 답사 팀의 베이스캠프는 방문하기도 했다. 노인은 셀로판지를 '주름 잡히는 유리'라고 아주 경이롭게 여겼고, 막내아들 드미트리는 목공소에서 원목을 기계로 다듬는 광경에 입을 다물지 못했다고 한다.

여담이지만 리코프 가족 이야기를 성석제 작가에게 했더니 자기 고향에서도 비슷한 일이 있었다고 했다. 경북 상주에 외서면 예의리라는 오지 마을이 있는데 6·25 때 하도 오랫동안 소금장수가 오지 않아 주민들이 대처로 나가 보고서야 전쟁이 지나갔다는 소식을 들었다는 것이다!

어쨌든 리코프 가족의 경우 두 사람 이상의 공동체를 형성했으므로 권리-의무 관계가 성립할 수 있는 최소 요건을 갖추었다고 할 수 있다. 그러면 이들에게 인권이 있었을까? 다시 말해 인간이 로빈슨 크루소와 같은 상태를 벗어나기만 하면 곧바로 인권이 확보될 수 있는 것일까? 그럴 수도 있고 아닐 수도 있다. 모든 인간이 신의 피조

물이고, 신 앞에서 모든 인간은 평등하다는 논리를 받아들이면 리코프 가족에게도 인권이 있었다. 모든 인간은 신의 형상을 타고난 존재이므로 서로 존중할 의무가 있다. 그렇게 하지 않으면 신성 모독의 죄를 짓게 되기 때문이다. 타인을 존중할 의무는, 바꿔 말해 타인으로부터 존중받을 권리가 있다는 뜻이다. 이런 논리로 보면 리코프 가족 모두에게는 신이 부여한 의무와 권리가 평등하게 주어져 있었다. 이것이 고대부터 내려온 자연법 전통에서 말하는 자연권의 논리이다.[19] 의무를 행한 결과로서 타인으로부터 수동적으로 주어지는 권리이긴 하나, 어쨌든 권리는 권리인 것이다.

독실한 신앙인이었던 리코프는 자기 가족에게 자연법 전통에 따른 자연권을 가르치고 실천했을까? 자연법에 따르면 사람의 인식이나 의지 여부에 상관없이 자연권은 선험적으로 존재한다. 그런데 지질학자들의 증언에 따르면 노인은 엄격한 가장이었다. 만일 그가 자연법을 몰랐거나 식구들에게 자연권을 장려하지 않았다면, 가족 구성원들이 실제로 적극적인 권리를 누렸을 가능성은 아주 낮았을 것이다. 하지만 바로 이 점에서 자연법에 근거한 전통 자연권과, 계몽주의 이래 자연권의 수사를 받아들이면서도 세속화의 길을 걸었던 근대 인권 담론이 갈라진다. 후자는 국가의 전횡과 폭정에 맞서 자유와 존엄을 요구했던 구체적 역사 경험 속에서 싹트고 성장했다. 그렇기 때문에 근대 이후의 인권을 철저히 '정치적 기획'이라고 규정하는 것이다.[20] 그러므로 리코프 가족 내에서 자녀들이 일종의 작은 시민 혁명을 감행하지 않았다면 그들 사이에 사랑은 있었을지 몰라도 근대적 의미의 인권은 없었다고 보는 게 맞을 것 같다. 결론적으로, 인권은 공동체를 전제로 한다. 또한 원초적 공동체가 형성된 후에도 권력에 맞서 자유를 쟁취하려는 '인민의' 정치적 기획이 추진되어야 인권이 존재할 수 있다.

후기

리코프 가족이 세상에 알려진 후 1981년 큰아들과 큰딸이 연이어 신장염으로 급사했고, 둘째아들도 폐렴으로 사망했다. 외부 세계와의 접촉에 의한 감염 때문이 아니었을까. 노인은 1988년 아흔 가까운 나이에 세상을 떠났다. 2014년 현재 일흔을 넘긴 막내딸 아가피아는 지금도 홀로 자기 고향을 지키며 살고 있다. 요즘엔 그곳까지 사람들이 들어와 작은 마을이 생겼다고 한다.

민족 자결권과 인권

—

대외적 인민 자결권이 분리 독립과 주권 국가를 지향하는 것은
사실이지만, 그렇다고 자기 나라 안에서 무슨 짓이든 할 수 있다는
뜻은 아니다. 인민 자결권에는 내적으로 민주주의를 실천한다는
의미가 포함되어 있기 때문이다. 바로 이것이 집단권으로서
인민 자결권과 개인의 인권이 연결되는 지점이다.

—

우크라이나 사태가 도무지 진정될 기미를 보이지 않는다. 크림 반
도가 주민 투표를 거쳐 러시아에 병합된 후에도 동부 지역의 상황이
심상찮다. 심지어 우크라이나 총리는 러시아가 제3차 세계대전을 획
책하고 있다는 말까지 했다. 말레이시아 여객기가 격추당했고, 현지
상황은 내전에 가까운 상태라는 비관적 보도가 잇따른다. 요즘 미국
과 러시아 사이의 설전을 보고 있으면 냉전 시절의 미·소 대결을 떠
올리지 않을 수 없다. 한편 나이지리아에선 영화 한 편이 큰 논란을
불러일으키고 있다. 비아프라 내전을 다룬 〈절반의 황색 태양〉*이 당
국에 의해 상영 금지 판정을 받았기 때문이다. 두 사건은 얼핏 동떨
어져 보이지만 중요한 공통점이 있다.

민족 자결권의 문제가 그것이다. 정확히 표현하면 '인민의 자기 결
정권(the right of people to self-determination)'이다. 러시아 상원의장
은 국제법상 크림 반도 인민의 자결권을 존중해야 한다고 했다. 또

한 1960년대 말 비아프라의 자결권 요구를 강압적으로 눌렀던 나이지리아는 오늘까지도 그 입장을 바꿀 의사가 한 치도 없어 보인다. 스코틀랜드가 독립을 위한 주민 투표를 실시하여 전 세계인의 이목을 끌었고, 덩달아 에스파냐의 카탈루냐 지역도 분리 독립을 위한 주민 투표를 실시한 바 있다.* 역사 속으로 사라지기는커녕 21세기에도 계속 막강한 영향력을 발휘하고 있는 인민 자결권을 어떻게 해석해야 좋을까.

원래 자기 결정권(self-determination)은 개인 자아의 주체적 행위를 뜻하는 철학적 개념에서 나온 것이다. 그 후 서구 제국주의 지배로부터 벗어나기 위해 반제국주의, 반식민 투쟁을 벌이던 운동가들이 집단적 염원으로 자기 결정권을 적극적으로 주장하기 시작했다. 낭만주의, 미국과 프랑스의 혁명 사상, 사회주의 사상 등에서 영감을 받은 것이다.[21] 제1차 세계대전이 끝나고 전후 처리 과정에서 인민

〈**절반의 황색 태양**(Half of a Yellow Sun)〉 치마만다 아디치에(Chimamanda Adichie)가 쓴 동명의 소설을 영화화한 작품. 1967~1970년 사이 나이지리아로부터 분리 독립을 하려다 내전이 격화되어 100만 명 이상의 희생자가 났던 비아프라 지역의 이야기를 다루었다.

* 스코틀랜드는 2014년 9월 17일 분리 독립을 위한 주민 투표를 실시했다. 유럽연합과 전 세계 각지의 분리 독립 운동에 끼칠 영향력 때문에 큰 관심이 집중되었다. 85퍼센트라는 기록적인 투표율을 기록한 가운데 스코틀랜드 주민들은 "스코틀랜드가 독립국이 되어야 합니까?(Should Scotland be an independent country?)"라는 질문에 대해 Yes=44.7퍼센트, No=55.3퍼센트로 응답함으로써 영국 연합왕국(United Kingdom)에 잔류하기로 결정하였다. 주민 투표는 독립 여부를 결정하는 절차였을 뿐만 아니라, 주민들의 민족 정체성, 자율성, 공동체의 공유된 미래에 대한 극적이고 깊이 있는 토의가 이루어졌다는 측면에서 민주주의의 승리이기도 했다. 투표 결과가 나온 후 엘리자베스 여왕은 스코틀랜드 주민들의 의사를 존중한다고 발표해 투표 결과를 독립이냐 잔류냐 하는 식으로 재단하지 않고, 민주적 결정에 대한 승복이라는 식으로 규정했다. 한편 에스파냐의 카탈루냐 지역에서 2014년 11월 9일 실시한 비공식적 주민 투표에서는 "카탈루냐가 국가가 되어야 한다고 생각하십니까?" 그리고 "그 국가가 독립해야 한다고 생각하십니까?"라는 두 질문이 제시되었다. 두 문항 모두에 "예"라고 응답한 비율이 80.8퍼센트였다.

자결권이 중요한 쟁점으로 떠올랐다. 베르사유 회의에 참석한 미국 대표단에 지도 전문가, 민속학자, 인류학자들이 포함되었던 것도 그 때문이었다. 1918년 미국의 윌슨(Woodrow Wilson) 대통령은 유명한 '14개 조항'을 발표하기에 이른다. 이 선언은 오스트리아-헝가리 제국 내의 인민들(10조), 발칸 반도 국가들(11조), 그리고 투르크 제국 내 비투르크계 민족들(12조)이 "자율적으로 발전할 수 있는 자유로운 기회"를 누릴 수 있어야 한다는 원칙을 내놓았다.[22]

그런데 반식민 투쟁을 하던 쪽에서는 신생 독립 즉 '대외적' 자결권을 강조했던 것과 달리 윌슨의 원칙은 '대내적' 자결권에 가까웠다. 이 때문에 반제국주의 투쟁가들은 윌슨에게 배신감을 느끼지 않을 수 없었다. 인민의 자결권이 완전한 국가 독립을 의미하는지, 아니면 일종의 주민 자치를 의미하는지는 주권과 국제 질서라는 면에서 극히 중요한 의미를 띠면서도 아직까지 속 시원히 풀리지 않은 문제로 남아 있다.

제2차 세계대전 후 유엔헌장 1조와 55조에 "인민들의 동등한 권리와 자기 결정 원칙을 존중한다."라는 말이 처음으로 등장했다. 하지만 1948년의 '세계 인권 선언'에서는 자결권이 언급되지 않았다. 그때까지만 해도 온건했던 인민 자결권 요구가 1950년대 들어 봇물처럼 터져 나오기 시작했다. 탈식민주의 조류를 타고 인민의 자결권을 국제 인권 기준에 포함시키자는 요구가 한층 거세졌던 것이다. 이른바 '3세대 인권'인 집단적 권리가 인권의 중요한 요소로 등장했다. 1960년 유엔 총회 결의안 1514호는 이런 추세를 공식화하는 데 결정적 역할을 했다.[23] 피식민 영토가 주권 국가로 독립할 수 있는 법적 근거로서 인민 자결권을 강조했기 때문이다.

그 당시 탈식민 운동의 기세는 정말 대단했다. 비서구권이 국제 무대에서 제국주의 비판과 반식민 해방의 주장을 거리낌 없이 설파하던 시절이었다. 한 가지 예를 들어보자. 국제 인권 장전의 두 기둥인 경제적·사회적·문화적 권리에 관한 국제규약(ICESCR)과 시민적·정치적 권리에 관한 국제규약(ICCPR)이 1966년에 각각 채택되었는데, 두 문헌의 1조가 똑같은 내용으로 작성되었을 정도였다. "모든 인민은 자결권을 지닌다. 이 권리에 기초하여 모든 인민은 그들의 정치적 지위를 자유로이 결정하고, 또한 그들의 경제적·사회적·문화적 발전을 자유로이 추구한다."[24] 이 구절을 음미해보면 식민 지배를 당하고 있던 인민들의 탈식민 열망이 어느 정도였는지 가히 상상할 수 있을 것이다.

그러나 탈식민의 물결이 어느 정도 가라앉은 1970년대에 들어 신생국의 독립을 인민 자결권으로 이해하던 분위기도 함께 가라앉았다. 유엔 총회 결의안의 어조도 약간씩 변하기 시작했다. 반드시 주권국가로 독립하는 것만이 자결권을 행사할 수 있는 유일한 길이 아닐 수 있다는 주장이 나오기 시작했다. 이런 변화의 가장 큰 이유는 국제 체제의 성격 자체에서 찾을 수 있다. 20세기 국제 질서는 기본적으로 국가들로 이루어진 체제인데, 영토 주권 원칙을 무시하고 무한정 많은 숫자의 국가를 인정하기 어려웠던 것이다.

신생 독립국을 포함한 대다수 나라들이 탈식민 운동을 열렬히 지지하면서도 기존 국가 내에서 또 다른 국가가 분리해 독립하려는 움직임을 극력 반대하는 모순적 태도를 취한 것도 이런 배경에서였다. 인도가 카슈미르의 독립을 허용하지 않고, 콩고가 카탕가를 철저히 탄압했던 것을 떠올리면 된다. 냉전 시대에 소련 역시 국제적으로 비동맹, 반제국주의 운동을 지원했지만 자국 내 소수 민족 집단의 독립은 전혀 허용하지 않았다.

이런 까닭에 서구 지배에 대항했던 탈식민 운동과 직접 관련 없이 분리 독립한 국가들은 한 손으로 꼽을 정도다. 방글라데시(1971년), 에리트레아(1993년), 동티모르(2002년), 코소보(2008년), 남수단(2011년) 등에 불과하다. 이들은 모두 중앙 정부로부터 극심한 탄압을 받은 역사가 있고, 통상적인 정치 과정에서 철저히 배제당한 경험을 했다는 공통점이 있다.

최근 들어 인민 자결권을 점차 융통성 있게 해석하는 경향이 나타났다. 분리 독립이냐, 탄압과 내전이냐 하는 단순 이분법을 넘어 새로운 형태의 자결권 아이디어가 많이 나와 실험되고 있는 중이다. 독립을 원하는 집단에게 천연 자원의 통제권을 대폭 인정해주거나, 높은 수준의 자치를 보장하는 방안이 대표적이다. 인도네시아의 아체 지역이 이런 실험의 전형을 보여준다. 아체는 20년 전만 해도 집단적인 인권 유린이 만연한 문제 지역이었다. 그러나 2005년 인도네시아 중앙 정부와 평화 협정을 체결하면서 아체는 특수한 지위를 부여받았다. 오늘날 아체는 자카르타 정부 직속의 한 지역이 아니라 '다으라 이스띠므와(Daerah Istimewa)'라는 이름의 특별 영토이다. 지역 내에 독자적인 정당들이 있고 지역 자치 정부의 수반도 주민들이 직접 선출한다. 고도의 대내적 자결권을 행사하는 사례다.

대내적 인민 자결권이 대세이긴 하지만 주권 국가로 독립을 원하는 지역도 여전히 존재한다. 체코와 슬로바키아는 1993년 평화적으로 합의 이혼을 하여 각기 딴 나라를 차렸다. 캐나다의 퀘벡 지방은 이 문제로 주민 투표를 두 번이나 실시했던 선례가 있다. 독립 여부를 놓고 2014년에 주민 투표를 실시했던 스코틀랜드 역시 극적인 사례였다. 아프리카의 소말릴란드*, 서부 사하라, 쿠르디스탄*, 그리고 팔레스타인도 마찬가지다. 이중에서 어떤 경우가 대외적 자결권을 선택할 수밖에 없는 독립 국가라고 인정될 것인가.

인민의 자결권을 흔히 '민족' 자결권으로 칭하지만 정확한 표현은 아니다. 인민이란 '혈통과 영토(Blut und Boden)'만을 지칭하는 개념이 아니다. 그 안에 어떤 귀속감과 공동체 의식이 깔려 있기 때문이다. 대외적 인민 자결권이 분리 독립과 주권 국가를 지향하는 것은 사실이지만, 그렇다고 자기 나라 안에서 무슨 짓이든 할 수 있다는 뜻은 아니다. 인민 자결권에는 내적으로 민주주의를 실천한다는 의미가 포함되어 있기 때문이다. 바로 이것이 집단권으로서 인민 자결권과 개인의 인권이 연결되는 지점이다. 더 나아가 개인들 간에 권리가 서로 존중되고 서로 제한되는 것처럼, 인민들 사이에서도 집단 권리가 서로 존중되고 서로 제한되어야 한다. 국제 관계에서도 국가들 사이에 협력과 선린을 추구해야 제대로 된 인민 자결권이라는 뜻이다.

요컨대 인간에겐 개인적 권리도 필요하지만 종적 존재로서 집단적

소말릴란드(Republic of Somaliland) 동부 아프리카에 위치한 영국령 소말리아가 소말리아로부터 분리 독립하여 세운 국가. 서구 열강의 침략을 받은 소말리아는 프랑스령 지부티, 영국령 소말릴란드, 이탈리아령 소말리아의 세 나라로 갈라졌다. 1960년 소말릴란드와 이탈리아령 소말리아가 통합하여 소말리아 공화국을 세웠으나, 1969년 일어난 군부 쿠데타가 1991년까지 지속되어 완전 독립에 어려움을 겪었다. 영국령 소말릴란드는 1991년 5월 18일 소말리아로부터 독립을 이뤘지만 국제 사회에서 승인을 받지 못한 미승인 국가로 남아 있다. (편집자 주)
쿠르디스탄(Kurdistan) '쿠르드족의 땅'이라는 뜻이며 터키, 시리아, 이란, 이라크, 아르메니아에 걸친 산악 지대를 이른다. 수천 년 동안 여러 나라로 갈라지며 독자적 민족 국가를 수립하지 못하다가 1991년부터 이라크 자치 정부의 관할 아래 독자적 행정과 군대를 운영하고 있다. 세계에서 9번째로 큰 원유 지대가 있어 이라크 중앙 정부의 강력한 통제를 받다가 최근 독립을 추진하려는 움직임이 확산되고 있다. (편집자 주)

차원에서 자율적 결정과 자기 통치를 할 수 있는 권리도 필요하다. 주로 개인 권리로 이해되어 온 인권은 인민 자결권 덕분에 이론적으로 크게 확장될 수 있었다. 식민 지배를 겪었던 한국인에게 인민 자결권은 각별한 의미가 있다. 한반도 분단으로 인해 우리의 인민 자결권은 미완의 역사적 과제로 미뤄져 있는 상태다. 해방 후 우리 민족이 '정치적 지위를 자유로이 결정'했다고 말할 수 있을까. 여전히 우리에겐 대내적 인권 민주주의와 대외적 화해·평화에 기반을 둔 한반도형 인민 자결권 모델을 만들어야 할 역사적 책무가 있다.

평화를 만드는 인권

—

적극적 평화론에서는 인간 안보와 인권이 만나고,
인권 운동과 평화 운동이 수렴하며, 평화적 방식에 의한 인권 보호와
인권적 방식에 의한 평화 보장이 교차한다. 특히 인권 침해의 구조적 원인으로
작동하는 갈등의 뿌리를 직시할 수 있게 된다.

매년 한국전쟁이 일어난 날을 맞으면 전쟁과 평화와 인권을 새삼 떠올리게 된다. 1950년 6월 25일 일요일 새벽의 포성은 한반도의 운명을 완전히 바꿔놓았다. 전쟁은 생명과 삶의 터전을 파괴한다. 인간의 이성과 심성도 비틀어버린다. 우리가 아직도 한국전쟁의 후유증이라 할 반이성적 선동과 사회 분열을 경험하고 있는 것을 보라. 한국전쟁을 다룬 김동춘의 저서 《전쟁과 사회》는 국가주의를 넘어 평화와 인권의 보편적 지평에서 6·25를 재조명하자고 호소하는 문장으로 끝을 맺는다.[25]

6월 25일 외에도 6월에는 전쟁과 직접 관련된 날이 또 있다. 1914년 6월 28일, 화창한 일요일 아침 사라예보에서 오스트리아 황태자가 살해되었다. 이 사건으로 촉발된 제1차 세계대전은 인류가 경험한 최악의 총력전(total war)이었다. 연합국과 동맹국 양쪽 전사자와 실종자가 도합 1767만 명이었고, 부상자까지 합치면 무려 3889만 명이 피해를 입었다. 참전자의 절반 이상이 죽거나 다친 전쟁이었다. 민간

의 '부차적 피해' 역시 역사상 전례를 찾기 힘들 정도로 참혹했다.

전쟁은 근본적 차원에서 인간의 생명, 안전, 행복을 박탈한다. 그렇다면 상식적으로 보아 전쟁의 참화로부터 보호받을 권리가 인권의 맨 앞자리에 오는 게 자연스럽다. 평화를 요구할 수 있는 권리, 즉 평화권은 이렇듯 우리에게 직관적으로 설득력이 있다. 하지만 현실은 그렇지 않다. 인권 담론에서 평화권은 아직 확립된 권리라 말하기 어렵다. 평화권을 전면에 내걸고 만들어진 국제 조약을 찾기도 어렵다. 이 점은 인권과 평화의 상관 관계를 이해하고 평화를 희구하는 많은 사람들을 당혹스럽게 한다. 왜 그럴까?

평화권은 역사적으로 세 갈래의 흐름을 타고 만들어져 왔다. 첫째 흐름은 전쟁에 질서와 규칙을 부과하려는 움직임이다. 스위스 시민 앙리 뒤낭*은 자신의 저서 《솔페리노의 회상》에서 전시의 부상병을 치료하고, 구호 차량과 병원은 공격해서는 안 되며, 포로를 인도적으로 대우하고, 민간인을 보호하자는 원칙을 주장하였다.[26] 그 결과로 1864년 8월 22일에 체결된 제1차 제네바 협약이 2014년에 150주년을 맞았다.[27] 국제 인도법 체계는 무력 충돌 상황에서도 결코 유보되거나 제한할 수 없는 인간의 기본권을 규정한다. 국제 인도법, 인권법, 난민법은 별개의 영역에서 작동하지만 상호 보완적으로 여겨진다.

제네바 출신인 루소(Jean Jacques Rousseau, 1712~1778)가 쓴 《사회 계약론》에 전시의 인도주의 원칙이 이미 들어 있다. "전쟁은 보통 사람 사이의 관계가 아니라 국가 간의 관계다. 교전 당사자들은 국

앙리 뒤낭(Henri Dunant, 1828~1910) 국제적십자위원회의 창시자이며 1901년 제1회 노벨평화상을 받았다. 1859년 오스트리아군과 샤르데냐 · 프랑스군이 이탈리아 통일 전쟁에 뛰어들어 솔페리노에서 맞붙자 격전의 현장으로 가 부상자 구호 활동을 벌였다. (편집자 주)

가의 대리인으로서 어쩌다 보니 서로 적이 된 처지다. 따라서 아군은 무기를 든 적군만을 죽일 권리가 있다. 적군이라 하더라도 무기를 버리고 투항하면 그를 죽일 권리가 사라진다. 더는 적국의 대리인이 아니기 때문이다."[28] 국제 인도법은 전쟁을 국가 간의 공식 영역으로 한정하고 일반 시민을 그로부터 분리했다. 국가들 사이의 '군사화된 분규'인 전쟁을 인도적으로 교화하고 순치하겠다는 목표와는 별개로 전쟁 자체는 국가의 궁극적 권한에 속한다고 본 것이다.

평화권의 두 번째 흐름은 기존의 인권 개념으로 평화를 해석한다. 이때 인권은 평화를 위한 수단이 된다. 인권을 보장하고 실천하면 전쟁 발발 가능성이 줄어들기 때문에 집합적 수준에서 인간 존엄성이 보장된다고 믿는다. 유엔헌장 55조에 이미 이런 관점이 들어 있다. 인종, 성, 언어, 종교로 차별하지 않고 모든 사람의 인권과 기본 자유를 보편적으로 존중하면 국제 평화와 친선에 필요한 안정과 안녕의 조건이 조성될 수 있다고 한 것이다. 이런 입장을 계승한 '세계 인권 선언'도 인권을 보장하면 국내 평화와 개인의 존엄, 국제 평화와 집합적 인간 존엄이 실현된다고 보았다. 즉 인권은 평화를 위한 보험 같은 것이라 할 수 있다.

그렇다면 구체적으로 어떤 경로로 인권이 평화를 가져다준다는 말인가. 제일 유명한 설명이 이른바 '민주적 평화 이론(democratic peace theory)'이다. 시민적·정치적 권리가 보장되는 민주 국가들 사이에선 전쟁이 일어나지 않는다는 가설이다. 민주국과 독재국 사이의 전쟁에선 이 이론이 성립되지 않는다. 19세기 중엽부터 20세기 냉전 종식까지 장기적 분석을 해보면 이 가설이 큰 틀에서 입증된다. 민주적 평화 이론의 아버지는 칸트(Immanuel Kant, 1724~1804)라

할 수 있다. 칸트는 공화주의 국가들 간의 항구적인 평화 체제를 구상했다. 《영구 평화론》이 나온 18세기 말의 공화주의는 오늘의 민주주의에 가까운 사상이었다.[29] 이런 사유가 20세기 초 월슨 대통령에게 이어졌다. 그 후 사회주의 사상가이자 소설가였던 H. G. 웰스의 영향을 받은 루스벨트 대통령은 독일과 일본이 1930년대 이후 민주주의로부터 멀어졌기 때문에 세계 평화를 위협하는 세력이 되었다고 확신했다.

민주주의 체제의 시민들은 문화적·사상적인 측면 때문에 무력을 동원하는 분쟁을 경원시한다. 또한 함부로 전쟁을 일으킨 지도자를 시민들이 선거를 통해 축출할 수 있는 제도가 존재한다. 평소 민주적 의사 결정 훈련을 한 것이 국제 관계에 적용되는 면도 있다. 또한 무역과 통상이 활발해져 경제가 서로 연결되고 통합되면 국가 간 무력 충돌이 줄어든다는 가설도 있다. 전쟁보다는 장사가 물질적 이익을 증대하는 데 도움이 되기 때문이다. 결국 재산권의 보장이 평화로 이어진다는 자본주의형 평화론이다. 한 가지 더 있다. 국가들이 국제 기구의 구성원으로 참여하는 비중이 늘어나면 그 역시 평화를 확대한다는 주장도 있다.

지금까지 설명한 두 번째 흐름은 전쟁의 부재를 평화로 해석하는 소극적 평화론이며, 민주자본주의 체제를 뒷받침하는 자유주의 평화론으로 귀결된다. 요컨대 시민적·정치적 인권과 재산권을 보장하는 자유민주주의가 세계 평화에 이롭다는 주장이다. 이런 평화론에서는 민주·인권이 경험적으로 전쟁을 줄이고 그것이 좋은 일이라고 보면서도 전쟁 그 자체에 원칙적으로 반대하진 않는다. 이런 시각에서는 인권과 평화의 상관 관계를 인정하고 그것을 증진하려고 노력하지만

'평화권'이라는 용어 자체는 잘 사용하지 않는다.

평화권의 세 번째 흐름이 등장하고서야 비로소 '평화권'이 하나의 독자적 개념으로 형성되기 시작했다. 비교적 최근의 경향이다. 초기엔 '인민들의 평화에 대한 권리(right of peoples to peace)'라고 불렀지만 요즘엔 간단히 '평화권(right to peace)'이라 칭하며, 개인과 집단이 평화를 추구할 수 있는 권리라고 해석한다. 평화권은 단순히 전쟁 부재만이 아니라 적극적 평화를 원한다. 평화를 위해 무력에 의한 위협이나 무력 사용 금지, 양심에 따른 병역 거부 인정, 평화를 위한 시위 권리 보장, 군의 책무성 강화, 발전권, 안전하고 쾌적한 환경권, 희생자들의 권리를 요구한다. 국가의 무기 거래를 엄격하고 투명하게 통제하고, 민간 보안 업체에 대한 하청을 근절하며, 억압적 식민 지배나 외세의 점령 그리고 독재에 저항하고 반대할 권리를 요구한다.

평화권을 이런 식으로 규정하면 인권을 실행한 결과로서 평화가 온다기보다, 개인과 집단이 평화라는 목표를 요구할 수 있다는 적극적 평화론이 가능해진다. 적극적 평화론에서는 인간 안보(human security)와 인권이 만나고, 인권 운동과 평화 운동이 수렴하며, 평화적 방식에 의한 인권 보호와 인권적 방식에 의한 평화 보장이 교차한다. 특히 인권 침해의 구조적 원인으로 작동하는 갈등의 뿌리를 직시할 수 있게 된다. 현재 유엔 인권이사회에서 평화권에 관한 논의를 진행하고 있다. 예상할 수 있듯이 논란과 찬반이 뜨겁다. 평화권을 하나의 독립적인 인권으로 인정하게 되면 인권의 이름으로 국가 체제를 직접 통제할 수 있는 효과가 발생하기 때문이다.

국가가 내부적으로 폭력을 독점하고 외부적으로 전쟁을 개시할 수 있는 권한을 보유하는 한, 평화를 인권으로 요구하는 목소리는 국가주의의 칼날 아래 놓일 수밖에 없다. 바꿔 말해 국가주의의 규정력이 지금까지 평화권을 정식 인권의 지위에 오르지 못하게 막아 왔던 것이다. 우리나라에서도 의식 있는 선각자들은 이 점을 명확히 인식해 왔다. 반세기도 전인 1960년, 대법원 판사였던 김홍섭은 자신의 일기에 다음과 같은 말을 남겼다. "내가 가장 증오하는 것은 국가주의입니다. 인류보다 자기 주권을 더 생각하는 국가주의는 모두가 인간이라는 단순한 사실을 잊고 있는고로 악입니다."[30] 깊이 음미할 만한 통찰이 아닐 수 없다. 마침 이경주의《평화권의 이해》가 최근에 출간되었다.[31] 일독을 권한다.

《범죄와 형벌》 그리고 인권

—

어떤 사회적 지위라 하더라도 "법에 의거한 인간의 원초적 평등을
먼저 상정"해야 한다. 법은 모든 인간에게 똑같이 자신에게
복종할 것을 요구하기 때문이다. 평등한 법 집행을 위해
"형벌을 회피할 수 있는 모든 길을 차단함으로써
권력자가 법을 존중하도록" 만들어야 한다.

—

영국 식민지였던 매사추세츠 주 보스턴에서 일어난 일이다. 본국
정부의 과세 정책에 분노한 시민들이 소요를 일으킨 와중에 영국군
이 명령 없이 발포하여 민간인 5명이 죽고 여러 사람이 중상을 입었
다. 이것이 유명한 1770년의 보스턴 학살 사건이다. 군인 여럿이 재
판정에 섰다. 사건의 성격상 아무도 이들을 변호하려 하지 않았는데
존 애덤스(John Adams, 1735~1826)라는 젊은 변호사가 나섰다. 영국
에 비판적이던 식민지의 전도유망한 법률가. 나중에 독립 운동에 뛰
어들어 미국의 2대 대통령이 되었던 인물이다. 배신자로 낙인찍힐 부
담은 물론이고, 자신의 평판과 가족의 생계가 위험에 빠질 수도 있는
커다란 도박이었다.

학살 현장에서 과연 누가 "발포"라고 소리쳤는지, 그리고 사건 발
생 전 성난 군중이 병사들을 먼저 도발하여 분위기를 폭발적으로 몰
고 갔는지가 심리(審理)의 핵심이었다. 애덤스는 배심원 앞에서 자기

일기장에 적어 두었던 글귀를 소리 높여 낭독했다. "만일 인간의 권리와 만고불변의 진리를 변호함으로써 독재 혹은 무지의 희생자를 죽음의 고통으로부터 구해낼 수 있다면, 그 때문에 내가 설령 전 인류의 경멸을 받는다 하더라도 그 무고한 사람의 감사와 안도의 눈물만으로 나는 충분히 위로받았다 할 것이다." 결국 병사 일곱 명이 석방되고 나머지 둘은 사형이 아닌 감형 선고를 받는 것으로 재판이 종결되었다. 애덤스의 투철한 직업 정신과 능력이 대중에게 각인된 순간이었다. 그런데 이 때문에 새삼 주목받은 사람이 있었다. 애덤스가 일기장에 적었던 글귀를 원래 집필했던 이탈리아의 형법학자 체사레 베카리아(Cesare Beccaria, 1738~1794)였다.

베카리아의 《범죄와 형벌》은 1764년 밀라노에서 출간되었다.[32] 《범죄와 형벌》 덕분에 근대 범죄학과 형사 정책이 시작되었다 해도 과언이 아니다. 프랑스 사상가 볼테르는 이 책을 '인류의 강령'이라 격찬하면서 계몽주의 전 시대를 통틀어 가장 중요한 저서라고 평가하기도 했다. 《범죄와 형벌》은 전근대적인 범죄관과 형벌 체계의 거대하고 어둡고 잔혹한 괴수와 맞서 싸운 이성의 상징이었다. 도덕적·종교적인 '죄'와 세속적인 '범죄'를 구분하고, 형벌의 목적을 완전히 새롭게 설정한 명저다. 억측과 예단과 종교적 편견으로 생사람을 잡던 야만적 행형 제도에 정면으로 반기를 든 역사적 사건이었다.[33]

범죄자에게 왜 벌을 주는가. '죗값을 치르게 하기 위해서'가 제일 쉬운 대답일 것이다. 그러나 베카리아는 전혀 다르게 생각했다. 범죄자 개인에 대한 복수가 형벌의 목적이 될 순 없다. 범죄 행위로 인해 손상된 사회 전체의 선익을 회복하는 게 1차 목적이다. 따라서 형벌을 가할 권리는 최대 다수에게 최대 이익을 안겨주기 위한 권력 행사여야 한다. 흔히 제러미 벤담(Jeremy Bentham, 1748~1832)의 공리주의 테제로 알려졌지만 사실 이것은 베카리아가 만든 말이다. 또한 형벌의 목적은 타인의 범죄를 예방하는 데 있다. 여기서 범죄 억지 효과(deterrence effect)라는 개념이 나온다. 과거엔 죄와 벌을 개인의 문제로 다뤘지만, 베카리아 이후엔 죄와 벌이 사회 문제로 전환된 것이다.

이런 논리의 연장선상에서 베카리아는 고문과 사형의 폐지를 주장한다. 고문은 "진실의 수치스러운 발견 방법"이고 "낡아 빠지고 야만적인 시대의 법적 산존물"에 불과하다. 고통의 감각이 고문당하는 사람의 마음을 완전히 지배하게 되면 잠시라도 그 고통을 면할 선택 이외에는 그 어떤 자유로운 선택도 존재하지 않는다. 고문을 통한 자백으로 진실을 밝히는 것은 불가능하고 불필요하고 부당하다. 사형도 마찬가지다. 범죄자를 처형한다고 사회 전체의 선익에 도움이 되지 않을 뿐만 아니라 중범죄의 예방 효과도 입증되지 않았다. 사람들의 복수심만 부추길 뿐 무엇 하나 해결하지 못하는 극형을 왜 시행하는가. 아무 실익이 없는 고통 주기에 불과하다.

여기서 계몽주의자 베카리아의 진정한 면모가 드러난다. 감정이 아닌 개명(開明)된 이익을 사회 전체 차원에서 추구하자는 것이다. 그렇다면 개인에게 고통을 가하는 엄한 처벌이 아닌 다른 방안을 강구해야 한다. 공리주의적 동기로 인도주의적 효과가 발생하는 형벌관인 셈이다. 따라서 정의는 형벌의 절대적 기준이 되지 못한다. 인간 사회의 유대를 유지하는 데 필요한 수준을 넘어선 어떤 형벌도 그 본질상 부정의하기 때문이다. "공공 복리를 열망하거나 공공 복리를 우려한답시고 범죄를 저지른 시민들에게 법률로 이미 정해진 형벌보다 더한 처벌을 가해선 안 된다." 사회악의 리스트를 미리 정해놓고 중벌로써 그것을 해결하자는 주장, 어디서 많이 들어본 말이 아닌가. 응보적 정의관과 공리적 형벌관이 논쟁적으로 충돌하는 지점이다.

또 다른 쟁점도 있다. 베카리아는 형벌의 가혹함보다 확실함이 범죄 예방에 효과가 있다고 말한다. 이성적 판단을 하는 잠재적 범죄자라면 엄한 형벌 때문이 아니라, 확실히 처벌받을 확률적 가능성이 높을 때에 범죄를 저지르지 않을 것이다. 하지만 베카리아의 비판자들은 모든 범죄자가 계산적으로 행동하는 것은 아니라고 지적한다. 또한 범죄를 저지르면 확실히 처벌될 것이라는 인식을 사람들에게 심어준다면 미셸 푸코(Michel Foucault, 1926~1984)가 우려한 자기 감시의 내면화가 이루어진 사회라 할 수도 있다. 이런 논점들 때문에 학생들과 토론하기에 베카리아의 책처럼 좋은 교재도 드물다.

한인섭의 유려한 번역으로 이미 우리에게 소개되어 있는 《범죄와 형벌》이 지금 우리 사회에 던지는 의미는 결코 적지 않다. 우선 기본적인 근대 형벌관에 대한 우리의 태도에 경종을 울린다. 형벌은 어떤 경우에도 범죄자 개인에게 가하는 폭력 행위가 되어선 안 된다, 사법 정의는 공개적이고 신속하며 처벌은 꼭 필요한 정도만 최소한으로 행해져야 한다, 범죄와 형벌은 비례적이어야 한다, 범죄는 미리 법률로 정해져 있어야 한다. 이런 원칙이 우리 사회에서 기준으로 자리 잡고 있는지 자문해봐야 할 것이다. 정치로 풀어야 할 것을 사법에 의존하고, 법 원칙으로 해결해야 할 문제를 정치로 농단하는 일이 없다고 자신할 수 있는가.

베카리아의 공리주의는 보편적 공리주의다. 예를 들어 '귀족에 대한 처벌'이라는 장을 보자. 어느 사회나 권력자나 부자가 있기 마련이다. 그러나 어떤 사회적 지위라 하더라도 "법에 의거한 인간의 원초적 평등을 먼저 상정"해야 한다. 법은 모든 인간에게 똑같이 자신에게 복종할 것을 요구하기 때문이다. 또한 범죄자의 신분이 높을수록 범죄의 공적 피해가 커지므로 특권층의 처벌은 반드시 필요하다. 평등한 법 집행을 위해 "형벌을 회피할 수 있는 모든 길을 차단함으로써 권력자가 법을 존중하도록" 만들어야 한다. 이 대목에서 유전무죄를 떠올리지 않기는 힘들다.

법의 보편적 적용을 방해하는 '성역'이라는 개념 자체를 베카리아는 신랄하게 성토한다. 한 국가 영토 내에서 법으로부터 자유로운 그 어떤 장소도 없어야 하며, "그림자가 몸체를 따르듯이, 법의 힘은 모든 사람을 따라다녀야 한다." 만일 법 적용이 미치지 않는 성역을 인정하게 되면 국가 내에 작은 주권 국가를 창설하는 것과 마찬가지다. 옥상옥(屋上屋)인 셈이다. "법률이 그 권위를 갖추지 못하는 곳에 사회 전체의 정신과 대립되는 정신이 생겨날 수 있다." 성역이 있으면 민주주의가 아니라는 말이다. 베카리아는 인류 역사에서 이런 성역 때문에 대혁명이 터져 나왔다고 경고한다. 오늘의 한국인에게 이런 통찰은 세월호 사건을 떠올릴 수밖에 없게 한다.

한 번 더 강조하지만 베카리아는 규범적인 입장에서 남다른 정의감을 주창한 것이 아니다. 이성을 활용하여 냉정하게 죄와 벌의 문제를 고찰하자는 입장이다. 흔히 한국 사회에서 진보와 보수를 가르곤 하지만, 사실은 아직도 계몽과 몽매의 차원에서 한 발짝도 나아가지 못한 문제들이 많다. 인권에서도 마찬가지다. 그런 점에서 베카리아의 《범죄와 형벌》은 근대 인권의 기준점을 제시한다.

공교롭게도 근대의 사상은 이탈리아 이론가 두 사람에게 크게 빚지고 있다. '정상' 정치 행위에 관한 통찰을 마키아벨리(Niccolò Machiavelli, 1469~1527)가 제시했다면, '일탈' 사회 행위에 관한 대응은 베카리아의 공로다. 2013년에 《군주론》 출간 500주년을 기념하는 움직임이 많았다. 그러나 2014년 《범죄와 형벌》 출간 250주년에 관한 이야기는 잘 들리지 않았다. 우리 사회를 격변시키는 일련의 움직임 한복판에 범죄와 형벌의 문제가 자리 잡고 있는데도 말이다.

아이히만, 악은 평범한가?

—

보통 사람들이 '평범하게' 평범한 사람이라면,
아이히만은 '공격적으로' 평범한 사람이었다. 이 같은 '파괴적 평범성'이
그의 죄과를 아주 특별한 것으로 만들었던 게 아닐까.

—

재판장: 아돌프 아이히만, 당신은 아돌프 카를 아이히만의 아들 아돌프 아이히만이 맞습니까?

피고인: [기립한 채] 예.

재판장: 본 재판의 변호인이 로베르트 세르바티우스 박사와 디터 베크텐부르크가 맞습니까?

피고인: 예.

재판장: 당신은 열다섯 가지 죄목으로 기소되어 본 법정에 섰습니다. 지금부터 기소장을 낭독하겠습니다. 기소문은 독일어로 통역이 됩니다. 본 기소장은 검찰총장이 작성한 것입니다.

반세기 전인 1961년 4월 11일, 나치 전범이자 '유대인 최종 해법'의 책임자였던 아이히만(Adolf Eichmann) 재판은 이렇게 시작되었다. 요즘 전 세계 홀로코스트 학계는 이 재판의 의미를 재해석하는 움직임으로 분주하다. 2011년 초부터 예루살렘에서 학술 행사들이 개최되었고, 아이히만을 비밀리에 체포했던 이스라엘의 비밀 정보기관 모

사드 요원들의 재회가 이루어졌다. 예루살렘 재판은 처음부터 '세기의 재판'이라 불렸고 국제 언론인들을 위해 474석이나 되는 방청석을 별도로 마련해야 할 정도로 세계의 이목을 끌었다. 오늘날 예루살렘 재판의 전체 속기록이 인터넷 문서 보관소에 올라와 있으므로 누구든 이 사건의 전모를 정확히 파악할 수 있게 되었다.[34]

벤구리온(Ben-Gurion) 총리의 의도는 처음부터 명백했다. 재판이 한 개인의 처벌을 넘어 홀로코스트 전체를 응징하는 역사적 교훈이 되어야 한다는 것이었다. 그래서 서류 증거물뿐만 아니라 수많은 피해 당사자들의 생생한 증언이 채택되었다. "형언할 수 없는 인간 재난을 불의 언어로써 말하게끔" 하려는 취지였다. 심지어 옛 나치들의 증언도 수집하였다. 수용소에서 4백만, 즉결 처형·아사 2백만으로 합계 6백만 명의 유대인이 학살됐다는 통계가 애초 아이히만이 스스로 한 '자랑'을 통해 나왔다는 증언도 이렇게 해서 확보되었다. 아이히만이 요구한 독일인 변호사가 이스라엘 국내 법정에 설 수 있도록 하는 특별법이 제정되었고 그의 수임료까지 이스라엘 정부가 지불하였다.

아이히만의 죄목은 1950년에 제정된 '나치 및 그 부역자 처벌법'에 근거했는데 수많은 유대인의 추방과 학살뿐 아니라 폴란드인, 슬로베니아인, 집시, 체코 어린이들을 박해한 내용도 들어 있었다. 아이히만은 "유대인 학살이 인류 역사상 가장 끔찍한 범죄 중 하나"였음을 인정하고 인간적으로 죄책감을 느낀다고 하면서도 자신은 법적으로 무죄라고 강변하였다. 히틀러의 명령을 수행한 일개 '교통 경찰'에 불과했다는 논리였다.

우여곡절 끝에 그해 연말 사형이 언도되었다. 1962년 5월 31일 밤

교수형을 집행한 후 아이히만의 유해는 즉시 화장되었고 해군 경비선이 그 재를 지중해의 공해상에 뿌림으로써 사건은 일단락되었다. 이스라엘 민간 재판 역사상 처음이자 마지막인 사형이었다. 사형 집행 전 아이히만의 부인으로부터 선처를 요망하는 편지를 받은 이차하크 벤즈비(Itzhak Ben-Zvi) 대통령은 거절 회신을 보내면서 성경의 사무엘 상권에 나오는 구절을 육필로 적어 보냈다고 한다. "너의 칼이 뭇 여인을 자식 없게 만들었으니, 네 어미도 여인들 가운데에서 자식 없이 지내야 마땅하니라."(15장 33절)

아이히만 재판은 오늘날 국제적 대세로 자리 잡은 과거사 청산 작업의 한 전형이 되었다. 콘라트 아데나워(Konrad Adenauer)가 총리였던 서독에서는 정부의 요직을 차지하고 있던 한스 글로프케* 같은 나치 잔당들의 문제가 불거질까 봐 극도로 긴장했고, 공산권에서 서독이 나치 독일을 계승한 파시즘 정권이라고 선전할까 봐 우려했다. 재판 이후 나치 전범들의 검거율이 갑자기 늘어났고 외국에 대한 범죄자 인도 요청도 대폭 증가했다.

이스라엘 국내에 미친 파장은 더 컸다. 지금의 시각으로는 이해하기 어렵지만 전후 이스라엘로 귀국한 유럽의 유대인들은 홀로코스트 경험을 공개적으로 말하기 어려운 사회 분위기 속에 살았다. 게다가 "도살장으로 끌려간 양떼"처럼 고분고분하게 나치의 희생물이 되어주었다는 비난까지 감수해야 했다. 전형적인 '피해자 비난하기(victim blaming)'였다. 그러나 재판 이후 홀로코스트를 국민적 정체성의 핵

한스 글로프케(Hans Globke, 1898~1973) 아데나워 서독 총리의 보좌관. 나치 고위 장교로서 유대인 학살 정책에 가담했다. 냉전 시기에 서독에서 미국을 도와 반공산주의 활동을 했으나 CIA가 그의 나치 전력이 드러날 것을 우려해 전범 아이히만을 일부러 잡지 않았다는 사실이 밝혀지기도 했다. (편집자 주)

심으로 인정하는 새로운 분위기가 형성되었다. 2011년부터는 이스라엘의 고등학교 역사 수업에 홀로코스트 교육이 필수 항목으로 포함되었다.

그러나 우리가 홀로코스트 이야기를 할 때는 이스라엘이 현재 팔레스타인 주민들에게 가하는 차별과 폭력, 그런 현상에 대한 이스라엘인들의 일반적인 문제 의식 결여를 함께 생각해야 한다. 이 모순을 어떻게 이해할 것인가? 혹시 피해자로서의 정체성을 일종의 특권적 지위로 여기거나 그것의 의미를 자기 중심적으로 독점하려고 한 경향이 이러한 모순의 씨앗을 잉태한 것이 아닐까?

마지막으로, 아이히만 재판을 거론하면서 한나 아렌트(Hannah Arendt, 1906~1975)를 빼놓을 수 없다. 예루살렘 재판에 관한 우리 인식의 많은 부분이 그녀의 시각을 통해 일차적으로 틀이 짜였기 때문이다. 아렌트의 명저《예루살렘의 아이히만》은 '악의 평범성에 관한 보고'라는 부제를 달고 있다.[35] '악의 평범성', 이 한마디가 아렌트의 주장을 완벽하게 요약하면서 이 책을 역사적인 논쟁거리로 만들었다. 평범하고 진부한 인간형에서 악이 발현될 수 있다고 한 아렌트의 주장을 어느 선까지 받아들일 것인가?[36]

이 문제에 대해《탁상 살인자 아이히만(Becoming Eichmann: Rethinking the Life, Crimes, and Trial of a "Desk Murderer")》을 쓴 영국 역사학자 데이비드 세자라니(David Cesarani)는 아이히만이 아렌트의 묘사보다 훨씬 더 확신에 찬 반유대주의자였음을 지적한다.[37] 필자 역시 무관심, 진부함, 평범함만으로 악을 설명하는 데엔 한계가 있다고 본다. 자신을 평균적 도덕률을 지닌 정상인으로 인식했다는 점에서 아이히만이 평범했을지 몰라도, 그가 반인종주의의 과업에 쏟았던 열정은 상상을 넘는 수준이었다. 전쟁 말기에 나치 친위대의 상관이던 하인리히 힘러(Heinrich Himmler, 1900~1945)가 유화적인 태도를 취하기 시작하자 그의 명령을 무시하면서까지 유대인 강제 이송을 계속 추진할 정도였다.

그런 점에서 보통 사람들이 '평범하게' 평범한 사람이라면, 아이히만은 '공격적으로' 평범한 사람이었다. 이 같은 '파괴적 평범성'이 그의 죄과를 아주 특별한 것으로 만들었던 게 아닐까. 이는 우리에게도 암시하는 바가 적지 않다. 살인적인 경쟁으로 성적 올리기에만 급급하고 아이들의 사회성과 타인에 대한 공감 능력은 외면해버리는 교육 현실이 미래의 잠재적인 악을 키우고 있지는 않은지, 아이히만 재판을 반추하면서 성찰해야 할 질문이 아닐 수 없다.

인권과 혁명권

—

원래 로크가 생각한 혁명권에서 무력 사용은 얼마든지 허용되었다.
국가를 장악한 행정권이 인민을 폭정으로 다스릴 경우 "인민은 그것을
무력으로 제거할 권리가 있다. 상황과 조건을 불문하고 권한 없는
힘의 사용에 대한 진정한 치유책은 힘으로 대항"하는 것이다.

—

민주주의를 요구하는 아랍권의 시민 혁명으로 사회과학계의 상식과 전제가 흔들리고 있다. 이번 사태가 민주주의론에 끼친 영향은 말할 나위도 없지만 인권론에도 큰 변화가 일어나고 있다. 결론부터 말하자면 고전적 인권에 속하는 혁명권이 다시 각광받기 시작했다. 잘 알다시피 혁명권은 사회 계약에 근거한 인권론을 개진했던 존 로크에 의해 유명해진 개념이다. 17세기만 해도 '혁명'이라는 용어보다 '반란'이란 말을 일반적으로 사용했다. 로크의 《통치론》에도 '반란 (rebellion)'이라는 단어가 열 번 이상 등장한다.

반란이든 혁명이든 통치자가 사람들의 안전과 행복과 재산을 보호하지 못할 때엔 민중이 정부를 해산할 수 있다는 주장은 예나 지금이나 통치를 하는 자에겐 섬뜩한 경고이고, 지배를 받는 사람들에겐 독재를 막는 보증 수표나 다름없다.

근대 인권의 기본 전제로서 혁명권이 이렇게 중요한 자리를 차지했는데도 혁명권은 탄생과 동시에 계속 뒷전으로 밀리는 길을 걸었다.

우선 그 개념을 제시한 로크조차 혁명권을 일종의 소극적 개념으로 보았기 때문이다. 그는 혁명권이 있더라도 무분별하고 빈번하게 혁명이 표출될 가능성은 적다고 생각했다. "왜냐하면 폐해가 너무 커져서 대다수가 거기에 염증을 느끼고 급기야는 그것을 시정하고자 나서기 전에는 이러한 사태가 좀처럼 발생하지 않을 것이기 때문"이었다.[38]

더 나아가, 혁명으로 집권한 미국 독립의 지도자들은 제2, 제3의 혁명이 일어나지 않기를 바란 탓에 제도적으로 혁명을 미연에 방지할 수 있는 방안을 찾았다. 삼권분립, 사법부의 법률심사권, 다수파가 민주주의의 이름으로 소수파의 견해를 짓밟지 못하도록 하는 장치 등이 이런 배경에서 나왔다. 요컨대 혁명권이 있더라도 혁명이 일어나지 않도록 하는 환경을 조성하는 데에 더 큰 힘을 쏟은 것이다. 굳이 비유하자면, 보유하고 있으면 엄청난 힘이 발생하지만 실제로 그것을 사용하지는 않을 것으로 기대되는 '핵무기'처럼 혁명권을 이해했다고 보면 된다.

1948년의 '세계 인권 선언'에도 이런 전통이 이어져 있다. 선언의 전문에 나오는 유명한 문장을 보자. "인간이 폭정과 탄압에 맞서, 최후의 수단으로 폭력 저항에 의존해야 할 지경에까지 몰리지 않으려면 법의 지배로써 인권을 반드시 보호해야 한다." 여기서도 혁명은 최후의 수단으로 인정되긴 하나 적극적으로 권장되는 것은 아닌, 일종의 극약 처방처럼 그려진다. 무조건 권력에 저항하라고 하지는 않는다는 말이다.

이런저런 이유로 역사 속에서 혁명권은 인권 교과서에만 존재하는 화석화된 권리가 되어버렸다. 존경은 받지만 신세대에게 현실적으로 그리 큰 의미를 주지는 못하는 큰댁 어른이라고나 할까. 그런데 중동의 놀라운 사태 발전으로 혁명권이 인권의 핵심 개념으로 다시 부상한 것이다. 말 그대로 혁명적 반전이라 할 만하다. 이 점에 대한 학계의 최근 동향을 정리해보자.

첫째, 시민적 저항이 정부의 압도적인 폭력을 이길 수 있다는 생각에 많은 사람이 동의하게 되었다. 원래 로크가 생각한 혁명권에서 무력 사용은 얼마든지 허용되었다. 국가를 장악한 행정권이 인민을 폭정으로 다스릴 경우 "인민은 그것을 무력으로 제거할 권리가 있다. 상황과 조건을 불문하고 권한 없는 힘의 사용에 대한 진정한 치유책은 힘으로 대항"하는 것이다. 그런데 로크의 시대는 민중이 무장 봉기를 통해 정부를 뒤집을 수 있는 시대였다.[39] 그만큼 국가가 폭력을 독점할 수 있는 능력이 제한되어 있었다. 잘만 하면 시민 혁명군이 관군을 상대로 대승을 거둘 수도 있던 시절이었다.

어떤 정권이 붕괴한다면 정당성이 결여된 '정치적' 결과라고 해석하는 요즘과는 사뭇 다른 분위기였다. 요즘엔 군의 중립 여부가 혁명의 결과를 좌우하지만 그때만 해도 왕당파의 군사력이 혁명의 향배를 갈랐던 셈이다. 그러나 혁명권을 계승한 시민적 저항권 이론에 따르면 진정으로 인권에 근거한 투쟁이 되려면 그 방식도 평화적이어야 한다. 내재적 이유뿐 아니라 효과 면에서도 더 낫기 때문이다. 튀니지와 이집트의 예가 보여주듯 시민들이 비폭력 원칙에 따라 조직적으로 잘 단합하면 독재 정권이 치러야 할 비용은 늘어나고 시민들의 위험은 줄어들 수 있다고 한다.

둘째, 인민 주권(popular sovereignty)의 진정한 의미가 재발견되고 있다. 인민 주권이란 국가 주권이 인민에게서 나오고 인민의 동의로 지탱된다는 원칙이다. 그러나 선거만 지나면 바로 잊어버리는 원칙은 아무 의미가 없다. 늘 정권의 정당성을 감시하고 권력의 원천 자체를 끊임없이 상기하게끔 하는 시민적 저항권이 인민 주권 원칙을 실질적으로 보장할 수 있다. 그 결과 국가가 인민의 평화적 저항을 정당하다고 인정해야 국가의 존립 근거가 성립된다는 '인민 중심의 정치체' 이론이 주목받기 시작했다. 이렇게 되면 시민적 저항권은 인정받되 권장되지 않는 수동적 권리가 아니라, 적극적이고 상시적인 의미를 부여받는다. 이는 제도 정치와 사회 운동의 관계에 의미심장한 교훈을 준다.

셋째, 국제법의 준거 틀도 함께 변하고 있다. 내정 불간섭 원칙에 따른 국가 중심적 주권 원칙 자체가 덜 강조되는 경향이 나타나고 있다. 이때 국제 공동체는 다른 나라에서 일어나는 시민적 저항을 도울 책임과 권리가 있다. 이것을 '시민적 저항을 지원할 권리'라고 한다. 외교관의 주요 임무 중에 압제국의 시민적 저항을 후원하는 일이 포함되어야 한다는 강경한 논리도 등장했다. 예컨대, 주재국 반체제 인사의 재판을 방청하는 것, 이런 일은 아주 작은 제스처 같지만 그것이 주는 상징적 의미는 결코 작지 않다.

또한 독재자뿐 아니라 그의 가족들에게 심리적 압박을 가하는 일도 생각해볼 수 있다. 과거 폴란드의 군부 독재자 보이치에흐 야루젤스키(Wojciech Jaruzelski, 1923~2014) 장군은 자기 가족이 프랑스인들의 손가락질 때문에 더는 파리에 쇼핑을 가지 못하게 됐다고 불평한 적이 있었을 정도다. 이처럼 21세기 들어 오랜 동면에서 깨어난 혁명권이 시민적 저항권이라는 새로운 외투를 걸치고 세상을 근본적으로 바꿔놓는 중이다. 인권을 희구하는 모든 사람에게 관심거리가 아닐 수 없다.

천연두, 과학, 인권

—

보유론자들은 천연두 바이러스가 이미 잠재적 테러분자들의 손에 들어갔을
가능성이 높다고 보고 미래를 위한 예방 조처로 연구용 균주를 유지해야
한다고 주장한다. 폐기론자들은 어차피 바이러스의 유전자 지도가
다 알려져 있으므로 균주를 보관하지 않더라도 연구가 가능하다고 본다.

—

2011년 5월 제네바에서 열린 세계보건기구(WHO) 총회의 소식은
많은 사람들을 실망시켰다. 이들 중에는 필자처럼 인권 문제에 관심
이 있는 사람도 포함되어 있었다. 바리올라(Variola), 즉 천연두 바이
러스의 균주를 없앨 것인가에 관한 결정이 또 몇 년 뒤로 미뤄졌기
때문이었다. 그런데 천연두 바이러스와 인권은 도대체 무슨 관계가
있을까? 바리올라의 미래와 지구상 모든 인간의 미래가 불길하게 연
결되어 있기 때문이다.

조너선 터커(Jonathan B. Tucker)가 쓴 《천벌: 과거와 미래의 천연
두 위협》의 첫 장 '처형을 기다리는 괴물'은 이렇게 시작한다. "이 세
상에서 가장 흉포한 죄수가 애틀랜타의 중범죄 교도소 독방에 구금
된 채 처형을 앞두고 있다. 수많은 사람들을 고문하고 죽였던 이 집
단 학살자는 전 세계적으로 펼쳐진 장기간의 추적 끝에 체포되었다.
이 죄수가 사형 선고를 받았음에도 수감 당국은 사형을 집행할 것인
지 말 것인지를 놓고 설왕설래를 거듭하고 있다. ……"[40]

천연두만큼 역사에서 오랫동안 공포의 대상이었던 역병도 없을 것이다. 일단 감염되면 치사율이 30퍼센트에 이르고, 설령 죽지 않더라도 얼굴에 얽은 흉터가 평생 따라다니는 무서운 돌림병이 아니던가. 중세의 흑사병과 제1·2차 세계대전을 모두 합친 사망자보다 더 많은 사망자를 낸 질병, 일반 서민부터 강희제, 루이 15세, 조지 워싱턴까지 사람을 가리지 않고 무차별적으로 공격했던 병이었다. 유럽인들이 아메리카에 퍼뜨린 재앙이기도 했고 그 때문에 역사상 최초의 제노사이드였다고 주장하는 학자도 있을 정도다.

우스갯소리지만 천연두가 얼미나 강하게 우리 기억에 각인되어 있으면 "호환, 마마, 전쟁보다 더 무섭다."고 하면서 불법 비디오 단속을 했을까 싶다. 필자는 사람들이 속한 세대를 가르는 몇 가지 기준으로 사회를 바라보곤 한다. 그중 하나가 어깨에 천연두 예방 접종 자국이 있는지 여부다. 필자 세대만 해도 어릴 때 거의 대부분 접종 시술을 받았지만 공식적으로 1979년부터 이 제도가 없어졌다.

그러니 우리나라에서 갓 서른을 넘긴 사람들은 진짜 포스트 근대에 속한 새로운 경험 집단, 사회적으로나 정치적으로 일종의 분수령이 되는 세대라고 봐도 되지 않을까 싶다. 하지만 이들에겐 천연두에 대한 면역이 거의 없다. 전 세계적으로도 마찬가지다. 바로 이 지점에 천연두의 '사형 집행'을 둘러싼 논란의 핵심이 존재한다. 만에 하나 천연두가 다시 창궐한다면 그 즉시 대재앙으로 번질 가능성이 높기 때문이다.

세계보건기구는 1950년대 말 천연두를 퇴치하기로 결정한 후 가열차게 국제 캠페인을 벌였다. 아마 이 일만큼 전 세계가 합심하여 노력했던 사업도 없을 것이다. 1977년 10월 26일 소말리아의 메르카 시에

서 마지막으로 이 병이 나타난 후 더는 발병이 보고되지 않자 세계보
건기구는 1980년에 그 유명한 결의안 '세계보건총회(WHA) 33.3'을 채
택하기에 이르렀다. "전 세계 모든 인민들이 천연두로부터 해방되었
음을 엄숙히 선언하는 바이다. ……"[41] 인류 역사상 인류가 어떤 중요
질병을 인위적으로 완전히 근절한 최초의 기념비적인 사건이었다.

그러나 세계 각국이 연구용 바이러스 균주를 보유하고 있던 것이
문제가 되었다. 당시 약 60여 국가에서 천연두 균을 연구용으로 보
관 중이었다고 한다. 세계보건기구가 설득하여 많은 나라에서 이 균
주를 없애기 시작했다. 그러다 영국에서 큰일이 터졌다. 버밍엄 의대
에서 보관 중이던 바이러스에 감염되어 의료 사진 기사가 사망하고
그 일로 연구소의 주임 교수가 자살하는 사건이 벌어진 것이다. 그
후 우여곡절 끝에 미국 애틀랜타에 있는 질병통제센터와 시베리아
콜초보의 국가 바이러스·생명기술연구센터(일명 벡토르), 이 두 곳이
천연두 바이러스의 공식 보유 기관으로 지정되었다. 현재 미국에 451
개, 러시아에 120개 샘플이 삼엄한 경비를 받으며 보관되어 있다.

세계보건기구의 원래 계획대로라면 1993년 말에 이들 바이러스가
모두 파괴되었어야 했다. 그러나 미국으로 망명한 러시아의 한 고위
인사가 옛 소련에서 천연두를 생물 무기로 개발했다고 증언하는 바
람에 바이러스를 연구용으로 계속 보유해야 한다는 견해가 강하게
머리를 들었다. 그때부터 이른바 '폐기론'과 '보유론' 진영 간의 일대
논쟁이 시작되었다. 그 후 1999년 6월 30일을 영구 폐기일로 결정했
지만 이것도 다시 연기되었다. 그러다 2001년 9·11 사태가 터지면서
생물 무기를 포함한 테러의 우려를 둘러싸고 이 논쟁은 질적으로 전
혀 다른, 폭발력이 강한 감정적 격론으로 변해버렸다.

보유론자들은 천연두 바이러스가 이미 잠재적 테러분자들의 손에 들어갔을 가능성이 높다고 보고 미래를 위한 예방 조처로 연구용 균주를 유지해야 한다고 주장한다. 이란이 벡토르 연구소 직원들을 채용하려 했던 사례를 꼽기도 한다. 폐기론자들은 어차피 바이러스의 유전자 지도가 다 알려져 있으므로 균주를 보관하지 않더라도 연구가 가능하다고 본다. 그들은 예상치 못한 사고로 바이러스가 유출될 가능성을 걱정한다. 그리고 공식적으로 바이러스를 없애면 국제적으로 생물 무기 사용을 확실히 금지할 명분이 생기고 생물 무기의 반인도적 범죄성을 부각할 수 있다는 논리를 편다.

바리올라는 현재 우리나라에서도 '생물 테러 병원체'로 지정되어 있다. 미국 역사학자 스타브리아노스(L. S. Stavrianos)는 《전 세계 통사(A Global History: From Prehistory to the Present)》의 제7판 서문에서 천연두 바이러스가 곧 폐기될 사건을 인류 발전의 의미심장한 이정표로 기렸다.[42] 결국 그는 바리올라의 완전한 폐기를 목격하지 못한 채 타계했고, 논쟁은 이 시간에도 계속되고 있다. 필자는 폐기론에 훨씬 마음이 끌리지만 너무 전문적인 논쟁이라 백 퍼센트 자신 있게 말하지는 못하겠다.

다만 확실한 것은 이제 과학, 기술, 생명 문제를 빼고 인권을 논하는 것이 불가능해졌다는 사실이다. 2014년 서아프리카에서 창궐하기 시작한 에볼라 바이러스는 천연두보다 훨씬 치사율이 높아 오바마 대통령이 "전 세계적인 안보 위협"이 됐다고까지 하지 않았는가. 모든 사람이 에볼라 바이러스 치료제가 개발되기를 기도하는 상황을 맞았다. 근대 문명이 낳은 역설인 불확실한 시대를 사는 우리 모두가 짊어져야 할 운명이 아닌가 한다.

인도적 개입과 보호 책임

—

보호 책임은 인권 침해가 있을 때 외부에서 무조건 개입하도록
허용하는 면허증이 아니다. 보호 책임을 군사 개입과
동일시하는 시각은 무지하거나 의도적인 왜곡에 불과하다.

—

생활고로 일가족이 자살했다는 소식을 접하고 잠시라도 심란하지 않은 사람은 드물 것이다. 하물며 수천수만의 인간이 전쟁이나 내전, 학정으로 상상도 못할 인권 침해를 당할 때, 그것을 목격하는 사람이 느낄 동정, 경악, 분노, 무력감은 어떠할까. 어떻게든 피해자를 돕고 모든 수단을 동원해 가해자를 저지하고 응징하고 싶을 것이다. 그러나 복잡한 국제 정치 현실 속에서 단순 명료한 해결책은 결코 쉽게 나오지 않는다.

또한 동기가 정당하다 해서 그 행동이 언제나 좋은 결과를 내는 것도 아니다. 이런 이유로 최근 들어 '보호 책임(Responsibility to Protect)' 또는 줄여서 'R2P'라는 개념이 논란의 중심에 서 있다. 현재 진행형인 시리아 내전과 중앙아프리카공화국의 인권 유린 사태, 그리고 유엔 북한인권조사위원회 보고서에도 '보호 책임'이 등장했다.[43] 보호 책임이란 말은 인도적 개입이라는 말보다 요즘 더 자주 거론된다. 그 이유를 캐보면 국제 정치에서 인권의 작동 방식과 모순성이 드러난다.

인도적 개입이란 대규모 인권 유린 사태가 벌어졌을 때 피해자를 보호할 목적으로 국제 사회가 해당 국가의 동의 없이 그 관할권 내로 군사 개입을 하는 것이다.[44] 인도적 개입은 냉전 종식 후 르완다 대량 학살*, 보스니아 인종 청소와 나토 공습*, 다르푸르 내전*을 겪으면서 인류 눈앞에서 벌어지는 무지막지한 참화를 모른 체할 수 없다는 인식에서 비롯되었다. '국경없는의사회'를 창설했던 베르나르 쿠슈네르(Bernard Kouchner) 같은 인권 운동가들이 초기의 열렬한 인도적 개입 주창자였다.

그런데 '개입(intervention)'이라는 말 자체가 19세기 이래 외과적 수술을 뜻하는 의학 용어로 사용되었던 선례가 있다. 또한 강대국들의 타국 내정 간섭에 면죄부를 준다는 비판도 늘 있었다. 인도적 개입은 주권과 인권을 제로섬 관계로 파악하는 경향이 있다. 이렇게 되면 주권을 존중하느냐 아니면 모든 인권 침해 상황에 개입하느냐 하는 양자택일만 남는다.

2000년에 코소보 사태*를 사후 평가하는 유엔 보고서가 나왔다. 나토의 개입이 유엔의 승인을 받지 않았다는 점에서 "불법적이었지

르완다 대량 학살(1994년) 르완다 내전 시기에 후투족이 투치족과 후투족 온건파를 집단적으로 학살한 사건. 당시 유엔을 비롯한 서방 국가는 르완다 파병을 거부하거나 학살 사건에 적극적으로 대처하지 않아 비판을 받았다. (편집자 주)
보스니아 인종 청소와 나토 공습(1992~1995년) 보스니아계, 세르비아계, 크로아티아계로 이루어진 국가 보스니아가 유고 연방에서 분리 독립을 선언하자, 세르비아계 민족주의 진영이 연방 탈퇴를 거부하여 발생한 내전. 유엔이 휴정을 제안하고 평화유지군을 파견하는 등 내전에 개입했으나 세르비아계 진영은 이를 거부하고 전쟁을 지속했다. 보스니아 내전은 3년간 40만 명이 넘는 희생자를 낳아 '인종 청소 내전'으로 불린다. 나토(NATO)군의 공습, 크로아티아군의 잇따른 승리로 내전이 마침내 종식되었다. (편집자 주)
다르푸르 내전(2003년) 아프리카 수단의 다르푸르 지역에서 정부의 아랍화 정책에 반대한 기독교계 푸르족이 반기를 들고 정부군을 상대로 투쟁한 유혈 사태. 수단 정부는 이슬람계 민병대를 투입하여 20만 명이 넘는 푸르족을 학살했다. (편집자 주)

만 내용상 정당"했다는 모순적 결론이 내려졌다. 이런 상황에서 국가 주권과 인권 보호를 병행할 수 있는 통합 논리가 절실히 필요해졌다. 마침 남수단의 프랜시스 뎅(Francis Deng) 같은 학자들이 제안한 '책임으로서 주권(Sovereignty as Responsibility)'이라는 새로운 개념이 있었다.[45] 국가가 자국 내에서 절대적 통치권을 행사할 수 있다는 전통적 주권 개념이 아니라, 자국민을 보호할 주된 책임이 해당 국가에 있다는 의미로 주권을 재정의한 것이다.

그 후 유엔의 위임을 받아 캐나다 정부가 '개입과 국가 주권에 관한 국제위원회(ICISS)'를 발족하여 연구에 착수했다. 2001년 〈보호 책임〉이라는 최종 보고서가 나왔다. 오늘날 R2P 개념의 원조에 해당하는 문헌이다.[46] 보고서는 외부 개입자의 권리가 아닌, 내부의 잠재적 수혜자 관점에서 이 문제를 봐야 한다고 강조한다. 또한 인권 보호의 전 과정을 '책임' 개념으로 일관성 있게 파악하고, 국가가 자국민 보호 책임을 다하지 못할 때에 한해 국제 사회의 책임이 발동된다고 주장한다. 국제 사회의 보호 책임에 군사 개입이 포함될 수 있지만 엄격한 조건 하에서만 고려될 수 있는 최후의 수단으로 규정되었다. 인도적 개입을 원칙상 인정하면서도 인간을 보호할 책임이라는 큰 퍼즐의 한 조각으로서 극히 신중하게 접근해야 한다고 본 것이다.

〈보호 책임〉의 내용은 전 유엔 사무총장 코피 아난(Kofi Annan)의 2005년 유엔 보고서 〈더 큰 자유 속에서〉에 중요하게 인용되었다. 아난은 평화, 인권, 발전이 서로 연결되고 서로 의존하며, 그 목표를 위

코소보 사태(1998년) 세르비아 대통령 슬로보단 밀로셰비치(Slobodan Milosevic)가 코소보의 자치권을 폐지하려 하자 코소보의 인구 대다수를 차지하는 알바니아계 주민이 이를 거부하며 일으킨 내전. 세르비아는 알바니아군을 대량 학살했으며 사태 이후 30만 명이 넘는 난민이 발생했다. (편집자 주)

해 전 인류가 서로를 보호할 책임이 있다고 지적했다. 같은 해 9월 유엔에서 역사상 최대 규모의 세계 정상 회의가 개최되었다. 회의 말미에 채택된 〈결과 문서〉에서 국제 사회의 보호 책임이 명기되었다.[47] 하나의 개념이 국제 규범으로 결정된 역사적 순간이었다. 〈결과 문서〉에서 다룬 보호 책임은 〈보호 책임〉 보고서보다 범위가 좁고 강도가 약하다.

〈결과 문서〉는 보호 책임이 적용될 수 있는 상황을 제노사이드, 전쟁 범죄, 인종 청소, 반인도적 범죄의 네 가지 범죄로 한정했다. 개별 국가에 일차적 보호 책임이 있고 그 책임이 '명백히 실패'했을 때에 국제 사회가 그 국가를 지원할 책임이 발생한다고 했다. 또한 이런 상황을 미연에 탐지할 조기 경보 능력을 유엔이 배양해야 한다고 했다. 중대한 인권 침해 사태 발생 시 국제 사회는 유엔을 통해 외교적·인도적·평화적 수단을 강구할 책임이 있는데, 평화적 수단만으로 해결이 안 될 때엔 국제 사회가 "시의적절하고 단호한 방식으로, 사안별로, 유엔 안보리를 통해 집단 행동에 나설 각오"를 다져야 한다고 했다. 마지막으로, 세계 정상들은 "국가가 자국민의 인권을 보호할 역량을 키우도록 지원할 의지가 있고, 위기와 갈등이 발생하기 전에 문제의 소지가 있는 국가를 지원할 의지가 있다."라고 다짐했다.

2005년의 〈결과 문서〉는 일종의 타협이었다. 우선 수사적 차원에서 보호 책임 개념을 국제 규범에 준하는 위치로 승격시킨 것은 분명하다. 그러나 실제로는 유엔을 통한 문제 해결을 적시하고, 외부 책임보다 내부 책임에 방점을 두며, 개입할 '의무'보다 '각오'를 강조한 문헌이었다. 따라서 〈결과 문서〉에 묘사된 보호 책임에 따르면 모든 인권 침해 사태에 외부에서 반드시 개입할 '의무'가 있다기보다, 사안별로 외부에서 개입할 '권리'가 간혹 생길 수 있다고 보는 것이 타당하다.

〈결과 문서〉를 구체화하기 위해 반기문 유엔 사무총장은 2009년에 〈보호 책임의 이행〉이라는 보고서를 냈다. 여기서 보호 책임은 세 기둥을 갖춘 통합체로 묘사되었다. 보고서는 첫째 기둥을 해당 국가의 보호 책임이라고 거론하면서 인권 존중이 '책임 있는 주권'의 필수 요소라고 강조한다. 둘째 기둥으로는 취약 국가의 내부 역량을 구축하는 데 국제 사회가 지원할 책임이 있다고 지적한다. 이에 따르면 개도국에 대한 개발 원조도 중요한 인권 보호 책임에 속한다. 셋째 기둥은 시의적절하고 단호한 대응이다. 여기에는 경고, 제재, 무기 유입 제한 등 강압적 조치가 포함된다. 최후의 수단으로 신속대응군의 투입도 고려할 수 있다.

결론적으로, 인권을 지향하는 사람들은 보호 책임을 어떻게 보아야 할까. 첫째, R2P는 앞으로 더욱 중요해질 것이므로 이를 정확히 이해하고 적절하게 다룰 수 있어야 한다. 보호 책임은 인권 침해가 있을 때 외부에서 무조건 개입하도록 허용하는 면허증이 아니다. 또한 인도적 군사 개입의 완곡어법 혹은 세련된 표현도 아니다. 보호 책임은 책임으로서 주권, 국가의 일차적 보호 책임, 점진적 단계들로 이루어진 총체적 접근을 강조한다. 보호 책임을 군사 개입과 동일시하는 시각은 무지하거나 의도적인 왜곡에 불과하다.

둘째, 보호 책임의 동기가 무엇이든 결국 그 실행은 지배-저항 논리의 충돌과 이해타산의 역학 관계 내에서 이루어질 수밖에 없다. 인도주의와 보편성을 국가 정체성으로 내세우고 싶어 하는 미국과 프랑스가 보호 책임에 특히 열성을 보이고, 쿠바, 니카라과, 이란, 파키스탄, 수단, 베네수엘라, 알제리, 볼리비아, 북한, 리비아, 에콰도르, 시리아 같은 나라들이 특히 반대하는 현실이 이를 반영한다.

셋째, 보호 책임이 실효를 거두려면 동기만큼이나 결과를 중시하는 태도가 필요하다. 인권 피해자들에게 실질적으로 득이 되는 길을 '사안별로' 따져야 한다. 예를 들어 리비아 내전*은 반군의 영토 장악력이 강했고 정규군이 약했으며 인근 지역에 불안정을 초래할 위험이 비교적 적었다. 하지만 시리아 내전*은 정반대다. 따라서 리비아와 시리아는 서로 다르게 취급할 수밖에 없다. 절박한 심정, 동기론적 이상주의, 일차원적인 정의감, 단기적 개입으로 모든 문제를 단숨에 해결하고 싶어 하는 군사적 낭만주의의 유혹이 결합할 때 상황은 더 악화된다. 이런 오류는 국가 행위자와 시민 사회 행위자 모두에게 흔히 나타나는 오류다.

마지막으로, R2P의 첫째, 둘째 기둥은 국제 사회가 지속적으로 이행해야 할 의무이지만, 셋째 기둥은 국제 사회가 최후의 수단으로 고려해볼 수 있는 잠재적 권리에 가깝다. 세상의 그 어떤 문제도 갑자기 생겨나지 않으며 단칼에 해결되지 않는다. 더 공정한 세계를 향해 소 걸음처럼 계속 노력하면 인권은 자연스레 따라오게 되어 있다. 갑자기 몸이 아플 때면 병원 응급실이 필요하다. 하지만 응급실 진료가 아무리 효과적이라 한들 평소 꾸준히 건강을 관리하는 것과 비교할 순 없지 않은가.

리비아 내전(2011년) 42년간 리비아를 통치한 독재자 무아마르 카다피에 대항하여 반정부 시위대가 민주화를 요구하며 발생한 내전. (편집자 주)
시리아 내전(2011년) 단일 아랍사회주의 국가 건설을 주창하는 시리아 바트당의 일당 독재에 반대하여 반군이 일으킨 내전. (편집자 주)

'마그나 카르타' 800년의 무게

—

권력은 중력처럼 언제나, 영원히 인간을 억누른다.
한순간도 방심하지 말고 권력의 전횡을 감시하라는 명령이
'마그나 카르타'의 진정한 교훈이 되어야 한다.

—

'마그나 카르타(Magna Carta)'가 제정된 지 800년이 되었다. 굳이 인권을 거론하지 않더라도 더없이 유명한 문헌이다. 인권의 기원을 어디서부터 잡느냐는 항상 논쟁거리이지만 적어도 근대적 의미의 인권은 '마그나 카르타'를 빼고 이야기하기 어렵다. '마그나 카르타' 즉 '대헌장'은 역사 속에서 인권의 상징어가 되었고 자유를 위한 투쟁에서 영감의 원천이 되었다.

1776년 미국의 '독립 선언문'에는 영국의 조지 3세가 폭정을 펼쳐 얼마나 식민지 주민들을 괴롭혔는지 그 죄상이 상세히 열거되어 있다. '마그나 카르타'의 문제 의식과 일맥상통한다. 또한 1789년 프랑스 혁명의 '인간과 시민의 권리 선언'에도 마그나 카르타의 역사적 울림이 뚜렷이 남아 있다. 유엔이 만들어질 때 그 정관을 '헌장'이라 부른 것도 '마그나 카르타'를 염두에 둔 것이었다. '세계 인권 선언'이 발표되었을 때 엘리너 루스벨트(Eleanor Roosevelt)가 '인류의 대헌장 (the international Magna Carta of all men everywhere)'이라고 규정했던 일은 유명한 사례다.

'마그나 카르타'는 어떻게 만들어졌을까. 1215년 6월 15일 영국의 존 왕*과 그의 신하인 영주들 수십 명이 모였다. 왕과 신하들 사이에 흔치 않은 담판을 짓는 자리였다. 모임 장소는 런던에서 서쪽으로 약 30킬로미터 떨어진 서리(Surrey) 주 근처 템스 강변의 초원이었다. 이 부근 목초지의 지명이 러니미드(Runnymede)이다. 이곳은 사적지로 지정되어 누구나 자유롭게 방문할 수 있다. 아담한 기념관이 세워져 있는 이 조용하고 목가적인 풀밭에서 그토록 중요한 역사적 사건이 일어났다는 사실이 믿기지 않을 정도다.

봉건 시대엔 국토 전체가 국왕의 소유였다. '배런(baron)'이라 불리던 영주들은 자기 땅에선 작은 왕처럼 행세했지만 따지고 보면 국왕의 토지를 하사받아 사용하던 임차인이었다. 영주는 그 땅을 아랫사람들에게 다시 임대했으므로 봉건제는 여러 단계의 임대차 관계로 엮인 복잡한 먹이사슬 같은 제도였다. 영주는 대장 임차인(tenants-in-Chief)이고 가장 아래 단계의 농노는 졸병 임차인이었다고 보면 된다. 이렇게 물고 물리는 관계 속에서도 서로 간에 권리와 의무가 정해져 있어 일종의 관습적 봉건 질서가 확립되어 있었다.

그런데 옛날 군주들이 흔히 그러했듯 존 왕은 고집불통에다 독선적이고 편집광적 인물이었다. 좌충우돌하면서 매사를 자기 마음대로 해야 직성이 풀리는 사람이었다. 프랑스와 늘 싸웠고, 교황과 다투다 파문된 적도 있었으며, 전쟁 비용을 조달하느라 영주들을 엄청나게 쥐어짰다. 참다못한 영주들이 반란을 일으킬 지경에 이르렀다. 떼를 지어 몰려가 런던탑을 점거하고 국왕에게 관습을 지키라고 요구하는

존 왕(King John, 1166~1216) 헨리 2세의 아들이었고 1199년 등극하여 17년간 재위했다. 그의 아들 헨리 3세가 대를 이었다.

집단 행동에 나섰다. 이에 존 왕이 마지못해 협상에 임했던 것이다.

몇 가지 사실 관계부터 정리하자. 1215년 6월 15일에 존 왕이 합의문에 실제로 서명한 것은 아니다. 존 왕이 글씨를 쓸 줄 알았는지조차 불분명하다. 며칠 동안 영주들이 협박하고 종용하여 타협을 이뤄국왕의 윤허(grant)가 6월 15일에 떨어진 것에 불과하다. 겨우 분이풀린 영주들이 국왕에게 충성 서약을 갱신한 후 필사자들이 합의 내용을 라틴어로 양피지에 써서 양초로 봉인한 것이다.

한 부만 작성된 것도 아니었다. 전국적으로 배포될 문서여서 수십부를 일일이 필사해서 돌려야 했다. 따라서 이 사본들 모두가 '원본'에 해당된다. 현재 4부가 남아 있다.* 양 가죽을 석회수에 오래 담근다음 꺼내어 팽팽하게 당긴 상태에서 말린 후 반달형 칼로 표면을 긁어내고 깃털 펜으로 글씨를 썼다. 양피지가 엄청나게 비쌌던 탓에 필경사들은 되도록 잔 글씨로, 행을 띄우지 않고 빡빡하게, 그것도 약자를 많이 쓰면서 기록을 해야 했다. 1조니 2조니 하는 구분은 후대에 영어로 번역하면서 붙인 것이다.

처음부터 '대헌장'이라 부른 것도 아니었다. 애초엔 '자유헌장(Carta libertatum)'이라 했는데 나중에 국왕의 산림 관련 조항이 별도의 헌장으로 떨어져 나간 후부터 나머지 부분을 '대헌장'이라 부르기시작했다.[48] '대헌장' 반포로 문제가 다 해결된 것도 아니었다. 헌장을 준수할 의사가 전혀 없었던 존 왕은 선포 직후부터 그것을 무력화하려고 전력을 기울여 교황 인노켄티우스 3세의 무효 선언까지 받아냈다. 이 때문에 영주들이 이듬해 다시 항의를 시작했고 왕이 1216년

---

* 1215년에 필사된 대헌장은 현재 4부가 남아 있는데 런던의 영국도서관(British Library)에 2부, 링컨에 1부, 샐스버리에 1부가 각각 보관되어 있다.

말에 사망하고서야 사태가 겨우 진정될 수 있었다.

이런 우여곡절 끝에 탄생한 '대헌장'의 구체적 내용이 무엇인가. 우선 총 63조로 이루어진 '대헌장'은 추상적이고 일반적인 원칙을 담은 문헌이 아니다. 불만 가득한 영주들을 달래기 위해 왕의 잘못을 시정하겠다는 구체적인 내용이 담긴 약속 이행 각서였다. 따라서 전통과 관습을 충실히 지키겠다는 과거 지향적 내용이 주를 이루었다. 이 가운데 인권 발전 역사에서 중요하다고 생각되는 조항은 모두 다섯 개다.

1조는 영국(잉글랜드) 교회의 자유와 권리를 규정했다. 영국과 로마 가톨릭교회 간의 해묵은 애증 관계를 읽을 수 있다. 13조는 런던을 비롯한 모든 시, 군, 구의 자유 특히 교역의 자유를 재확인했다. 서양의 지방 분권 전통이 원래 경제 활동의 자유에서 비롯되었음을 알 수 있다.

인권의 측면에선 39조와 40조가 특히 중요하다. 39조는 법에 근거하지 않고 자유민을 함부로 체포하거나 구금하지 못하고, 그의 권리나 소유물을 박탈하지 못하며, 범죄자 취급하거나 추방하지 못한다고 되어 있다. 이 조항으로부터 훗날 인신 보호 규정이 도출되었다. 또한 피고는 '동등한 자유민들의 정당한 판단(lawful judgement of peers)'을 받을 권리가 있다고 함으로써 시민 배심원단에 의한 재판(trial by jury), 즉 민주적 사법 집행의 토대가 마련되었다. 그리고 '나라의 법(law of the land)'을 지켜야 한다고 함으로써 이른바 적법 절차의 준수라는 근대적 인권 원칙이 시작되었다. 뒤집으면 국왕이라 해도 법의 지배를 받아야 한다는 말이다. 영국 역사가 사이먼 샤마(Simon Schama)는 이 조항 덕분에 민주주의가 시작된 것은 아니지만 적어도 권력의 자의적 지배는 종언을 고했다고 평가한다. "자유민은 그 누구도⋯⋯(no free man⋯⋯)"라고 한 부분은 훗날 '그 누구도 이러저러한 이유로⋯⋯'라는 반차별 원칙으로 발전했다. 프랑스 혁명 '인권 선언'의 7조가 대헌장의 39조를 거의 그대로 되풀이했다는 점도 기억해야 한다.

40조는 권리와 정의는 양도, 거부, 또는 지연될 수 없다고 선언함으로써 인권의 양도 불가 원칙(inalienability)이 마련되었다. 마지막으로 61조는 영주들 중에서 25인의 대표를 뽑아 국왕이 헌장을 제대로 지키는지 감시하게끔 하고, 만일 헌장을 어길 경우 국왕의 부동산과 동산을 몰수할 수 있다고 규정했다. 아주 엄격한 이행 규정을 만들어놓은 것이다. '마그나 카르타'가 왜 중요한 인권 문헌인지 이해가 될 것이다.

대헌장이 이처럼 획기적이었지만 문제가 없었던 것은 아니다. 영주, 기사, 자유민 등 전체 인구의 10퍼센트에게만 적용된 문헌이었기 때문이다. 나머지 90퍼센트의 농노들(the villeins)에게는 벌금형 제한, 자의적 재산 몰수 금지, 강제 노역 금지 같은 극히 일부 권리만 인정되었다. 1689년 명예 혁명 때 권리가 모든 사람에 적용되는 것으로 바뀌긴 했지만 이때도 여성은 제외되었다.

이런 한계에도 불구하고 근본적 차원에서 절대 권력은 인정될 수 없다는 원칙 탓에 '마그나 카르타'의 정신은 역사 속에서 계속 이어져 왔다. 역설적인 측면도 상당히 많다. 영국인들에게 '대헌장'의 원칙은 상식처럼 문화 속에 각인된 탓에 성문 헌법이 만들어지지 않은 이유가 되었다. 그리고 대헌장의 원래 목적은 불만이 내전으로 터져 나오지 않도록 막기 위한 대증요법이었다. 봉건제의 전통을 수호하

려는 것이 영주들의 주 목적이었기 때문이다. 그런데 이것이 후대에
와서 인권의 원칙으로 격상되었다. 수구적 동기가 혁신적 결과를 초
래한 것이다.

대헌장이 나온 후에도 인류는 거의 천 년 가까이 자유의 확대를 위
해 투쟁해 왔고 그 투쟁은 지금 이 순간에도 계속되고 있다. 크게 보
면 인권이 진보한 것 같지만 권력의 지배욕은 결코 사라지지 않았다.
대헌장이 나온 영국에서조차 1998년 노동당 집권 때 제정된 인권법을
그 후 집권한 보수당이 폐지하려고 기회를 노리고 있을 정도다. 이처
럼 9·11 같은 사건이 발생하거나 인권과 거리를 둔 정권이 들어서는
순간, 사람들의 자유는 곧바로 후퇴하기 쉽다. 권력은 중력처럼 언제
나, 영원히 인간을 억누른다. 한순간도 방심하지 말고 권력의 전횡을
감시하라는 명령이 '마그나 카르타'의 진정한 교훈이 되어야 한다.

피노체트 사건과 인권의 정치

—

인권은 정치적 과정 속에서 비틀거리며 힘겹게 조금씩 전진한다.
간혹 인권 운동이 목표를 달성하지 못한 것 같아도 길게 보면
결코 헛수고한 게 아니다. 그런 점에서 인권 운동가는 현시대의 비관론,
역사적으론 낙관론을 가슴에 품고 산다.

—

군 장성이던 그는 쿠데타를 일으켜 자신을 고위직에 임명했던 바로 그 정부를 배신하고 무너뜨렸다. 권력을 장악한 후엔 무지막지하게 인권을 탄압했다. 말도 안 되는 구실로 학살을 저지르고 반대파를 빨갱이로 몰아 사상 유례 없는 인권 유린을 자행했다. 언론과 미디어를 완전히 통제해 자기 이야기로 뉴스를 도배했다. 대다수 국민은 그의 잔인함과 뻔뻔함에 치를 떨었지만, 그래도 그가 경제를 살리고 좌파로부터 나라를 구했다고 믿는 사람들이 아직까지 있을 정도로 그의 공과를 둘러싼 인식의 격차는 크다.

과거 군부의 수하들은 지금까지 강철 같은 충성심으로 똘똘 뭉쳐 조폭과 같은 단결력을 자랑한다. 정치적으로 독재만 한 게 아니다. 국가 원수로서 공금 횡령과 수뢰에 직접 연루된 파렴치범이기도 했다. 아내와 자식들, 친인척과 부하들까지 동원해 천문학적인 비자금을 조성했다. 법망이 좁혀들자 돈이 한 푼도 없다고 오리발을 내밀었고 심지어 치매기가 있어 조사를 받기 어렵다는 이유까지 내세웠다.

어디서 많이 들어본 듯한 이야기이지 않은가. 칠레의 피노체트 이야기다.(물론 전두환을 상상해도 무방하다!) 2013년 9월 11일은 피노체트가 아옌데(Salvador Allende, 1908~1973) 정부를 무너뜨렸던 쿠데타 발발 40주년이었다.

그런데 2013년 8월 초 칠레에서 주목할 만한 소식이 들려왔다. 피노체트의 비자금 수사를 종결한다는 발표였다. 피노체트는 1973년부터 1990년 사이에 공금 유용과 무기 밀수출로 2천6백만 달러나 되는 거액을 착복했다.[49] 그 돈을 '레드 폭스'라는 코드명으로 125개나 되는 차명 계좌에 분산해 미국 워싱턴 시에 본점이 있던 릭스 은행에 예치해 두었다. 그런데 2001년 뉴욕에서 9·11 사태가 발생한 후 미국 내 은행들이 은닉하고 있던 외국 테러 단체들의 자금을 미 상원이 조사하던 과정에서 피노체트의 비자금이 불거져 나왔다. 이중 800만 달러가 5만 달러짜리 수표 다발 형태로 칠레로 재반입된 정황까지 포착되었다.

피노체트는 2006년 말 사망하기 전까지 과거 인권 탄압뿐만 아니라 은닉 재산 문제로도 계속 조사를 받고 기소를 당했지만 결국 단 한 번도 유죄 판결을 받지 않았다. 그의 아내 루치아 이리아르트(Lucía Hiriart)는 탈세로 두 번이나 구속되었고 다섯 자녀들도 공금 횡령으로 조사를 받았다. 피노체트가 죽은 후에도 비자금 문제를 계속 캤지만 돈의 출처를 입증하기 어려워 결국 이번에 사건을 종결한 것이다. 하지만 그의 가족과 부하들에 대한 수사는 앞으로도 지속될 것이라 한다. 피노체트는 20세기 후반의 대표적인 정치 도살자였다. 그의 유혈 통치 체제에서 고문이나 즉결 처형, 강제 실종으로 사망했다고 공식적으로 확인된 사람들만 3,197명이나 된다.

피노체트는 인권의 원칙에서 보면 깊이 논의할 가치도 없는 인간이다. 법적 원칙에 따라 처벌해버리면 간단히 정리될 사건의 책임자였다. 그러나 이렇게 확실한 인권 유린과 부정부패의 당사자를 제대로 처벌하기가 왜 그렇게 어려웠던가. 바로 인권을 둘러싼 '정치' 때문이었다. 아무리 절대적인 규범으로 인권 원칙이 정해져 있다 해도 그 원칙을 실현하는 것은 결국 정치적 차원의 문제다. 피노체트 사건 역시 정치적 역학 속에서 전개되었고 그 속에서 우여곡절의 경로를 밟아야 했다.

1998년에 일어났던 일보다 이런 점을 더 잘 보여준 사례는 없다. 그해 10월 피노체트는 종신 상원의원 자격으로 허리 치료를 받으러 런던을 방문했다. 피노체트의 동향을 예의 주시하던 유럽의 인권 단체들이 피노체트의 도착 사실을 에스파냐의 한 판사에게 알렸다. 에스파냐 최고형사법원 발타사르 가르손 레알(Baltasar Garzón Real) 판사는 피노체트 집권 시 칠레에 거주하던 에스파냐 시민들에게 가해진 인권 유린을 놓고 피노체트를 에스파냐 법정에 세우기 위해 이전부터 노력해 왔다.

에스파냐 법원은 영국 정부에 피노체트를 에스파냐로 보내 달라는 범죄인 인도 요청 영장을 보냈다. 그 요청에 따라 영국 경찰은 피노체트를 즉각 체포하여 가택 연금했다. 전직 국가 원수가 외국 땅에서 반인도적 범죄 혐의로 구속된 최초의 사건이었다. 또한 반인도적 범죄가 어디에서 일어났든, 그 대상이 누구든 상관없이, 모든 나라에서 범죄자에게 형벌권을 행사할 수 있다고 하는 '보편적 관할권' 원칙이 최초로 적용된 사례이기도 했다.[50]

피노체트 측은 이 조치에 대해 영국 정부에 즉각 항의하고 범죄인 인도를 막기 위해 길고 긴 법적 투쟁을 벌이기 시작했다. 이 모든 소식은 전 세계 뉴스의 헤드라인이 되었다. 이 사건이 몇 번의 반전을 거치는 동안 아주 흥미로운 현상이 나타났다. 우선 인권에 소극적이면서 사건에 정치적으로 접근했던 극우 보수 세력의 움직임이 두드러졌다.

마거릿 대처(Margaret Thatcher) 전 영국 총리를 선두로 해서 이들은 피노체트를 즉각 본국으로 보내라는 캠페인을 대대적으로 벌였다. 피노체트의 아들을 영국까지 불러 대중 집회를 여는가 하면, 인권 단체를 좌파로 몰고 흑색선전을 벌이면서 사건을 음모론으로 몰아갔다. 부자들이 돈을 모아 피노체트의 법적 투쟁을 지원하고 호화로운 거처를 제공해주기도 했다. 신자유주의 세력이 경제적 영역뿐만 아니라 고전적인 시민적·정치적 영역에서도 얼마나 반인권적이고 반동적인 존재인지를 여실히 입증한 것이다.

더 흥미로운 점은 친인권 진영 내에서도 의견이 양분되었다는 사실이다. 인권 단체들은 당연히 피노체트가 에스파냐로 인도되어 재판받고 처벌되기를 원했다. 법의 지배와 국제 인권 규범에 따라 처리하면 된다는 원칙적 입장을 견지했다. 그러나 민주 세력 중에도 피노체트를 본국으로 보내자는 목소리가 적지 않았다.

특히 칠레의 진보파에서는 피노체트의 에스파냐 인도를 우려하는 시각이 많았다. 이제 겨우 민주주의로 이행을 시작한 칠레의 내정에 결정타가 될 수 있다는 걱정 때문이었다. 당시 칠레에서 진행 중이던 대통령 선거 운동도 큰 고려 사항이었다. 2000년 초 중도좌파 연합 후보로 대통령에 당선된 민주 인사 리카르도 라고스(Ricardo Lagos)가 1999년 〈포린 폴리시(Foreign Policy)〉에 기고한 '피노체트 딜레마'

라는 글이 특히 주목을 받았다.[51] 그는 칠레 민주 정치가 아직 피노체트의 국외 사법 처리라는 사태를 견딜 수 있을 만큼 견고하지 못하다고 하면서, 이 사건을 계기로 하여 우파 정치인들과 군부가 다시 궐기할 조짐이 보인다고 우려했다. 라고스는 인권의 보편적 가치에 찬성하지만 그것을 실천하려면 정치적 상황과 비용을 고려해야 하므로 피노체트가 칠레로 돌아와 국내 법정에서 재판을 받아야 한다는 논리를 폈다.

햇수로 3년을 끌었던 피노체트 사건은 결국 2000년 3월 피노체트의 칠레 귀국으로 막을 내렸다. 건강이 나빠 법정에 설 수 없다고 했던 피노체트는 산티아고 공군 비행장에 도착하여 군 지도자들의 환영을 받자 휠체어에서 벌떡 일어나 양손을 치켜들기도 했다. 그 뒤 피노체트는 과거 인권 유린 혐의로 기소, 불기소, 불기소 번복을 거치며 기세등등했던 태도가 수그러들었고 부정 축재 혐의로도 기소되었다.

악명 높았던 중앙정보국의 운영에 궁극적 책임을 인정하느냐는 질문에 "사실이 아니라서 기억에 없다. 사실이라 해도 기억에 없다."라는 명언을 남기기도 했다. 여기서 인권 운동의 관점에서 한 가지 질문을 할 수 있겠다. 피노체트가 에스파냐의 법정에서 단죄받지 않고 귀국할 수 있었던 것이 인권 운동의 패배를 의미하는가? 단기적으로 피노체트 개인의 처벌이라는 점으로만 보면 그렇게 말할 수도 있겠다.

하지만 그 사건을 계기로 하여 보편적 관할권 원칙이 국제적으로 인정되었다. 각국의 독재자들이나 미국의 헨리 키신저나 도널드 럼스펠드 같은 전범 혐의자들이 체포 우려 때문에 외국 여행을 극도로 조심하게 되었다.[52] 칠레 국내에서도 과거사 문제가 다시 조명받기 시작했고 많은 군인들을 법정에 세울 수 있었다. 그리고 마침내 칠레 군 당국은 피노체트 집권 시의 인권 유린 사태에 군 전체가 책임이 있었다고 공식적으로 자인하기에 이르렀다. 피노체트가 사망한 후 무덤 훼손을 우려해 매장 대신 화장을 선택할 수밖에 없었고, 그의 유골을 칠레 내의 어떤 군 시설에도 안치할 수 없다는 결정이 내려지기도 했다.

결국 장기적으로 봤을 때 인권을 향한 진전이 이루어졌다고 볼 수 있다는 뜻이다. 이처럼 인권은 정치적 과정 속에서 비틀거리며 힘겹게 조금씩 전진한다. 간혹 인권 운동이 목표를 달성하지 못한 것 같아도 길게 보면 결코 헛수고한 게 아니다. 그런 점에서 인권 운동가는 현시대의 비관론, 역사적으론 낙관론을 가슴에 품고 산다.

바나나 총파업과 좌우 대타협

—

도대체 어떻게 이런 타협이 가능했던가. 유진 밀러는
세 사람이 각각 자기 진영 내 반대 세력을 설득할 수 있는 정치력이
있었기 때문에 가능한 일이었다고 지적한다. 여기 사람들 말대로
"오직 코스타리카에서만 일어날 수 있는 일"이었을까.

—

중남미에 온 지 몇 달밖에 안 되었는데 평생 먹을 바나나를 다 먹은 것 같다. 바나나 공화국이라는 말이 실감 난다. 싸고 영양가 높은 먹거리로 바나나보다 편리한 음식도 없을 것이다. 코스타리카 경제에서 농산물이 차지하는 비중이 6.5퍼센트인데 이것을 바나나와 커피가 양분하고 있다. 프리미엄급 수출용 바나나 1킬로그램에 우리 돈으로 1,300원이 채 안 되니 모든 사람이 부담 없이 즐긴다. 하지만 바나나가 싸다는 말은 농업 노동자의 인건비가 낮다는 뜻이기도 하다. 열악한 노동 조건에, 최저 임금보다 약간 더 높은 임금을 받을 뿐이다. 이들은 사설 하청 업체에 속해 있어 불안정 고용을 감내해야 한다. 또한 바나나는 제초제, 살균제, 살충제를 많이 투입하는 작물이다. 바나나 노동자에게 암 발병률이 높은 것도 이 때문이다. 네가몬(Negamon)이라는 살충제에 노출되어 불임, 암, 유산, 유전적 기형을 겪은 노동자 1만 2천 명에 정부가 배상을 하라는 대법원 판결이 2014년 10월에 나오기도 했다. 현재 농업 노동자 문제는 코스타리카

의 주요 노동 현안이다. 그런데 역사 속에서 바나나 노동자들이 코스타리카를 크게 변화시킨 사건이 있었다.

1934년 8월부터 몇 달간 일어난 일이다. 바나나 노동자들이 전국적인 총파업을 벌였다. 이 나라 역사상 최대 규모의 총파업이었다. 중남미의 바나나 산업을 독점했던 미국의 다국적 기업 유나이티드 푸르트사*를 상대로 한 대투쟁이었다. 노동자들은 6시간 교대 근무, 쿠폰이 아닌 현금으로 임금 지급, 산재 인정 등을 요구했다. 유나이티드가 정부와 결탁하여 노동자들을 분열시키고 회유하고 협박해 결국 총파업이 중단되기에 이르렀다. 하지만 파업은 국민들에게 장기적으로 큰 유산을 남겼다. 파업의 선두에 섰던 카를로스 파야스(Carlos Luis Fallas, 1909~1966)는 《마미타 주나이(Mamita Yunai)》라는 노동 소설을 써서 '40년대 문학 세대'를 대표하기도 했다.

총파업은 왜 발생했는가. 바나나는 원래 소농들이 소량으로 재배하던 작물이었다. 그런데 1872년 대규모 플랜테이션에서 단일 작물 재배가 시작되었고 곧 외국 수출이 이루어졌다. 코스타리카는 산업 발전이 낙후되어 있어서 노동 조직이 변변치 않았고 주로 수공업 장인들과 농업 노동자로 이루어져 있었다.[53] 1929년의 세계 대공황은 이 나라 경제에 직격탄을 날렸다. 3년 사이 수출은 절반 이하, 수입은 4분의 1 수준으로 급감했고 금융은 몰락했으며 도시 중산층과 농업 노동자들은 빈곤의 늪에 빠졌다. 1933년 수도 산호세에서 일어난 실업자들의 시위가 유혈 사태로 이어졌고 그 이듬해 바나나 총파업

유나이티드 푸르트사(UFC) 1899년 결성되어 주로 카리브해 연안 중남미 국가들의 환금 작물을 개발하고 상업화하는 데 앞장선 다국적 기업이다. 이 지역의 플랜테이션에서 바나나, 커피, 파인애플 등을 대규모로 재배하고 그것을 미국을 포함한 전 세계로 판매하여 중남미의 경제뿐만 아니라 정치, 제도, 문화에도 거대한 영향을 끼쳤다.

이 일어났던 것이다.

일단 파업은 끝났지만 노동자들의 요구를 무턱대고 막을 순 없었다. 정부는 커피 가격을 안정시키기 위해 조직을 신설하고, 1935년에는 농업 노동자 최저 임금제를 도입했으며, 미국의 뉴딜 정책을 본따 공공 근로를 대폭 늘렸다. 이 때문에 레온 코르테스(León Cortés) 대통령은 '시멘트와 강철 정부'라는 별명을 얻었다. 대공황을 계기로 하여 국가의 경제 개입이 늘어났지만 그런 조류가 갑자기 등장한 것은 아니었다. 19세기 말부터 정부 주도의 사회 정책 흐름과 1920년대 기독사회주의 운동의 경험이 있었다.

또한 남미 대륙 중 예외적으로 급진 좌파 정당이 허용되었고 이들이 소수이긴 하나 선거 때마다 의회에 진출하여 노동자의 이익을 대변했다. 이처럼 작더라도 확실하게 노동자 편에 선 정당이 의회에 들어가는 것이 중요하다. 코스타리카는 대공황 시대에도 개도국 중 민주주의를 계속 유지한 드문 사례에 속한다. 또한 좌파의 약진에 자극받은 우파가 가톨릭교회의 지원을 받아 국민공화당을 창당해서 공산당과 개혁 경쟁을 벌인 점도 특이했다.

1940년에 새로운 대선이 실시되었다. 개혁의 지속 또는 중단을 결정할 중대한 선거였다. 이 무대에 세 사람이 등장한다. 첫째, 여당의 칼데론 과르디아(Calderón Guardia) 대통령 후보. 개혁 의지가 있는 보수 포퓰리스트이자 집권을 위해서라면 막후 거래도 서슴지 않고 누구와도 손을 잡을 수 있는 노회한 정치인이었다. 둘째, 젊은 변호사 마누엘 모라(Manuel Mora). 투철한 마르크스주의자로서 1931년 노동자농민당 창설을 주도했다. 노동 해방의 원칙과 정치적 수완을 겸비한 전략가로서 타이밍에 강하고 과단성을 갖춘 인물이기도 하다. 셋째, 빅토르 사나브리아(Víctor Sanabria). 훗날 산호세 교구의 대주교가 된다. 원래 정치색이 옅고 가톨릭교회의 입지에만 관심이 있던 전형적인 고위 성직자였다. 그러나 19세기 말 교황 레오 13세가 발표한 회칙 '새로운 사태(Rerum Novarum)'라는 노동 헌장이 중요한 사회 교리로 등장한 시대적 배경을 이해하고 거기에 코드를 맞출 줄 알았던 감각의 소유자였다. 자신의 성향과 관계없이 교회의 가르침에 충실하여 노동 운동을 지지했던 인물이다.

칼데론이 먼저 패를 꺼냈다. 두 건의 거래를 물밑에서 성사시켰다. 대통령 코르테스에게 이번에 자신을 밀어주면 4년 뒤 그를 다시 밀겠다는 약속을 한다. 또한 사나브리아 주교에겐 교회의 지원을 호소한다. 국민 대다수가 가톨릭 신자인 나라에서 교회의 지지는 절대적인 효과가 있다. 사나브리아는 지원의 대가로 반성직주의 법률의 개정을 요구했다. 학교의 종교 교육 실시, 수도원 신설 허용 등 교회에 꼭 필요한 사항이었다. 라틴아메리카에는 가톨릭이 대세지만 정교분리 이념 때문에 교회의 영향력을 통제하려 한 나라가 많았다. 영국 소설가 그레이엄 그린(Graham Greene)의 《권능과 영광》에도 이런 상황이 잘 그려져 있다. 밀약을 성사시킨 칼데론은 좌파 정당의 공약 중 비교적 온건한 것들을 자기 공약에 대거 포함시켰다. 보수가 진보 노선을 귀신같이 선점한 것이다. 결과는 80퍼센트를 득표한 칼데론의 압승이었다.

대통령 자리에 오른 칼데론은 약속한 대로 코스타리카대학 설립, 사회보장법 제정, 사회부조 원칙을 담은 헌법 개정 등 개혁 조치를 밀고 나갔다. 그 결과 대농장주와 엘리트들의 불만이 터져 나왔다. 이들은 전임 대통령과 손잡고 칼데론 정권을 흠집 내는 데 전력을 다하기 시작했다. 급기야 코르테스 일파가 대통령과 결별하는 분당을 감행했고 칼데론은 지지 세력의 대거 이탈로 일생일대의 정치적 위기를 맞게 되었다.

여권의 분열로 정정이 불안해지자 마누엘 모라가 적극적으로 움직이기 시작했다. 보수 개혁 정권의 약화를 방치함으로써 결과적으로 헌정 중단에 일조하느냐, 아니면 이 틈을 타 개혁을 심화하느냐를 놓고 당 내에서 치열한 논쟁이 오갔다. 모라가 내부 비판을 무릅쓰고 개혁을 지지하는 쪽으로 결단을 내렸다. 그러나 급진 좌파에 대한 의심이 널리 퍼져 있는 상황에서 실천이 쉽지 않았다. 이때 사나브리아 대주교가 교회 내의 극심한 반대를 뿌리치고 양측 사이에서 중재에 나섰다. 당시 코스타리카 주재 미국 대사 핼릿 존슨(Hallet Johnson)의 회고다. "대주교는 모라가 똑똑하고 신실하며 진정으로 빈곤층을 염려하는 정치인이라고 했다. 모라와 그 추종자들이 공산주의를 신봉하는 건 사실이지만 외부 세력과 결탁한 것 같지는 않다고 안심시켜주었다."[54]

양측이 서로 도와 1943년 마침내 종합적인 노동법(Codigo de trabajo)이 제정되었고 사회보장부가 신설되어 라틴아메리카 대륙 최초로 전 국민 의료 보험이 실시되었다. 복지 국가의 거대한 토대가 마련된 것이다. 이때 삼자가 함께 찍은 사진이 남아 있다. 옅은 미소의 깡마른 공산당 당수, 작고 온화한 인상의 대주교, 근엄한 표정의 대통령. 모라 당수는 훗날 의회에서 '조국의 영웅(Benemérito de la Patria)'이라는 칭호를 받았다. 의회에서 수여할 수 있는 최고의 영예, 오직 몇 명만 수여받은 호칭이다. 국립병원 본관 앞에는 칼데론의 흉상과 어록, 사회보장의 상징물이 함께 전시되어 있다. 사나브리아 대주교는 종교를 떠나 지금껏 국민의 큰 어른으로 기억된다. 사회적 대타협의 효과는 그 후 1970년대 말까지 지속되었다.

도대체 어떻게 이런 타협이 가능했던가. 우선 절박했던 시대 상황이 존재했다. 또한 협상을 통해 결과를 꼭 도출하겠다는 민주적 유연함이 정치 문화로 깔려 있었다. 대농장주와 자본가들의 결속이 약했던 점도 한몫 했다. 제2차 세계대전 시기여서 미국과 소련이 연합하고 있던 배경도 빼놓을 수 없다. 이 주제로 《신성 동맹》이라는 책을 쓴 유진 밀러(Eugene Miller)는 세 사람이 각각 자기 진영 내 반대 세력을 설득할 수 있는 정치력이 있었기 때문에 가능한 일이었다고 지적한다.[55] 여기 사람들 말대로 "오직 코스타리카에서만 일어날 수 있는 일"이었을까.

코스타리카의 노동 조건은 나중에 신자유주의의 공세로 다시 악화되긴 했지만 대타협의 의미는 두고두고 회자되고 있다. 역사학자 이달리아 히메네스(Idalia Jiménez)는 코스타리카 국민의 인권 의식이 바나나 총파업과 삼자 동맹의 경험으로부터 큰 영향을 받았다고 지적한다.[56] 세계 인권 역사에서 빼놓을 수 없는 정치적 교훈이다.

탕췬잉, 신해 혁명을 뒤흔든 '여성 정신'[57)

─

정치 혁명을 완성하려면 사회 혁명이 필요하고, 사회 혁명을 이루려면
사회적 평등이 필요하며, 사회적 평등을 이루려면 남녀 평등이 필요하고,
남녀 평등을 이루려면 여성 참정권을 보장해야 한다는 데 뜻을 모았다.
오늘의 눈으로 보아도 흠잡을 데 없는 완벽한 여성권 논리였다.

─

공부를 하다 보면 곁가지로 눈이 가는 경우가 적지 않다. 당장 눈
앞에 닥친 연구에 직접적으로 관련이 있진 않지만 정작 연구보다 더
재미있는 이야기를 발견할 때면 아쉬운 마음이 든다. 하지만 그런 것
을 일일이 들추다 보면 해야 할 숙제를 못하게 되니 애석하지만 발길
을 돌리는 수밖에 없다. 곁길로 새다 보면 어느새 새벽 동이 터 있기
쉬우니 조심하지 않으면 안 된다. 특히 역사적 사례를 접할 때엔 무
궁무진한 이야기들이 깔려 있어 흥미를 느끼면서도 다른 한편으로는
왜 진작 역사학자가 되지 않았던가 후회한 적도 있다. 그래서 내겐
역사학이 '가지 않은 길', 아쉬운 기회의 상실, 달성하지 못한 로망과
닮았다. 물론 전문 역사학자들은 역사 공부도 직업적으로 하면 그렇
게 재미있는 것만은 아니라고 할지 모르겠지만.

몇 년 전 미셸린 이샤이(Micheline Ishay)가 쓴 《세계인권사상사》
를 번역하던 중에도 역사에 대한 동경이 발동하였다.[58) 책 자체가 역

사서인 데다 한국 독자들을 위해 역자 주를 달면서 끝없이 추가적인 사실(史實)을 알게 되어 번역 작업 자체가 무척이나 즐겁고 흥미진진했다. 800쪽이 넘는 책이었지만 시간 가는 줄 모르고 일에 몰두할 수 있었다. 중간 중간에 "이야, 이건 정말 신기한 일이군!" 하고 혼자 신이 나서 무릎을 친 적도 많았다. 그런데 책이 나온 후 어떤 학자를 만났는데 그분 왈, "아이고, 무슨 그렇게 두꺼운 책을 내셨어요? 그건 책이 아니라 목침에 가깝던데……."라고 하시는 게 아닌가. 물론 그 책을 베고 잤다고 하진 않았지만 내 귀엔 거의 그렇게 들려 약간 서운한 마음이 들었다. 어쨌든 《세계인권사상사》를 통해 나는 역사에 단단히 맛을 들였다. 예전 학교 다닐 때 왜 국사, 세계사 선생님들이 이 재미있는 과목을 재미있게 가르쳐주지 않으셨는지 이해가 가지 않았다.

《세계인권사상사》 중에서도 특히 중국 근대화와 여성 운동에 관한 구절은 몇 년째 내 머릿속을 떠나지 않고 있다. 마침 2011년은 중국의 신해 혁명(辛亥革命) 100주년이 되는 해였다. 거대한 문명인 중국의 전통적 봉건제 질서가 수천 년의 역사를 뒤로 한 채 사라지고 근대 정치 체제가 들어선 분수령적인 사건, 하지만 그 혁명 뒤에 숨겨진 여성 운동의 극적인 이야기는 우리에게 잘 알려져 있지 않다. 흔히 페미니즘 하면 서양의 이론과 동향을 중심으로 이야기되지만 20세기 초 동아시아에서 일어났던 여권 운동은 그 자체로 굉장히 가치가 높고 오늘날에도 우리에게 주는 영감과 감동이 적지 않다.

이런 이야기가 우리에게 더 많이 알려져 있지 않다는 것이 놀라울 따름이다. 《세계인권사상사》를 번역한 후 나는 시간 날 때마다 이 주제를 조금씩 조사해보았다. 본격적인 연구라 할 수는 없고 순전히 여가 취미 수준에 불과한데, 그러다가 발견한 탕췬잉(唐群英, 1871~1937)이라는 인물은 지금도 내게 많은 생각거리와 영감과 용기를 불어넣어 주는 분이다.

탕췬잉의 발자취를 더듬기 전에 20세기 초 국제 여성 운동 상황을 한번 살펴보는 것이 좋겠다. 당시 전 세계 모든 사회 계층의 여성들은 여성에게도 선거권과 피선거권이 있어야 한다는 참정권 운동의 대의에 동의하고 그 운동에 가담했다. 여성들 사이에서 이념적 차이가 상당히 해소된 상태에서 비교적 단일한 대오를 형성하여 참정권 운동에 맹렬히 참여했던 것이다. 영국의 참정권 운동가 수백 명은 런던 시내를 몰려다니면서 주택의 창문을 깨는 등 열성적으로 직접행동에 나섰다. 그러나 여성 참정권 운동은 서구에만 국한되지 않았다. 비서구권에서도 여성 참정권 운동이 요원의 불길처럼 타오르기 시작했다. 중국이 대표적인 나라였다.

신해 혁명으로 상징되는 근대적 혁명에 여성 권리 운동이 본격적으로 결합한 형국이었다. 자, 그렇다면 이쯤 해서 탕췬잉을 본격적으로 등장시켜보자. 탕췬잉, 그는 누구인가? 탕췬잉은 1871년 12월 8일 중국 후난성(湖南省) 형산(衡山) 현에서 군인 집안의 셋째 딸로 태어났다. 아버지 탕샤오위안(唐少垣)은 혁혁한 무공을 세워 조정으로부터 진위장군(振威將軍)이라는 명호를 하사받은 청 왕조의 무관이었고, 어머니는 일품부인(一品夫人)에 봉해진 분이었다. 원래 탕췬잉의 본명은 궁이(恭懿), 자는 시타오(希陶)였지만 나중에 필명을 탕췬잉으로 정했다.

탕췬잉은 어릴 때 집안에서 한학 교육을 받으며 사서오경을 떼고 시사문부(詩詞文賦), 즉 기본적 인문 교양의 토대를 모두 갖췄다고 한다. 특히 시를 잘 지었다는 기록이 남아 있다. 스무 살 때 탕췬잉은 쩡촨강(曾傳綱)과 결혼하여 딸 하나를 두었다. 그 무렵부터 탕췬잉은 글을 써서 마음이 맞는 여성들과 교유하였다. 그런데 스물여섯 살 때 남편이 병으로 세상을 뜬 데 이어 유일한 혈육인 딸까지 갑자기 병사하는 일이 연이어 일어났다. 낙심한 상태로 친정에 돌아온 탕췬잉은 본격적으로 독서를 하며 개화 사상을 익히기 시작했다. 독학으로 신여성의 길을 걷기 시작한 것이다. 그러다 서른셋 되던 1904년 탕췬잉은 제대로 된 신학문을 공부하겠다고 결심하고 자비로 일본 유학을 떠났다. 전통 사회에서 보기 드문 결심을 한 것이다.

탕췬잉은 도쿄의 아오야마실천여학교(靑山實踐女學校)에 입학하여 공부한 후 세이조고등학교(成女高等學校)를 다녔다. 이때엔 학업 성적이 뛰어나 일본 정부의 장학금을 받을 수 있었다고 한다. 도쿄에서 늦깎이 학생으로 공부를 하는 동안 탕췬잉은 당시 일본에 와 있던 쑨원(孫文, 1866~1925)을 비롯한 혁명 지사들과 접촉할 기회를 얻었다. 그들을 통해 탕췬잉은 중국 사회의 변혁을 꿈꾸는 혁명 의식을 자연스레 받아들이게 되었다. 향학열에 불타던 만학도로서 어쩌면 자연스런 선택이었는지 모른다. 1905년 5월 탕췬잉은 애국 단체 화흥회(華興會)에 가입했으며, 같은 해 8월 도쿄에서 유학하거나 체류 중이던 신사상 동조자들이 조직한 혁명 단체 동맹회(同盟會)에 첫 여성 회원으로 가입했다.

탕췬잉은 그 후 후배 여학생들을 동맹회에 가입시키고 이들을 이끌면서 리더십을 발휘하기 시작했다. 자연스레 주변 사람들이 탕췬잉을 중심으로 모였고 그는 왕언니[唐大姐]라 불리기 시작했다. 1906년 처음으로 재일 중국 여학생회가 결성되어 탕췬잉은 차례로 서기와

회장 직을 맡았다. 여성 조직을 이끄는 혁명 조직가로서 두각을 나타내기 시작한 것이다.

그 후 〈둥팅보(洞庭波)〉라는 잡지를 창간하여 열심히 글을 써 실었고 동맹회 기관지 〈민바오(民報)〉 창간에도 적극 참여했다. 회원들은 음식과 옷가지를 팔아 200은원(銀元)의 거금을 마련해 잡지의 발간을 도왔다. 탕췬잉은 1908년 봄 귀국하여 상하이와 난징 등에서 동지들과 함께 혁명 선전 활동과 무장 봉기를 논의했다고 전해진다. 1910년 여름 다시 일본으로 건너간 탕췬잉은 도쿄음악전과학교(東京音樂全科學校)에 다니면서 계속 여학생들에게 혁명 사상을 전파했다.

1911년 10월 10일 우창봉기(武昌起義)가 일어나기 직전 다시 중국으로 돌아온 탕췬잉은 상하이에서 여성들로 후원회를 조직하고 여자군북벌대(女子軍北伐隊)라는 군사 조직까지 만들어 봉기 과정에서 부상을 입은 사람들을 치료하고 구호 활동을 벌였다. 이런 활동이 쑨원의 인정을 받아 탕췬잉은 2등 훈장을 받기에 이르렀다. 이러한 소요를 거치면서 신해 혁명이 성공했고, 혁명 후 탕췬잉은 정치 혁명을 사회 혁명으로 바꿀 필요가 있다고 판단하여 본격적으로 여성 운동을 벌이기 시작했다.

이때 탕췬잉이 내세운 구호는 두 가지, 즉 남녀 평등권과 여성의 정치 참여 인정이었다. 그 후 탕췬잉은 여자참정동맹회(女子參政同盟會)를 조직했다. 중국에서 여성의 정치 참여 권리를 위해 혁명 조직 내에서 여성만의 모임을 결성한 최초의 역사적 사건이었다. 1912년 중화민국의 입법부인 임시참의원이 조직되어 혁명 정부의 헌법을 제정하게 되었다. 이 헌법은 임시적 성격이었기에 중화민국 임시약법(中華民國臨時約法)이라고 불렸다.

그런데 남성 혁명가들은 임시약법을 만들면서 과거에 했던 약속과는 달리 남녀 평등권에 대단히 미온적인 반응을 보였다. 게다가 혁명 운동권에는 보수적인 인물도 많이 포함되어 있어서 이들을 달래려면 남녀 평등권을 상당 기간 유보해야 한다고 주장하는 사람들도 많았다. 이에 탕췬잉은 1912년 2월 말 여성 혁명 동지들과 상의하여 정치 혁명을 완성하려면 사회 혁명이 필요하고, 사회 혁명을 이루려면 사회적 평등이 필요하며, 사회적 평등을 이루려면 남녀 평등이 필요하고, 남녀 평등을 이루려면 여성 참정권을 보장해야 한다는 데 뜻을 모았다. 오늘의 눈으로 보아도 흠잡을 데 없는 완벽한 여성권 논리였다. 탕췬잉은 이런 뜻을 모아 참의원에 다음과 같은 건의문을 정식으로 제출했다.

"남자와 여자 사이의 불평등은 인류 진보의 장애물입니다. 인민들은 이 같은 불평등을 오랫동안 성토해 왔습니다. 중화민국은 인민들의 번영을 위해 성립되었습니다. …… 중화민국 임시약법이 아무리 임시 헌법이라고 하나 이는 엄연히 헌법으로서의 효력을 지닙니다. 또한 임시약법은 향후 헌법의 기초가 될 것입니다. 임시약법에는 정부와 시민의 권리와 책임이 명기되어 있습니다. …… 임시약법의 2장 5조에 인민을 논하면서 중화민국의 인민들은 전부 평등하다고 천명한 후 이러한 평등이 인종, 계급, 종교의 구분 없이 시행된다고 했습니다(中華民國人民一律平等 無種族階級宗教之區別). 우리는 여성들의 정치 참여 권리를 요구하는 바입니다. 그것을 위해 임시약법에 남녀 평등권이 명확히 들어가야만 합니다. 위 문장에서 계급과 종교 사이에 '남녀'라는 두 글자만 포함되면 남녀 평등권이 명확해질 수 있습니다."

여성 운동가들은 진정서를 제출하면서 만일 이런 요구가 받아들여지지 않으면 참의원 건물을 폭파하겠다는 결의를 내비쳤다. 놀랄 만한 결기가 아닐 수 없다. 그러나 수천 년 인습에 사로잡힌 남성들에게 이런 요구는 안중에 들어오지 않았다. 어쩌면 여성들의 의지를 얕보았던 것이 분명하다. 그저 몇 마디 떠들다 제풀에 지치겠거니 짐작했을 수도 있다. 드디어 1912년 3월 11일 신헌법이 선포되었다. 아니나 다를까 신헌법에 남녀 평등 조항은 들어 있지 않았다.

여성 운동가들은 쑨원에게 이 조치를 재고해 달라고 요구하여 3월 19일 탕췬잉의 진정서를 참의원에서 논의하기로 약속했다. 하지만 여성 운동가들의 참의원 참석 요구는 받아들여지지 않았다. 하지만 여자참정동맹회 회원들은 기죽지 않고 일반 방청석을 통해 의원석으로 진입해 의원석을 점거하고 회의 소집을 요구하였다. 남자 의원들이 여성 운동가들에게 면박을 주자 여성들은 더 큰 목소리로 참의원 의장 린썬(林森)에게 맞고함을 치며 항의하였다. 이에 남성 의원들은 점심을 먹은 뒤 논의하자고 휴회를 선언하고 회의장을 빠져 나가버렸다. 회의를 하다 식사를 핑계로 삼아 골치 아픈 안건을 뒤로 미루는 버릇은 예나 지금이나 마찬가지인 것 같다.

그다음 날 3월 20일에 일어난 일에 대해서는 문헌마다 조금씩 설명이 다르다. 날짜가 하루 이틀씩 차이가 나기도 한다. 그런데 2008년 루이즈 에드워즈(Louise Edwards)라는 오스트레일리아 학자가 《성, 정치, 민주주의: 중국의 여성 참정권》이라는 책을 스탠퍼드대학 출판부에서 냈는데 여기에 당시의 상황이 상세히 기술되어 있다.[59] 이 책에 따르면 1912년 3월 20일은 중국 근대 역사에 '참의원 대투쟁 사건'이라고 공식적으로 기록될 만큼 길이 남을 날이 되었다.

그날 아침이 밝자 탕췬잉과 스무 명의 여자참정동맹회 회원들이

1912년 3월 20일에 일어난 '참의원 대투쟁 사건'과 관련해 〈센바오(申報)〉지 3월 30일자에 실린 삽화. 슈퍼우먼 같은 여성 운동가의 호쾌한 킥 앞에서 속수무책인 남성 경비원의 모습이 그려져 있다.

다시 참의원을 찾아 의장과 면담을 요구하였다. 회의장을 경호하던 경호원들이 회원들을 제지하고 나섰다. 그러자 그동안 참고 참았던 여성 운동가들의 분노가 폭발하고 말았다. 참의원 회의장의 창문을 깨뜨리고 남녀 평등을 주장하는 구호를 외치며 무려 다섯 시간이나 과격한(!) 시위를 벌인 것이다. 그 와중에 경비원 한 사람이 참정동맹회 회원의 발에 차여 고꾸라지는 일까지 일어났다. 맨손으로 창문을 깨다 보니 여성들의 손은 피투성이였다.

이 투쟁 소식이 전해지자 중국 전역이 발칵 뒤집어졌다. "아, 여자들이 그렇게까지 나올 줄이야!" 또는 "야, 대단하다, 여성들이!" 이런 감정이 아니었을까 싶다. 에드워즈는 이 사건을 이렇게 해석한다.

"중국 여성들이 난징에서 일으킨 거사는 그 직전의 영국 참정권 운동가들로부터 영감을 얻은 행동이었지만 중국 여성들의 행동은 역으로 전 세계 여성들에게 크나큰 영감과 용기를 불어넣었다. 진정으로 전 지구적 여성 운동이 탄생한 순간이라 할 수 있다."

다음 날 탕췬잉은 또다시 60여 명의 여자참정동맹회 회원들과 함께 참의원으로 쳐들어갔다. 이번에는 무장을 하고 갔다고 한다. 일설에는 권총을 차고 갔다는 말도 있다. 하지만 전날 사태에 잔뜩 긴장한 의원들이 참의원 경비 대원들을 2백 명이나 동원하여 가로막는 바람에 여성 운동가들의 의사당 진입은 성공하지 못했고 쑨원의 중재로 해당 조항을 다시 논의하자는 선에서 사태가 겨우 봉합되었다. 하지만 이에 불만을 품은 여성 운동가들은 3월 30일 남성 정치인들에게 최후 통첩을 보내 남녀 평등이 성문화되지 않으면 여성들이 본격적인 무장 투쟁에 돌입하겠다고 경고했다.

이 사건이 계기가 되어, 중국 혁명의 전선은 남녀의 전선으로 완전히 갈리게 되었다고 한다. 나중에 국민당의 강령을 논하는 자리에서도 남녀 평등 문제가 또 불거졌는데 이 과정에서 유명한 혁명 투사 쑹자오런(宋教仁, 1882~1913)이 탕췬잉에게 공개적으로 뺨을 맞는 일까지 발생했다. 이렇게 목숨을 걸고 투쟁했지만 중국에서 여성들의 참정권이 보장된 것은 오랜 시간이 지나서였다. 중화민국에서 1947년, 중화인민공화국에서 1949년에 이르러서야 여성들의 선거권, 피선거권이 법에 명시되었다.

탕췬잉은 여성들의 정치적 권리가 중국 땅에서 활짝 꽃피는 것을 끝내 보지 못하고 1937년 4월 25일 베이징에서 타계했다. 그는 난징 사건 이후 여성들의 권리 신장은 결국 여성 자신의 실력과 의식화를 통해 이뤄질 수밖에 없다는 결론을 내리고 전 재산을 털어 여성 교육 기관과 각종 언론 매체를 창설하였다. 특히 여자법정학교(女子法政學校), 여자미술학교(女子美術學校), 자강직업학교(自强職業學校) 등 한 방면에 국한하지 않고 법, 정치, 예술, 직업 훈련까지 다양한 교육을 실시했던 점이 눈에 띈다. 여성의 인격적 전인성을 강조한 것이다. 탕췬잉은 말년에 생활고에 시달리면서도 마지막 순간까지 중국 여성들이 주체적이고 당당한 인간으로 스스로 설 날을 기다렸다고 전해진다.

그렇게 좌우 사상의 분열이 극심한 중국이었지만 탕췬잉은 국민당 계열과 마오쩌둥의 공산당 계열로부터 모두 존경받은 여성 운동가였다. 주더(朱德)의 부인 캉커칭(康克清)의 말처럼 "한 시대를 풍미한 여성 정신(一代女魂)", 이 말이야말로 탕췬잉을 나타내는 표현이라 할 수 있을 것이다. 1995년 베이징에서 유엔이 주관한 세계 여성 대회가 열렸을 때 탕췬잉은 중국 근대 100년 역사상 걸출한 8명의 여성 중 한 사람으로 선정되었다. 그뿐만 아니다. 1997년 탕췬잉 타계 60주년을 기념해서 타이완 국민당의 원로인 천리푸(陳立夫)는 '여성 권리 투사(女權鬪士)'라는 공식 명칭을 탕췬잉에게 헌정했고, 2000년에는 고향 후난성 헝산 현에서 탕췬잉의 일대기를 모은 공식 전기《한 시대의 여성 혼: 탕췬잉 전기(一代女魂: 唐群英的傳奇故事)》가 출간되었다. 탕췬잉은 날이 갈수록 선각자의 모습이 새롭게 발견되는 동아시아 여성 운동의 한 전범을 보여주고 있다.

여성 참정권 운동은 요즘의 시각에서 보면 고전적인 자유주의 여성 운동에 속하는 사례에 해당된다고 하겠다. 그만큼 평등과 보편적 인권을 강조한 기본적인 차원의 운동이라 할 수 있다. 하지만 모든 역사적 사건은 그것이 발생한 당시의 기준으로 평가되어야 한다는 마크 트웨인(Mark Twain)의 말도 있듯이, 20세기 초 블랙홀과 같이 낙후된 중국 대륙의 인습을 감안한다면 탕췬잉과 여자참정동맹회 회원들의 피 끓는 열정은 선례를 찾기 어려울 정도의 급진적 운동으로 평가할 수 있다. 또한 이들은 보편적 자유주의의 한계, 즉 이론적으로는 인간 평등을 전제하면서도 실천을 도외시하던 현실을 보편주의의 내적 논리를 끝까지 밀고 나가 극복하려 했다는 점에서 진정한 '급진' 보편주의자였다고 할 수 있다.

게다가 오늘의 기준으로 봐도 간담이 서늘한 직접행동 투쟁을 통해 형식적 민주주의의 위선을 폭로하고 그것에 실질성을 부여하려 했다는 평가를 받을 수 있을 것이다.

2장

아우슈비츠에서
코스타리카까지

인권으로 본 외화 더빙

—

유엔의 통계에 따르면 유럽 국가들의 문자 해독률은
세계 최고 수준이지만 그래도 글을 못 읽는 사람이 1퍼센트는 된다고 한다.
독일만 놓고 봐도 약 80만여 명이 문맹자인 셈이다.
이런 사람들의 영화 관람 권리를 보호해줘야 한다는 말이다.

—

독일 대학에서 가르치기 시작한 후 한 학기 만에 처음으로 영화관에 가볼 기회가 생겼다. 이라크전을 다룬 영화 〈그린 존(Green Zone)〉이 개봉하던 날 베를린 시내 포츠담 광장의 큰 극장을 찾아 입장권을 끊었다. 조명이 꺼지고 화면이 뜨면서 대사가 흘러나오기 시작했다. 독일어였다. 발성이 워낙 실감나는 데다 목소리의 톤과 음색까지 너무 자연스러워 미국 배우 맷 데이먼이 독일 말로 연기를 하는 줄 알았다. 그만큼 더빙의 완성도가 높았다. 독일에서 외화를 원어로 감상하려면 별도의 전문 상영관을 찾아야 한다.

독일뿐 아니라 프랑스, 이탈리아, 에스파냐 같은 유럽의 큰 나라들은 외화를 거의 모두 자국어로 녹음하는 '더빙파'에 속하고, '자막파'는 주로 작은 나라들에서만 찾아볼 수 있다. 박희석 박사의 조사에 따르면 독일에서 더빙은 유성 영화가 본격적으로 보급된 1932년경 시작되었고 제2차 세계대전 이후 1950년대부터 더빙 산업이 붐을 이뤘다고 한다. 영화 더빙을 전문으로 하는 스튜디오가 전국에 약 45

개 있는데 그중 25개가 베를린에 있다고 한다. 전체 더빙 산업의 연 매출이 우리 돈으로 1600억 원 정도이니 적지 않은 수준이고, 더빙 산업의 파생 효과도 꽤 큰 편이다. 번역이나 음향, 녹음 쪽 인력을 제외하고 전문 성우만 약 2천여 명이 활동 중인데 이들은 시간당 평균 10만 원 정도의 보수를 받는다고 한다.

그런데 왜 이렇게 영화 더빙 산업이 활성화되었을까? 더빙을 하면 자막 처리하는 것보다 비용이 더 많이 드는데 왜 굳이 더빙을 고집하는 것일까? 우선 관객의 편의를 위해서다. 더빙 영화는 자막 영화보다 관객의 몰입도가 훨씬 높다. 유럽 관객들은 화면과 자막을 번갈아 보느라 영화 감상의 흐름이 분산되는 것을 대단히 싫어한다. 자막을 통하면 영화를 '바깥'에서 보게 되지만 더빙을 통하면 영화 '속'으로 들어갈 수 있다는 설명이다. 또한 인권을 고려한 측면도 있다. 유엔의 통계에 따르면 유럽 국가들의 문자 해독률은 세계 최고 수준이지만 그래도 글을 못 읽는 사람이 1퍼센트는 된다고 한다. 독일만 놓고 봐도 약 80만여 명이 문맹자인 셈이다. 이런 사람들의 영화 관람 권리를 보호해줘야 한다는 말이다.

그런데 영화 더빙을 단순히 영화 제작의 후반 작업이 아니라 더 넓은 의미의 산업과 문화의 측면에서 접근하려는 움직임이 있다. 2009년 유럽연합(EU) 집행 위원회에서 나온 〈유럽연합 언어 산업의 규모〉라는 두툼한 보고서가 바로 이런 관점을 제시한다.[1] 보고서에 따르면 자막 영화보다 더빙 영화에 관객들이 8배나 더 몰린다고 한다. 더빙에 드는 추가 비용을 감안하더라도 충분히 경제성이 있다는 뜻이다. 더 나아가 보고서는 다음과 같은 점을 놓치지 않고 있다. "더빙을 하는 것은 경제적 이유를 넘어 자국의 언어와 문화를 보존하려는 욕구 때문인 것으로 보인다." 모국어에 대해 실리적이면서 규범적으로 접근하는 유럽인들의 태도가 엿보이는 대목이다.

위 보고서는 언어 산업이야말로 21세기의 진정한 성장 산업이라고 주장한다. 2008년 유럽 내 언어 산업의 규모는 총 12조 원에 달하고, 최소한으로 잡아도 향후 매년 10퍼센트씩 성장이 이루어질 것으로 전망한다. 통·번역, 소프트웨어와 웹사이트 개발, 언어 학습 기술 개발, 언어 교육이 모두 언어 산업에 속한다. 신기하게도 언어 산업은 금융 위기의 여파를 가장 적게 타는 부문이기도 해서 요즘 주요 투자 기관들이 언어 산업 관련 주식을 대량 매입하는 추세가 관찰된다고 보고서는 지적한다. 여기서 우리가 눈여겨볼 부분은 언어 산업을 단순히 외국어 학습이라는 일방통행 과정으로 보지 않고, 외국어와 모국어가 서로 만나 새로운 가치를 창출하는 쌍방 통행 과정으로 이해한다는 점이다.

유럽의 언어 산업을 관찰하노라니 자연히 한국의 젊은 세대들이 떠오른다. 고학력이면서 직장에 대한 기대 수준이 높은 우리 청년층의 실업률이 8.3퍼센트라는 우울한 소식을 접한 탓이다. 우리 젊은 이들은 세계적으로 유례없이 밀도 높은 모바일 통신, 인터넷, 전방위 소통의 환경 속에 살고 있다. 그러니 멀티미디어나 영상 매체에 열광하는 것이다. 고생이 좀 되더라도 그런 분야에서는 신이 나서 일을 한다. 게다가 외국어 교육열은 세계 최고 수준에 속하지 않는가?

이런 새로운 인간형들을 위해 언어와 미디어를 매개로 한 산업, 그러면서도 문화적 자부심을 심어줄 수 있는 일자리를 창출할 수 있는 정책적 상상력을 발휘해야 한다고 본다. '어륀쥐' 발음을 백 번 따라 해도, 포크레인으로 낙동강 천 리 길을 아무리 파 뒤집어도 우리 미래를 위한 해답이 될 순 없다. 인적 문화 자원을 최대한 활용하는 산업 진흥이 결국 정답이 아닐까 한다.

사족이지만, 경복궁 전철역에서 자하문 쪽으로 가다 보면 통인동 길가에 세종대왕이 탄생한 곳을 가리키는 표지석이 세워져 있다. 나는 그 부근에 갈 때마다 한 나라의 문자 체계를 만든 창시자를 기리는 세계 유일의 명소를 우리 후손들이 잘 활용하지 못한다고 느끼곤 했다. 그 주변 일대를 가칭 '세종대왕 애비뉴'로 조성해서 언어 산업의 메카로 키우자고 하면 황당한 발상일까? 한국어와 외국어가 창조적으로 교류하고, 더빙 스튜디오들이 인왕산 자락에 들어서고, 무공해 첨단 교육·문화 사업의 일자리가 만들어져 젊은이들이 구름같이 모이는 지역으로 말이다. 세종대왕은 백성들이 말과 글 때문에 답답해하는 것을 이해하고 요즘 식으로 말해 민중의 언어 권리를 보장해 주려 노력했던 군주였다. 21세기 젊은이들의 노동 권리를 보장해주기 위해 '애비뉴'자를 붙여 언어 산업 특구로 키우겠다고 말씀드리면 껄껄 웃으면서 찬성해주실 것이다.*

---

* 세종대왕이 탄생한 서울시 종로구 통인동 137번지 일대가 최근 '세종마을'로 명명되었다.

베를린 출근길에 만나는 제3세계

—

베냉은 "빈곤국은 민주주의를 할 수 없다."는
조롱을 보기 좋게 잠재우고 20년 가까이 민주주의를 실천하고 있다.
그 결과 베냉은 '아프리카 민주주의 모델 국가'라는
자랑스러운 별명을 얻었다.

—

독일 생활에서 내가 제일 호사를 누리는 것은 걸어서 출퇴근한다는 점이다. 집에서 학교 연구실까지 도보로 30분, 그것만 해도 하루 한 시간을 걷는 것이니 저절로 운동이 되는 셈이다. 게다가 베를린은 수목이 우거진 거대한 전원 도시여서 통근길이 바로 숲 속 산책길이다. 한적한 주택가를 지나다니는데 시간이 지나면서 동네 집들의 특징이 눈에 들어오기 시작했다.

내가 걷는 거리에는 외국 대사관저들이 있다. 맨 처음 마주치는 곳이 베냉 대사관저. 넓은 정원에 하얀색 건물이다. 가끔 운전 기사가 바깥에서 대기하고 있거나 방문객이 초인종을 누르는 모습이 보인다. 그곳을 지나 한참 더 가면 버마 대사관저가 나온다. 항상 철문이 잠겨 있고 인기척이 전혀 없다. 안쪽에 주차해놓은 시커먼 관용차만 보일 뿐이다. 이들 대사관저 곁을 매일 지나면서 내 머릿속에 일종의 세계 정치·경제 지도가 만들어지는 것 같다.

베냉은 서아프리카의 조그만 나라다. 동쪽으로 나이지리아, 서쪽으로 토고 사이에 끼여 있는 옛 노예 무역의 출발지였다. 버마야 따로 설명할 필요가 없는 동남아의 '문제' 국가다. 두 나라 사이에는 약간의 공통점이 있다. 둘 다 과거 식민지 지배를 경험한 나라다. 버마는 영국, 베냉은 프랑스의 통치를 받았다. 둘 다 가난하고 낙후된 나라다. 2009년 통계를 보면 베냉의 일인당 국민 소득이 구매력 기준으로 1,444달러, 버마는 1,197달러 수준이다. 2009년 유엔의 인간 개발 지수*로 보면 베냉이 전 세계 161위, 버마가 138위 정도다. 둘 다 아주 열악한 경제·사회 상황임이 분명하다.

그리고 둘 다 나라 이름을 변경한 역사가 있다. 베냉은 예진에 '다호메이(Dahomey)'라고 불렸다. 버마도 군부 독재 치하에서 미얀마(Myanmar)로 개명을 했다. 마지막으로, 둘 다 중국과 긴밀한 관계를 유지하고 있다. 베냉은 1970년대 초부터 베이징의 '하나의 중국' 정책을 지지해 왔고 지금도 많은 경제 원조를 받고 있다. 버마와 중국의 유착 관계는 보통이 아니다. 〈르몽드 디플로마티크〉는 버마를 "중국의 24번째 성(省)"이라고 부른 적도 있다. 그런데 두 나라 사이에 공통점이 꽤 많아 보이지만 결정적으로 다른 점이 있다. 민주주의와 정치 발전이라는 점에서 베냉과 버마는, 적어도 현 시점에서는, 아주 다른 길을 걷고 있는 것처럼 보인다.

베냉은 지금도 가난하지만 1960년 프랑스로부터 독립했을 때는 정말 찢어지게 가난한 나라였다. 1970년대 초 집권한 마티외 케레쿠(Mathieu Kérékou) 대통령은 마르크스-레닌주의를 국가 공식 이념으

인간 개발 지수(human development index) 국제연합개발계획(UNDP)이 한 나라의 개발 수준을 가늠하기 위해 고안한 지수. 매년 각국의 교육 수준과 1인당 실질 국민 소득, 평균 수명 등 206개 지표를 토대로 하여 인간 개발의 성취 정도를 평가한다. (편집자 주)

로 선포하고 동구에 격변의 바람이 불었던 1989년까지 독재 정권을 유지했다. 더는 구식 사회주의 이념으로 통치가 어렵다고 판단한 케레쿠는 1990년 시민 사회 대표, 종교 지도자, 농민, 정치인들을 모아 전 국민 대표 연석 회의를 열었다. 나라가 이 모양이니 어떻게 하면 좋겠느냐고 국민들에게 직접 물었던 것이다. 그때 나온 제안이 민주 선거 실시와 대통령 임기제 도입이었다.

자유 선거에 따른 대통령 5년 연임제를 받아들인 케레쿠는 다음 해 정말로 선거를 실시하고 거기서 패하자 깨끗하게 권좌에서 물러났다. 개도국에서 흔치 않은 일이 벌어진 것이다. 케레쿠는 그 후 1996년 선거에 재도전하여 당선되어 연임을 하였고 2006년부터 현재의 토마스 야이 보니(Thomas Yayi Boni) 대통령이 집권하고 있다.

2006년 선거 때엔 이런 일도 있었다. 나라가 워낙 가난해 선거를 제대로 치르기 어려워지자 시민들이 자진해서 투표 비용을 마련하기 위해 성금과 개인 컴퓨터를 선관위에 기탁하는가 하면 오토바이족들이 개표장에 몰려가 밤새 라이트를 비춰 개표가 무사히 이루어지게 한 것이다. 이게 그 유명한 '오토바이 피플 파워' 사건이었다. 어쨌든 베냉은 "빈곤국은 민주주의를 할 수 없다."라는 조롱을 보기 좋게 잠재우고 20년 가까이 민주주의를 실천하고 있다.

국경없는기자회(RSF)는 2007년 세계 언론 자유 지표에서 베냉을 전 세계 53위의 언론 자유 국가로 높이 평가했고, 사하라 이남 아프리카의 거버넌스를 측정하는 '이브라힘 지표' 역시 법의 지배, 안전 보장, 시민 참여, 인권 보장 등의 항목에서 높은 점수를 주고 있다. 그 결과 베냉은 '아프리카 민주주의 모델 국가'라는 자랑스러운 별명을 얻었다. 그렇다면 먹고사는 문제는 어떨까? 자원도 부족하고 면이나 커피 등 원자재 수출에 의존하는 국가이지만 2006년 이후 미약하지만 지속적인 경제 성장이 이루어지고 있다. 빈곤선 이하 국민 비율도 조금씩 떨어지는 중이다. 중기적인 경제 예상치도 긍정적이라고 한다. 이런 추세가 이어지면 언젠가는 먹고살 만한 개도국 민주 국가로 도약할 수 있을 것 같기도 하다.

이에 비해 버마의 상황은 여전히 암울하다. 2010년 11월 7일에 예정되어 있는 총선도 정상적으로 진행될지 의문이고 군부 독재 세력이 민주주의를 자발적으로 시행할지는 더더욱 의문이다. 군부가 자동적으로 의석의 25퍼센트를 차지하게 되어 있고 아웅 산 수 치를 포함한 민주파의 참여가 배제된 선거이니 말이다.* 우리 세대가 국민학교를 다니던 1960년대에 "우 탄트 유엔 사무총장은……"이라고 시작되던 라디오 뉴스가 지금도 귀에 생생하다. 이 나라 출신이 유엔 사무총장을 10년이나 할 정도로 당시 버마의 국제적 지위는 결코 만만치 않았다. 지금의 버마와 비교할 수 없을 정도였다.**

이런저런 생각을 하다 보면 벌써 학교에 도착해 있다. 점심시간에 구내 식당에 가면 중국 유학생들이 상당히 눈에 띈다. 가만 생각해 보면 이 또한 국제 정치경제의 축소판이라 할 만하다. 신흥 공업국이

---

* 2010년 11월 7일 열린 총선에서 집권 세력이 결성한 연합단결발전당(USDP)이 군부 지명 의석을 포함하여 상하원 의석의 80퍼센트 이상을 차지했다. 아웅 산 수 치는 출마가 금지되었고 민주주의민족동맹(NLD)은 선거에 불참하였다.
** 버마의 집권 세력은 2011~2012년 사이 뜻밖에 정치 개혁을 단행하여 불완전하나마 민주주의로 가는 여정을 시작한 상태다. 야당 지도자 아웅 산 수 치가 가택 연금에서 풀려났고, 정치범 사면, 국가인권위원회 설립, 노조 결성 및 파업 허용하는 법 제정, 언론 자유 부분적 허용 등의 조치가 이루어졌다. 이에 따라 2011년에는 미국의 힐러리 클린턴 국무장관이, 2012년에는 버락 오바마 대통령이 버마를 방문했다. 버마는 2014년 아세안(ASEAN)의 의장국으로 선정되기도 했다. 2012년 개최된 재보궐 선거에 민주주의민족동맹(NLD)이 참여하여 압승을 거두었고 아웅 산 수 치도 국회의원에 선출되었다.

자 세 번째 민주주의 물결에 속한 나라의 학자가 이른바 '선진국' 독일에 와서, 저개발국인 베냉과 버마 대사관저를 지나 출근을 하고, 무섭게 성장하고 있는 중국의 학생들을 만나고 있으니 말이다. 독일-베냉-버마-중국-한국, 이들 나라가 우리에게 주는 교훈은 무엇일까?

우리가 베냉이나 버마와는 비교도 안 될 정도로 잘살게 된 것은 사실이다. 중국은 급속한 경제 성장 뒤의 불평등과 민주주의 문제로 몸살을 앓고 있다. 어떻게 보면 한국은 이들 나라보다 좀 더 앞서 있지만 이른바 '두 개의 D', 즉 민주주의(democracy)와 발전(development)을 놓고 '더 높은 수준'의 고민을 하고 있지 않은가? 오늘 퇴근길에도 민주주의와 발전이라는 문제가 내 머릿속 지도 위에서 계속 맴돌 것 같다.

그 많던 사회주의 엘리트는
다 어디 갔을까?

—

"구 동독의 몰락으로 어떤 계층의 변화도 일어나지 않았다.
사회적 격차는 더 커졌지만 위에 있던 사람은 위에,
중간에 있던 사람은 중간에, 아래 있던 사람은 아래에 머물렀다."

—

방학 동안 동유럽 몇 나라를 다녀왔다. 프라하에서는 블타바 강변 옆 지역에 있는 17세기에 지어진 건물의 4층 방을 빌려서 지냈다. 도착 첫날 현관 앞에서 만난 집주인은 일흔이 족히 넘어 보이는 할머니였다. 말이 할머니지 금발 생머리를 길게 늘어뜨리고 짙은 녹색의 물방울 무늬 원피스에 색깔을 맞춘 액세서리와 눈부신 화장을 한 초현대식 멋쟁이 '여사님'이었다.

아니나 다를까 주방 식탁에 앉아 이야기를 나누며 건네받은 명함에는 언어학 박사라고 적혀 있었다. 체코어 외에 독일어, 프랑스어, 영어, 러시아어, 에스파냐어를 유창하게 구사한다고 했다. 교육계에 계시던 분이신가 물었더니 그건 아니고 원래는 언론인이었는데 나중에 공부를 다시 했다고 한다. 요즘은 집을 임대해주고 생활한다면서, 묻지도 않는데 자기가 관리하는 아파트가 열다섯 채나 된다는 말도 한다. 아무튼 대단한 분이었다.

집주인이 떠난 후 여사의 나이와 활동 시대를 어림짐작해보았다.

그분이 기자로서 한창 날리던 때는 공산당이 집권한 시절이었을 것이다. 나라에 따라 차이는 있지만 동구 공산권의 언론은 대부분 당의 직접적인 통제를 받으면서 극히 중요한 선전 임무를 담당했다. 예를 들어, 루마니아의 언론법 2조에선 언론 매체가 "전 사회의 주도적인 정치 권력"이라고 규정할 정도였다. 옛 소련 진영의 기자들은 정치적 성분이 좋고 교육 배경이 훌륭한 집단이었고, 사회 계급상 높은 신분을 유지했다.

확신할 순 없지만 집주인의 자기 설명, 풍모, 태도로 미루어 보아 평생을 '험하지 않게' 살아온 사람 같다는 인상을 받았다. 한창 날리던 시절을 거의 대부분 공산 정권 치하에서 보냈을 것이다. 만약 이 추측이 맞는다면 다음과 같은 질문을 하지 않을 수 없다. 예전 사회주의 시절의 '귀한' 신분들은 그 후 모두 어떻게 됐을까. 좀 더 학술적으로 표현하자면, 동구권 체제 변화 이전과 이후의 사회 계급은 어떻게 변했을까.

어떤 사회의 계급 문제를 묻는다는 것은 단순히 학술적 질문 이상의 의미를 지닌다. 계급 불평등이 심한 사회는 긴장과 갈등이 일상화되어 사회적 응집력이 떨어지고 민주주의를 실천하기가 어려워진다. 따라서 어떤 사회의 계급 격차는 그 사회의 현재는 물론 미래를 위해서도 대단히 의미심장한 지표가 된다.

사회주의권에서는 평등을 이상으로 삼았지만 전체 주민의 약 4분의 1 정도가 엘리트 상층부를 형성했고 나머지는 다수 대중 계급으로 남아 있었다. 공산권 내의 철저한 공산주의자들 사이에서도 이 같은 신엘리트 계급의 출현에 대해 오래전부터 우려의 소리가 적지 않았다. 이런 상황은 폴란드의 안드제야 바이디(Andrzeja Wajdy) 감독이 1981년에 내놓은 영화 〈강철 인간〉에서 잘 묘사하고 있다.

예컨대, 유고슬라비아의 마르크스주의 이론가였고 요시프 티토의 후계자로 예상되던 밀로반 질라스(Milovan Đilas, 1911~1995)가 1950년대 초에 공산당 지도부와 군 간부들이 온갖 특혜를 누리고 있다고 비판한 후 권력에서 축출되는 사건이 일어나기도 했다. 그렇다면 체제 변화 이후 동구권 사회 계급 구조는 어떻게 변했을까? 예전보다 더 평등한 사회로 나아갔을까, 그대로일까?

사회학자 찰스 워커(Charles Walker)가 조사한 바에 따르면 동구권 내에서도 서쪽과 동쪽의 나라들 사이에 차이가 있지만 크게 보아 몇 가지 특징을 발견할 수 있다고 한다.[2] 첫째, 동유럽 국가에서 과거의 불평등은 거의 대부분 국가 배분에 의한 취업이나 교육의 불평등이었지만, 현재의 불평등은 자유 시장 배분에 의한 소득 불평등이 주종을 이룬다. 둘째, 그런데 각국마다 사회적 계층 이동의 양상은 다르다. 나라마다 노동 시장이나 정치에서 비공식적 인간관계가 차지하는 비중이 다르기 때문이다. 즉 연줄에 따라 성공 여부가 달라진다. 셋째, 성별, 사회적 지위, 도농 거주지, 장애 여부에 따른 사회 불평등은 과거와 양상은 다르지만 여전히 되풀이되고 있다. 넷째, 오늘날 자유 시장 체제에서 발생하는 불평등은 개별적으로 경험되고 개인의 문제로 치부되는 경향이 있다.

사회주의 시절에는 불평등을 내가 속한 성분 탓이라고 집단적으로 해석한 반면, 오늘날에는 못 사는 게 다 자기 탓이라고 생각하게 되었다는 말이다. 일례로 체코의 경우 체제 변화 이후에도 한참 동안 유지되었던 일종의 대중적 동질 의식이 오늘날에는 거의 사라졌다고 한다.

에베르트 재단의 간행물로 나와 한국에 번역·소개되었던 독일 예나대학 미하엘 호프만(Michael Hoffman) 교수의 〈사회주의 엘리트는 어떻게 되었나?〉라는 논문이 있다.[3] 독일 통일 후 옛 동독 지역의 사회 구조가 어떻게 변화되었는지를 다룬 글인데 이에 따르면 옛 동독 사회주의 체제의 특권층은 전체 인구의 약 20퍼센트 정도였고, 그 안에서도 세 부류가 있었다고 한다.

첫째, 5퍼센트 정도의 지위 중심적 권력 관리자층. 사회주의 법학이나 마르크스-레닌주의 정치경제학을 전공한 당과 국가 간부들이다. 둘째, 4퍼센트 정도의 기술 관료층. 마지막으로, 12퍼센트 정도의 예술가, 지식인, 문화인 등 지식·문화 전문가층. 놀랍게도 체제 변화 후에도 이들은 살아남았다. 특히 지위 중심적 당 간부와 기술 관료층이 통일 후 경제 분야와 3차 서비스 산업 등에 재빨리 진출하여 성공적인 변신을 했다는 것이다. 호프만의 결론은 정곡을 찌른다. "구 동독의 몰락으로 어떤 계층의 변화도 일어나지 않았다. 사회적 격차는 더 커졌지만 위에 있던 사람은 위에, 중간에 있던 사람은 중간에, 아래 있던 사람은 아래에 머물렀다."

이것은 중요한 연구 결과다. 원래 공산주의 체제는 민주자본주의 체제가 자본가와 그들의 이익을 충실히 대변하는 국가 엘리트의 지배를 받고 있다고 비판했었다. 그에 반대하는 공산 체제는 '당연히' 계급 불평등이 사라진 평등 사회 체제라고 선전되었다. 그러나 현실 사회주의 체제의 불평등 실상은 그 지배 계층의 성격만 달랐다 뿐이지, 소수 엘리트의 다수 지배라고 하는 점에서는 자본주의 체제와 크게 다르지 않았다. 더 나아가, 공산 체제 몰락 이후에도 과거 엘리트들이 계속 살아남았다는 것은 무엇을 의미하는가. 좌우 체제를 막론하고 소수 엘리트들의 권력 독점을 막는 진정한 민주주의—인간의 평등과 자유를 추구하는—를 해야 한다는 말이 아닐까. 과거 미국의 권력 엘리트 제체를 미국 체제 내에서, 그리고 자유민주주의 원칙에 근거하여 신랄하게 비판했던 사회학자 C. 라이트 밀스(C. Wright Mills)의 통찰이 체제 변동 후의 동구권에도 적용되는 아이러니가 발생한 것이다.[4]

프라하를 떠나던 날 집주인을 다시 만났다. 의례적인 작별 인사와 열쇠 반납. 그날 오후에 도착하는 러시아 손님을 위해 대청소를 해야 한다고 했다. 얼다섯 채나 되는 주택을 관리하는 게 보통 일이 아니겠지만 여행객이 끊이질 않으니 임대 사업이 성황이라고 봐도 될 것이다. 프라하 시민 중 이 정도의 사업 수완으로 걱정 없이 살 수 있는 이들이 얼마나 될까? 트램을 타고 중앙역으로 나가면서 20세기 역사의 풍상을 거치면서도 언제나 양지 쪽에 설 수 있었던 주인 할머니의 모습이 머릿속을 떠나지 않았다.

적어도 지난 백 년간 인류 사상계의 실험은 더 큰 번영과 더 작은 불평등을 성취하기 위한 시행착오의 연속이었다 해도 과언이 아니다. 그 실험의 교훈이 무엇인가. 한마디로 말해 국가 배분에 의한 불평등이든, 자유 시장에 의한 불평등이든 비특권층 서민 대중에게는 비슷한 고통을 안겨주기 쉽다는 것이다. 우리의 단어장에서 특권층이니 불평등이니 하는 어휘를 지우고 그 자리에 진정한 민주와 복지를 집어넣어야 할 이유가 여기에 있다.

아우슈비츠와 오시비엥침

—

과거의 피해자 유대인들이 '강한 민족, 강한 국가'라는 구호 아래
팔레스타인 주민들에 반인도적 박해를 가하면서도 그것을 부인하는 서사,
그에 대한 반발로 이란 등 중동 일부에서 홀로코스트 자체를 부인하는
역(逆) 서사까지 나오고 있는 상황이 아닌가.

—

9월의 마지막 자락, 비바람이 을씨년스럽게 몰아치는 날씨 속에 폴란드의 오시비엥침을 찾았다. 오시비엥침 타운은 아우슈비츠 수용소에서 도보로 약 40분 거리에 있다. 굳이 이곳까지 온 이유는 오시비엥침의 유대 박물관을 둘러보기 위해서였다. 센터 개관 10주년 기념 전시회가 끝나기 전에 꼭 가봐야겠다는 의무감도 있었다.

나치의 대표적인 절멸 수용소인 아우슈비츠를 찾는 사람들은 한 해에 백만 명이 훨씬 넘는다. 하지만 그중에서 오시비엥침 타운까지 오는 이는 극소수에 불과하다. 오시비엥침 주민들 입장에서 이 사실은 커다란 역설이자 우울의 원천이다. 아우슈비츠(Auschwitz)라는 말 자체가 1939년 나치가 폴란드를 침공한 후 오시비엥침(Oświęcim)을 독일식으로 바꿔 부른 이름이기 때문이다.

게다가 외부인들은 오시비엥침 타운을 살아 있는 주민들의 생활 근거지로 보지 않고 단지 홀로코스트가 발생한 거대한 공동 묘지로만 기억하니, 그 얼마나 억울할 것인가. 길가에는 타운이 건립된 지

800년이 넘었다고 선전하는 포스터가 여기저기 붙어 있다. 오시비엥 침의 공식 안내서에도 "우리 타운은 강제 수용소만 있는 곳이 아닙니다. 역사와 전통이 숨 쉬는 아름다운 도시입니다."라고 강조하고 있었다.

그림 같은 강에 걸려 있는 작은 다리를 건너면 붉은 벽돌의 수도원 건물, 그 뒤쪽에 중앙 광장이 있다. 광장 왼쪽 길 안쪽 공터에 유대교 회당과 연이어 있는 유대 박물관이 나온다. 박물관에는 인권 교육 센터도 함께 들어서 있다.

오시비엥침은 원래 오스트리아, 프로이센, 러시아가 각축하는 꼭 지점에 자리 잡고 있었다. 지금은 폴란드 남부 대도시 크라쿠프의 서쪽 50킬로미터 위치에 있다. 16세기 초부터 이곳에 유대인들이 모여들기 시작했다. 소금 교역의 요충지여서 경제 활동이 용이한 데다 다른 지역에 비해 이방인들의 정치적·법적 권리가 잘 보장되었기 때문이다. 유대인들은 이곳을 자기네 식으로 '오시피친(Oshpitzin, 이디시어로 '손님'이라는 뜻)'이라고 불렀다. 제2차 세계대전이 발발하기 전 오시비엥침의 유대인은 거의 8천 명이나 되었다. 전체 주민의 절반이 넘는 수준이었다.

폴란드를 침공한 나치가 시골 마을 오시비엥침에 진주하여 제일 먼저 행한 조치가 주민협의회에서 유대인들을 쫓아낸 일이었다. 1940년 봄 루돌프 회스(Rudolf Höss)가 지휘하는 독일군은 마을의 유대인 장정 300명으로 하여금 아우슈비츠 수용소 부지를 닦게 했다. 그 이듬해 봄에는 마을의 모든 유대인들을 타지로 추방한다는 명령이 내려졌다. 화공약품을 생산하는 이게(IG) 파르벤 공장의 직원들에게 사택을 제공하려면 유대인들의 집을 몰수할 필요가 있었기 때문이다. 쫓겨난 유대인들은 인근 마을의 게토에 수용되었다가 1942~1943년 사이에 아우슈비츠 수용소로 압송되어 거의 모두 죽임을 당했다. 자기 동네에 들어선 나치 수용소의 터를 자기들이 닦고 그곳에서 비극을 맞은 것이다.

오시비엥침의 비유대계 주민들의 처지도 편하지는 않았다. 자기 동네에 강제 수용소가 들어서는 바람에 점령군에 협조를 하지 않을 수 없었지만 이들이 나치에 부역만 한 것은 아니었다. 한 통계에 따르면 약 1천2백 명의 주민이 수용소의 수인들에게 음식이나 의약품을 몰래 제공하거나 탈출로를 제공했는데 그 활동 때문에 주민들 177명이 체포되었고 그중 62명이 처형당했다고 한다. 야체크 스투프카(Jacek Stupka)라는 여섯 살짜리 아이도 비밀 지원에 힘을 보탰다는 기록이 남아 있다. 1945년 1월 아우슈비츠 수용소가 해방되자 얼마 남지 않은 생존자들은 뿔뿔이 흩어져 자기들이 원래 살던 고장으로 돌아갔다.

그러나 생환 유대인들에게 옛 보금자리는 이제 고향이 아니었다. 전쟁 전과 비교해 유대인의 인구는 10퍼센트도 되지 않았고 사업 기반은 무너졌으며 전후의 복잡한 폴란드 정치 상황에서 귀환자를 향한 시선은 차갑기만 했다. 전쟁 전의 부동산과 재산은 이미 거의 몰수되었거나 다른 사람이 차지한 상태였다. 옛 집으로 돌아갔을 때 낯선 주인이 진짜 주인을 쫓아내기 일쑤였다. 심지어 유대인들을 집단 학살하는 사건까지 일어났다. 전쟁 후 1946년 폴란드 도시 키엘체에서 유대인 수십 명이 살해당한 사건이 대표적이었다.

그런 2차적 고통을 거치면서 전쟁 후 폴란드의 유대인들은 1948년 새로 건국된 이스라엘, 오스트레일리아, 미국, 캐나다 등지로 이민을 떠났다. 오늘날 인구 4만 명의 오시비엥침 시에 남아 있는 유대인은 몇 명일까? 단 한 사람도 없다! 놀랍게도 유대 박물관을 지키고 있는 이들은 독일에서 온 자원 봉사자들이었다. 이들 중 니콜라스라는 독일 청년은 양심적 병역 거부를 하고 대체 복무를 하려고 이곳에 와 있다고 자신을 소개했다.

오시비엥침은 20여 년 전부터 세계 학계의 주목을 받아 왔다. 역사를 구성하는 여러 종류의 서사가 교차하는 희귀한 사례라는 이유에서였다. 얼른 보아도 이 점은 명백하다. 우선 아우슈비츠로 대변되는 제노사이드의 '보편적' 서사가 있다. 또한 아우슈비츠에서 희생당한 유대인, 폴란드인, 흔히 집시라 불리는 신티족과 로마족, 장애인 등의 '개별적' 서사가 있다. 또한 오시비엥침에 살던 유대인들과 비유대인들의 독특한 '지역적' 서사가 존재한다. 더 나아가 오늘날 오시비엥침 시에서는 탈 아우슈비츠의 '정상화' 서사가 등장하고 있다. 게다가 오시비엥침의 유대 역사를 보존하려는 독일 청년들의 '과거사 보존' 서사도 한 몫을 보태는 중이다.

하지만 이뿐만이 아니다. 과거의 피해자 유대인들이 '강한 민족, 강한 국가'라는 구호 아래 팔레스타인 주민들에 반인도적 박해를 가하면서도 그것을 부인하는 서사, 그에 대한 반발로 이란 등 중동 일부에서 홀로코스트 자체를 부인하는 역(逆) 서사까지 나오고 있는 상황이 아닌가.

2009년에 아우슈비츠 국가 박물관에서 출간한 《홀로코스트: 학자들의 목소리》라는 학술평론집이 있다.[5] 이언 커쇼(Ian Kershaw)를 비롯한 세계적인 연구자들이 공동 집필한 이 책을 읽다 보면 "과거는 낯선 땅"이라는 표현이 나온다. 우리가 잘 알고 있다고 생각하는 '과거'가 실은 겹겹이 쌓인 서사의 집합체, 알 듯하면서도 전모를 파악하기 힘든 실체라는 뜻이다. 크라쿠프로 돌아오는 열차 안에서 차창에 번지는 빗방울을 바라보며 깨달은 바가 있었다. 역사를 대할 때 '기억의 모자이크'를 짜 맞춰야 하는 일뿐만 아니라, 경합하는 여러 서사들의 다차원성을 인정하면서 그것을 민주적인 보편 서사로 승화시키는 과제를 수행해야 한다는 점이었다.

후기

2015년 1월 말, 아우슈비츠 수용소 해방 70주년을 맞아 현장에서 성대한 기념식이 거행되었다. 수용소 생존자 300여 명을 포함하여 전 세계에서 모인 수많은 참석자들은 오늘날 다시 고개를 들고 있는 반유대주의와 인종주의에 맞서는 인권 운동의 필요성을 역설했다.

유럽의 인권 격론

—

그 누구도 인권의 '보편성'을 미리 전제하거나 그런 지위를 선점했다고
가정하고 발언하지 않았다. 오히려 '보편적' 인권 개념으로 풀 수 없는
문제들에 대한 고민을 고백하고 함께 나누려는 분위기였다.

—

2010년 10월 하순 네덜란드의 흐로닝언대학에서 개최한 국제 인권
학술 대회에 참석했다. '인권과 민주주의에서 전 지구적 일치와 다양
성'이라는 주제로 네덜란드, 미국, 영국, 독일, 터키, 한국에서 온 12명
의 연구자들이 논문을 발표했다. 대회의 진행 방식이 다소 이색적이
었다. 모임 한 달 전에 완성된 논문을 미리 제출하게 하였고, 모든 발
제자와 토론자들이 모든 논문을 다 읽은 상태에서 모였다. 발제자가
먼저 발표하는 것이 아니라 토론자들이 먼저 논평을 시작했고 그 후
발제자가 응답을 한 후 청중들과 자유 토론 시간을 이어 갔다. 논문
을 미리 읽고 와서 토론에 임하니 당연히 깊이 있는 이야기가 오갈
수 있었다.

필자는 하필이면 첫 날 첫 시간의 첫 순서에 배정되어 그렇지 않아
도 긴장이 되는 판에, 두 토론자가 워낙 날 선 비판을 해서 이러다가
산 채로 잡아먹히는 게 아닌가 하는 생각까지 들었다. 그런데 뜻밖의
일이 벌어졌다.[6] 청중석에 있던 미국에서 온 인류학자가 다른 토론
자들의 논평을 거세게 역비판하고 나선 것이다. 양쪽이 열띤 논쟁을

벌이는 통에 정작 당사자는 싸움을 구경하는 희한한 경험을 했다. 어쨌든 먼저 매를 맞고 나니 나머지 일정은 편한 마음으로 논의에 참여하여 많은 생각거리를 메모할 수 있었다.

그중 흥미 있게 느꼈던 점을 짚어보면 다음과 같다. 우선 모든 발제자들이 자기가 속한 사회의 '치부'를 드러낸 후 다른 나라 참가자들의 의견을 구하는 모습이 인상적이었다. 원칙의 차원에서 '보편성'을 강조하기보다, 당면한 문제 중심으로 인권에 접근하려는 분위기가 역력했다. 그 누구도 인권의 '보편성'을 미리 전제하거나 그런 지위를 선점했다고 가정하고 발언하지 않았다. 오히려 '보편적' 인권 개념으로 풀 수 없는 문제들에 대한 고민을 고백하고 함께 나누려는 분위기였다. 이건 작은 일이 아니다. 국제법과 국제주의의 선두주자를 자임하는 네덜란드 대표들조차 그랬으니 말이다. 현재 유럽 각국이 겪고 있는 이주 현실, 특히 이슬람권 이주자들의 유럽 내 이주 문제가 회의 내내 심각한 쟁점이 되었다.

네덜란드를 포함해 스웨덴, 덴마크 등 사회 분위기가 자유분방하다고 알려진 나라들에서도 이주자들이 늘면서 수많은 문제가 발생하고, 이 때문에 유권자들이 우경화하고 있기 때문이었다. 유럽의 경제가 나빠지면서 외국인들이 복지 혜택을 공짜로 즐긴다는 불만이 폭넓게 유포된 것이 사태 악화의 한 원인이었다. 이보다 더 깊은 이유로 정치 이념의 문제가 있다.

개인 및 소수 집단의 권리를 중시하는 자유주의와 다수결 원칙에 따른 민주주의가 개념상 구분됨에도 불구하고 역사적 발전 과정을 겪은 후에 결합한 것이 오늘날 서구의 자유민주주의인데, 이 사상이 이주자들의 대량 유입 앞에서 흔들리고 있는 것이다. 다수결 원칙에 따라 자국민의 우위를 인정할 것이냐, 아니면 소수 민족의 권리를 존중하는 쪽으로 나아갈 것이냐가 늘 부딪치고 있는 현실이다. 어쨌든 외부에서 언론 보도를 통해 막연하게 느꼈던 것보다 유럽 각국이 훨씬 더 심각하게 현 상황을 고민하고 있는 것이 분명했다.

한 좌파 정치인 참석자는 유럽 전체의 민주사회주의 또는 사회민주주의 정치 기획의 요체였던 분배와 복지에 인권이라는 기둥을 추가해야 한다는 주장을 내놓았다. 세계주의(cosmopolitanism)의 설익은 이상주의를 경계하는 소리도 많이 들렸다. 또한 다문화 담론이 의도는 좋았지만 정책적으로 실현 불가능한 목표라는 지적도 있었다. 국가적·민족적 정체성이란 것이 과연 존재하는가라는 문제도 계속 등장했다.

집단의 정체성 운운하기 시작하면 개인의 차이를 무시하고 그 집단 전체에 본질주의적 꼬리표를 붙이는 셈이 된다는 비판과, 그렇다 하더라도 집단 간 문화적 차이가 존재한다는 입장이 충돌했다. 다루는 주제의 성격상 국제적, 세계주의적, 다문화적 성향이 강한 인권 학계에서 이런 논쟁이 나왔다는 것 자체가 얼마 전만 해도 상상하기 힘든 일이었다. 아마 몇 년 전만 해도 이런 주장은 인권 학계에서 거의 금기시하는 주제였을 것이다. 2008년을 기점으로 해서 경제 지구화의 기세가 많이 꺾였듯이 지구화 담론을 전제로 하여 제기되었던 여러 이상주의적 해법들 역시 상당한 변화를 강요당하고 있는 듯했다.

모임을 마치고 암스테르담으로 돌아오는 길에 스스로 몇 가지 질문을 해보았다. 첫째, 이른바 '보편성'이라는 주장도 경제·사회 조건에 민감하게 영향을 받는 것이 아닐까. 지금까지 보편주의를 믿어 의심치 않던 사람이라 하더라도 막상 경제 상황이 나빠지자 이주자들의 인권을 이전처럼 적극적으로 수용하기를 어려워하며 고민하는 모습이 역력했다. 이상적으로 보면 시대와 상황을 초월하여 인권을 무조건 옹호해야 옳지만 눈앞의 현실이 변했으므로 새로운 논리 개발이 필요해졌다는 식의 태도가 엿보였다. 경제 상황이나 외부 조건과 상관없이 인권 실천에서 양보할 수 없는 최저선을 어느 지점에서 정할 수 있을까.

둘째, 개별 집단의 정체성과 전체 사회의 관계는 생각보다 훨씬 더 복잡한 것 같았다. 이상주의자들은 사회의 주류 집단과 이주 집단이 각자의 정체성을 간직하면서도 평화롭게 공존할 수 있다고 가정해왔지만 그것이 섬섬 비현실적 희망에 불과하다는 사실이 드러나고 있다고 한다. 같은 사회에 살면서도 각 집단이 평행선을 달리는 사회는 사실 건강한 공동체로 보기 어렵다. 그렇다면 개별 집단의 정체성을 존중하면서도 사회 통합을 이뤄낼 묘안은 무엇일까.

셋째, 우리 바깥의 세계가 극심한 변화를 겪으면서 새로운 사상을 계속 만들어내고 있다고 할 때 한국의 학계나 시민 사회는 어떤 입장을 취해야 할까. 한 가지 확실한 점은 서구의 사조를 따라가기만 해서는 문제가 해결되지 않는다는 것이다. 진부하게 들릴지 몰라도 근대의 기본 가치, 즉 자유와 평등과 연대, 민주주의의 정신을 바탕으로 하되 우리 문제를 주체적으로 깊이 성찰할 때 우리의 맥락에 맞는 해결책이 나올 수 있다고 본다.

예를 들어, 우리 사회를 진정 민주적이고 인간적인 사회로 만들려 한다면 굳이 '다문화'라는 말을 쓰지 않더라도 이주자, 소수자들이 평등한 인격체로 대우받고 인권을 보장받는 데에 유리한 조건이 형성될 수 있을 것이다. 이런 자세로 학문과 실천에 임한다면 외국의

지적 동향에 무조건 보조를 맞추려는 태도에서 벗어나 근대의 보편
성을 감당하면서도 그것을 극복하는 과제에 가까이 다가갈 수 있지
않을까 한다.

탈경계의 21세기 지식 세계

—

우리가 또 주목해야 할 점은 인터넷 시대에 인간 사회의 무대 전면에
드러나는 '공연'과 무대 뒤에서 행해지는 '행위' 사이의 차이가
점점 줄어들고 있다는 사실이다. 즉 뫼비우스의 띠와 같은
현실이 벌어지고 있는 것이다.

—

위키리크스가 던진 파문이 쉽게 가라앉지 않고 있다. 미국의 외교 문건 폭로 이후에도 UFO, 러시아, 미국계 은행에 대한 주요 발표가 계속 예정되어 있다고 한다. 일종의 미디어 엔지오인 위키리크스가 이번 사건으로 끼친 영향을 단지 극비 정보의 공개라는 관점에서만 보면 본질을 놓치는 것이다. 적어도 이번 외교 문건 공개에선 그렇다. 예컨대, 사르코지 전 대통령이 성질이 급하고 권위주의적이다, 혹은 메르켈 총리가 우유부단하고 독창성이 없다, 또는 푸틴 총리가 이탈리아 베를루스코니 전 총리와 가깝다는 이야기는 삼척동자도 알고 있던 사실이었다.

그래서 움베르토 에코(Umberto Eco)는 이번 사건에 대해 "미국의 각국 대사관들이 현지 언론의 보도 내용을 베껴 본국 정부에 비밀 정보라고 보고해 온 관행이 백일하에 드러났다."라고 빈정댔다. 따라서 우리가 또 주목해야 할 점은 인터넷 시대에 인간 사회의 무대 전면에 드러나는 '공연'과 무대 뒤에서 행해지는 '행위' 사이의 차이가 점

점 줄어들고 있다는 사실이다. 일찍이 사회학자 어빙 고프먼(Erving Goffman)이 말한 인상 관리 이론(impression management)을 뒤집어 놓은 듯한, 즉 뫼비우스의 띠와 같은 현실이 벌어지고 있는 것이다.[7]

그러고 보니 이번 사건은 필자가 유럽에서 맞닥뜨린 문제 의식과도 맥이 닿아 있다. 오늘날 문화, 정보, 지식, 연구에서는 점점 더 안과 겉이 따로 없는 세상이 되어 가고 있다는 생각이 그것이다. 독일에서 필자가 직접 경험한 바를 들어보자. 첫 번째 사례. 한국에서 몇 년 살았던 미국 학생이 독일에 유학 와서 내 수업에 들어온다. 내가 그 친구에게 요즘 한국의 젊은이들 사정을 물어볼 때도 있다. 두 번째 사례. 남아프리카와 남한의 시민 사회 비교 연구에 관심이 있는 네덜란드 학자가 내게 아주 상세하게 한국 사정을 문의하곤 한다. 세 번째 사례. 일본학을 전공하는 벨기에 학생이 에라스무스 교환 학생 프로그램으로 독일 대학에 와 있으면서 필자의 수업을 듣더니 부전 공으로 한국학을 공부하고 싶어 한다. 네 번째 사례. 유럽의 어느 학자를 만났더니 자기가 한국의 모 선생(필자가 가깝게 아는)이 쓴 논문을 세미나 시간에 학생들과 함께 읽었다고 몇 번이나 칭찬을 한다.

아주 단편적인 사례들이지만 이 경험을 통해 느낀 게 있다. 문화와 지식에서 고유한 '영토성'이 사라지고 있다는 점이다. 무슨 말인고 하니, 과거에는 어떤 표현이나 주장이 주로 표적으로 삼는 청중과 맥락이란 것이 있었다. 예를 들어, 한국 사람이 한국어로 글을 쓰면 당연히 한국의 실정을 염두에 두고 한국 독자를 겨냥해서 집필한다는 무언의 전제가 있었다. 따라서 한국 독자라면 이 정도의 배경 지식, 이 정도의 역사 지식은 상식적으로 갖추고 있을 거라고 당연히 전제하고 글을 쓸 수 있었다. 간혹 외국 독자를 염두에 두고 발언할 때

에는 사용 언어, 접근 방식, 논리 전개 따위가 상당히 달라지게 마련
이었다.

다시 말해 문화와 지식에서 내수용과 수출용이 뚜렷이 구분되는
경향이 있었다. 이 경향은 한국에만 해당하는 것이 아니었다. 몇 년
전 카네기 재단에서 동양과 서양의 인권관을 비교하는 연구 프로젝
트를 수행하면서 비영어권 국가 내에서 벌어지는 '안방용' 인권 논쟁
을 알아내기 위해 외국어로 쓴 수출용 논문이 아닌 자국어로 된 내
수용 논문들을 선별하여 번역·소개했던 일도 있었다. 그 나라 음식
맛을 제대로 보려면 그 나라 사람들이 즐겨 찾는 진짜 본고장 음식
을 먹어야지, 어디 공항 면세점 같은 데서 파는 선물용 과자를 먹는
것으론 미흡하다는 이유에서였다.

그런데 오늘날 문화·지식 세계에서 이러한 '영토성'이 점점 사라
지고 있다는 데 우리의 고민이 있다. 앞에서 본 것처럼 이제 특정한
타깃 청중과 특정한 맥락을 전제하기가 어려워졌기 때문이다. 그런
통념은 이제 옛말이 되었다. 한국의 어느 시민 사회 활동가가 아이
티에 구호 활동을 하러 갔더니 현지인이 원더걸스의 노래를 흥얼거
리더라고 한다. "어머나, 다시 한 번 말해봐, 텔미 텔미!" 미국의 고
등학교로 전학을 간 한국 아이에게 첫날 어느 급우가 이렇게 반갑게
물은 적이 있었다는 말도 들었다. "너, 동방신기 좋아하니?"

한국어로 된 책과 논문을 읽고 뉴스를 이해하는 외국 연구자를 만
나는 것이 이제는 드문 일이 아니다. 이들은 한반도 분단 상황에, 한
국의 경제 발전과 민주주의가 흥미롭게 병존하는 모습에, 노조를 허
용하지 않는 전근대적 회사가 글로벌 기업으로 행세하는 모순적 현
실에, 역동적인 시민 사회와 초고속 인터넷이 천지개벽처럼 사회를

바꿔놓는 한국의 현실에 깊은 관심을 쏟는다. 사정이 이렇다 보니 이제 국내에서 국내 청중을 향해 나온 문화 활동과 지식도 예전보다 훨씬 더 빨리 외국에 알려지고 비판되고 소비된다. 그러니 적어도 이론적으로는 이제 내수용 지식과 수출용 지식의 경계가 크게 허물어졌다고 가정해야 옳다.

이런 현실이 우리에게 무엇을 의미할까? 우선, 우리의 지식과 문화 현실에서 한국인이 배타적인 '영유권'을 주장할 수 있다고 믿던 시대는 지났다. 그러기에는 싫든 좋든 우리 덩치가 커졌다. '우리의' 문제이긴 하지만 그것을 연구하고 해석하는 데 한국인 외의 다른 모든 주체들과 대등하게 경쟁할 수밖에 없음을 인정하는 게 좋겠다. 둘째, 우리 현실을 우리끼리 우리말로 다룰 때에도 좀 더 '보편적'이고, 덜 자기 중심적인 시각에 기대어 발언하고 표현하고 주장하는 방향으로 나아갈 필요가 있다. 바깥의 눈치를 보라는 말이 아니다. 우리스스로 수준을 높이기 위해서라도 그렇게 해야 한다.

마지막으로, 뫼비우스의 띠와 같은 현실을 우리 문화계, 특히 출판계가 따라잡아야 한다고 본다. 명료하고 평이하면서도 정확한 한국어로 쓴 텍스트, 전통적 소재가 아니라 현재 벌어지고 있는 첨예한 논쟁을 정면에서 다룬 원고, 바깥 세계에서도 이해가 가능한 객관성과 비판성이 잘 조화된 논증, 역사적 배경 지식이 거의 없는 독자층을 가정해서 친절한 서술과 설명이 달린 국내 원고를 더 많이 발굴해야 한다. 이렇게 된 한국 책이 나온다면 국내는 말할 것도 없고 외국의 독자층도 분명 크게 늘어날 수 있다. 이런 기획을 하는 출판사가 있으면 기꺼이 참여할 필자들이 많을 것이다.

특권 없는 독일 국회의원

—

오늘날 국회의원의 세비와 특전이 마치 권력의 상징인 양 오해받거나
오용되는 현실은 잘못되어도 대단히 잘못된 일이 아닐 수 없다.
비특권층 서민들이 생계를 걱정하지 않고 정치에 참여할 수 있도록 하자는
취지로 만들어진 제도가 정반대로 새로운 특권층을 창조한
꼴이 되었기 때문이다.

—

한국의 봉급 생활자에게 1월은 연말 정산의 계절이다. 연초부터
상당히 신경을 써야 한 푼이라도 아낄 수 있다. 독일에 있는 동안에
는 그런 고민은 없었지만 우리와 독일의 세금 제도가 많이 달라 매달
급여 명세서를 받으면 생소한 용어를 이해하느라 골치를 썩여야 했
다. "인생에서 확실한 건 죽음과 세금 고지서뿐"이라는 서양 속담대
로 소득이 있는 한 납세 의무에서 자유로울 수 없는 것이 인간의 조
건이다. 이런 생각에 잠기면서 얼마 전 인터넷으로 한국 신문을 읽던
중, 연평도 포격 사태가 났을 때 한국의 국회의원들이 자기들 세비를
올렸다는 사실을 알았다.

2011년부터 의원들은 매달 1천만 원 가까운 세비를 받는다고 한다.
그외에도 차량 유지비 등 별도의 지원금을 합하면 연봉이 무려 1억
7천만 원에 달한다. 게다가 십여 명의 보좌진을 둘 수 있고 KTX 무
료 사용, 공항이나 골프장 이용 때 VIP 대우를 받는다. 65세가 되면

매달 120만 원씩 노후 연금도 나오는 모양이다. 다들 왜 그렇게 국회의원을 하려는지 알 것 같다는 빈정거림에 이유가 없지 않아 보인다.

선출직, 비선출직을 막론하고 국민의 대표와 공복을 어떻게 대우하는 게 제일 좋을까? 공직자의 대우에 관한 한 아마 세계에서 가장 투명한 나라는 스웨덴일 것이다. 국회의원 보좌관 제도는 아예 없고 의원이 여행할 때에는 가장 저렴한 표를 구입해야 국회에서 환불을 받을 수 있다. 공무원이 출장을 가도 출장비에 식비가 따로 포함되지 않는다. 출장을 가든 안 가든 어차피 밥은 자기 돈으로 먹어야 한다는 논리다.

1995년에 모나 살린(Mona Sahlin)이라는 스웨덴 여성 의원이 공직 자용 카드로 아이 기저귀를 포함한 생필품을 구입했다 문제가 일어 사임한 적도 있었다. 물론 이탈리아처럼 국회의원들의 부패 정도가 높은 나라도 있으나 이는 유럽 기준으로 봐도 예외에 가깝다. 독일은 어떨까. 연방하원인 분데스탁(Bundestag) 사무처에 의원들의 정확한 급여 수준을 문의해보았다. 독일답게 한참 뜸을 들이더니 몇 주 만에 이메일로 답변이 왔다.

독일 연방 하원 의원들은 연방 고등법원 판사급에 해당하는 R6 호봉을 받는다. 2010년 기준으로 매달 세전 7,668유로 수준이다. 그때 환율로 계산해 한 달에 약 1,150만 원 정도였다. 우리나라와 큰 차이가 없다고 생각할 수도 있겠지만 독일은 국내총생산이 우리의 네 배, 일인당 국민 소득이 우리의 거의 두 배가 되는 수준임을 감안해야 한다. 여기서 사회보장 부담금, 소득세, 의료 보험, 연대세(동서독 통일세), 종교세(신자일 경우) 따위를 내고 나면 개인에 따라 차이가 있지만 월 평균 세후 6백만 원 정도를 손에 쥔다고 보면 된다.

차량 유지비? 그런 건 없고 베를린 시내 출장일 경우 국회사무처의 관용차를 신청해 빌려 쓸 수 있다. 독일 철도는 무임승차가 가능하고 공식 출장일 경우에는 국내 항공료도 청구할 수 있다. 골프장 특별 대우는? 질문의 뜻을 이해하지 못하겠다는 답변이 돌아왔다.

보좌관을 둘 수도 있는데 한 달 예산 2230만원 내에서 몇 명을 쓰든 자유다. 2년 전 전직 하원 의원의 연금에 관한 규정이 새로 만들어졌다. 의원으로 봉사한 햇수에 따라 매년 세비의 2.5퍼센트씩 계산하여 67세부터 연금을 수령할 수 있다. 최대 67.5퍼센트(27년 분)까지 인정해준다. 예를 들어, 하원 의원을 10년 동안 했다면 세비의 25퍼센트로 계산해서 67세부터 노후 연금을 받는다.

왜 정치인들에게 국민의 혈세로 급여를 주어야 하는가. 이 질문에 답하려면 애당초 의원들에게 세비를 지급하게 된 역사적 배경을 살펴보아야 하겠다. 서구에서 근대에 들어서도 정치는 귀족, 대지주, 재산가들의 전유물이었다. 이런 사람들이 '국민'의 대표를 자임했으니 어떤 정책이 나왔을지 충분히 상상할 수 있다. 여기에 반기를 들고 나온 것이 19세기 중엽 영국의 차티스트 운동이었다. 노동 계급이 자신의 이해 관계를 의회 정치에 반영하기 위해 전국적으로 들고 일어난 것이다. 유혈 사태까지 몰고 온 대대적인 정치 개혁 풀뿌리 운동이었다. 이들의 요구 사항은 지금의 시각으로 보면 상식적이지만 그때만 해도 혁명적인 것이었다.

1837년 런던의 크라운 앤드 앵커 주점에서 발표된 〈차티스트 청원〉 6개 조항을 보라.[8] 21세 이상 모든 사람에게 선거권 보장, 무기명 비밀 투표로 의원 선출, 의원 출마 자격 중 재산 소유 조건 철폐, 매년 총선을 실시하는 연례 의회, 같은 숫자의 주민들로 구성된 선거구, 마지막으로 의원에게 세비 지급. 세비를 주어야 하는 이유는 "공공의 이익을 위해 자신의 생업을 중단한 정직한 상인, 노동자들이 선거 구민을 위한 봉사에 전념할 수 있도록" 하기 위해서였다. 급진적인 사회 개혁 운동의 효시로 널리 알려져 있는 차티스트 운동으로부터 의원 세비 지급의 요구가 나왔다는 것은 우리에게 의미하는 바가 크다.

이렇게 본다면 오늘날 국회의원의 세비와 특전이 마치 권력의 상징인 양 오해받거나 오용되는 현실은 잘못되어도 대단히 잘못된 일이 아닐 수 없다. 비특권층 서민들이 생계를 걱정하지 않고 정치에 참여할 수 있도록 하자는 취지로 만들어진 제도가 성반대로 새로운 특권층을 창조한 꼴이 되었기 때문이다. 그렇다면 어떻게 해야 할까.

비용-효과로만 따질 때 세비를 적게 주고 좋은 정치가 나오면 좋겠지만 그건 현실적으로 어렵다. 적정한 수준에서 충분히 지급하되 의원들의 활동 결과와 '생산성'을 유리 어항처럼 공개하고 책임을 묻는 게 좋겠다. 갖가지 창의적인 지표, 예컨대 '폭력 지수'나 '민주 의정 활동 순위' 같은 것도 개발할 수 있을 터이다. 이런 일은 시민 운동이 특히 잘할 수 있는 분야라고 생각한다.

그리고 민주 사회의 평등한 에토스에 어긋나는 대우와 관행은 폐지해야 한다. 차량 유지비 같은 건 당장 없애도 무방하다고 본다. 영국 보수당의 데이비드 캐머런(David Cameron)도 총리가 되기 전 의원 시절에는 지하철로 웨스트민스터 의사당에 출퇴근했다. 품위 유지니 'VIP'니 하는 권위주의적인 발상도 정치의 사전에서 추방하자. 민주주의를 실천하는 데에는 제도만큼이나 정치적 지위를 대하는 시민의 문화와 정치적 의례의 개혁도 중요하지 않겠는가.

'환경 범죄'와 '환경 정치'

―

"전 지구적 민주주의는 우리가 서로를 대하는 방식, 우리가 자연을 대하는
방식 간에 연관성이 있음을 인정할 것이고, 미래 세대를 이롭게 할 정책을
추구할 것"이며, "우리는 모든 인류 개개인의 발전 권리와 모든 생명의
온전한 존립을 보장해줄 새로운 민주주의를 갈구해야만 한다."

―

한국과 아르헨티나의 축구 경기가 벌어지고 있던 순간 미 의회에
서는 다국적 석유 기업 브리티시 페트롤리엄(British Petroleum)의 최
고경영자를 상대로 청문회가 열리고 있었다. 그 전날에는 오바마 대
통령이 백악관 대통령 집무실에서 멕시코 만 원유 유출 사건을 '환
경 9·11 사태'에 비유하는 연설을 했다. 유럽의 미디어는 이런 소식
을 실시간으로 보도하면서 지대한 관심을 보이고 있다. 베를린에서
는 브리티시 페트롤리엄 규탄 대회가 열렸고, 어떤 텔레비전 채널에
는 멕시코 만에서 대서양을 건너 유럽까지 거리가 얼마나 되는지를
보여주는 지도까지 등장했다. 월드컵으로 온 세상이 난리고 독일도
예외가 아니지만 적어도 뉴스 시간에는 이런 소식들이 여전히 중요
하게 다루어지고 있다. 흔히 말하듯 "비어(Bier, 맥주)는 비어고, 슈납
스(Schnäpse, 독주)는 슈납스"이기 때문이다.

미국이 이 사건으로 얼마나 변할 것인가 하는 점이 우선 관심을
끈다. 만약 '환경 9·11사태'라는 진단이 진심이라면 '대 환경 오염

전쟁'을 선포해야 논리적으로 맞다. 만일 그렇게 된다면 그것이 국제 사회에 미칠 정책적 영향력은 결코 작지 않을 것이다. 다음으로, 브리티시 페트롤리엄의 행보를 둘러싼 논란이 어떤 식으로 귀결될 것인지도 궁금하다.* 미 의회와 행정부에서는 브리티시 페트롤리엄이 비용 절감을 위해 안전 조치를 도외시했는지, 피해 보상을 어떻게 할 것인지 하는 문제에 치중하고 있는 것처럼 보인다. 그러나 우리가 이 사건에서 일반적인 교훈을 얻고, 더 나아가 한국 사회를 위해 어떤 통찰을 지니려면 두 가지 질문을 반드시 제기해야 한다.

첫째, 설령 사고가 나지 않았다 하더라도 브리티시 페트롤리엄 같은 다국적 기업이 추구하는 에너지 개발 사업에 뒤따르는 부작용은 무엇인가. 그동안 브리티시 페트롤리엄이 보인 안하무인의 반환경·반사회적 행태를 돌이켜 보면 이 질문의 해답은 이미 나와 있다. 오죽했으면 2007년 미 법무부가 브리티시 페트롤리엄에 대해 환경 범죄와 시장 조작 혐의로 3억 7천만 달러의 범칙금을 부과했을까. 그러고도 브리티시 페트롤리엄은 2009년 10월 안전 조치 미비로 9천만 달러에 달하는 범칙금을 또 부과받았다.

벌금을 무는 한이 있더라도 이윤이 남는다면 얼마든지 환경 파괴, 불법 행위를 저지를 수 있는 악덕 기업임을 자백한 것이나 마찬가지다. 그러면서도 브리티시 페트롤리엄은 사회 책임 경영의 모범생인 양 선전해 왔다. 이 회사가 2009년 펴낸 보고서 〈지속 가능성 리뷰〉

---

* 2012년 11월 미국 법무부는 브리티시 페트롤리엄(BP)이 멕시코 만 원유 유출 사고와 관련해 모든 혐의를 인정하고 45억 달러의 벌금을 내기로 합의했다고 발표했다. 이 판결과 별도로 민사 소송이 계속 진행되었으며, 2014년 9월에 미국 뉴올리언스 지방법원은 BP에 주된 책임이 있다고 판결하였다. 이로써 BP는 최대 180억 달러의 벌금을 부과받을 상황에 놓였다. 2015년 1월, 최종 판결을 위한 재판이 진행 중이다. (편집자 주)

를 보면 환경을 사랑하고 안전을 최우선으로 고려한다는 등 자화자
찬으로 가득 차 있다. 여기서 우리는 진정한 사회 책임 경영이 되려
면 환경, 노동, 인권, 준법의 테두리 내에서 영리를 추구하는 원칙에
충실해야 한다는 교훈을 얻을 수 있다.

둘째, 현재의 에너지 집약 산업 구조와 대량 소비 사회 문제를 본
질적으로 고민하지 않고 '환경 오염' 문제만 해결할 수 있을까? 이
질문을 실천적으로 해석한다면, 현대 산업 국가의 진보·개혁 정치
의제에서 환경·생태 이슈가 어떤 비중을 차지해야 하는가라는 질문
으로 환원될 수 있을 것이다. 그런 점에서 독일은 세계에서 가장 앞
선 경험을 보유한 나라라고 할 수 있다. 녹색당의 환경·생태 사상이
현실 정치에서 실제로 구현되어 왔기 때문이다.

2013년 9월에 치른 독일 연방 총선에서 녹색당은 10.7퍼센트의 득
표율과 10.9퍼센트의 의석 확보를 기록했다. 독일의 환경 정치를 취
재했던 미국의 〈타임〉지는 "환경 의식이 깊이 내재되어 있는 것이 독
일 정치의 특징"이고, 심지어 보수 세력조차 환경 이슈만은 신성불가
침으로 간주하며, 더 놀랍게도 독일 기업들은 "엄격한 환경 규제가
있어야 기업이 번창할 수 있고 외국 수출의 길이 더 열린다고 믿고 있
다."라고 썼다. 또한 정치의 변화가 기업을 변화시켰고 그것이 다시
대중의 태도 변화에 결정적인 역할을 했다는 지적도 빠뜨리지 않았
다. 오늘날 유럽의 거의 모든 나라에서 녹색 사상은 주류 진보·개혁
정치 의제에서 상석을 차지하고 있다. 2010년 영국 총선 패배 후 전
환경부 장관이었던 에드 밀리밴드(Edward Miliband)가 야당이 된 노
동당의 새로운 대표로 선출된 현실도 이런 분위기와 무관하지 않다.

얼마 전 나는 이곳 베를린 자유대학 인권 수업 시간에 아시아적

가치 논쟁을 다루면서 리콴유 싱가포르 전 총리와 김대중 전 대통령이 1994년 〈포린 어페어스〉에서 벌였던 논쟁을 다시 읽어볼 기회를 가졌다. 흥미롭게도 아시아의 민주주의 사상과 인권을 옹호하는 김대중 전 대통령의 글에서 예전에는 별로 눈에 띄지 않던 다음과 같은 부분이 갑자기 두드러져 보이는 것이 아닌가.[9]

"전 지구적 민주주의는 우리가 서로를 대하는 방식, 우리가 자연을 대하는 방식 간에 연관성이 있음을 인정할 것이고, 미래 세대를 이롭게 할 정책을 추구할 것"이며, "우리는 모든 인류 개개인의 발전 권리와 모든 생명의 온전한 존립을 보장해줄 새로운 민주주의를 길구해야만 한다." 새로운 민주주의의 지붕 아래에서 환경·생태와 같은 진보 사상과 고전적 공화주의 사상이 연합할 수 있다는 주장이다. 우리는 흔히 평면적인 정치 스펙트럼을 전제한 상태에서 진보·개혁·민주 진영의 재배열을 위한 아이디어를 기계적으로 조합하려고 애쓰곤 한다. 상상력의 결핍이 빚은 결과다.

정치학자 폴 슈메이커(Paul Schumaker)는 저서 《진보와 보수의 12가지 이념》에서 생태·환경 사상이 모든 정치 이념의 토대를 이루는 다원적 공공 정치 철학으로 부각되어야 한다고 말한다.[10] 예를 들어, 4대강 사업 저지와 같은 이슈야말로 진보·개혁·민주 사상을 하나로 묶을 수 있는 미래 지향적인 화두가 아닐 수 없다. 월드컵 개최국인 남아프리카공화국을 다민족 '무지개 국가'라고 부르곤 한다. 축구 경기와 브리티시 페트롤리엄 사건이 동시에 진행되는 가운데 '새로운 민주주의'의 기치 아래 적-녹-청이 연합하는 대한민국판 '무지개 연대'를 상상해본다.

독일 통일 그 후의 이야기

—

남북한 간의 '한민족'끼리의 통합을 진정한 통일로 상상하는 것은
시대 착오적인 오류가 될 수도 있다. 그러므로 통일이 보편적 의미를
부여받으려면 '우리 민족끼리'를 넘어선 중층적이고
포괄적인 복수의 '통일들'이 필요하다.

—

이른 아침 베를린의 테겔 공항을 이륙한 루프트한자 여객기는 오래지 않아 중부의 울창한 삼림 지역을 지나기 시작했다. 2010년 봄 나뭇가지에 움이 틀 무렵 독일에 왔는데 다시 움이 트는 것을 보고 떠나는 참이니 정확히 일 년 사계절을 이곳에서 지낸 것이다. 여기서 가르치는 데 바빠 다른 생각을 할 겨를이 별로 없었지만 베를린이라는 도시의 역사적 무게 때문에 두 가지만큼은 머릿속을 떠나지 않았다. 제3제국의 나치 과거, 독일 분단과 통일이 그것이다. 홀로코스트에 대해서는 나중에 한 번 더 말할 기회가 있겠지만 독일 통합에 대한 인상기는 겉핥기로라도 일단 정리하고 싶은 생각이 든다. 필자의 개인적인 관찰을 중심으로 해서 그간 느꼈던 바를 솔직하게 말해보자.

첫째, 독일 통일 과정을 미시적으로 보면 예기치 않았던 돌발 요소와 우연성이 대단히 큰 몫을 했다. 이런 점은 역사적·구조적 조건을 분석하는 데 많은 시간을 할애하곤 하는 우리에게 시사하는 바가 적지 않다. 구조적 조건만큼이나 행위 당사자의 의지도 무시할 수 없으

며, 특정한 상황적 계기를 맞아 그것의 의미를 명확하게 인식하고 거기에 맞춰 현명하게 행동하는 것은 결국 인간의 몫이다.

더 나아가, 거시적으로 보면, 우연성이라는 요인이 크게 작용했더라도 통일 과정이 평화적으로 진행된 데에는 과거 동방 정책*의 덕이 컸다고 봐야 한다. 그렇다면 서독의 빌리 브란트(Willy Brandt, 1913~1992) 전 총리가 추구했던 바와 같이 조건 없는 긴장 완화의 효과를 오래 축적한 바탕 위에서, 만일 급변 상황이 발생할 경우 통찰력을 발휘하는 것, 두 가지가 모두 필요하고 중요하다.

둘째, 동독과 동구권이 붕괴했다는 말은 이들이 자본주의 체제와의 외형적인 경쟁에서 패배한 것보다 더 깊은 의미의 변화를 뜻한다. 원래 동독 내부 변혁 운동의 지향점이자 서독의 좌파 진영이 강하게 지지했던 것은 인간의 얼굴을 한 사회주의의 회복이었다. 논리적으로는 이 주장이 옳았던 것 같다. 그러나 동독 자체의 내부 개혁 노선은 얼마 못 가서 동서독 통일을 원하는 대중 노선에 자리를 내줄 수밖에 없었다.

즉, 좋은 의미의 사회주의를 하자는 주장조차, 적어도 단기적으로는, 서독 체제 안으로 편입되자는 요구 앞에서 맥을 못 췄던 것이다. 설령 동독이 분단 국가가 아니어서 통일 요구가 없었다 하더라도 다른 동구권 국가들처럼 시장의 힘 앞에 굴복했을 가능성은 높다. 물론 20여 년 후 경제 지구화의 폐해가 만천하에 드러난 오늘의 관점에서 보면 진정한 민주사회주의의 가치는 다르게 평가될 수 있다.

동방 정책 1969년 사회민주당의 빌리 브란트가 서독의 총리로 취임한 뒤 동유럽 공산 국가와 관계를 정상화하기 위해 추진한 외교 정책. 동독을 정식 국가로 승인한 나라와 외교 관계를 맺지 않기로 한 할슈타인(Halstein) 독트린을 폐기하고 루마니아, 유고슬라비아 등 공산권 국가와 외교를 적극 추진했다. (편집자 주)

셋째, 독일 통일을 지켜봤던 어떤 한인 2세 독일 시민은, 통일이 되어 독일인들이 기뻐하는 것을 지켜보면서 자기와 같은 소수 민족 출신이 갑자기 소외되고 주변화되는 것을 경험했노라고 필자에게 고백하였다. 똑같은 현상이라도 주류와 비주류 사이에는 이처럼 큰 인식의 격차가 나타날 수 있다. 통일이 또 다른 배타적인 현실을 창조할 수도 있다는 말이다. 현재 남한 사회는 날이 갈수록 다양한 배경과 정체성을 지닌 집단으로 구성된 다층적 공동체가 되어 가고 있지 않은가. 그런데 남북한 간의 '한민족'끼리의 통합을 진정한 통일로 상상하는 것은 시대 착오적인 오류가 될 수도 있다. 그러므로 통일이 보편적 의미를 부여받으려면 '우리 민족끼리'를 넘어선 중층적이고 포괄적인 복수의 '통일들'이 필요하다.

넷째, 통일 후 독일에서 콘크리트 장벽이 무너진 자리에 마음의 장벽이 들어섰다는 말이 많다. 실제로 동독 출신들은 2등 시민으로서 깊은 차별을 경험하고 있다. 물질적 격차에서 오는 열등감도 크지만, 옛 동독의 모든 점들이 부정당하는 현실 앞에서 자괴감에 빠지곤 한다. 승리했다는 자만심에 빠져 동독의 자취를 무조건 지워버렸던 서독은 이제야 그 점을 후회하기 시작했다고 한다. 서독 출신으로 〈뉴욕타임스〉에서 일하는 카트린 벤홀트(Katrin Bennhold) 기자는 동독의 괜찮았던 사회 정책조차 통일 후 깡그리 무시되었다고 지적한다.

보편적 유아 보육 시설 덕에 동독 여성들은 더 일찍 결혼하고 더 많은 아이를 낳았으며 더 많이 취업할 수 있었다. 지금도 유아 보육 제도는 옛 동독 지역이 낫다. 전공이 다른 의사들이 함께 모여 진료하던 동독의 폴리클리니크(Poliklinik) 제도 역시 서독의 의료계가 재발견하고 있는 제도다. 최근 핀란드의 교육 제도를 시찰하러 갔던 독일 교육 당국은 핀란드가 원래 동독의 교육에서 영감을 받았다는 말을 듣고 놀랄 수밖에 없었다.

서독 출신의 문화인류학자 우르밀라 굉(Urmila Goel)의 말을 들어보자. "서독 지역에서 사회화된 사람들에게서 오늘날의 문제를 해결하는 데 동독의 역사를 귀감으로 삼으려는 자세는 거의 찾아보기 힘들다. 분단 시절 서로 경쟁하고 혐오했던 정치 체제였고, 인권이 침해당했던 곳이었기 때문에 동독과 관련된 것이라면 무엇이든 무차별적으로 거부 반응을 보인다."[11]

마지막으로, 통일 비용과 통일 후에 나타난 수많은 사회 문제에도 불구하고 통일 자체를 근본적으로 부정하는 목소리는 찾아보기 어려웠다. 문제가 많았지만 역시 통일하기를 잘했다, 그외의 대안은 없었다라는 생각이 지배적이었다. 특히 통일 이후 태어난 신세대일수록 분단이 빚은 정신적·심리적 유산으로부터 자유로운 경향이 있다. 시간이 걸리지만 결국 정상화되는 쪽으로 가닥이 잡힌다는 말이다.

베를린이라는 특수한 역사의 현장에서 저 멀리 동아시아를 관찰했을 때 한반도를 둘러싼 지정학적 조건의 구조적 모순이 더욱 분명히 드러나 보였다. 앞으로 일종의 '통일 사회학'이 중요해질 것 같다는 예감이 들었다. 단순히 통일을 둘러싼 정치적·기술적 문제를 논의하는 수준을 넘어 체제 간 통합을 사회과학적으로 적극적으로 이론화하자는 합의가 형성될 가능성이 적지 않다.

두 체제를 별개로 두되 유사한 기능을 수행하는 쪽으로 발전시키는 '분립 동화 모델', 양 체제를 넘어 새 체제를 모색하는 '제3의 길 모델', 양 체제의 좋은 면들을 결합하는 '혁신 통합 모델', 한 체제가 다른 쪽을 집어삼키는 '흡수 통합 모델', 이런 여러 모델들을 가능한 경우의 수로 상정하고 한반도 통합 문제에 여러 분과 학문이 입체적으로 접근하는 노력이 필요한 시점이 오지 않았나 한다. 이런 상념에 잠겨 있는 동안 비행기가 어느새 서해 상공에 진입했다는 기내 방송이 흘러 나왔다. 드디어 그리운 고향에 돌아온 것이다.

유럽의 '세련된' 극우 경보

—

새로운 극우파는 '인권'의 언어를 구사하기도 한다.
스웨덴민주당은 소매치기의 손목을 자르는 식의 '야만적'인
이슬람 문명을 개명된 유럽이 용인해서야 되겠느냐면서
유권자들의 말초적인 정의감을 자극한다.

—

넥타이를 맨 정장 차림의 신사가 차분한 어조로 다음과 같이 이야기를 걸어온다고 하자. "우리 동네 노인정 시설에 지원을 더 해야겠습니다. 서민을 위한 복지도 더 늘려야지요. 하지만 요즘 경제가 어려우니 우리 시민들에게 우선적으로 혜택이 가도록 해야 하지 않겠습니까? 그런데 그게 쉽지 않아요. 그래서 말씀드리는 건데…… 외국인 노동자들에 대해 한마디 해야겠습니다. 이 땅에 들어와 살면서 애들을 많이 낳고 복지 혜택만 누리고 우리 젊은이들 일자리 다 빼앗는 사람들 때문에 우리 경제가 이렇게 어려운 거 아닙니까? 외국인들 인권만 인권입니까? 도대체 이 나라의 주인이 누굽니까? 형편이 좋으면 모를까, 요즘 같은 때엔 본국으로 돌려보내는 게 근본적인 해법이 아닐까요?"

얼핏 솔깃하게 들리는 이런 논리가 요즘 유럽을 휩쓸고 있다. 이른바 새로운 극우파, 즉 '뉴 파 라이트(New Far Right)'의 등장이다. 예전의 극우파와는 사뭇 다르다. 군복 비슷한 걸 걸치고 깡패들처럼

몰려다니거나 스킨헤드로 사람들에게 겁주던 모습이 아니다. 교육받은 사람의 화법을 구사하여 상대방을 안심시키고, 사실은 철저히 보수적이지만 스스로 네오나치처럼 무식하게 보이기 싫어하는 일부 위선적 중산층의 가려운 심정을 교묘하게 긁어준다.

유럽인들은 새로운 극우파에 대해 과거와는 많이 다른 반응을 보인다. 새로운 극우파의 주장이 어느 정도 '일리가 있다'고 생각하는 이들이 늘어나고 있다. 극우파의 오랜 숙원이던 주류 사회 진입이 꽤 성공한 것처럼 보인다. 이들 메시지의 핵심은 이슬람에 대한 '합리적' 비판과 '현실적' 해법이 유럽의 정체성을 지키기 위해 필요하다는 것이다. 이 주장의 저변에는 이슬람 집단의 이민을 막고, 이들에 대한 관용과 복지 혜택을 줄여야 한다는 정서가 깔려 있다. 이런 논리와, 극우파 깡패들의 노골적인 외국인 혐오증 사이에는 스타일의 차이만 있을 뿐 사실은 이심전심의 공감대가 있다고 생각된다.

덴마크 국민의 절반 이상이 이슬람이 유럽 사회의 조화를 깬다고 믿는다. 옛 동독 지역 주민의 4분의 3 이상이 이슬람 종교 활동을 제한해야 한다고 생각한다. 영국인들 절반이 이슬람과 테러리즘이 동일하다고 본다. 프랑스 국민 중 열에 네 사람이 무슬림 주민들이 프랑스의 정체성을 위협한다고 걱정한다. 오스트리아 국민의 과반수가 이슬람이 서구식 삶의 양식을 저해한다는 데 동의한다. 이런 대중적 정서에다 극우파의 능란한 변신에 힘입어 이들의 목소리가 점점 더 커지고 있다.

네덜란드의 헤이르트 빌더르스(Geert Wilders)가 이끄는 자유당이 보수 연정의 한 축을 담당하고, 사회적 진보의 대명사이던 스웨덴에서 극우 정당인 스웨덴민주당이 2010년 총선에서 20석을 차지하는 이변을 낳기도 했다. 노르웨이의 반(反)이민 극우 정당인 진보당은 현재 의석수로 보아 두 번째로 큰 정당이 되었다. 덴마크의 인민당은 2007년 총선에서 14퍼센트의 지지를 받았으며 오스트리아의 극우 정당들은 모두 합해 약 30퍼센트의 지지율이라는 기염을 토하고 있다. 프랑스에서 원조 극우파 장마리 르펜(Jean-Marie Le Pen)의 딸인 마린 르펜(Marine Le Pen)이 차기 대통령직을 노리고 있다는 것은 잘 알려진 사실이다.

독일의 경우 새로운 극우 정당이 출현하진 않았지만 여론 조사에 따르면 구시대 극우파인 네오나치와 집권 보수당 사이에 존재하는 약 15퍼센트 정도의 정치적 공간이 새로운 극우파의 주장에 동조하고 있는 것으로 알려져 있다. 더 나아가, 극우파 자체의 영향력이 늘어나는 것도 문제지만, 주류 정치에서 약간 순화된 형태의, 그러나 본질적으로 동일한 논리가 공공연하게 통용되는 것은 더 큰 문제라 할 수 있다.

새로운 극우파는 '인권'의 언어를 구사하기도 한다. 스웨덴민주당은 소매치기의 손목을 자르는 식의 '야만적'인 이슬람 문명을 개명된 유럽이 용인해서야 되겠느냐면서 유권자들의 말초적인 정의감을 자극한다. 네덜란드의 자유당에서는 무슬림들을 흔히 파시스트라고 부르곤 한다. 도대체 어느 쪽이 더 문제 집단인지 헷갈릴 정도의 선전 선동이 난무한다. 이런 예만 보더라도 누가 인권을 주장하느냐 마느냐 여부가 중요한 게 아니라, 누가 어떤 목적으로 어떤 방식으로 그리고 어떤 목적으로 인권을 내세우는지가 인권에서 더 중요한 판단 기준임을 알 수 있다.

유럽의 새로운 극우파가 주로 이민 문제를 중심으로 형성되고 있는 현실에 우리가 주목해야 할 이유가 있다. 유럽 각국은 전통적으로 미국이나 캐나다처럼 처음부터 이주에 의해 국민 정체성이 만들어진 곳이 아닌 후발 이민 국가다. 그만큼 우리나라와 비슷한 점이 있다. 비교적 동질적인 선주민들의 존재, 최근 몇십 년 사이에 이민자들이 갑자기 늘어난 점, 이민자들에 대한 시민들의 경험이나 제도적 장치가 미비한 점, 다문화라는 용어를 많이 쓰긴 하지만 그것이 내면화되지 못한 점 등 많은 부분에서 닮았다.

하지만 유럽과 한국 사이에는 다른 점도 많다. 유럽의 이주 문제가 자유주의 사회의 보편적 적용이 실패한 데서 비롯된 것이라면, 한국의 이주 문제는 최소한의 인권 존중이 미흡한 데서 파생된 것이다. 따라서 맥락이나 차원이 많이 다른 문제라고 봐야 한다. 유럽의 극우파들이 주장하는 바가 우리 감각으로 봐서 그다지 '악성'으로 들리지 않는데도 불구하고 양식 있는 유럽인들이 현 사태를 우려하는 것은 바로 이러한 차이 때문이다.*

또한 유럽의 경우 이주 물결이 경제 지구화 이전부터 시작되었고 시민권의 범위를 어떻게 설정할 것인가 하는 문제를 제기하고 있다면, 우리의 경우 민주화와 경제 지구화 경향과 이주의 증가 추세가 비슷한 시기에 맞물렸다는 특징이 있다. 한국의 이주 문제는 이주만의 독자적인 문제 영역이라기보다 한반도 전체 상황 그리고 아직도 진행 중인 정치, 경제, 사회 민주화의 과제 내에서 함께 다루어야 할 이슈로 보는 게 옳을 것 같다.

---

* 이 글이 언론에 발표되고 일 주일 후인 2011년 7월 22일 노르웨이에서 한 괴한이 노동자 청년연맹이 주최한 청소년 여름캠프를 습격하여 77명을 죽인 학살 사건이 일어났다. 범인은 당시 32세의 안데르스 브레이비크라는 극우파로 알려졌다. 이 사건 후 한 언론인은 이 기사와 학살 사건의 연관성에서 전율을 느꼈다고 필자에게 말하기도 했다.

우리나라의 극우적 주장들이 아직은 이주 문제보다 주로 우리 현대사와 한반도 평화 정착을 둘러싼 문제 영역에서 나오고 있는 것만 봐도 알 수 있다. 상황을 이렇게 큰 틀에서 볼 때 이주노동자, 탈북 정착인, 비정규직 노동, 장기적 인력 수급 등을 서로 연관된 문제로 꿰어서 파악할 수 있는 안목이 나올 수 있을 것이다.

인권으로 읽는 '책 읽을 권리'

—

지성의 영토가 광대한 나라일수록 독재가 불가능하고
궤변이 설 자리가 없으며 프로파간다의 맨 얼굴이 쉽게 폭로된다.
이런 점에서 책 읽는 행위는 인간의 권리 문제로 접근해야 마땅하다.
'우매한 대중이 되지 않을 권리'는 인간 자력화의
가장 강력한 요구에 속하는 권리다.

—

일본의 케이센여자대학에서 여름 방학 집중 강의를 하고 돌아왔
다. 찜통인 도쿄의 거리에서 버스를 기다리며 책을 읽고 있는 이들의
모습이 자주 눈에 띄었다. 지하철에서도 손바닥만 한 문고판을 들고
삼매경에 빠진 시민들을 흔히 볼 수 있었다. 한마디로 독서 천국 같
았다.

일본서적출판협회(日本書籍出版協會)에 따르면 2011년 한 해 동안
약 7만 6천 종의 새 책이 출간되었고, 모든 서적의 판매 부수가 11
억 7천6백만 권에 달했다. 대략 3,800여개 출판사들이 매년 1조 8천
억 엔(한화로 약 27조 원) 규모의 거대 산업을 형성하고 있다. 전국 1
만 5천 개의 크고 작은 서점들이 출판 시장의 모세 혈관 역할을 수행
한다. 서적출판협회는 이 현상을 다음과 같이 표현한다. "전철역이든
쇼핑몰이든 일본에서 서점을 찾기 어려운 곳은 없다." 요즘 들어 주
춤해졌다곤 하나 여전히 출판 대국인 나라의 깊이를 여러 곳에서 감

지할 수 있었다. 우리가 한류니 K-팝이니 하면서 하루아침에 문화 국가가 된 듯한 착각에 빠져 있는 동안 무엇을 잊고 무엇을 잃었는지 자성할 필요가 있다고 느꼈다.

텔레비전, 인터넷, 모바일이 커뮤니케이션의 성격을 신속하고 수평적으로 만들었지만, 아직도 인간 이성의 정수를 포착하는 데 책만 한 도구는 없다. 부피와 무게에서 휴대용 전자 기기에 약간 밀릴 뿐, 사용의 편의성이나 영구적 보관성을 감안하면 아직까지도 책에 대적할 수단이 없다. 구형 플로피 디스크에 저장해놓은 원고는 이제 그것을 읽을 수 있는 기계조차 없지만, 그 원고로 만들어진 책은 여전히 필자의 책장에 꽂혀 있다. 그렇다면 어느 쪽이 우월한 매체인가. 또한 책 읽기는 단순히 개인의 문화적 취향 또는 여가 활동만을 뜻하지 않는다. 근대 이후의 독서 행위는 본질적으로 정치적인 행위였기 때문이다. 책을 읽을수록 개개인의 내면의 공간이 늘어난다. 그러므로 책 읽는 시민들로 이루어진 나라는 국토 면적과 상관없이 엄청난 지성의 영토를 보유한 대국이 된다.

지성의 영토가 광대한 나라일수록 독재가 불가능하고 궤변이 설자리가 없으며 프로파간다의 맨 얼굴이 쉽게 폭로된다. 이런 점에서 책 읽는 행위는 인간의 권리 문제로 접근해야 마땅하다. '우매한 대중이 되지 않을 권리'는 인간 자력화의 가장 강력한 요구에 속하는 권리다. 인권의 원칙으로 보아 책 읽을 권리에는 세 차원이 있다.

첫째, 가용성의 원칙. 일단 책의 종류가 다양해야 하고 저렴하게 구입할 수 있어야 한다. 저렴하되 출판사의 출혈을 방지할 정책이 필요하다. 도서 정가 문제, 우수 출판 지원제 등을 인권의 차원에서 상상할 수 있어야 한다. 문고판 도서의 활성화도 고려해봄 직하다. 문고판은 공간 활용, 가격, 제작 등 장점이 많지만 출판사의 수익성이 떨어지는 분야다. 정책적으로 고려해야 한다. 서울역의 노숙인들도 문고판으로 소설과 시집을 쉽게 접할 수 있다면 얼마나 좋을까.

둘째, 적합성의 원칙. 다양한 책이 나오되 일정한 수준의 도서를 지향해야 한다. 도서 시장은 악화가 양화를 쫓아낼 가능성이 높은 곳이다. 이와 더불어 금서니 불온 서적이니 하는 사상 검열을 원천적으로 없애야 한다. 책을 읽는 목적 자체가 인간 사유를 넓히고 바꾸는 데 있다. 그런 의미에서 본다면 '불온'하지 않은 책은 존재할 이유가 없다.

셋째, 접근성의 원칙. 동네의 작은 책방을 지원할 수 있는 제도가 있어야 하고, 전국 방방곡곡에 공립 도서관이 촘촘히 들어서야 한다. 이미 도서관 운동이 진행되고 있지만 이런 분야에 정부가 대폭적으로 지원하는 것은 그야말로 세금이 아깝지 않은 일이다. 또한 장애인들을 위한 도서 제작이 활성화되어야 한다. 시각 장애인용 도서 콘텐츠 생산은 시급한 인권 문제이며 국가인권위에서 오늘이라도 당장 조사와 연구를 시작해야 할 사안이다.

2012년은 '독서의 해'이다. 많은 아이디어들이 제시되었지만 책 읽기를 인권 문제로 이해하는 관점은 아직 자리 잡지 못했다. 프랭클린 루스벨트는 "책이야말로 인간 자유를 위한 강력한 무기"라고 했다. 인권 운동으로서 독서 운동이 일어날 때가 되었다.

러시아의 시민 사회

—

러시아의 정치가 온전한 민주주의가 아니라 '관리된 민주주의'
또는 '경쟁적 권위주의'에 불과하다고 비판하는 지식인이 많았다.
미발육의 시민 사회와 기형적인 민주주의가 병존하는 형국이다.
그렇다면 러시아 시민 사회의 미래가 암울하기만 한 것일까?

—

2011년 12월이면 소비에트 사회주의 공화국 연방(USSR)이 해체된
지 20년이 된다. 1991년 여름 미하일 고르바초프(Mikhail Gorbachev)
서기장이 크림 반도에서 휴가를 보내고 있을 때 모스크바에서 쿠데
타가 일어났다. KGB 간부들과 고위 장성들이 작당하여 소련의 수명
을 연장시키려 했던 시도는 삼일천하로 끝났지만 역설적으로 제국
의 붕괴를 재촉했다. 그해 말 소련은 지상에서 사라졌고 보리스 옐친
(Boris Yel'tsin)이 이끄는 러시아연방이 그 자리를 이어받았다. 세기의
대사건이었던 동구권 변혁의 긴 여정이 마무리된 순간이었다.

독일 통일 20주년 풍경도 베를린 현장에서 지켜본 터라 최근 모스
크바의 학술 대회에 참석한 김에 지난 20년 세월이 러시아에 어떤 영
향을 끼쳤는지 유심히 살펴보았다. 마침 필자가 속한 세션의 주제가
'국가-시민 사회-시장'이어서 러시아 시민 사회의 현황에 대해 현지
전문가들의 생생한 이야기를 들을 수 있었다. 러시아에서 시민 사회
를 논하는 것은 민주주의의 현주소를 진단하는 것과 거의 같은 차원

의 일이다. 또한 우리나라를 포함하여 세계적으로 일고 있는 시민 사회의 변동을 해석하는 데 단서를 제공해주기도 한다.

모스크바에 도착한 날, 러시아 중앙선관위의 블라디미르 추로프 (Vladimir Churov) 위원장을 미국 정부가 입국 거부자로 지정했다는 보도가 나왔다. 이른바 '마그니츠키 리스트'에 올랐기 때문이었다. 세르게이 마그니츠키(Sergei Magnitsky)는 한 금융 회사의 고문 변호사였는데 러시아 관리들이 엄청난 규모의 공금을 횡령했다고 비난한 후 2008년에 체포되어 재판을 기다리다 구치소에서 의문의 죽음을 당했다.

공식 조사에서 간수들로부터 심하게 구타를 당한 흔적이 있다고 밝혀졌지만 아무도 처벌되지 않은 데 대해 미국 정부가 문제를 제기하면서 러시아의 공직자 60여 명을 한꺼번에 기피 인물 명단에 올린 것이다. 러시아에서 법의 지배가 어떤 지경에 놓여 있는지, 이런 문제가 어떻게 국제적인 쟁점으로 비화하는지를 상징적으로 보여준 사건이었다.

개혁-개방 이후 러시아 시민 사회는 아주 느리고 힘들게 진화를 모색하고 있는 중이다. 기초적인 차원에서 민간 자선 조직이나 문화 단체들이 많이 생겼고 기업의 기부 행위도 상당히 늘었다. 그러나 우리가 통상적으로 이해하는 시민 사회는 아직도 요원하다. 시민 운동 관계자들은 두 가지 이유를 제시한다. 하나는 시민들의 권리 의식이 낮다는 점이다. 우리가 경험적으로 알듯이 권리 의식은 민주주의를 쟁취하기 위해 싸우면서 생기는 것이지 하루아침에 머릿속에서 깨우칠 수 있는 것이 아니다. 또한 오랜 공산주의 통치가 무너진 후 갑자기 불어닥친 천민 자본주의 물결로 시민들의 성향이 '단자화'된 점도 큰 문제라 한다. 공익 지향과 연대 의식이 시민 사회를 떠받치는 주요한 기둥인데 자기 이해 관계만 따지는 사람들이 많은 사회에서 시민 운동이 활발해지기는 어려울 것이다.

러시아 사람들은 '시민 사회'라는 말을 들으면 주로 무엇을 떠올릴까? 사상의 자유, 양심의 자유, 인권 존중 등 개혁 성향의 지식인들이 주장하는 규범적 개념을 떠올린다고 한다. 아직까지 생활 속에서 보통 사람들이 선뜻 참여할 수 있는 공간으로 보지는 않는다. 하지만 소수의 시민 사회 단체들이 사면초가의 환경 속에서 고군분투하고 있는 것 또한 사실이다. 군대 내의 기합과 가혹 행위에 반대하는 '러시아 병사들의 어머니회', 스탈린 시대의 강제 수용소에 관한 진실을 알리려는 '페름(Perm)-36', 언론인들의 헌법적 권리 보장을 위해 노력하는 '극단적 상황 하의 저널리스트 센터' 등 상당수의 인권 단체, 사회 운동 단체들이 열악한 조건이지만 명맥을 유지하고 있다.

하지만 이들은 대중들로부터 이익 단체가 아니냐는 의혹의 시선, 외국의 재정 지원으로 움직이는 반애국적인 조직이 아니냐는 눈총을 받곤 한다. 실제로 정치적인 사안을 다루는 시민 단체들이 유럽연합이나 미국민주주의기금(NED)으로부터 지원을 받는 경우가 꽤 있다. 단체당 지원받는 평균 규모가 나라 크기에 비해 아주 작은 편이고, 대부분 프로젝트성 경비이며, 일반 시민들의 자발적 참여가 거의 없는 현실을 감안할 때 충분히 이해할 수 있는 일이다.

하지만 외세의 내정 간섭에 민감한 국민 정서, 그리고 당국의 악의적인 선전으로 인해 시민 단체들이 많은 오해를 받고 있다고 한다. 그런데 러시아 정부는 시민사회협의회와 같은 공식 채널을 가동해 친정부적 관변 엔지오들과는 소통을 하고 있다. 그러니 비판적인 시민 단체와 관변 단체의 관계가 좋을 리 없다. 그렇잖아도 미약한 시민 사회 내부에 심각한 갈등이 존재하는 상황인 것이다.

블라디미르 푸틴(Vladimir Putin) 총리가 다음 대통령 선거에 재출마하리라는 예상이 압도적인 가운데* 러시아의 정치가 온전한 민주주의가 아니라 '관리된 민주주의' 또는 '경쟁적 권위주의'에 불과하다고 비판하는 지식인이 많았다. 미발육의 시민 사회와 기형적인 민주주의가 병존하는 형국이다. 그렇다면 러시아 시민 사회의 미래가 암울하기만 한 것일까? 혹시 낙관할 수 있는 근거는 없는지 모스크바 고등경제대학(HSE)의 디미트리 수슬로프(Dimitri Suslov) 교수에게 물어보았다. 다음과 같은 대답이 나왔다.

러시아 국민들은 창의성과 혁신에 대한 갈망이 대단히 높다. 또한 고난 앞에 좌절하지 않는 불굴의 의지가 몸에 배어 있다. 그리고 나라가 위기에 처했을 때 단기간에 동원될 수 있는 국민적 역량을 갖추고 있다. 이런 점들이 러시아 시민 사회의 앞날에 희망을 품을 수 있는 근거가 될 수 있다고 했다. 이 나라에서 오래 산 외국 사람들이 한결같이 지적하는 바가 있었다. 러시아 대중의 지적 소양과 수준이 어느 나라보다도 높다는 것이다.

실제로 햇볕 좋은 주말 오후에 트베르스카야 거리에 있는 러시아 현대사 박물관에서 필자가 직접 목격한 일이다. 앳된 십대 여학생들이 전시물 앞에서 혁명이니 민주주의니 하는 무거운 주제를 놓고 진지하게 토론을 나누는 모습을 보았다. 서구의 일반적인 십대와 달라도 많이 다르다는 인상을 받았다. 이러한 국민의 특징이 시민 사회의

---

* 푸틴은 2012년 5월 대통령에 다시 당선되어 세 번째 대통령 임기를 시작하였다.

활성화로 이어질지는 두고 봐야겠지만 어떤 결과가 나오든 러시아 시민 사회의 미래가 독특한 맥락에서 '자기 식으로' 전개될 가능성이 높아 보였다.

인권 외교 강국, 코스타리카

—

코스타리카는 국제적 제도들을 적극 활용하고 국제 정치에 크게 공헌하고 있다.
그것도 인권, 민주주의, 평화라는 브랜드를 통해서 말이다.
이 때문에 권력의 개념 자체를 다르게 설정해야 한다고 제안하는 학자도 있다.
코스타리카는 국가가 보유한 양적 개념으로서의 국력이 아니라,
실제로 행사하는 질적 개념으로서의 국력을 보여주는 사례라는 것이다.

—

한 나라의 힘, 즉 국력을 어떻게 평가할까. 흔히 인구, 국토 면적,
경제 수준, 군사력, 과학 기술 수준, 환경 관리 능력 등을 꼽는다. 정
량적 지표로 나타낼 수 있는 것들이다. 이중에서 경제력, 군사력과
같은 '하드 파워(hard power)'는 강대국 중심의 힘의 논리에 가까운
기준이다. 이른바 현실주의 이론으로 국제 정치를 분석할 때 적합하
다. 잘 알려진 일화가 있다. 스탈린의 통역관으로 일했던 발렌틴 베
레즈코프(Valentin Berezhkov)의 회고다.

제2차 세계대전이 한창이던 1944년 영국의 처칠(Winston Churchill,
1874~1965)과 소련의 스탈린이 만났다. 처칠이 설교를 시작했다. 전
쟁에서 이기고 나면 연합국인 미국, 영국, 소련이 세계를 좌우하게
될 터인데, 그러려면 민주 국가라는 점을 보일 필요가 있고 특히 이
웃 나라와 잘 지낸다는 인상을 줄 필요가 있다. 따라서 소련은 폴란
드에게 잘 대해줘야 한다. 폴란드는 가톨릭 국가이니 그래야 바티칸

교황청과도 우호 관계를 맺을 수 있을 것이다. 스탈린이 처칠의 말을 중간에 끊었다. "로마 교황은 휘하에 몇 개 사단이 있는가?" 고매한 천상의 논리를 설파하던 처칠을 스탈린이 지상으로 끌어내린 순간이었다. 스탈린의 국제 관계 인식이 바로 전형적인 현실주의라 할 수 있다. 표현을 이렇게 직설적으로 하지 않더라도 국제 정치를 치열한 국익 추구의 장으로 이해하는 경우가 많다. 학계도 그렇지만 외교 현장에선 더욱 그러하다.

그렇다면 선린 우호니 세계 평화니 하는 이상을 국제 정치에서 실제로 추구하는 나라가 있기나 한 것인가. 이 질문에 가장 근접한 나라로 코스타리카를 꼽아도 크게 틀리지 않을 성싶다. 필자는 현재 코스타리카에 와서 가르치고 있다. 남북 아메리카의 정중앙에 있는 코스타리카는 전통적 기준으로 보아 결코 국력이 강한 나라가 아니다. 인구 470만에 우리나라 경상도와 전라도를 합한 크기의 소국이다. 국내총생산(GDP)은 530억 달러로 세계 81위, 1인당 GDP는 1만 달러가 조금 넘는 세계 68위 수준에 머물러 있다. 군사력으로 치면 군대를 아예 없앤 나라이니 그 점은 언급할 수조차 없다.

이처럼 코스타리카는 통상적인 평가로 따져 크게 내세울 게 없는 곳이다. 여기 사람들이 스스로를 '티코(tico)'라 부르듯 겉으로만 보면 아담하고 평범한 개도국이다. 그런데 국제 정치에서 코스타리카의 영향력을 따지면 이야기가 전혀 달라진다. 단순히 존재감이 있는 정도가 아니다. 독특한 색깔의 존재감으로 자기 입지를 확실히 굳힌 남다른 국가다.

우선 코스타리카에는 남북 아메리카 전체를 관할하는 미주 인권 협정*에 따른 국제 기구인 미주인권재판소가 있다. 1979년 설립될 때 미국과 캐나다가 서로 유치하려 했지만 결국 코스타리카로 낙착되었다. 또 이곳엔 유엔 평화대학이 있다. 유엔 총회에서 조약 기구로 설립한 독특한 교육 기관이다. 코스타리카는 외교 수완과 주도력도 뛰어나다. 유엔 인권최고대표실을 창설하는 데 큰 공을 세웠던 기록이 있다. 작년 유엔 총회에서 채택되었고 우리나라도 서명한 무기 거래 조약도 코스타리카가 큰 역할을 했다. 재래식 무기의 불법적이고 무분별한 이전을 규율하는 조약인데 비준 국가 수가 늘고 있어 머잖아 발효될 것이 확실하다.

중남미의 역내 외교에서도 핵심 역할을 수행하곤 한다. 중미를 휩쓸던 내전과 분쟁을 종식한 에스키풀라스 평화 협정*은 코스타리카의 중재가 없었더라면 어려웠을 것이다. 평화 체제를 구축하고 엘살바도르와 니카라과의 자유선거도 지원했다. 오스카르 아리아스 산체스(Oscar Arias Sánchez) 코스타리카 전 대통령은 그 공로를 인정받아 1987년 노벨평화상을 받았다. 코스타리카는 또한 라틴아메리카와 카리브해 국가의 연합체인 리우 그룹에서 자타가 인정하는 대변국 역할을 맡고 있다. 2014년 9월 초 집속탄 금지 조약*을 벨리즈가 비준함으로써 중미는 세계 최초로 집속탄을 전면 금지한 지역이 되었다. 이 조약 역시 코스타리카가 열심히 중재해 성사시켰다. 프린스턴대학의 연구에 따르면 물질적 국력보다 외교적 국력이 훨씬 큰 나

미주 인권 협정(American Convention on Human Rights) 1969년 코스타리카 수도 산호세에서 체결한 인권 협약. 1978년 발효되었으며, 당사국 수는 25개국이다. 자유권과 사회적·문화적 권리 등 인권 보호를 위한 방법을 규정했다. (편집자 주)
에스키풀라스 평화 협정(Esquipulas Peace Agreement) 코스타리카, 온두라스, 과테말라, 니카라과, 엘살바도르의 중미 5개국 대통령들이 각국 정권의 정통성을 인정하고 정치, 경제, 사회 등 공동 관심사를 논의하기 위해 지역 의회 창설 등을 밝힌 선언. (편집자 주)

라가 코스타리카다.

코스타리카의 인권·평화 외교는 기존의 국제 관계 이론으로는 설명이 잘 안 된다. 국제 관계를 무정부 상태로 보고 생존을 위한 무한 경쟁 논리로 설명하는 현실주의 이론은 말할 필요도 없다. 자유주의 제도 이론도 딱 들어맞진 않는다. 이 이론에선 작은 나라들이 국제 질서의 틀 내에서 주권을 인정받고 국제 사회의 일원으로 수용되기를 원한다고 설명한다. 또한 국제법과 제도의 보호 아래 모여 있는 다소 수동적인 국가의 이미지가 있다. 그러나 코스타리카는 국제적 제도들을 적극 활용하고 국제 정치에 크게 공헌하고 있다. 그것도 인권, 민주주의, 평화라는 브랜드를 통해서 말이다.

이 때문에 권력의 개념 자체를 다르게 설정해야 한다고 제안하는 학자도 있다. 코스타리카는 국가가 보유한 양적 개념으로서의 국력이 아니라, 실제로 행사하는 질적 개념으로서의 국력을 보여주는 사례라는 것이다. 질적 개념으로서의 국력은 구체적으로 무엇을 뜻하는가.[12] 크게 보아 두 가지 요소가 있다. 첫째, 정치적·행정적 역량이다. 외교 기술, 특정 영역의 지식과 축적된 경험, 주도권을 발휘할 줄 아는 적극성이 그것이다. 둘째, 이미지와 평판이다. 이른바 능동적 규범 행위자로서의 정체성과 국제 문제에서 중립을 지키는 태도를 말한다. 여기에 리더십, 동맹 형성 능력, 우선 순위 설정 능력이 추가되면 금상첨화일 것이다. 이 작은 나라가 이런 큰 역량을 발휘하

집속탄 금지 조약(Convention on Cluster Munitions) 집속탄 사용을 금지하고 불발 상태의 집속탄 제거를 목표로 하는 조약. 2010년 노르웨이 오슬로에서 발효되었고 영국, 독일, 볼리비아, 칠레 등 100여 개 국가가 가입했다. 집속탄은 한 개의 폭탄에서 수백 개의 소형 자폭탄이 뿌려지는 형태이며, 장갑차나 벙커를 폭파할 수 있을 정도로 강력하여 비인도적 대량 살상 무기로 손꼽힌다. (편집자 주)

고 있는 데 주목하지 않을 수 없다.

코스타리카는 작은 나라의 현실을 약점이 아니라 자산으로 승화시킨 희귀한 사례다.[13] 이 나라의 인권 외교를 비유하자면 이렇다. '공자님 말씀'이 듣기엔 그럴 듯해도 현실에서 그것이 통할 수 있다고 생각하는 사람은 드물다. 그런데 공자님 말씀을 곧이곧대로 행하는 사람이 동네에 산다면 어떻게 될까. 고지식하다고 비웃을 순 있어도 그의 행동을 나무라진 못할 것이다. 옳게 살지 말라고 할 순 없는 노릇이니까. 게다가 그런 사람을 해코지하기도 어렵다. 더 나아가 그런 사람의 공자님 말씀에 대놓고 반대하긴 더 어렵다. 어쨌든 맞는 말이기 때문에. 시간이 지나면서 간혹 그가 말하는 것에 동의하는 척이라도 해야 하고, 하도 졸라대니 귀찮아서라도 그가 하자는 대로 시늉을 내기도 한다. 그런데 이런 '시늉'들이 모이면 신기하게도 그게 힘을 발휘할 때가 온다. 자꾸 시늉을 하다 보면 구체적 결과가 나오기도 하고, 자신이 한 시늉 때문에 약속을 지켜야 하는 경우가 생긴다. 이것이 국제 관계의 구성주의 이론에서 말하는 '규범의 구속력'이고 '인권 규범의 연쇄 증폭'이다. 공자님 말씀을 계속 실천해 온 '착한 얼간이' 코스타리카의 인권 외교를 설명할 수 있는 유력한 이론인 것이다.

그런데 모든 외교는 내치에서 시작되는 법이다. 아무리 대외적 영향력을 높이려 해도 국내에서 인권을 안 지키면 국제적으로 망신만 당할 뿐이다. 미국 국무부에서 아무리 인권 외교를 편들 퍼거슨 인종 갈등 사건* 같은 것이 한번 터지면 체면에 먹칠을 할 수밖에 없다. 얼마 전 이곳의 한 공공장소에 설치된 대형 텔레비전에서 한국의 군인권 문제를 다룬 보도가 흘러 나왔다. 뉴스를 시청하는 사람들을 옆에서 바라보는 것 자체가 고통이었다. 전 세계가 유리 어항처럼 투명해진 시대에 살고 있음을 기억해야 한다.

그 점에서 코스타리카의 외교가 우리에게 주는 시사점이 적지 않다. 이들은 국내에서 인권을 지향하면서 대외적으로도 그것을 추구한다. 결코 완벽한 나라도 아니고 문제도 많지만 그래도 큰 틀에서는 인권 국가의 정체성이 뚜렷하다. 지난 5월 국제 동성애 혐오 반대의 날을 맞아 대통령 궁에서 국기와 성 소수자를 상징하는 무지개 깃발을 함께 게양할 정도였다. 그것도 아메리카 대륙 전체에 메시지를 던지려는 의도에서였다.

산호세 시내에서 현대 기아 자동차를 자주 본다. 삼성 휴대폰을 들고 다니는 사람은 일일이 셀 수도 없다. 이렇듯 우리가 자랑하는 하드 파워에 인권과 민주주의라는 소프트 파워(soft power)가 결합하면 정말 세계적으로 영향력 있는 나라가 될 수 있다. 국내에서 인권을 수준 높게 실천하고 그것을 외교력으로 활용하면 된다. 멀리서 건배를 제안하고 싶다. 인권이 국력인 대한민국을, 위하여!

퍼거슨 인종 갈등 사건 2014년 8월 미국 미주리 주 퍼거슨 시에서 18세 흑인 소년이 백인 경관에게 총격을 당해 사망한 사건. 당시 사건 목격자는 소년이 비무장 상태였으며 경찰 지시에 순순히 따랐는데도 무고하게 사살됐다고 증언했다. 이 사건으로 미 전역 주요 도시에서 인종 차별 반대 시위가 일어났다. (편집자 주)

두 운하 이야기

—

하나는 중국 노동자들이 닦은 철도를 이용해 건설했고,
또 하나는 중국이 투자한 자금으로 건설한다. 둘을 묶는 공통 분모는 돈이다.
공통점이 하나 더 있다. 국가 발전이라는 명분으로 모순적인 현실이
발생하는 역설이다. 전자는 파나마 운하, 후자는 니카라과 운하다.

—

두 개의 운하가 있다. 하나는 현존하는 운하, 또 하나는 만들어질 운하다. 하나는 2014년에 100주년을 맞았고, 또 하나는 2014년부터 파기 시작한다. 하나는 지금도 공식 통화로 달러를 사용할 만큼 미국과 뗄 수 없이 엮인 관계로 있고, 또 하나는 미국과 사이가 좋지 않은 나라에서 만든다. 하나는 중국 노동자들이 닦은 철도를 이용해 건설했고, 또 하나는 중국이 투자한 자금으로 건설한다. 둘을 묶는 공통 분모는 돈이다. 공통점이 하나 더 있다. 국가 발전이라는 명분으로 모순적인 현실이 발생하는 역설이다. 전자는 파나마 운하, 후자는 니카라과 운하다.

파나마는 요즘 중남미에서 잘 풀리는 나라로 꼽힌다. 수도인 파나마시티는 여느 중남미 도시와 달라도 많이 다르다. 눈부신 마천루들이 해변을 따라 줄지어 서 있다. 뉴욕의 맨해튼이나 중국의 상하이를 연상시킨다. 부지기수로 영업 중인 호텔과 카지노들, 끝이 안 보이는 거대한 쇼핑센터들이 사람들을 자석처럼 끌어들인다. 운하 덕이 크다.

파나마는 오래전부터 교통 요충지로 꼽혔다. 원래 콜롬비아의 일부였다가 20세기 초에 미국의 지원을 받아 독립했다. 미국은 운하를 건설하려고 파나마의 토지 사용권을 사들였다. 10년에 걸친 공사 끝에 1914년 8월 15일 드디어 운하가 완공되었다. 대서양과 태평양이 아메리카 대륙 한복판에서 만난 것이다. 파나마 운하로 세계 무역의 모습이 크게 변했다. 매년 전 세계 교역량의 6퍼센트, 물동량 4억 톤이 파나마 운하를 통과한다. 한국은 전 세계에서 파나마 운하를 가장 많이 사용하는 다섯 나라 중 하나다. 미국으로부터 운하를 돌려받은 후 파나마가 벌어들이는 사용료가 연간 25억 달러에 달한다. 국가의 젖줄인 셈이다.

파나마 운하는 처음부터 말썽이 많았다. 19세기 프랑스의 건설 시도는 실패로 끝났고 미국의 통제권을 인정한 1903년의 조약은 문제투성이였다. 운하를 건설하기 시작하면서 인종 차별까지 공공연하게 발생했다. 같은 일을 해도 미국과 북유럽 출신들은 '골드'반으로 분류되어 달러로 임금을 받고, 서인도 제도의 유색 인종과 남유럽 출신은 '실버'반에 속해 페소화로 임금을 받았다. 또한 파나마 운하 지대의 문제가 있었다. '파나마 운하 지대(Panama Canal Zone)'란 운하를 중심으로 양쪽 8킬로미터까지의 땅을 미국이 직접 점거, 사용, 통제한 지역을 말한다. 파나마 한복판을 가로지르는 광대한 국토, 서울의 2배 이상 되는 땅이 사실상 미국 영토였다. 1904년부터 1979년까지 미연방 정부가 파견한 총독 23명이 파나마 운하 회사 사장을 겸임하면서 이 지대를 다스렸다. 행정 조직, 법원, 경찰, 방송국, 우체국, 전용 마트, 극장, 학교, 거주 타운이 있었고 미국인 4만 5천 명이 살았다. 자체 우표와 깃발, 게다가 미군 보병 여단까지 주둔했다.[14) 운하

지대 내에서 태어나면 미국 시민권이 주어졌다. 파나마 국민들은 평상시 운하 지대 출입은 가능했으나 상점과 편의 시설은 이용할 수 없었다. 운하 지대 인근에서는 파나마 국기를 내걸 수도 없었다. 파나마인들의 불만이 없을 수 없었다.

이런 분위기를 감지한 존 F. 케네디(John F. Kennedy) 대통령이 운하 지대에서 두 나라의 국기를 함께 게양할 수 있도록 했지만 미처 시행하기 전에 암살당했다. 그 후 파나마 국기를 싫어하던 총독이 고육책을 냈다. 양국 국기를 모두 게양하지 말자고 한 것이다. 그러자 이번엔 운하 지대 미국인들이 들고 일어났다. 파나마의 눈치 때문에 미국 주권을 양보할 수 없다는 논리였다. 이들은 운하 지대 내 발보아 고등학교에 몰려 가 성조기를 게양했다. 꼭 반세기 전인 1964년 1월 9일에 일어난 일이다.

이 소식을 들은 파나마 학생 수백 명이 학교로 행진해 가서 자기들도 파나마 국기를 게양하겠다고 요구했다. 학생들이 들고 간 깃발은 오래전부터 시위 현장에서 사용되던 것이었다. 밀고 당기는 충돌이 벌어졌고 그 와중에 파나마 국기가 찢겨 나갔다. 라틴아메리카 사람들이 금기시하는 국기 모독 사건이 벌어진 것이다. 소요가 계속되자 미국 경찰이 최루탄을 쐈고 학생들은 평소 '수치의 벽'이라 부르던 운하 지대 경계 담장을 무너뜨렸다. 경찰이 급기야 발포를 했다.

걷잡을 수 없이 확대된 소요 사태가 이틀간 계속되었다. 시위대는 미국계 재산을 파괴했다. 팬아메리칸월드에어 항공사 건물이 전소되었고, 끝내 미군이 출동하여 유혈 진압에 나섰다. 결과는 참담했다. 파나마 측 21명, 미국 측 4명, 도합 25명이 사망하고 수백 명의 부상자가 발생했다. 제2의 쿠바 사태를 염려한 미 대사관은 주요 문서를 소각하고 철수에 대비할 정도였다. 미 언론에는 공산당의 사주를 의심하는 논조도 등장했지만 사실무근인 오보였다.

첫 사망자는 아스카니오 아로세메나(Ascanio Arosemena)라는 스무 살의 학생이었다. 친구들이 다쳤다는 소식을 듣고 달려와 치료를 돕다 총에 맞은 것이다. 생후 6개월짜리 여자 아이가 최루탄 때문에 질식사하기도 했다. 이 사건으로 인해 파나마의 현대사가 완전히 달라졌다 해도 과언이 아니다. 파나마는 한때 미국과 외교 관계를 단절했을 정도였다. 국제 사회가 분노했고 이집트의 가말 압델 나세르(Gamal Abdel Nasser) 대통령은 수에즈 운하처럼 파나마 운하도 당장 국유화하라고 촉구했다. 파나마에선 지금도 매년 1월 9일을 '순교자의 날'이라는 국경일로 지낸다. 사건이 발생한 현장으로 가는 길은 아스카니오 아로세메나 대로가 되었다. 학교는 파나마 운하청 직원들을 교육하는 아스카니오 아로세메나 연수원(Centro de Capacitacion Ascanio Arosemena)으로 이름이 바뀌었다.

필자가 파나마시티에 도착하여 제일 먼저 찾은 곳이 연수원이었다. 현관 입구에 열사들의 이름을 새긴 21개 기둥이 둥글게 모인 노천기념관이 세워져 있다. 중간에 놓인 향로에서 고인들의 명복을 비는 불길이 하늘을 향해 피어 오르고 있었다. 파나마 운하를 통과하는 모든 배는 파나마 운하청 소속의 선장에게 선박의 지휘권을 넘기게 되어 있다. 세계에서 유일하게 파나마 운하에서만 실시하는 제도라 한다. 순교자들을 기념하는 연수원에서 교육받는 선장들의 자세가 어떨까 상상해보았다. 구시가의 카스코 안티구오에 있는 역사 박물관에선 첫 전시실에서부터 순교자의 날을 다루고 있었다. 당시 현장에서 사용되었던 찢긴 국기가 방문객의 눈길을 끈다.

충돌 사건을 계기로 하여 미국의 파나마 운하 정책은 급선회할 수밖에 없었다. 카터 행정부는 1979년에 운하 지대 통제권을 포기했고 그때부터 1999년까지 미국과 파나마가 운하를 공동 관리하다 2000년부터 파나마가 단독 운영하고 있다. 하지만 반환 조건을 명시한 조약에 따르면 파나마 운하는 지금도 형식적으론 중립 지대이고, 미국의 사용권이 위협받을 때엔 군사력을 사용할 수 있도록 되어 있어 매년 군사 훈련이 실시된다.

운하를 되돌려 받은 뒤 파나마의 경기가 좋아진 건 사실이다. 그러나 전 국민의 40퍼센트가 빈곤층일 정도로 어두운 현실도 존재한다. '로스 라비블랑코스(Los Rabiblancos)'라 불리는 태평양 쪽 파나마시티의 백인 엘리트들은 흥청거리지만, 대서양 입구의 콜론 시는 불과 80킬로미터 떨어진 곳이라 믿기 힘들 만큼 높은 실업률, 범죄율, 슬럼화로 신음 중이다. 그리고 만 명에 달하는 운하청 직원들에게 파업 권리가 없는 문제가 노동 현안으로 제기되어 있다. 파나마 운하 개통 100주년의 모습은 이렇게 극과 극으로 나타난다.

파나마보다 북쪽에 있는 니카라과도 대운하를 건설할 예정이다. 파나마 운하보다 운항 거리가 훨씬 짧아진다는 비교 우위를 노린 것이다. 부패 혐의를 받는 왕년의 반미 혁명가 다니엘 오르테가(Daniel Ortega) 대통령이 중국계 회사 홍콩니카라과운하개발투자(HKND)에 운하 건설 대가로 국토 사용권을 50년 동안 넘겨주었다. 국민과 제대로 된 논의도 하지 않았다. 2014년 말부터 5백억 불짜리 공사가 시작되었다. 하지만 토지 수용 대상 지역 농민들의 반발이 계속되고 있다. 적어도 3만 명이 강제 이주될 예정이기 때문이다. "노 치노스(No chinos, 중국인 물러가라)."라는 항의가 터져 나오고, 농민들 수천 명이 "운하 필요 없다. 그냥 농사짓고 살게 해 달라."고 시위를 벌이고 있다. 수심 가득한 시골 할머니가 울먹이며 부르짖는 모습이 밀양 할머니들의 얼굴과 겹쳐 보인다.

현재 이 건은 미주인권위원회에 제소되어 있다. 오르테가 대통령은 인구 6백만 명 중 절반이 빈곤층인 니카라과를 먹여 살릴 유일한 방법은 대운하밖에 없다고 말한다. 중미 최대의 니카라과 담수호가 오염될 가능성 때문에 환경 재앙을 우려하는 소리도 높다. 특히 이웃인 코스타리카는 자국 생태계가 받을 영향을 대단히 걱정하고 있다.

한편으로 주권 회복의 상징, 다른 한편으로 빈곤 문제 해결의 상징이 된 두 개의 운하, 그러나 보다시피 문제가 적지 않다. 여기서 우리는 시간과 장소에 따라 형태를 달리 하면서도 보편적으로 발현되는 억압 권력의 실체에 주목해야 한다. 그런 억압 권력은 때론 주권 침해로, 때론 불평등으로, 때론 약자 탄압으로, 때론 환경 파괴로 나타난다. 이 모두에 맞서면서도 새로운 형태의 억압 권력이 출현하지 않도록 조심해야 한다. 한 단계의 문제가 해결되면 또 다른 단계의 문제가 어느새 우리 곁에 와 있기 때문이다. 모순적인 인권의 교훈을 두 운하가 보여주고 있다. 두 운하 이야기는 아직 끝나지 않았다.

군대 없는 나라, 가능한가?

—

군사비를 교육, 보건 의료, 환경, 문화에 투자할 수 있으므로
인간 개발 지수가 올라간다. 요즘 새롭게 각광받는
행복 지수에서도 상위를 차지한다. 국민의 생존을 위해서라도
인권과 평화를 강조할 수밖에 없는 조건이 형성된 것이다.

—

"그 나라엔 군대가 없다던데." 필자가 코스타리카에 간다고 했을
때 많은 분들이 보인 반응이었다. 《군대를 버린 나라》라는 책도 있
다.[15] 일본에는 평화 헌법이 있지만 사실상의 군대인 자위대가 존재
한다.[16] 영세 중립국인 스위스도 국민개병제를 실시한다. 그런데 정
말 군대 없는 나라가 어찌 가능하단 말인가. 그게 사실인가. 국방은
어떻게 하는가. 피상적인 소개가 아닌 실제 현실이 어떠한가. 이런
의문을 품지 않을 수 없다.

2014년 12월 1일 코스타리카에선 대통령이 참석한 군대 폐지의 날
행사가 열렸다. 66번째 기념일이었다. 아마 군대 폐지를 기념하는 나
라는 이곳이 전 세계에서 유일할 것이다. 거슬러 올라가 1948년 12월
1일, 호세 피게레스 페레르(José Figueres Ferrer) 대통령이 수도 산호
세의 군사령부 건물 벨라비스타 요새의 서쪽 벽면을 망치로 부수는
상징적 퍼포먼스를 벌이면서 군대 폐지를 선언했다. 지금도 그 자리
엔 기념 동판이 붙어 있다. 사령부의 요새 건물은 국립박물관이 되었

다. 전국의 병영은 학교로 바뀌었다. 병사들의 군대를 '교사들의 군대'로 대체한다고 했다. 이듬해 채택된 제2공화국의 신헌법 12조는 다음과 같이 선언한다. "항구적 제도로서 군대는 폐지한다."[17] 헌법 외에 공법 178호인 군대 폐지법을 따로 제정해 체계적으로 군을 완전히 해체했다. 대체 어떤 일이 일어났던 것일까?[18]

1948년의 대통령 선거는 여론이 극단적으로 분열된 상황에서 실시되었다. 집권 여당인 국민공화당의 칼데론 과르디아 후보와 야당인 국민통합당의 오틸리오 울라테 블랑코(Otilio Ulate Blanco) 후보가 맞붙은 선거는 부정 혐의로 일룩졌고 선관위는 울라테의 승리를 선포했다. 하지만 여당은 이에 불복하여 의회를 소집하고 재선거를 결의한다. 정국은 일대 혼란에 빠졌다. 이 와중에 농장주 출신 호세 피게레스가 등장한다. 그 전부터 기존 권력에 비판적인 인물로서 망명지 멕시코에서 돌아와 권토중래를 꿈꾸며 국민해방군이라는 민병대를 조직하여 때를 노리고 있던 터였다. 피게레스는 혼란에 빠진 조국을 구한다는 명분으로 정부군과 싸우기 시작했다. 1948년 3월 12일부터 5주 동안 피의 살육이 벌어져 약 2천에서 4천 명의 사망자를 낸 내전은 피게레스 측의 승리로 종결되었다.[19]

임시 정부의 수반으로 취임한 피게레스는 일련의 개혁 조치를 취했다. 5만 콜론이 넘는 자본에 일률적으로 10퍼센트의 세금을 부과했고 은행을 국유화했다. 국영 전력 회사를 설립했고, 카리브해 연안의 바나나와 커피를 독점하다시피 했던 미국계 다국적 기업 유나이티드푸르트에 중과세를 매겼다. 이 모든 조치에 더해 군대 폐지라는 화룡점정을 찍은 후 피게레스는 원래 약속대로 18개월의 집권을 끝내고 울라테에게 정권을 이양한 후 퇴진한 것이다. 그 후에도 피게레스는 대통령직을 3번 더 역임했고 현재 코스타리카의 1만 콜론 지폐에 등장한다. 혹자는 그가 '적도권 복지 국가'인 코스타리카를 이끈 인물이라고 적극적으로 평가하기도 한다.[20]

피게레스는 왜 군대를 폐지했을까. 코스타리카대학의 역사학자 메르세데스 무뇨스(Mercedes Muñoz) 교수에게 물었다. 뜻밖에도 필자를 앉혀놓고 세 시간이나 단독 특강을 해주었다. 피게레스는 원래부터 특별히 '진보적'이었던 인물은 아니었다고 한다. 중남미 특유의 인물 중심형 이합집산의 정치 풍토와 온정주의적 국가 정책 경향을 감안해야 한다. 피게레스의 정치 노선은 '반공 사회주의'라 할 수 있는 상당히 독특한 길이었다. 우선, 내전으로 집권한 자신에게 역쿠데타가 발생할까 우려해서 선제적으로 군을 없앴다는 설이 있다. 이미 1947년에 아메리카 대륙 전체의 집단 자위권을 설정한 리우 조약(TIAR)에 가입해 있었으므로 국외 망명을 떠났던 정적들이 공격해 올 경우 국제 지원을 받겠다는 계산도 작용했다.[21] 그리고 망명한 칼데론 일파를 용공 혐의로 공격함으로써 미국이 이들에게 군사 지원을 할 가능성을 미리 차단하여 전쟁 위협을 선제적으로 줄였던 측면도 있었다. 군대를 폐지함으로써 정권의 자신감과 안정을 과시하려 했다는 주장도 있다. 미국의 경제 지원을 받기 위한 제스처였다는 분석도 있다. 소국인 코스타리카에겐 군대 폐지가 오히려 합리적 선택이었을 거라는 해석도 가능하다. 사실 1948년 당시 코스타리카는 인구 60만 명, 군인 숫자 약 300명의 미니 국가였으므로 이런 주장은 설득력이 있다.

하지만 군을 폐지한 데에는 그 전의 역사를 빼놓을 수 없다. 코스타리카는 19세기 전반에 세 번 독립을 한 기록이 있다. 에스파냐, 멕시코, 과테말라가 주도한 중미연방으로부터 각각 독립을 했던 것이다. 이때 군대가 어느 정도 역할을 했다. 그러나 그 후엔 여타 중남미 국가들과 달리 장기적 갈등이나 내전을 겪지 않았다. 기껏 도시들 간의 갈등이 있었을 뿐이다. 또한 비교적 여유 있는 자영농들 덕분에 국가 관료제의 발전이 상대적으로 뒤처졌다. 따라서 관료화된 상비군이 발전하지 못했다. 게다가 20세기 초 페데리코 티노코(Federico Tinoco)의 군부 독재에 대한 국민들의 반감이 심했고 1921년 파나마 전쟁에서 패배하여 군에 대한 대중의 신뢰가 땅에 떨어졌다. 따라서 군대를 없애도 거기에 반발할 만한 기득권 세력이 없었던 것이다. 최근에는 여성주의의 영향을 강조하는 연구도 나온다. 19세기 말부터 20세기 전반에 걸쳐 자유주의 개혁 정책의 일환으로 공립 학교가 대폭 확대되면서 교육자 대다수를 차지했던 여교사들이 평화, 공존, 애국심의 기풍을 학생들에게 심었다는 것이다.[22]

코스타리카의 군대 폐지에 대한 비판과 반론도 적지 않다. 냉혹한 국제 정세 속에서 이상주의적이고 유치한 발상이라는 지적이다. 외국과 물리적 충돌이 일어나면 군대 없이 국토를 어떻게 수호하겠다는 건지 도대체 이해할 수 없다는 반응이 많다. 실제로 북쪽 니카라과와 맞닿은 국경선인 산후안 강의 수로 문제로 양국 간 긴장이 고조되었던 사건도 발생했다. 전쟁까지는 아니더라도 호전적 세력이 가한 테러 공격에 어떻게 대응할 수 있을까. 솔직히 의문이 든다. 그리고 군대 폐지는 전략적 가치가 적은 미니 국가에서만 가능한 선택지고 생존 경쟁에 노출된 나라에서는 불가능한 일이 아닐까. 최근에는 콜롬비아로부터 유입되는 마약을 소탕하기 위해 미국이 이 나라 영토에 병력을 파견한 문제가 국내 정치에서 큰 논란거리가 되었다.

볼리비아의 에보 모랄레스(Evo Morales) 대통령이 코스타리카는 미국의 보호막 뒤에 숨은 덕분에 군대 없이 살 수 있게 된 나라라고 비꼰 적도 있다.

코스타리카에 군대는 없지만 경찰은 있다.[23] 2012년 범죄 통계에 따르면 절도가 흔하고 전국에서 발생한 살인 사건은 394건이었다. 경찰은 연간 1억 달러 정도의 예산으로 1만 4천 명의 인력과 280대의 차량을 운영한다. 경찰관의 이직률이 높고 장비가 부족하여 경찰용 특별세를 신설하려고 검토 중이다. 무장 경찰도 있으며 헬기 2대를 포함하여 비행기 11대와 약간의 해안 경비정을 보유하고 있다. 이들이 기관총, 장갑차, 수류탄 투척기, 야간 투시경 등을 갖추고 국경 순찰과 수비를 맡는다. 최근 에볼라 사태로 국경 지대 경비가 더 강화됐다고 한다. 대통령 직속인 정보 기관 산하에 소규모 특수 개입 팀도 편성되어 있다. 마약 관련 범죄가 점점 심각해지면서 경찰의 무장과 과잉 대응, 미군에 의한 위탁 교육 때문에 인권 단체의 우려가 제기되고 있는 실정이다. 하지만 치안 유지용 경찰과 전쟁용 군대는 엄연히 구분되는 조직임을 기억해야 한다.

군대 폐지는 인권에 어떤 영향을 주었을까. 군대 폐지는 겉으로 드러나는 상비군만 없앤 것이 아니라 군과 관련된 모든 활동의 종언을 뜻한다. 방위·군수 산업, 군산 연구 개발, 무기 체계의 끊임없는 업그레이드와 투자, 국민 동원 시스템이 전면적으로 사라진 것이다. 따라서 군사적 수단이 아닌 비군사적 방식의 안보 개념을 상상하고 실천해야 한다. 군대가 없으므로 안보와 평화를 '탈군사화(demilitarization)'와 중립화라는 개념적 지렛대와 연결해놓았다. 이것을 통해 도덕적 우위의 이미지를 창출하고 의식적이고 적극적인 외교 노력으로 뒷받침한다.

이른바 '평화 배당금(peace dividend)' 효과도 무시할 수 없다. 군사비를 교육, 보건 의료, 환경, 문화에 투자할 수 있으므로 인간 개발 지수가 올라간다. 코스타리카 노동자들의 숙련도와 생산성이 라틴 아메리카 최상위 수준인 것도 이와 연관이 있다. 요즘 새롭게 각광받는 행복 지수에서도 상위를 차지한다.[24] 국민의 생존을 위해서라도 인권과 평화를 강조할 수밖에 없는 조건이 형성된 것이다. 통제와 처벌에 대한 태도도 남다르다. 공안부 장관의 말이다. "중환자를 병원까지 이송하는 것이 적십자의 임무라면, 용의자를 법원까지 이송하는 것이 경찰의 임무다."

코스타리카에서 사는 미국 은퇴 생활자들의 토론방에 어느 할머니가 올린 글이다. "미국에선 전쟁, 승리, 패배의 담론이 일상 은유에까지 스며들어 있는데 이곳엔 그런 것이 없다." 이런 평화 의식은 동물 보호로도 연결되었다. 2012년 시민들 18만 명의 입법 청원으로 모든 스포츠 사냥이 금지되었고 동물 보호세가 신설되었다. 그렇다고 이 나라가 인권이 완벽한 건 아니다. 예를 들어 니카라과 등지에서 온 불법 체류 이주 노동자들에 대한 인권 유린은 반드시 풀어야 할 숙제다.[25]

그럼에도 코스타리카 모델이 우리에게 시사하는 바가 있다. 이 나라가 군대를 폐지했던 바로 그날, 남한에서는 국가보안법이 제정되었다. 그만큼 차이가 있다. 우리에게 특수한 역사적 배경이 있는 건 부정할 수 없다. 그러나 그 차이가 대안적 안보 개념의 상상을 원천적으로 방해할 정도는 아니다. 군에 의존한 안보를 줄이면서 인권·평화의 소프트 파워와 외교력으로 대체하는 방향으로 가야 한다. 우리가 늘 하는 말이 있지 않은가. 기름 한 방울 나지 않는 우리에겐 사람밖에 없다고. 우리 시민들의 우수한 머리와 선 의지로 창조적 평화를 구현할 순 없을까.

누에바 칸시온, 인권의 멜로디

—

누에바 칸시온이 혁명의 노래로만 일관했다면 오래전에 역사의 유물로
전락했을지 모른다. 저항이 필요한 자리, 연대가 필요한 자리,
사랑이 필요한 자리, 열광이 필요한 자리를 가리지 않고 함께 하였기에
오늘까지 뿌리를 이을 수 있었던 것이다.

—

길을 걷다 보면 어디선가 라틴 음악이 들리곤 한다. 그 순간 '아,
정말 중남미에 와 있구나' 하는 느낌이 든다. 한국에선 인터넷 사이
트를 일일이 찾아 들어가야 했지만 이곳에선 그냥 라디오를 틀기만
하면 하루 종일 라틴 음악이 폭포수처럼 쏟아진다. 탱고, 살사, 보사
노바는 기본이고 란체라, 마리아치와 반다, 바차타와 메렝게, 쿰비아
등 이곳의 과일 종류만큼이나 다양한 음악들이 사람의 귀를 공략한
다. 알다시피 라틴 음악은 유럽, 아메리카, 아프리카, 카리브해의 정서
가 독특하게 버무려진 진정한 세계 음악의 성격을 띠고 있지 않은가.

생각난 김에 중남미 여러 나라 방송국들의 프로그램을 찾아보다
약간 놀랐다. 누에바 칸시온(nueva canción)이 아직도 건재했기 때문
이다. 아예 독립 프로그램으로 편성해놓은 곳도 있고, 포크 뮤직으로
분류해놓은 곳도 있지만 어쨌든 나름의 존재감을 과시하고 있었다.
이 방면에 지식이 얕은 탓에 누에바 칸시온을 남미판 운동 가요 정도
로만 알고 있었는데 그게 아니었다. 오늘날 누에바 칸시온은 저항과

사회 정의를 노래한 운동 가요의 범주를 훨씬 넘어 확대된 장르로 발전해 있다. 형식상으로 보면 발라드나 서정시 풍을 넘어 랩이나 힙합과 결합했고, 내용적으로도 대중의 일상 정서와 삶을 표현하는 넓은 차원으로 발전했다.

예를 들어 2014년 브라질 월드컵 때 8강까지 오르는 기염을 토했던 코스타리카 축구 팀을 위한 응원곡도 누에바 칸시온으로 만들어졌다. 국가 대표팀 별명인 '라 셀레(la sele)'를 따서 〈여기 셀레가 있다(aquí está la sele)〉라는 곡이었다. 알레한드로 알리라는 언론인이 아마추어 수준으로 작사한 곡인데 대표팀이 의외로 선전하면서 폭발적인 국민 가요로 떠올랐다. "여기 셀레가 있네, 셀레만 있으면 가슴이 터질 듯/ 여기 셀레가 있네, 우린 무조건 셀레의 서포터즈/ 우릴 꿈꾸고 노래하고 웃고 탄식하게 하는 건 오직 셀레뿐/ 코스타리카 만세, 셀레여 세계를 휩쓸어라. ……"

누에바 칸시온을 잘 모를 수도 있는 요즘 세대를 위해 약간 설명을 하자면 이렇다. 우선 누에바 칸시온은 에스파냐 말로 '새로운 노래'라는 뜻이다. 20세기 후반 군부 쿠데타로 격변을 겪은 칠레를 비롯한 라틴아메리카 각국에서 혁명의 불길을 태우는 음악으로 유명해졌다. 부르는 명칭도 나라마다 약간씩 차이가 난다. 칠레에선 라 누에바 칸시온(la nueva canción)으로 통하다 1973년 피노체트의 쿠데타 후 강한 탄압을 받으면서 엘 누에보 칸토(el nuevo canto)라 불리기 시작했다. 아르헨티나에선 누에보 칸시오네로(nuevo cancionero), 쿠바에선 누에바 트로바(nueva trova), 에스파냐에선 노바 칸소(nova cançó)라고 한다. 일반적으로 누에바 칸시온이라고 하면 다 통하는데, 단순히 음악 장르를 가리키는 데 그치지 않고 뚜렷한 목표를 지닌 '새로운 노래 운동(nuevo movimiento de la canción)'이었음을 기억해야 한다. 우리에게 잘 알려진 비올레타 파라*, 메르세데스 소사*, 빅토르 하라*, 인티 이이마니* 같은 전설적 가객들이 다 이런 지향을 공유하고 있었다.

누에바 칸시온이 등장했던 배경이 무엇인가. 독재 정권에 저항하여 인권을 외쳤던 것 뒤에는 더 깊은 역사적 맥락이 있었다. 문화 제국주의의 문제점을 예리하게 비판하는 의식이 오랫동안 라틴아메리카 사람들 사이에 존재했다. 토착 음악 전통이 외래 음악, 상업 음악에게 위협받는 현실에 대한 안타까움도 있었다. 대중 음악을 민중의 관점에서 재정의하고 다시 부흥하자는 결기도 만만치 않았다. 인권의 관점에서 보면 이런 모든 움직임을 '음악의 자기 결정권' 운동이라고 부를 수 있을 것이다.

깨어 있는 의식을 강조한 음악답게 현대식 가사를 쓰면서도 아메리카 원주민들의 곡조와 토착 악기들을 연주에 대거 등장시킨 점도 특이하다. 더 나아가 전통 포크 음악의 선율을 한 단계 승화시킨 것도 누에바 칸시온의 공헌이었다. 이들은 인권, 정의, 민주주의, 평화, 저항, 혁명, 전통 문화와 같은 주제를 즐겨 다뤘다. 이 때문에 누에바 칸시온을 단순히 운동 가요로 도식화하는 오해가 생겼다. 하지만 사

비올레타 파라(Violeta Parra, 1917~1967) 칠레의 민속 음악가. 칠레의 민속 음악을 발굴하여 누에바 칸시온 운동의 음악적 초석을 마련했다. (편집자 주)
메르세데스 소사(Mercedes Sosa, 1935~2009) 아르헨티나 출신 민중 가수. 누에바 칸시온 운동을 이끌며 1976년 쿠데타를 일으킨 군부 독재자 호르헤 비델라를 비판했다. (편집자 주)
빅토르 하라(Victor Hara, 1932~1973) 칠레의 민중 음악가이자 연극 연출가. 1973년 피노체트가 일으킨 쿠데타로 아옌데 정부가 붕괴하자 군부에 끌려가 모진 고문을 당하고 살해되었다. (편집자 주)
인티 이이마니(Inti-Illimani) 칠레 출신 대학생들이 1967년 결성한 누에바 칸시온 밴드. (편집자 주)

회·정치적 메시지가 없거나 적은 곡들도 많았다. 독재 정권의 검열을 피하기 위한 방편으로 은유적 표현을 많이 활용했던 점도 한몫했다. 굳이 표현하자면 참여 음악과 순수 음악이 함께했던 '참순음악'이었다고나 할까.

외견상 서정적이지만 그 의미상 강한 연대의 정신을 전달하는 방식이 누에바 칸시온의 국제화를 도운 측면도 있다. 예컨대 2004년 우크라이나의 '오렌지 혁명' 당시 키예프 시민들은 민주화를 요구하면서 비올레타 파라의 노래 〈삶에 감사해〉를 목이 터져라 불렀다. "삶에 감사해, 내게 너무 많은 걸 준 그 삶에/ 삶은 샛별 같은 눈동자를 주었어/ 빛과 어둠을 구분할 수 있는/ 저 창공 위엔 무수한 성좌들/ 인파의 물결 속엔 사랑하는 임의 모습. ……"

오늘날 라틴아메리카에서 누에바 칸시온은 거의 문화재 비슷한 대접을 받는다. 저항과 서정의 전통이 담긴 중요한 역사적 유산으로 인정하고 존중한다. 민간 차원에서 누에바 칸시온이 계속 진화하고 발전 중인 장르라는 점이 그것을 증명한다. 공식적 차원에서도 마찬가지다. 코스타리카 국립도서관의 홈페이지에 들어가 음악 분야를 찾아보면 누에바 칸시온 항목을 따로 분류하여 대표적인 곡들의 음원 파일을 띄워놓았다.[26] 이러한 공공 서비스가 대중의 인문 교양과 시민 교육에 얼마나 큰 도움을 주겠는가.

누에바 칸시온과 직접 관련은 없지만 말이 나온 김에 우리의 민중 가요 〈임을 위한 행진곡〉을 생각하지 않을 수 없다. "사랑도 명예도 이름도 남김 없이/ 한평생 나가자던 뜨거운 맹세/ 동지는 간 데 없고 깃발만 나부껴/ 새 날이 올 때까지 흔들리지 말자." 이 정도면 정말 세계적 수준의 운동 가곡이라 할 만한데 이런 자랑거리를 두고 논란이 벌어지는 상황 자체가 참으로 안타깝다.

혹시 공식석상에서 부르기엔 너무 과격하고 품위가 떨어진다고 생각하는 것인지. 그렇다면 다음 가사는 어떤가. "가자 조국의 자식들아, 영광의 날이 밝았다/ 우리 적 폭군의 피 묻은 깃발이 날린다 ……/ 그들이 우리 코앞에 닥쳤다, 우리 처자식의 목을 따러 온다 ……/ 대오를 지어 나아가자 전진하자/ 저들의 더러운 피로 우리 밭고랑을 적시자." 섬뜩한가? 다름 아닌 프랑스 국가 〈라 마르세예즈〉다.[27] 그렇다고 이 나라의 품위가 떨어지는가. 자유, 평등, 연대에 대한 존중과 역사 의식이 프랑스의 국격을 세계사적 차원으로 드높인 게 아니던가.

코스타리카 출신의 작가, 문화 운동가 겸 가수였던 에밀리아 프리에토(Emilia Prieto)가 누에바 칸시온의 초기 형태를 다듬었던 사람이었음을 코스타리카에 와서 알았다. 그녀는 1929년 대공황이 일어났을 때 문화가 민중의 현실을 가감 없이 반영하고 변화시키는 수단이 되어야 한다고 역설하면서 그것을 평생 실천했다. 프리에토가 남긴 명언이 있다. "비정치적이라는 것은 태어나지 않았다는 말이고, 죽었다는 말이고, 미쳤다는 말이다!" 이 웅변을 듣고 있노라면 "고통 앞에 중립을 지킬 순 없다"라고 하신 어느 분의 목소리가 겹쳐 들리는 듯하다.

프란치스코 교황의 선출을 기뻐한 아르헨티나 음악인 호르헤 잔데트(Jorge Jeandet)가 교황을 기리는 누에바 칸시온을 만들기도 했다. 이름하여 〈프란치스코의 노래〉. 가사가 음미할 만하다. "겸손하고 어진 사람/ 예수회 신부, 정의롭고 청빈한 이/ 광야의 예수 같은 끈기와 성정/ 우리 형제 라틴아메리카인 ……/ 프란치스코, 촌동네 교황/ 노동자와 함께 울고 함께 싸우는/ 그 이름 프란치스코, 촌동네 교황/ 하늘 같이 끝없는 양떼들의 목자 ……/ 소박한 행보에 강철 같은 신앙/ 가난한 자에게서 길을 구한다네/ 탱고와 축구 광팬/ 산 로렌초 팀을 응원한다지/ 하지만 이제 바티칸에/ 베드로의 자리에 가게 됐네."

누에바 칸시온의 진화 과정을 보면 문화든 노래든 인권이든 결국 보통 사람들의 삶, 그 한복판에서 함께 기뻐하고 함께 슬퍼해야 한다는 생각이 든다. 누에바 칸시온이 혁명의 노래로만 일관했다면 오래전에 역사의 유물로 전락했을지 모른다. 저항이 필요한 자리, 연대가 필요한 자리, 사랑이 필요한 자리, 열광이 필요한 자리를 가리지 않고 함께 하였기에 오늘까지 뿌리를 이을 수 있었던 것이다. 그런 점에서 누에바 칸시온은 민초들과 함께 끊임없이 다시 태어나는, 영원히 새로워지는 노래라 하겠다.

대학의 사회 참여, 라틴아메리카식

—
교육은 그 본질상 도덕적 측면을 지닐 수밖에 없다.
특히 고등 교육은 사회의 도덕적 나침반 역할을 해야 한다.
이것은 대학의 신성한 의무다.
—

대학과 사회의 관계는 사회가 대학을 어떤 식으로 규정하느냐에 따라 천차만별로 달라진다. 고등 교육을 순전히 피교육자의 선택으로만 보면 사회가 공식적으로 할 일이 거의 없다. 개인이 자기 돈 내고 와인 감상 과정에 다니는 것과 비슷하다. 그러나 고등 교육을 일반 대중의 권리로 보면 사회가 공식적으로 해야 할 일이 많다. 사회 전체의 공공재로 간주하여 무상 교육을 실시하거나 대학을 국공립처럼 운영해야 한다. 세계 대다수 대학들이 아마 이 두 모델의 중간 어디쯤에 있을 것이다.

인구 5백만이 채 안 되는 코스타리카는 고등 교육에 독특한 모델을 제시한다. 원격 대학을 포함하여 다섯 개의 공립 대학과 수십 개의 사립 대학이 있는데, 코스타리카대학을 정점으로 한 공립 고등 교육은 철저히 공공재로 간주된다. 그래서인지 국가가 공립 대학을 보는 관점이 남다르다. 헌법 84조 1항에 아예 못 박아 놓았다. "코스타리카대학은 그 기능과 법적 지위 및 내부 조직의 독립이 보장된다. 여타 공립 대학도 코스타리카대학에 준하는 기능적 독립성을 지닌다." 2항은 국가가 공립 대학의 재정을 제공한다고 명시해놓았다. 공립 대학들은 서로 특화된 영역에 주로 집중하고, 수도와 지방에 캠퍼스를 여럿 두고 있다. 한 학기 등록금이 몇백 달러 수준인데 그것조차 장학금을 받으면 대부분 감면받는다.

필자가 가르친 코스타리카대학은 이 나라에서 가장 오래되고, 학생 수 4만 명이 넘는 대규모 공립 대학이다. 지방 분교가 여섯 군데나 있다. 한자로 '가사달려가(哥斯達黎加)' 대학이라 한다는 건 여기와서 알았다. 캠퍼스엔 근현대사 주요 인물들의 동상이 곳곳에 있고 이들의 이름을 딴 건물도 많다. 기업이 지어준 빌딩은 하나도 못 봤다. 대학의 조직 구성도를 살펴보다 흥미로운 점을 발견했다. 부총장이 다섯이나 되는데 그중 사회 행동 담당 부총장(Vicerrector de Acción Social) 자리가 있었다. 'Acción Social'을 영어로는 'social action' 혹은 'social outreach'라 하는데 우리 식으로는 '사회 참여'라 해도 무방할 것이다.

공식 설명에 따르면 사회 참여에는 세 차원이 있다. 우선, 대학의 역량을 활용해 일반 사회와 협력함으로써 코스타리카 발전에 기여하고, 그것이 다시 대학 발전에 피드백 되도록 하는 전 과정을 일컫는다. 또한 그런 과정 속에서 대학과 사회가 함께 사회의 새로운 의미를 발견하고 사회 현실을 변화시킬 수 있는 방안을 찾는다. 마지막은 상당히 철학적이다. 대학과 사회가 포용·정의·연대를 확장하기 위한 지식을 함께 추구함으로써 양자의 변증법적 통합과 상호 인식 변화라는 윤리적 목표를 지향한다고 한다. 한국에선 흔히 대학 교수의 의무로 교육, 연구, 봉사를 꼽는다. 이중 '봉사' 항목이 이곳에서 말하는 사회 참여에 가까울 것 같은데 실제로는 어떨까.

당장 사회 참여 부총장실에 면담을 신청했다. 며칠 뒤 로베르토 살롬 에체베리아(Roberto Salom Echeverría) 교수를 작은 집무실에서 만났다. 우선 사회 참여를 어떻게 하고 있는지 물었다. "문화 교류나 교육 지원이 대표적이다. 대학과 사회가 함께 공동 연구를 실시하기도 한다. 예를 들어 학생과 교수가 벽지나 오지에 찾아가 문화 공연을 한다든가, 노인층의 평생 교육, 주간 보육 센터 어린이 교육, 소외 계층 치과 진료, 맞벌이 부부 아이들 식습관과 영양 지도, 도움이 필요한 사람에게 심리 상담, 그리고 대학 언론의 사회 발언을 들 수 있겠다." 그러고 보니 대학이 대중용 신문을 발행하고 라디오 방송을 통해 사회와 직접 교류하는 모습이 떠올랐다. 대학의 모든 구성원들이 사회 참여 활동에 동반자로 개입한다.

최근의 공동 연구 프로그램 중 대표적으로 꼽을 수 있는 것이 무엇인지 물었다. "재해 예방 및 경감을 위한 과학 기술 정보 프로젝트를 들 수 있다. 농업과 관광 위주의 국가는 기후 변화로 인한 재난에 특히 취약하다. 홍수, 산사태, 화산 분출 등의 재해 리스크에 대처하기 위해 전국재난위원회 및 민간과 함께 과학적 통계 분석을 통한 의사 결정과 정책 수립 방안을 연구한다. 수주를 받은 프로젝트가 아니라 사회 참여 차원에서 자발적으로 협력하는 것이다."

교수와 직원들의 사회 참여는 이해하겠는데 학생들은 어떻게 하는가. "졸업을 하려면 사회 참여가 필수적이다. 최소 6학기 이상 이수한 학생들이 사회 참여 신청을 할 수 있다. 적어도 300시간 이상 사회 참여 활동을 해야 졸업이 가능하다. 모든 학생에게 예외 없이 적용된다. 팀을 짜서 프로젝트 활동을 한다. 반드시 다양한 전공의 학생들이 어울려 팀을 구성하도록 한다. 각 팀에 지도 교수가 배정되어 학생들의 활동을 확인하고 지도해준다. 교수와 학생들이 함께 활동하는 경우도 흔히 있다."

구체적으로 어떤 주제의 프로젝트를 하는가. "극히 다양한 아이디어가 가능하다. 학교 진학을 하지 않은 길거리 청소년들을 위한 재즈 음악 교습을 하는 팀도 있다. 파인애플 농장 근로자들의 노동 조건을 조사하고 노동권 보장을 위한 활동을 하는 팀도 있다. 이런 팀에는 법학과와 사회 계열 학생들이 많이 참여한다. 농장을 직접 방문해 노동자 대표들과 함께 노동법 위반 사례를 조사하기도 한다. 물론 농장주들은 사기업체 활동을 방해한다고 싫어한다. 하지만 이런 활동을 좌파의 불순한 동기로 이해하는 시각은 없다. 공립 대학이 사회를 향해 보편적 공동선을 실천하고 학생들이 그 과정을 통해 배우는 거니까."

필수 300시간이라면 엄청난 양인데 학생들의 반응은 어떤가, 자발적으로 참여하는가. "처음에는 귀찮아하는 학생도 있다. 하지만 사회 참여 과정을 수료한 학생들 절대 다수가 시작하기 전과 비교해 변화된 자신을 발견한다. 이 과정을 거치지 않았다면 우리 사회를 전혀 몰랐을 거라고 말하곤 한다. 이수한 학생들에게 직접 물어봐도 좋겠다. 사회 참여 활동을 조율하기 위한 전국 공립 대학 협의체도 있다. 마침 오늘 오전에 그 회의에 다녀왔다. 앞으로 모든 학생들이 '우리나라의 현실'이라는 공통 과목을 수강한 후 사회 참여를 시작하도록 할 계획이다. 또한 사립 대학에도 이 과정을 확대할 방안을 연구하고 있다. 아예 법제화해서 실시하자는 의견도 나왔다."

대학의 사회 참여 활동은 코스타리카만의 독특한 제도인가. "코르도바 매니페스토를 읽어보기 바란다.[28] 1918년 아르헨티나의 코르

도바대학에서 대학의 개혁과 쇄신을 위해 학생과 교수들이 발표했던 역사적 문헌이다. 당시 대학은 종교의 과도한 영향과 특권층의 폐쇄성, 엘리트 자제들의 출세 통로를 당연하게 여겼다. 그래서 대학을 케케묵은 노장들의 클럽이라고까지 불렀다. 그런 구습을 타파하고 대학의 자율, 개방, 민주, 참여를 요구한 운동이었다. 그 후 라틴아메리카의 모든 대학들이 이 정신에 따라 대학의 존립 근거가 사회의 근본적 변화를 추동하는 것이라는 데 동의하기에 이르렀다. 교육은 그 본질상 도덕적 측면을 지닐 수밖에 없다. 특히 고등 교육은 사회의 도덕적 나침반 역할을 해야 한다. 이것은 대학의 신성한 의무다. 라틴아메리카의 모든 대학인들이 이 정신을 교육의 출발선으로 삼을 것으로 믿는다."

사회 참여 활동이 없으면 대학 교육이 불가능하다고 생각하는가, 지식의 전수를 위해 꼭 이런 제도가 있어야 하는가. "사회 참여가 없어도 대학의 최소한의 존립은 가능하다고 본다. 그러나 사회 참여 없는 대학 교육은 불완전하고 불충분하다. 사회 참여 경험 없이 기능적 지식만 배운 학생들은 직업적 헌신성이 불철저하다는 면에서 대단히 협소한 교육을 받은 셈이 된다. 장기적으로 이런 문제가 초래할 개인적, 사회적 손실을 고려하면 더욱 그렇다."

대화를 마친 후 벽에 걸려 있는 액자들을 둘러봤다. 넬슨 만델라, 마틴 루서 킹(Martin Luther King), 체 게바라(Ché Guevara), 호세 마르티*의 사진이 눈에 들어 왔다. 학생들이 이런 인물들을 본받기 원

호세 마르티(José Martí, 1853~1895) 쿠바의 독립 운동을 이끈 혁명가이자 시인. 망명 생활을 하다 1895년 무장 독립군을 이끌고 쿠바에 상륙하였으나 에스파냐 군과의 전투에서 사망하였다. (편집자 주)

하는가. 호인 풍의 부총장이 껄껄 웃으며 대답한다. "우리 세대가 젊었을 때 추앙하던 사람들이다. 요즘 학생들이 생각하는 롤 모델은 따로 있을 수 있다. 자기 스스로 찾아야 할 것이다." 바깥에 나오니 비 그친 캠퍼스의 녹색이 눈부시다. 우리나라 대학의 시설이나 기자재는 이곳보다 확실히 낫다. 하지만 대학의 사명에 관한 정신적·도덕적 위엄도 이만큼 높은 수준일까, 고심하지 않을 수 없었다.

원조 국가 인권 기구, 스웨덴 옴부즈맨

—

제도와 절차와 메커니즘을 개선하고 그 수준을 높이는 것도 중요하지만,
더 중요한 것은 어쩌면 그러한 제도와 절차가 들어 있는
전체 사회의 기본적 문화와 역사적 경험과 사람들의 태도를
이해하는 것이 아닐까 하는 생각이 들었다.

—

스톡홀름의 겨울은 눈 속에 덮여 있었다. 어디로 걸어야 할지, 어디까지가 인도이고 어디부터 차도인지 구분하기 어려웠다. 칼바람과 눈보라가 시야를 가렸다. 한국에서 털실로 짠 모자를 가져오길 잘했다고 속으로 되뇌며 베스트라 트레드고르스가탄 4A번지라는 주소를 들고 행인들에게 몇 번이나 물어 목적지를 찾았다. 시내 중심가 왕궁 근처이지만 약간 뒷골목 같은 느낌이 드는 작은 길가에 위치한 평범한 건물, 그 유명한 스웨덴의 옴부즈맨 본부에 드디어 도착한 것이다. 현관 입구에서 잠시 기다리니 국제협력국장이 나와 반갑게 맞아준다. 사무실이 필자의 대학 연구실보다 약간 더 넓은 크기였다. 스톡홀름 고등행정법원장을 지낸 후 옴부즈맨실에서 20년 가까이 근무했다고 한다. 차관급 인사인데 직접 커피와 쿠키를 내 왔다. 이메일로 연락할 때부터 궁금했던 점을 물었다. 왜 스웨덴 사람이 마리아네 폰 데어 에슈(Marianne von der Esch)라는 독일식 이름을 쓰는가. 할머니가 독일계 귀족 집안 출신이었다고 한다. 커피 향을 맡으며 준

비해 간 질문지를 펴고 대화를 시작했다.

옴부즈맨이 무엇인가

옴부즈맨(ombudsman)이라는 말은 전 세계적으로 거의 일반 명사처럼 쓰일 만큼 흔한 용어가 되었다. 흔히 '고충 처리 담당관'이라고 소개되는데 이때엔 통상 소문자로 표기한다. 그러나 대문자 'Ombudsman'이라고 표기하면 스웨덴에서 시작된 원래의 고유 명사 옴부즈맨이 된다. 정부·국가 기관에 대한 일반 시민의 고충을 처리하는 행정 감찰관이란 뜻인데, 입법부에서 임명한다. 스웨덴 의회(Riksdag)에 소속된 독립 기관이라서 보통 의회옴부즈맨실(Riksdagens Ombudsmän)이라고 부른다. 그런데 옴부즈맨이 정부, 국가 기관, 법원이 법률을 준수하는지 여부를 감시하고 조사하는 기능을 수행하므로 감찰관을 부르는 공식 명칭은 'Justitieombudsmän'이며, 약자로는 'JO'라고 표기한다. 현재 옴부즈맨은 총 4명이므로 복수형으로 표시하여 'Parliamentary Ombudsmen'이라고 한다.

옴부즈맨이 공식적으로 등장한 것은 1809년이지만, 그 전의 전사(前史)가 존재한다. 당시 절대 군주였던 찰스 12세는 스웨덴을 떠나 오랫동안 터키에 체류하면서 내정을 돌보지 않아 국정이 표류하고 있었다. 왕이 오랫동안 자리를 비운 나라가 잘 돌아갈 리 없다. 신하들이 마음대로 행동하고 국정은 혼란에 빠졌다. 이에 찰스 12세는 1713년 흠정 수석 옴부즈맨(His Majesty's Supreme Ombudsman)을 지명하여 국왕을 대신해 섭정 겸 최고감찰관 역할을 수행하게 했던 것이다.

옴부즈맨은 막강한 권한을 부여받았다. 신하들의 위법 행위를 적발하여 법적으로 제재를 가할 수 있었다. 1719년에는 법무대신 (Justitiekanslern)이라는 칭호를 수여받고 더 높은 지위에 올랐다. 오늘날에도 스웨덴에는 법무대신이라는 직책이 있는데, 행정부 소속 옴부즈맨 역할을 수행하고 있다. 찰스 12세가 사망한 후 18세기 중반 약 반세기 동안 이른바 '자유의 시대'가 도래하여 스웨덴 의회는 의회민주주의의 꽃을 피울 수 있었다. 하지만 18세기 후반 구스타프 3세 그리고 그의 아들 구스타프 아돌프 4세 재위기에 왕실의 전횡이 심해져 1809년 결국 아돌프 4세가 폐위되기에 이른다.

국왕이 쫓겨난 후 왕실과 의회는 일종의 몽테스키외식 권력 분점을 시도하게 된다. 폐위된 전 국왕의 실정에 대한 기억이 생생한 분위기에서 의회는 1809년 새 헌법에 국왕의 권력을 제한할 수 있는 세 가지 제도를 포함시켰다. 대대적인 헌정 개혁을 시도한 것이다. 첫째, 국왕이 임명한 내각의 장관들과 고위 관리들을 의회가 직접 감독하기 위해 '헌정상임위원회'를 설치했다. 이 위원회는 오늘날에도 옴부즈맨을 선출할 때 중추적 역할을 담당하는 기관으로 의회에 남아 있다. 둘째, 의회 옴부즈맨을 임명하여 공직자들이 법을 준수하는지 여부를 감독하게끔 했다. 셋째, 의회 감사원을 설립하여 공직자들의 비리를 감시하게 했다. 1974년에 개정된 법에 의해 의회 감사원과 행정부의 감사원이 의회 감사원으로 일원화되어 현재 스웨덴의 감사원은 입법부 소속이다.

1809년 의회 옴부즈맨 제도가 생긴 후에도 국왕은 여전히 흠정 옴부즈맨(법무대신)을 임명할 수 있었으므로 오늘날까지 입법부와 행정부에 각각 옴부즈맨이 존재한다. 두 옴부즈맨의 차이는 다음과 같다. 행정부 소속 법무대신(흠정 옴부즈맨)의 임무는 고위 공직자들이 국왕의 명을 제대로 집행하는지를 감시·감독하는 것이다. 입법부 소속 의회 옴부즈맨의 임무는 행정부로부터 완전히 독립하여 판사와 고위 공직자들이 시민들의 권리를 지키고 법을 제대로 집행하는지 여부를 감시·감독하는 것이다. 이들 제도의 목적이 서로 다르긴 해도 두 기관의 운용 방식에는 유사한 점이 많았다. 즉, 의회 옴부즈맨과 흠정 옴부즈맨은 둘 다 고위 공직자들을 감시하고 감독하기 위해 특별 검사의 역할을 수행했던 것이다. 그러나 전 세계적으로 스웨덴의 의회 옴부즈맨이 통상적인 옴부즈맨이라고 인식되며, 스웨덴 시민들도 의회 옴부즈맨을 보통 의미의 옴부즈맨으로 받아들인다.

1809년 제정된 의회 옴부즈맨 법에 따르면, 옴부즈맨은 "법 지식이 풍부하고 행동거지가 타의 모범"이 되어야 한다. 시민의 권리를 보호하려면 법이 예외 없이 공정하게 집행되는지를 감시해야 했고, 기존 법률에서 시민의 권리를 보호하지 못하는 허점을 찾아낼 수 있는 안목이 있어야 했다. 의회 옴부즈맨 제도가 설립된 다음 해인 1810년 라르스 아우구스틴 만네르헤임*이 초대 옴부즈맨으로 임명되어 13년간 재임하였다. 그는 처음이자 마지막인 비법률가 출신 옴부즈맨이었다. 초기 옴부즈맨의 기본 임무는 특별 검사의 권한으로 관공서를 시찰하거나 공무원을 감찰하는 일이었다. 따라서 일반 시민들로부터 직접 진정을 받는 일은 주 업무가 아니었다. 예를 들어 옴부즈맨 제도가 시작된 후 처음 100년 동안 일반 대중의 진정 접수는 총 8천 건에 지나지 않았다(연 평균 80건).

라르스 아우구스틴 만네르헤임(Lars Augustin Mannerheim, 1749~1835) 원래 정치인 출신으로서 의회 중심의 헌정주의를 옹호한 인물이었다. 1809년 구스타프 아돌프 4세를 폐위시키는 과정에서 중요한 역할을 했다. 그는 초대 옴부즈맨으로서 이 제도의 초석을 놓는 데 크게 기여한 것으로 평가받는다.

초기 옴부즈맨의 주 업무가 특별 검사였기 때문에, 조사한 사안을 기소하거나 불기소 처분하는 업무 중 하나로 귀결되었다. 그러나 시간이 지나면서 경미한 사안에 대해서는 기소－불기소보다는 당사자에게 경고나 주의를 주는 경우가 많아졌다. 1915년 법 개정을 통해 옴부즈맨은 기소－불기소 처분뿐만 아니라, 경미한 사안에 대해서는 당사자에게 공식적으로 경고를 할 수 있게 되었다. 그 이전까지 옴부즈맨은 아주 특별한 경우에만 '기소를 포기할 권리'를 행사할 수 있는 법률적인 기관이었다. 결정적으로 1964년과 1975년 개정된 옴부즈맨 법을 통해 옴부즈맨은 특별 검사 역할보다 일반 대중의 민원과 진정 업무를 주로 취급하게 되었다.

옴부즈맨이 대상자에게 비판과 경고와 주의를 줄 수 있는 제도가 안착되면서부터 특별 검사로서 옴부즈맨의 권한이 줄고 일반 검사의 권한과 유사해졌다. 그러므로 역사적으로 보아 의회 옴부즈맨의 역할은 가벌적(punitive) 기능에서 자문·제언(consultative) 기능으로 서서히 진화해 왔다고 볼 수 있다. 법률의 공정하고 정확한 집행을 지적하고 제안하는 역할로 옴부즈맨의 기본 활동이 변화한 것이다.

옴부즈맨의 역할은 역사적으로 변화했지만, 큰 기조는 예나 지금이나 시민들이 공직자들로부터 공정한 대우를 받게끔 공직자들의 행동을 감시·감독하는 것으로 남아 있다. 그러므로 스웨덴에서는 개인의 기본권과 기본적 자유를 헌법으로 보장하기 위한 필수 장치로서 의회 옴부즈맨 제도가 존재하고 있다고 보아야 한다. 바로 이 때문에 스웨덴 의회 옴부즈맨은 오늘날까지 세계적으로 옴부즈맨의 원조로 인식되고 있다. 한국 국가인권위원회는 국회 소속이 아니고, 또한 한국에서는 국민권익위원회를 한국판 옴부즈맨으로 보는 경향이 있다. 이런 차이가 있음에도 불구하고 스웨덴의 의회 옴부즈맨을 전세계 국가인권기구들의 원조로 보아도 크게 틀리지 않다.

옴부즈맨의 특징

옴부즈맨의 가장 중요한 특징은 철저한 독립성에 있다. 행정부는 의회 옴부즈맨의 활동에 아무런 개입이나 관여를 할 수 없도록 법에 규정되어 있다. 또한 옴부즈맨실은 그 활동에서도 의회로부터 완전히 독립되어 있다. 옴부즈맨의 활동 내용에 전혀 관여하지 못하며, 그 어떤 정치적 고려도 없이 조사할 수 있도록 자율성을 보장한다. 또한 의회는 개별 사안에 지침을 내리거나, 조사 방식에 개입하거나, 최종 조사 결과와 결정 내용에 대한 평가를 할 수 없게 되어 있다. 의회가 할 수 있는 일은 단지 옴부즈맨 제도 시행령을 통해 일반적인 활동 원칙을 제시하고, 옴부즈맨실의 예산을 책정할 수 있을 뿐이다. 옴부즈맨실의 예산을 행정부가 아니라 의회가 직접 배정한다는 점이 옴부즈맨의 독립성을 유지하는 데 중요한 포인트다.

옴부즈맨은 재판과 관련된 절차를 따라서만 사법부에 관여할 수 있다. 옴부즈맨의 활동은 법률에 따라 통상적으로 공권력을 감시하고 감독하는 업무를 대체하는 것이 아니라, 그 위에 추가되는 것이다. 따라서 옴부즈맨의 활동 외에도 법의 지배에 따른 국가 기관의 통상적인 감찰 업무는 계속된다.

옴부즈맨의 민원-진정 처리

옴부즈맨의 활동은 크게 보아 세 가지로 분류된다. 민원-진정 조사, 자체 조사, 방문 감사가 그것이다. 첫째, 스웨덴 의회는 옴부즈맨의 기본 임무가 일반 대중의 민원과 진정을 다루는 것이라고 규정한다. 국가 공권력으로부터 정당한 대우를 받는 것이 민주 국가 모든 시민의 기본권이기 때문이다. 따라서 국가, 준국가 기구 혹은 지방 자치 단체에 고용된 모든 사람은 자신의 활동이 의회 옴부즈맨의 조사 대상이 될 수 있음을 인지하고 있다. 모든 사람이 민원-진정을 할 수 있는 주체가 된다. 제3자가 대신 민원을 제기해줄 수도 있다. 스웨덴 국적을 가지지 않은 사람도 민원-진정을 제기할 수 있다. 유죄 판결을 받고 수감 중인 사람, 질병 등의 이유로 시설에 수용된 사람도 민원-진정을 제기할 수 있다. 이 때문에 옴부즈맨은 스웨덴 국내 조직이지만 전 세계로 열려 있는 독특한 보편적인 접근 방식을 취하는 제도이다. 연간 평균 7천 건의 민원-진정이 접수된다. 참고로 스웨덴의 인구는 약 9백만 명이다.

옴부즈맨 민원-진정 제도의 또 다른 특징으로 모든 민원 내용이 대중에 공개된다는 점을 들 수 있다. 민원-진정을 공개하지 않으려면 법에 따른 특별한 근거가 있어야 한다. 일단 모든 민원-진정은 접수된 후 옴부즈맨실에서 내부적으로 회람-분류되기 이전에 이미 대중과 언론에 공개되며 이런 정보를 누구든지 자유롭게 열람할 수 있다. 실제로 이런 과정 때문에 민원-진정 건 중에서 중요한 사안은 옴부즈맨의 조사가 진행 중이라 하더라도 언론에 보도될 수 있다.

민원-진정 중에서 약 절반이 기각되거나 또는 타 부서로 이관되고 나머지 절반이 정식 조사를 받는다. 정식 조사 건 중에서 사안이 비교적 경미한 사례는 '간이 조사(minor inquiry)'를 실시한다. 옴부즈맨실의 담당 조사관이 해당 공무원에게 전화나 구두로 문의하고, 그 공무원의 답변에 근거해서 진정 처리 파일을 작성한다. 전체 진정 건의 35퍼센트 정도에 해당된다.

비교적 중요한 사안에 대해서는 '본격 조사(major inquiry)'를 실시한다. 전체 민원-진정 건 중 15퍼센트가 이에 해당한다. 이때 옴부즈맨실은 민원-진정 내용과 각종 첨부 자료를 해당 국가 기관이나 공무원에게 보내면서, 민원 내용에 대한 사실 확인, 추가 조사, 조치 사항에 대한 보고를 서면으로 옴부즈맨실로 회신해줄 것을 요청한다. 해당 기관에서 회신을 보내오면 옴부즈맨실은 그것을 다시 민원인에게 보내 사실 확인과 논평 혹은 반박을 할 수 있는 기회를 준다. 민원인이 해당 기관의 회신 내용을 납득하면 진정 건이 종료될 수도 있지만, 민원인이 그것에 만족하지 못하고 추가 조사를 요구하면 옴부즈맨은 그 요구를 수용해야 한다. 경우에 따라 옴부즈맨실의 담당 국장이 조사관과 함께 해당 국가 기관을 직접 방문하여 청문과 논의를 하기도 한다. 이런 과정을 거친 후 옴부즈맨의 최종 결정이 내려지면 그 결정문을 민원인과 해당 기관의 공무원에게 보내는데, 그 결정과 관련이 있는 여타 부서들에도 결정문을 회람시키곤 한다. 진정 조사 과정을 통해 법률 개정의 필요성이 발견될 경우 옴부즈맨은 진정 사안의 결정문을 해당 부서의 장관에게 보내거나, 법률 개정 권고안을 의회에 제출하기도 한다.

매년 접수되는 진정 7천 건 중에서 옴부즈맨이 국가 기관이나 해당 공무원을 비판하는 결정을 내리는 경우는 평균 10∼14퍼센트 정도 수준이다. 의회 옴부즈맨이 특별 감독 기관이라는 점을 가장 잘 보여주는 증거는 옴부즈맨의 최종 결정이 법적 구속력을 지니지 않는다는 사실이다. 따라서 형식 논리로 따지면, 옴부즈맨의 결정은 진정 사안에 대한 옴부즈맨의 개인 의견에 지나지 않는다고 볼 수 있다. 하지만 옴부즈맨 제도의 권위와 영향력 때문에 옴부즈맨의 결정은 언론과 미디어로부터 큰 주목을 받곤 한다. 옴부즈맨의 수많은 결정 중 의회와 법률가들과 고위 공직자들에게 중요한 의미가 있는 결정은 연례 보고서에 포함된다. 또한 정부 기관은 업무와 관련해서 중요한 옴부즈맨의 결정문을 산하 기관과 관련 공무원들에게 회람하고 공지한다.

스웨덴의 국가 기관, 지방 자치 단체, 공조직에 속한 모든 공무원들은 옴부즈맨의 문의와 조사에 성실히 응하도록 법으로 규정하고 있다. 공직자들뿐만 아니라 옴부즈맨의 관할에 속하는 모든 사람들이 똑같은 의무를 지고 있다. 옴부즈맨의 조사에 응하지 않을 경우 법적인 규제가 가해진다. 옴부즈맨 시행령에 따르면 옴부즈맨의 조사에 불응한 공무원의 경우 1만 크로나 미만의 벌금형에 처해질 수 있도록 되어 있다.

옴부즈맨의 기타 활동

옴부즈맨은 민원이나 진정이 없더라도 자체적으로 조사를 개시하거나 진행할 수 있다. 자체 조사를 개시하려면 우선 옴부즈맨실에서 조사 착수 제안서를 작성해야 한다. 그 후 조사 착수 제안서와 관련 자료를 해당 국가 기관으로 보내 추가 자료, 해명, 회신을 요청한다. 관계 당국에서 자신들의 의견을 담은 답변을 보내오면 그것에 근거하여 옴부즈맨이 최종 결정을 내린다. 매년 평균 약 50~100건의 자체 조사가 이루어지며, 이중 75~80퍼센트의 경우 비판적인 결정이 내려진다.

또한 옴부즈맨은 각종 기관을 방문하여 감사를 행할 수 있다. 예를 들어 세무서, 법 집행 기관, 하급 법원, 행정 심판소, 경찰, 검사, 지자체 기관들, 사회 보장 부서, 군, 교도소, 보호 관찰 기관 등이다. 현재 4인으로 구성된 옴부즈맨들이 연간 총 50일 정도 방문 감사를 진행한다. 각 옴부즈맨은 자신의 관할 영역에 속한 기관들을 방문한다. 방문 감사 대상이 된 해당 국가 기관은 14일 전에 통보를 받는다. 방문 감사에는 옴부즈맨과 조사관들이 참여하며, 해당 기관의 공문서와 자료를 검토하고 확인한다. 그와 더불어 옴부즈맨 측과 해당 기관의 수장 및 공무원들이 논의 시간을 갖기도 한다. 방문 감사 말미에 옴부즈맨은 구두로 그 기관의 미비한 사항을 지적하고 추가 조치를 취하라는 취지의 발언을 할 수도 있다.

옴부즈맨은 특별 검사 역할을 수행하기도 한다. 요즘 들어 특별 검사의 역할을 수행하는 경우는 흔치 않지만, 원래 옴부즈맨 제도가 특별 검사로서 출발했으므로 특별 검사의 역할은 여전히 상징적으로 중요하다. 국가 기관이나 공무원이 명백한 범법 행위(언론 관련 명예훼손 사건과 의사 표현의 자유 제한 관련 사건은 제외)를 저질렀을 경우 공직자의 형사 처분이 중요한 이슈가 될 수 있다. 옴부즈맨이 특별 검사 역할을 맡아 해당 공무원을 기소할 수 있다. 의회 옴부즈맨과 행정부 옴부즈맨은 스웨덴 내에서 대법원 판사와 최고행정재판소 재판관을 기소할 수 있는 권한을 지닌 유일한 두 기관이다.

옴부즈맨은 또한 범법 행위를 한 공무원에게 견책, 경고, 감봉 처분을 내릴 권한이 있다. 그리고 공무원징계위원회를 열도록 제안하거나, 그 위원회에 직접 출석하여 의견을 개진할 권한이 있다. 옴부즈맨이 취한 징계에 해당 공무원이 재심을 요구할 경우, 그것을 결정할 징계재심위원회에 출석하여 의견을 개진할 권한도 있다. 그리고 공무원에 대한 정직 혹은 해직을 권고할 권한도 있다. 옴부즈맨은 정부나 의회에 특정 법률의 미비점을 지적하고 개정을 권고할 권한이 있다. 이러한 권고를 위해 옴부즈맨 명의의 결정문을 정부나 의회로 제출할 권한도 있다. 옴부즈맨은 매년 수차례 각종 법률의 개정 권고를 내린다.

옴부즈맨의 선출과 조직

옴부즈맨의 정원은 4인이며 스웨덴 의회에서 선출한다. 옴부즈맨은 4년 임기로 재선이 가능하며, 4명의 옴부즈맨은 서로 임기가 겹치지 않는다. 2014년 현재 여성 3인, 남성 1인으로 구성되어 있다. 이들 모두 법률가 출신이다. 대표 옴부즈맨은 엘리사베트 푸라(Elisabet Fura) 여사이다. 스웨덴 대법원 판사 출신으로서 유럽인권재판소 판사를 지낸 후 2012년 6월에 선출되었다. 1810년 선출되었던 초대 옴부즈맨을 제외하고 지금까지 모든 옴부즈맨은 법률가 출신이다. 대표 옴부즈맨은 대법원장과 동급이며, 일반 옴부즈맨은 대법원 판사와 동급이다. 그러나 대표 옴부즈맨이 다른 옴부즈맨들보다 서열상 상급자는 아니며 행정 책임을 추가로 맡고 있다는 차이점만 있다.

의회의 15개 상임위 중에서 옴부즈맨 선출과 관련된 상임위는 헌정상임위원회이다. 스웨덴 의회는 단원제로서 8개 정당의 349명 의원으로 이루어져 있는데, 헌정상임위에는 50명의 의원들이 각 정당의 의석 비례에 따라 소속되어 있다. 헌정상임위에서 오랜 논의를 거쳐 단수로 후보를 선정해서 의회의 총회 표결을 거쳐 선출된다. 법적으로 과반수 이상의 찬성이 있으면 선출될 수 있지만 지금까지 역사상 모든 옴부즈맨은 의회의 만장일치로 선출되었다. 그만큼 옴부즈맨 제도에 대한 국가적 신뢰가 높다는 뜻이다.

옴부즈맨은 의회의 결의로 언제든 해임이 가능하지만, 실제로 이런 일은 역사상 한 번도 발생하지 않았다. 질병이나 출장 때문에 옴부즈맨이 자리를 비울 시 업무를 대행하기 위해 2명의 부 옴부즈맨을 비상근직으로 선출한다. 4인의 옴부즈맨은 각자의 관할 영역이 있다. 첫째, 군, 교도소, 국민 연금, 조달 업무, 소비자 보호, 평등. 둘째, 검찰, 세무, 경찰, 세관, 노동 환경, 이민, 주택. 셋째, 사회 보장, 아동, 청소년, 보건 의료, 교육, 문화. 넷째, 법원, 행정 법원, 법률 구조, 환경 보호, 농림. 이 관할 영역을 쉽게 구분하기 위해 황·백·청·적의 색상으로 나눈다.

이중 대표 옴부즈맨은 자신의 관할 영역을 조사하고 결정하는 업무 외에도, 옴부즈맨 전체의 운영과 행정을 책임진다. 대표 옴부즈맨을 행정적으로 보좌하는 사무처와 사무총장이 있으며, 장관급인 사무총장이 행정 업무를 관장한다. 일반 행정 업무와 별도로 국제협력국이 설치되어 있으며 국제협력국장은 차관급이다. 스웨덴 옴부즈맨실이 전 세계 옴부즈맨 제도의 원조가 되었으므로 대외 협력 업무가 대단히 중요하며, 대다수 외국 출장과 국제 협력 관련 업무는 국제협력국장이 수행한다.

옴부즈맨 각자의 관할 영역에 속한 민원-진정을 처리하고 조사를 진행하기 위해 각 옴부즈맨에게 2개씩 과가 배정되어 있다. 옴부즈맨은 이들 조사과들 외에도 별도의 법률 자문 5~7명을 둘 수 있다. 이들 대부분은 신입 판사들이다. 통상 이들은 옴부즈맨실에서 4~6년 정도 근무한 후 판사 보직을 받아 다시 사법부로 복귀한다.

옴부즈맨을 제외하고 옴부즈맨실에 근무하는 모든 사람들은 옴부즈맨 사무처 직원으로 채용되어 있다. 전체 직원 수는 60명 수준이며 그중 조사 업무를 맡는 대다수 조사관들 35~40명이 법률가이다. 법률가를 제외한 직원은 사무처의 행정 요원, 회계 직원, 총무 직원, 비서, 지원 인력 등이다. 따라서 옴부즈맨을 포함해서 옴부즈맨실의 전체 고용 인원은 65명 선이다. 스웨덴의 인구가 한국의 5분의 1 이하인 점을 감안하면 우리의 국가인권위원회 혹은 국민권익위원회보다 규모가 작다고는 할 수 없다.

전 세계 옴부즈맨 현황

스웨덴은 옴부즈맨과 같은 유형의 감찰 제도를 세계 최초로 도입한 나라이다. 그 후 1919년 핀란드가 옴부즈맨 제도를 도입했고, 1955년 덴마크도 옴부즈맨 제도를 실시했다. 시간이 지나면서 스칸디나비아 외의 세계 각지에서 옴부즈맨과 유사한 제도가 설립되었고, 오늘날 전 세계 140여 개 국가가 다양한 형태의 옴부즈맨 제도를 시행하고 있다. 특히 신생 독립국 혹은 장기간 전체주의 혹은 권위주의적 통치를 받다 민주주의를 받아들인 나라에서 옴부즈맨 제도를 도입하려는 움직임을 많이 보인다. 전 세계 옴부즈맨 제도 사이의 협력과 교류를 위해 오스트리아 빈에 국제옴부즈맨기구(IOI)가 설립되어 있다(www.theioi.org). 국제옴부즈맨기구는 4년에 한 번씩 각국 옴부즈맨 대표들이 참석하는 국제 총회를 개최한다. 스칸디나비아 5개국과 그린란드의 옴부즈맨실은 격년으로 모여 지역 내 옴부즈맨의 협력 방안을 논의하고 아이디어를 교환한다. 또한 유럽연합 차원에서 유럽 옴부즈맨(European Ombudsman)이 스트라스부르에 설립되어 있다(www.ombudsman.europa.eu).

몇 가지 생각

이야기를 마치고 나니 벌써 바깥이 어두워져 있었다. 메모를 너무 많이 해서 이걸 나중에 어떻게 다 정리할지 걱정이었다. 에슈 여사가 챙겨준 각종 자료 보따리를 들고 작별 인사를 한 후 다시 거리로 나왔다. 눈은 이제 내리지 않았다. 잿빛 하늘을 배경으로 불이 들어와 있는 가로등 길을 따라 걸으며 생각에 잠겼다. 솔직히 말해 옴부즈맨 제도와 그 운영에서 특별히 새롭게 배운 점이 많지는 않았다. 이미 국내에 소개된 자료도 있고 우리의 국가인권위원회나 국민권익위원회의 활동과 유사한 점이 많았기 때문이다. 형식상 제도라는 측면으로 보면 한국은 여러 면에서 국제적 수준에 뒤지지 않는 경우가 많다. 국내에서는 늘 미흡한 점을 비판하고, 우리가 많이 부족하다고 느끼곤 하지만 그것은 내부자의 엄격한 기준에 비추어 그런 것이다.

그런데 외형적인 면보다 더 중요한 어떤 점이 스웨덴 옴부즈맨에 분명 있어 보였다. 제도와 절차와 메커니즘을 개선하고 그 수준을 높이는 것도 중요하지만, 더 중요한 것은 어쩌면 그러한 제도와 절차가 들어 있는 전체 사회의 기본적 문화와 역사적 경험과 사람들의 태도를 이해하는 것이 아닐까 하는 생각이 들었다. 이런 농담을 들은 적이 있다. 수도 시설이 없는 동네에 사는 사람이 수도가 있는 동네를 처음 방문했다. 그는 수도꼭지를 틀기만 하면 물이 콸콸 쏟아져 나오는 광경에 입을 다물 수 없었다. 그는 자기 동네에도 수도를 놓으려고 수도꼭지를 몇 개 구입해서 의기양양하게 집으로 돌아갔다. 이 이야기가 주는 교훈은 간단하다. 수도꼭지만으론 수도를 놓을 수 없다. 취수장, 정수장, 수압 조절 장치, 수도관, 수도꼭지, 하수 시설 등 모든 인프라가 갖춰져야 제대로 된 수도 시설이 완성된다. 마찬가지로, 멋진 제도를 도입했다고 해서 그 내용이 하루아침에 자동적으로 보장되는 건 아니다. 어떤 사회적·문화적·정치적 인프라가 필요하다. 이런 인프라는 시간과 경험과 지혜가 필요하다. 그렇다면 스웨덴 옴부즈맨의 제도를 떠받치고 있는 인프라가 무엇일까. 네 가지가 있다고 생각된다.

우선 철저한 독립성이다. 행정부로부터 완전히 독립해 있고, 입법부에 속해 있으면서도 내용상 완전한 독립을 보장받는다. 이 점은 옴부즈맨의 활동에 객관성과 신뢰성을 부여하는 핵심 요소이다. 우리나라의 감사원, 국가인권위원회, 국민권익위원회가 완전히 독립된 감찰 기구 또는 인권 보호 기구의 지위를 지니고 있는가. 더 나아가, 설령 헌법이나 법적으로 독립성을 보장한다 하더라도 그것이 실제로 효력을 발휘하는지도 물어야 한다. 권력이 있는 쪽이 기구의 독립성에 대한 존중심과 의지를 보여야 하고, 기구 스스로도 독립을 지키겠다는 의지가 있어야 한다.

둘째, 옴부즈맨의 도덕적 권위이다. 이 점 역시 단순히 형식적 논리나 제도만으로 설명할 수 없는 부분이다. 법적으로 따지면 스웨덴이든 우리나라든 권고 사항은 권고일 뿐, 강제적 구속력이 없다. 그러나 그러한 권고를 무겁게 받아들이고 존중하는 사회 전체의 문화와 합의, 특히 언론 미디어의 진중한 태도, 이런 것들이 옴부즈맨의 도덕적 권위의 힘을 가능하게 해준다. 최근 들어 과거에 비해 한국 국가인권위원회의 권고를 해당 기관이 수용하는 비율이 낮아졌다는 보도가 있었다. 이것이 무엇을 뜻하는가. 인권에 적극적 의지가 있는 정권이 아니라는 배경을 교묘하게 악용하고 있는 것은 아닌가. 정권의 향방에 따라 인권 의식이 널뛰기를 할 정도로 얕고 부박한 사회,

이것이 우리의 솔직한 자화상이 아닌가. 의식 수준이 이렇다면 권고를 따르지 않을 때 벌금이나 처벌을 한다 하더라도 아무 소용이 없다. '차라리 벌금 내고 말겠다'고 나오면 어찌 할 도리가 없기 때문이다. 그러니 제도 이전에 문화가 중요하다고 하는 것이다.

셋째, 민주적 합의를 중시하는 스웨덴의 정치 문화와 풍토를 감안해야 한다. 의회의 헌정상임위원회에서 여야 8개 정당이 합의해서 옴부즈맨을 단수로 추천할 수 있는 정치적 합의의 역량과 그 민주적 저력을 생각해보라. 그리고 그 추천이 의회 본회의에서 지난 2백 년간 항상 만장일치로 통과해 왔다는 점을 한번 상상해보라. 그리고 지난 2백 년간 의회가 옴부즈맨을 단 한 번도 탄핵한 적이 없었다는 점을 기억해보라. 우리 같으면 일단 여야가 합의해서 단수로 추천할 수 있는 인물을 찾기가 쉽겠는가. 또 설령 그런 인물이 있다 하더라도 여야가 합의할 수 있겠는가. 옴부즈맨이 얼마나 중요하고 높은 자리인데 그런 자리를 '자기 몫'으로 채우지 않고 순전히 객관적 기준으로만 판단해서 좋은 분을 모셔온다니? 우리 같으면 거의 불가능한 일이 아닐까 싶다.

마지막으로, 높은 자리에 있는 사람들이 권력을 대하고 권력을 행사하는 개인적 태도와 자세를 지적하고 싶다. 차관급 인사가 직접 커피를 가져다줬다고 앞에서 말했지만, 이 점은 민주 사회에서 권력의 참모습이 어떻게 발현되어야 하는지를 잘 보여주는 한 가지 예에 불과하다. 민주주의에서의 권력은 직위에 따르는 권한과 책임을 뜻하는 것이지, 그 사람 자연인의 개인적 무게감(gravitas)과 위세(prestige)를 뜻하는 것이 아니다. 스웨덴 옴부즈맨실은 국제적으로 저명한 기구이고 이 나라의 핵심적 대표 제도이고 옴부즈맨들은 대법원 판사급이다. 그럼에도 업무와 직접 관련이 없는 의전이나 특혜가 일체 존재하지 않는다는 점이 인상적이었다. 예를 들어, 옴부즈맨실 전체를 통틀어 단 한 대의 관용차나 운전 기사도 배정되어 있지 않으며, 대표 옴부즈맨 이하 거의 모든 직원들이 자전거나 대중교통편으로 출퇴근을 하고 있었다. 한국에서 가능한 일일까. 대표 옴부즈맨은 대법원장 급인데 우리나라에서 대법원장이 자전거로 출퇴근한다는 것을 상상이나 할 수 있는가 말이다. 어떻게 그렇게 할 수 있는지 물어보았다. "업무의 성격상 관용차가 필요한 자리가 아니어서 그렇다."라는 간단한 답이 돌아왔다. 서구 기준으로 보더라도 스웨덴은 이런 점에서 아주 원칙적인 곳이라 한다.

어쨌든 공직의 직위와 그 자리에 앉은 개인을 철저히 분리할 줄 아는 태도, 아무리 높은 자리에 있다 하더라도 인간적 차원에서는 일반 시민들과 분리되거나 거리를 두지 않는 민주적 문화 역시 제도 이전의 중요한 사회적 인프라이다. 거대하고 시커먼 차에 탄 집권 여당 대표 앞에서 깡마른 세월호 참사 유가족이 무릎 꿇고 애원하는 사진 한 장을 기억할 것이다. 거기서 무엇을 느꼈는가. 프란치스코 교황이 의자를 물리고 장애 아동들 공연을 한 시간이나 선 채로 관람했던 장면을 기억할 것이다. 거기서 무엇을 느꼈는가. 인권은 이런 모습에서 우러나온다. 필자가 스웨덴 옴부즈맨 제도에서 배운 것은 뜻밖에도 이런 비제도적 측면에서 본 무형의 교훈이었다.

3장
21세기 인권의 확장

한글과 '언어 인권'

—

모어가 아닌 외국어가 우리 위에 지배적 권력으로 군림하고,
더 나아가 그것이 경제·사회적 불평등, 문화·심리적 억압의 원천이 된다면
심각한 인권 침해로 거부할 수 있는 감각과 상상력과 용기가 있어야 한다.

—

2013년 10월 9일, 다시 공휴일로 지정된 한글날을 보내면서 인간에게 언어와 문자가 얼마나 중요한지 생각해본 사람이 적지 않을 것이다. 한글은 한국어를 문자로 표현할 수 있도록 특별히 고안된 체계라는 점에서 일종의 맞춤형 문자다. 한국어를 모어(母語)로 쓰는 모든 사람에게 엄청난 역사적 선물이라 하지 않을 수 없다. 자기 고유의 문자가 없어 로마자와 같은 외래 문자를 수입해 쓰는 나라들과 크게 대비되는 자랑거리다. 한글날을 단순히 한글 문자의 창제를 기념하는 날로만 여기는 건 좁은 소견일 것이다. 우리 언어를 함께 쓰는 모든 사람들의 사회문화적 정체성과 그 의미를 곱씹어보는 날이어야 마땅하다.

그러나 '언어 인권(language rights 또는 linguistic rights)'의 관점에서 보면 현대 한국인이 이 방면의 인권을 충분히 누리고 있는지 자신할 수 없다. 언어 인권은 국제적으로 아직 통일된 명칭도 정해지지 않은 새로운 영역의 인권이지만 '먹거리 주권(food sovereignty)'과 더불어 국제 인권 목록에 등재될 가능성이 가장 높은 후보군에 속한다.

최근에 보도된 언어 인권 유린 사건을 살펴보자. 서울 강남에는 월 등록비가 200만 원이 넘는 고액 유아 영어 학원이 성업 중이라 한다. 만 두 살 반짜리 아이부터 시작해서 유아들을 모아 아침 9시 반부터 오후 6시까지 하루 종일 영어 말하기와 쓰기를 가르치고 수학, 과학, 발레 등 모든 수업을 영어로만 진행한단다. 문제는 이런 교육이 아이들에게 끼치는 영향이다. 소변도 못 보게 하면서 영어 공부를 강요하다 보니 외상 후 스트레스 장애 진단을 받아 정신과 병원에서 심리 치료를 받는 아이들도 있다고 한다. 아이들이 얼마나 심한 심리적 충격을 받았으면 하루에 속옷을 몇 장이나 적시며 서 고생을 하고 있을까.

몇 해 전에는 영어 발음을 가르친다고 아이의 혀 인대를 자르는 일까지 있었음을 우리는 기억하고 있다. 한마디로 교육을 빙자한 극심한 아동 인권 침해가 벌어지고 있는 것이다. 만일 수용 시설 같은 데서 이런 일이 발생했더라면 크나큰 이슈가 되었을 테지만, 교육의 이름으로는 그 어떤 짓을 해도 대충 양해를 얻어 넘어가는 우리 현실이 과연 정상인지 묻지 않을 수 없다.

사회언어학에 따르면 아이들에게는 여러 언어를 습득할 수 있는 타고난 능력이 있지만, 읽고 쓰는 능력을 제대로 습득하는 데에는 모어가 제일 낫다고 한다. 또한 모든 자연 언어의 표현 능력은 기본적으로 동일하다. 우월한 언어도 열등한 언어도 없다는 말이다. 그런데 모어는 모국어와 다르며, 어떤 경우엔 양자가 충돌하기도 한다.

50대 중반이 넘어 한국 생활을 처음 시작했던 서경식 선생은 '모어'인 일본어가 아닌 '모국어' 조선어를 익히기 위한 단계를 설정한 적이 있다.[1] ① 시장을 보거나 대중 교통을 이용해 외출할 수 있다.

② 영화나 텔레비전을 보고, 사전 없이 신문을 약 80퍼센트 정도 이해한다. ③ 지인들과 정치적 · 문화적 주제로 논의할 수 있고 거의 오해 없이 상대방의 취지를 이해하고 자기 생각을 전할 수 있다. ④ 원고를 그냥 읽는 형식이 아닌 강연을 한 시간 정도 할 수 있다. ⑤ 경찰 심문에 침착하고 정확하게 대응하고, 법정에서 반론을 펼칠 수 있다. ⑥ 사전 없이 소설을 읽는다. ⑦ 번역자 도움 없이 에세이나 소설을 집필한다.

원어민도 도달하기 어려운 경지일 것 같은데, 설령 이러한 수준으로 언어를 구사하게 된다 하더라도 모어의 근본적 친숙함과는 비교할 수 없다고 봐야 할 것이다. 그런 뜻에서 모어와 모국어가 일치하는 경우, 모어 사용은 인권의 토대인 생명권 · 자유권 · 행복추구권과 동일한 차원의 기본권이라 할 수 있다.

그렇다면 이렇게 중요한 모어 사용권을 왜 최근 들어서야 기본 인권으로 이해하기 시작했는가? 제2차 세계대전 후 국제적으로 규범화된 인권은 크게 보아 개인의 권리를 중심으로 발전해 왔다. 시민 · 정치적 권리나 경제 · 사회적 권리나 그 바탕에는 개인의 청구권 개념이 깔려 있다. 그러다 집단의 권리, 곧 3세대 인권이 주목받기 시작하면서 언어 권리도 '발견'되기 시작한 것이다. 어차피 언어는 어떤 집단에 귀속된 상태를 전제로 삼기 때문이다. 또한 세계적 차원에서 이주와 다문화적 상황이 빚어지면서 모어를 사용하는 문제가 권력 · 억압 · 정체성과 긴밀하게 연결되기 시작했다. 과거에는 별로 문제되지 않던 새로운 인권 침해가 생긴 것이다.

급기야 국제펜클럽(PEN Club)이 주도하여 1996년 바르셀로나에서 사멸 위기에 놓인 소수 언어와 일반적인 모어 사용권을 포함한 '세계 언어 권리 선언(Universal Declaration of Linguistic Rights)'이 발표되었다.[2] 이 선언은 문화와 언어의 다원주의를 일원화하려는 국가의 경향성과 "탈규제를 진보와 동일시하고 경쟁적 개인주의를 자유와 동일시하며, 심각한 경제·사회·문화·언어 불평등을 야기하는 초국적 경제 주체들이 제시하는 경제 성장 모델"을 언어 권리 침해의 주범으로 지목한다.

특히 교육은 언어 공동체 내에서 언어적·문화적 자기 표출 역량을 신장시켜야 한다고 강조한다. 우리가 그토록 떠받드는 '세계 무대'에서는 오히려 고유한 '언어 권리'를 강조하고 있는데 정작 이 땅에선 모어가 아닌 외국어를 가르치려고 아이를 정신병자로 만들고 있으니 이 일을 대체 어찌해야 좋을까.

필자가 아는 한 전 세계에서 모어와 관련된 날을 법정 공휴일로 기념하는 나라는 한국과 방글라데시뿐이다. 방글라데시는 아주 특이한 경우다. 1947년 파키스탄이 수립된 후에도 지리적으로 분리되어 있던 동파키스탄 벵골 지역은 고유한 언어와 문화를 지니고 있었다. 그러나 헤게모니를 잡고 있던 서파키스탄이 '우르두어, 오직 우르두어'만을 내세우며 자기들의 언어인 우르두어를 파키스탄 전체의 유일한 공식 언어로 지정한다는 조처를 발표했다. 1952년의 일이었다.

동파키스탄에서는 당장 반발이 터져 나왔고 사람들은 술렁이기 시작했다. 경찰은 포고령 144호를 발표하고 모든 집회를 금지했지만 2월 21일 다카대학과 다카의학교 학생들이 항의 시위를 벌이기 시작했다. 이에 대해 경찰은 발포로 대응했고 수십 명의 사망자가 나오는 초대형 참사로 이어졌다. 이 사건을 통틀어 '벵골 언어 운동'이라고 한다. 단순한 언어 운동이 아니라 한 인민 집단 전체의 기본권과 정체성을 지키겠다는 언어 자기 결정권 운동이었던 것이다.

사태의 심각성을 깨달은 파키스탄 정부는 입장을 바꾸어 벵골 지역에서는 벵골어가 공식 언어임을 인정하였다. 하지만 벵골 언어 운동은 더 큰 정치 운동과 맞물려 확대되었고 마침내 1971년 동파키스탄 독립 전쟁을 거쳐 방글라데시가 분리·독립하기에 이르렀다. 모어 사용을 둘러싼 투쟁이 새로운 국가의 탄생으로까지 연결된 희귀한 사건이었다. 방글라데시에서는 지금도 2월 21일을 국경일로 기념하고 있으며 다카의학교 근처에는 '샤히드 미나르(Shahid Minar, 순교자탑)'라는 14미터 높이의 거대한 기념비가 세워져 있다.

이 이야기는 여기서 끝나지 않는다. 방글라데시 정부는 자기 나라의 모어 사용권 투쟁 이야기를 보편적 인권의 차원으로 승화시키는데 노력을 기울였다. 이러한 움직임이 주효하여 유네스코는 매년 2월 21일을 국제 모어의 날(International Mother Language Day)로 지정했고 2000년부터 해마다 이날을 기념하고 있다. 유네스코의 취지에 공감한 유엔 총회는 2008년을 국제 언어의 해로 선포하기도 했다.

그렇다면 문자 해독, 인간 발전, 민주주의를 연결한 개념을 발전시켜 매년 10월 9일을 국제 문자의 날로 제정할 수도 있지 않을까. 좋은 의미의 국위 선양은 이런 것이 아닐까. 물론 이런 가시적인 움직임도 중요하지만 그보다 중요한 것은 모어를 대하는 우리의 기본적인 자세다. 모든 사람이 여러 언어를 자기 뜻대로 취득할 수 있는 다원주의를 지지하면서도, 즉 언어 국수주의에 빠지지 않으면서도, 인간 본연의 가치로서 모어 사용권의 중요성을 깨달을 필요가 있다. 그리고 모어가 아닌 외국어가 우리 위에 지배적 권력으로 군림하고, 더 나아가 그것이 경제·사회적 불평등, 문화·심리적 억압의 원천이 된다면 심각한 인권 침해로 거부할 수 있는 감각과 상상력과 용기가 있어야 한다.

우리 사회의 영어 광풍은 특히 좋은 예가 된다. 진정한 다문화·다언어로서 영어는 적극 장려해야 한다. 그러나 문화·교육·경제 헤게모니로 작동하는 영어를 억압 권력으로 인식하지 못하고, 더욱 열심히 따라잡아야 할 목표로, 자신의 부족함을 책망하는 선망의 대상으로 인식할 때 우리의 언어 인권은 심대한 타격을 입을 수밖에 없다. 이 점에 관한 한 지식인과 교육자들의 책임이 무겁다.

왜 선거가 인권의 문제인가?

—

자유 의지로 투표할 수 있는 선거가 인권의 중요한 일부라는
사실을 기억하는 사람은 많지 않다. 왜 선거가 중요한 인권에 속하는가.
자기 삶에 영향을 끼치는 집단적 의사 결정에 대등하게 참여할 권리를
보장해주는 제도이기 때문이다.

—

남아프리카공화국 역사상 최초로 전 국민 자유선거가 실시되었던
1994년의 대선 투표율은 95퍼센트가 넘었다. 투표자 행렬이 워낙 길
어 빠르면 다섯 시간, 지역에 따라선 밤새도록 줄을 서야 했다. 기다
리다 못해 투표장의 담을 넘는 일까지 벌어졌다. 평생 처음 지도자를
직접 뽑을 수 있게 된 유권자들의 열망은 그만큼 간절했다. 우리는
그 심정을 너무 잘 안다.

민주화의 물줄기를 뚫었던 6월 항쟁의 주요 요구사항은 직선제 개
헌이었다. 개정된 헌법에 따라 1987년 12월 16일 13대 대통령 선거
가 치러졌다. 수요일이었다. 거의 90퍼센트에 가까운 투표율을 기록
했고 국민의 열기는 대단했다. 얼마나 감격스러웠던지 한 시민은 "도
장을 쥔 손이 떨려서 두 손을 모아 찍어야 했다."라고 술회했다. 선
거만으로 민주주의가 완성될 순 없지만 선거 없이 민주주의를 말하
기는 불가능하다. 이처럼 선거와 민주주의의 관계는 상식에 속한다.
하지만 자유 의지로 투표할 수 있는 선거가 인권의 중요한 일부라는

사실을 기억하는 사람은 많지 않다. 왜 선거가 중요한 인권에 속하는가. 자기 삶에 영향을 끼치는 집단적 의사 결정에 대등하게 참여할 권리를 보장해주는 제도이기 때문이다.

전 세계에서 헌법에 민주 선거 원칙이 처음 등장한 것은 1848년 스위스 헌법이 처음이라고 한다. 19세기 중반까지만 해도 전 세계를 통틀어 선거를 통한 민주제를 채택한 나라는 극소수에 불과했고 그나마 모든 성인에게 투표권을 완전히 개방하고 1인 1표 원칙을 지킨 나라는 찾아보기 어려웠다. 나머지는 독재제 혹은 혼합제 국가들이었다. 1900년이 되어서도 성년의 남녀 시민이 똑같이 투표권을 행사하여 정부를 선출할 수 있었던 현대식 민주 국가는 뉴질랜드밖에 없었다.

그러나 한 세기도 지나지 않아 민주주의는 극도로 인기 있는 보편적인 정치 체제로 자리 잡았다. 적어도 형식적으로나마 민주주의를 표방하지 않는 나라는 이제 지구상에서 찾아보기 힘들다. 사우디아라비아, 피지, 통가, 브루나이 정도가 예외적인 경우다. 그렇다면 민주주의를 스스로 내세우는 나라 중 실질적으로 선거 민주제를 실시하는 곳이 얼마나 될까. 국제 인권 단체 프리덤하우스(Freedom House)에 따르면 2013년 현재 118개국에서 유의미한 선거를 통해 정치 권력을 교체하고 있다고 한다.[3]

인권에서 선거를 중요하게 여기는 이유는 역사적으로 주권재민 사상 때문인데, 그 논리 구조는 이렇다. 인간 한 사람 한 사람은 이성과 자율성을 지닌 소우주 같은 존재다. 이런 소우주들이 모여 이룩한 사회 공동체에서 유일 단독자 혹은 소수 엘리트들이 그 공동체의 존재론적 절대 권위인 '주권'을 독점해서는 안 된다. 그건 원리적으로 타당하지 않다. 그러므로 모든 사람이 자기 권리를 '출자'하여 주권을 형성하고 그것을 공동으로 '소유'할 권리가 있다. 바로 이 점이 주권재민 또는 인민 주권 원칙이 인권과 연결되는 논리다.

그런데 주권재민 원칙을 구체적으로 행사하는 데는 크게 보아 두 가지 방법이 있다. 모두가 함께 참여해 직접 의사 결정을 하거나, 그게 어려우면 대표를 뽑아 간접적으로 의사 결정을 한다. 따라서 직접(행동) 민주주의로 자기 뜻을 표출하는 것과 선거를 통한 대의제를 통해 주권재민을 행사하는 것, 이 둘 다 중요한 인권 행사다. 전자에 주목하는 사회 운동형 민주파와 후자를 중시하는 제도 정당형 민주파는 결국 주권재민의 인권 원칙을 이루는 한 동전의 양면이다.

알다시피 현대 국가에선 대의민주제가 대세다. 따라서 선거는 주권재민을 실천하는 가장 중요한 도구이고 민주주의의 은유처럼 되어 있다. 2013년 중앙선관위가 창설 50주년을 맞아 발표한 보도 자료에 보면 "선거는 민주주의의 꽃"이란 표현이 나온다. 선거가 민주적이 되려면 인권 원칙을 따라야 한다. 유권자 한 사람이 한 표씩 행사하는 평등선거는 자율적 인간 존엄성이라는 인권 원칙을 전제로 한다. 성별, 인종, 재산, 학력과 상관없이 모든 성인에게 투표권을 부여하는 보통선거 역시 차별을 금지하는 인권 원칙에서 도출된 것이다.

필자가 민주 선거를 너무 인권 중심으로만 설명하는 것 같은가. 조금 길지만 다음 인용문을 보시라. "① 모든 사람은 자기가 직접 참여하든 또는 자유롭게 선출된 대표를 통해서 간접적으로 참여하든 간에, 자기 나라의 국가 운영에 참여할 권리가 있다. ② 모든 사람은 자기 나라의 공직을 맡을 평등한 권리가 있다. ③ 인민의 의지가 정부 권위의 토대를 이룬다. 인민의 의지는, 주기적으로 시행되는 진정한 선거를 통해 표출된다. 이러한 선거는 보통선거와 평등선거로 이루어지고, 비밀 투표 또는 비밀 투표에 해당하는 자유로운 투표 절차에 따라 시행된다." 바로 '세계 인권 선언' 21조다. 민주라는 말을 한마디도 쓰지 않았지만 민주주의 권리 조항이라 불리는 유명한 원칙이다.[4] 여기서 볼 수 있듯 직접(행동) 민주주의, 대의 민주주의, 주권재민, 일반의지의 표현, 공명 선거는 모두 인권 원칙 그 자체인 것이다.

여기서 눈여겨볼 대목이 '진정한 선거(genuine elections)'라는 말이다. 진정한 선거란 무엇인가. 지금까지 나온 수많은 주해들의 공통분모를 찾으면 다음과 같다.[5] 첫째, 부정 행위, 청탁, 매수, 방해, 협박이 없어야 한다. 둘째, 선거 준비가 철저해야 한다. 투표 용지, 투표소 위치, 장애인을 위한 편의, 투표소 숫자 등이 유권자의 욕구를 반영해야 한다. 셋째, 선거 관리의 투명성이 확보되어야 한다. 선거인 명부 확정, 투표자 확인 및 기록, 개표의 엄정함, 전자 투표 기계의 문제점 대비, 부재자 투표의 투명성 확보, 기록 관리의 연속성이 보장되어야 한다. 넷째, 선거 자금과 비용이 공개적이고 정확하게 회계 처리되어야 한다. 다섯째, 선거 운동 과정에서 역정보 혹은 허위 정보 유포, 여론 조작, 미디어 등을 통한 여론 왜곡, 공공기관의 선전·선동 행위가 없어야 한다. 이런 것들이 보장되어야 진정한 선거라 할 수 있다. 그렇지 않은 선거를 일컫는 용어가 있다. 이른바 '블랙박스 투표(black box voting)'다. 교묘하게 조정되고 불투명하게 진행된 '흑선거'를 뜻한다.

2012년에 치러진 대선 이후 계속해서 선거 공정성을 둘러싼 여파가 정리되지 않고 있는 우리 현실에 비추어 의미심장한 말이 아닐 수 없다. 민주주의 활동가 베브 해리스(Bev Harris)는 블랙박스 투표를 다음과 같이 설명한다. "민주주의를 사람들이 직접 그리는 그림에 비유한다면 불투명한 선거는 사람들의 눈에 안대를 씌운 채 그림을 그리게 하는 것과 같다."[6]

어찌 보면 2012년 12월 19일 우리나라 유권자들 중 적어도 일부는 여론 조작과 허위 정보 심리전에 의해 눈에 안대가 덮인 상태에서 민주주의의 그림을 그리도록 조종당했다. 그리하여 주권재민의 인권 원칙은 적어도 상당 부분 실종되었다. 지난 대선을 보편적 인권 원칙에 비추어 백 퍼센트 진정한 선거였다고 보긴 어렵다. 뿐만 아니라 의심스러운 뒤처리 과정 때문에 블랙박스 투표 대통령이 청와대를 차지하고 있다는 조롱이 만연해 있지 않은가.

이제 대한민국의 권력은 국정원과 사이버 사령부의 컴퓨터 자판에서 나온다고 해도 할 말이 없다.* 이번 일은 21세기 첨단 정보 기술에 의해 고전적인 선거 투명성 권리가 유린된, 전근대적이면서 동시에 탈근대적인 정치 사건으로 규정할 수 있다. 민주주의에 관한 온갖 고급 이론이 소개되어 있는 나라에서 민주주의의 최저 기준인 진정한 선거 하나 제대로 시행하지 못하는 현실, 이게 우리 정치의 적나라한 자화상이 아닌지 자문해야 한다. 전근대와 탈근대가 공존하면서도 정작 근대적 '정상성'의 확보에선 낙제점을 받는 모순적인 나라가 대한민국이다.

이런 지적은 인권에서 특히 뼈아픈 부분이다. 인권은 크게 보아 계몽주의 전통을 계승한 근대의 정치적 기획에 속하는 담론이기 때문

---

* 2015년 2월 9일 서울 고등법원은 2012년 대선 당시 국정원장이 선거법을 위반했다고 유죄 판결을 내렸다.

이다. 많은 사람들이 바라는 것처럼 모든 방법을 동원해 철저히 진상을 밝히고 반민주 사범을 엄벌에 처하는 것이 주권재민 인권 회복의 첫걸음이다.

근본적으로는 시민들의 눈이 더 밝아져야 한다. 사회적 동물인 인간이 외부의 선전과 조작으로부터 완전히 자유로울 수는 없다. 그러나 어둠의 작전 세력이 우리 눈에 안대를 씌우는 장난을 쳐도 판단이 흐려지지 않을 만큼 독립적인 시민이 되도록 노력해야 한다. 작가 로버트 하인라인(Robert A. Heinlein)의 말이다. "정신이 자유로운 인간은 이떤 강압으로도 꺾지 못한다. 형틀도, 원자 폭탄도, 아니 그 어떤 것으로도 자유인의 마음을 정복할 순 없다."

에밀리의 삼색기, 말랄라의 펜

―

여성 인권 운동은 인권 발전사에서 이론과 실제 양면으로
결정적인 영향을 끼쳤다. 이런저런 핑계를 들어 약자 집단에게
완전한 인권을 인정해주지 않으려는 교묘한 회피와 훼방,
곧 억압 논리의 보편성이 여성 인권 운동을 통해 만천하에 폭로된 것이다.

―

파키스탄의 한 남자가 2013년 7월에 쓴 편지가 화제다. 이름은 아
드난 라시드, 직업은 탈레반 반군 지도자. "지극히 자비롭고 존귀하
신 알라의 이름으로 아드난 라시드가 말랄라 유사프자이에게 보내
는 편지"라는 공개 서한에서 그는 지난해 탈레반에게 총격을 당해
죽을 뻔했던 말랄라에게 약간의 동정을 표했다. 알다시피 말랄라는
여자 아이도 학교 갈 권리가 있다는 캠페인을 벌이다 탈레반에게 총
격을 당해 생사의 기로를 헤맸다. 기적적으로 살아난 이 당차고 조숙
한 소녀는 2013년 7월 12일 열여섯 살 생일을 맞아 반기문 유엔 사
무총장이 참석한 유엔 총회 자리에서 전 세계 모든 아이들이 무상 교
육을 받을 수 있어야 한다는 연설을 했다.(후일담이지만 말랄라는 2014
년 10월 인도의 카일라시 사티아르티와 함께 노벨평화상을 받았다. 역대 최
연소 노벨상 수상 기록을 세운 것이다.)

라시드는 탈레반이 말랄라를 죽이려 한 것은 충격적인 일이었고,
자기가 말랄라에게 신변을 조심하라고 미리 경고하지 못한 것을 자

책하는 투로 이야기한다. 하지만 곧이어 다음과 같은 해괴한 문장이 이어진다. "말랄라, 너와 유엔은 마치 탈레반이 아이들 교육을 반대하기 때문에 너를 쐈다는 식으로 말하곤 하지. 하지만 여기서 문제의 핵심은 교육이 아냐. 너의 선전 활동, 외부의 사주를 받아 네 혀가 내뱉었던 그 짓거리가 바로 문제의 핵심이었어. 펜은 칼보다 강하다는 거 잘 알지? 펜은 칼보다 더 날카로워. 칼에 찔린 상처는 아물 수 있지만 펜에 찔린 상처는 절대 낫지 않아. 그러니 전쟁에선 칼보다 펜이 훨씬 더 해악을 끼치는 거란다."

라시드의 편지를 해석하면 이렇게 된다. "네가 탈레반의 총에 맞은 것은 가슴 아픈 일이었어. 하지만 네가 아이들 교육권을 요구한 것이 탈레반에게 얼마나 큰 상처를 줬는지 아니? 따라서 전쟁을 치르고 있는 탈레반이 네게 벌을 내린 건 어쩔 수 없는 일이었어." 이게 사과인가, 변명인가, 궤변인가, 헛소리인가? 산간오지의 십대 소녀가 학교 다닐 권리를 주장한 것이 그 아이를 죽여도 될 만큼, 그렇게 용서받지 못할 죄일까? 도대체 인간 두뇌의 어떤 회로를 거쳐야 이런 생각이 나올 수 있단 말인가? 탈레반은 여자 아이들의 교육을 특히 싫어했다고 하니 이 사건에서 젠더 차원의 분석을 빠뜨릴 수 없다. 또한 젠더 문제는 예나 지금이나 인권 문제에서 사활적인 병목 지점이다. 여성 인권 침해는 시대와 공간을 뛰어넘어 키메라처럼 그때그때 겉모습을 바꾸어 나타나는, 역사적이면서 현재 진행형인 거대한 억압이기 때문이다.

우리는 라시드의 주장에 나타나는 철저하게 뒤틀린 모순적 사유와 그것의 재현적 특성에 주목해야 한다. 이슬람 근본주의의 문제로만 환원할 수 없는, 지배-종속의 권력 구조 속에 내재된, 배배 꼬인 어떤 착종적 인식에 기반을 둔 공통적인 현상이기 때문이다. 위대한 영성가였던 토머스 머튼(Thomas Merton)이 전쟁에 대해 기독교인들이 품었던 복합적인 감정을 꼬집으면서 들었던 사례가 있다.[7]

중세 유럽의 기사였던 '경건자' 로베르투스는 함부로 전쟁을 벌이지 않고 엄격한 조건 하에서만 싸우겠노라는 서약문을 남겼다. 거기에 이런 구절이 나온다. "나는 홀로 여행하는 귀부인이나 그 여종, 또는 과부나 수녀를, 그들이 내게 먼저 시비를 걸지 않는 한, 괴롭히지 않겠노라." 로베르투스의 서약을 해석하면 이렇게 된다. "남을 해치는 일은 나쁘다. 남이 나를 먼저 해치기 전에 내가 남을 먼저 해쳐서는 안 된다. 고로 여자가 기사를 먼저 해치기 전에 기사가 그녀를 먼저 해쳐서는 안 된다. 하지만 여자가 기사를 먼저 해친다면 기사가 그녀를 해치는 것은 정당하다." 흠잡을 데 없는 형식 논리다.

그러나 홀몸으로 먼 길을 가는 부인이나 과부나 수녀가 칼 찬 기사에게 도저히 묵과할 수 없을 만큼 시비를 걸고 해코지를 해서 그 남자가 눈물을 머금고 여자를 해칠 수밖에 없는 상황이란 게 현실 속에서 도대체 가당키나 한 이야기인가. 중동 탈레반 사령관 라시드와 유럽 기사 로베르투스의 배배 꼬인 생각의 회로가 천 년의 세월, 전혀 상이한 문화권을 뛰어넘어 어찌 이다지도 판박이처럼 닮았단 말인가! 여성을 괴롭히는 논리와 반평화적 사고방식이 내적으로 연결된 것도 소름 끼칠 만큼 닮았다. 우리 사회는 이런 식의 사고방식과 무관하다고 말할 수 있을까? 말랄라는 유엔 연설에서 여자 아이뿐 아니라 '전 세계 모든 아이들'의 교육권을 역설했다. 말랄라의 사려 깊은 생각과 두 남자의 '완벽한 형식 논리' 사이의 거리는 얼마나 먼 것인가. 그 거리가 좁혀질 가능성이 있을까?

2013년 6월 8일은 세계 여성 인권 운동사에서 잊을 수 없는 날이었다. 영국의 여성 투표권 운동가 에밀리 와일딩 데이비슨(Emily Wilding Davison, 1872~1913)의 서거 100주년 기념일이었다. 옥스퍼드에서 교육받은 에밀리는 여성 운동 내에서도 전투적이기로 유명했다. 행진을 조직하고 우편함에 불을 지르고 남성 정치인 집에 돌을 던지는 등 과감한 직접 행동을 앞장서서 실천했다. 투옥된 뒤 단식 투쟁을 벌여 인류 역사상 처음으로 형무소 쪽이 강제 급식을 실시할 수밖에 없었을 정도로 신념에 가득 찬 사람이었다. 콧구멍으로 튜브를 넣어 강제로 급식을 시행하는 것은 그 후 전 세계적으로 권력자들의 단골 메뉴가 되었다. 북아일랜드의 아일랜드공화국군(IRA) 수인들, 최근엔 관타나모에 수감된 알카에다 용의자들도 강제 급식을 당했다.

에밀리 데이비슨은 1913년 6월 4일 영국 동남부에 있는 서리(Surrey) 주의 엡섬 다운스(Epsom Downs)에서 열리는 엡섬 더비(현지에선 '다아비'라고 발음한다) 경마 대회장에 나타난다. 엡섬 더비는 지금도 매년 6월 최고의 경주마들이 출전하는 유명한 경마 대회다. 국왕의 애마를 비롯한 수십 마리 경주마들이 2,423미터를 쉬지 않고 뛰어 승패를 가리는 장관을 연출한다. 그날 경기 도중 관중석에 있던 에밀리가 갑자기 트랙으로 뛰어들었고 조지 5세의 경주마인 앤머의 발굽에 치여 쓰러졌다. 순식간에 일어난 일이었다.

사고 당시 에밀리는 코트 안에 여성사회정치연맹(WSPU) 깃발을 두르고 있었고, 손에도 같은 깃발을 들고 있었다. 나중에 사람들은 에밀리가 연맹의 깃발을 앤머에게 달아주려 하다 사고를 당했을 거라고 추측했다. 병원으로 옮겨진 에밀리는 나흘간 혼수 상태에 빠졌다가 결국 사망했다. 공식 사인은 두개골 골절이었다. 6월 14일 수천 명이 참석한 장례식장에선 에밀리가 들고 있던 삼색기가 나부꼈다. 그 후 존엄의 보라색, 순수의 흰색, 희망의 녹색은 전 세계 여성 운동의 상징이 되었고, 에밀리의 삼색기는 1958년 올더마스턴(영국의 핵무기 연구소)에 반대하는 반핵 운동 행진에서도 선두를 지켰다.

에밀리가 목숨을 걸었던 여성 투표권은 지금의 눈으로 보면 너무나 상식적인 요구지만 당시 남성들에겐 말도 안 되는 억지였다. 에밀리가 병원에서 사경을 헤매고 있던 중 익명의 편지가 한 통 배달되었다. 궤변으로 가득 찬 증오의 편지였다. 에밀리는 죽어도 싼 여자이지만 살아서 평생 고통을 겪기 바란다고 악담을 퍼부었고, 투표권을 요구하는 여자는 정신병원에 가둬야 한다고도 했다. 편지 발신인의 정신 구조가 라시드나 로베르투스와 어쩌면 그렇게도 닮았을까.

여성 인권 운동은 인권 발전사에서 이론과 실제 양면으로 결정적인 영향을 끼쳤다. 우선 인권의 이른바 '보편성' 개념을 전혀 다르게 상상하기 시작한 계기가 되었다. 인권은 세상의 모든 인권 침해가 여성을 포함한 모든 약자에게 비슷한 논리 구조로 가해진다는 점에서 보편적이다. 이런저런 핑계를 들어 약자 집단에게 완전한 인권을 인정해주지 않으려는 교묘한 회피와 훼방, 곧 억압 논리의 보편성이 여성 인권 운동을 통해 만천하에 폭로된 것이다.

또한 억압받는 모든 사람은 조금이라도 더 자유로운 상태를 꿈꾸고, 그것을 찾고 싶어 한다는 점에서도 인권은 보편적이다. 다시 말해 억압의 논리도 보편적이고 저항의 논리도 보편적이다. 여성 인권에 관한 문제 의식은 수인의 처우, 장애인 인권, 반핵 운동, 소수자 인권과도 자연스럽게 이어진다. 과거의 인권 운동이 지식인이나 사상가들이 중심이 된 엘리트 주도형 인권 운동이었다면, 여성 인권 운동 이후의 인권 운동은 참된 의미에서 민중 주도형 인권 운동이 되었다.[8]

　더 나아가, 여성 인권 운동은 어떤 권리의 법적·계약적 자격이 중요한 게 아니라 권리의 실질적 구현이 중요하다는 점을 상기시켜 준다. 예를 들어, 여성 투표권이 확보되었다고 해서 성 평등이 완전히 실현되었는가? 투표권 자격을 확보하는 것도 중요하지만 그 내용을 채우는 일이 더 어렵고 더 중요하다는 말이다. 법적 권리 자격을 확보하는 데 미물지 않고 실질적 권리를 실현하는 쪽으로 모든 인권 운동의 초점이 변해야 한다는 주장이 여성 인권 운동을 계기로 삼아 대세를 이루게 되었다.

재난에서 보호받을 권리

—

모든 사람은 생명을 유지할 권리, 자유를 누릴 권리,
자기 몸의 안전을 지킬 권리가 있다. '인신의 안전'은 오늘날에는
재난으로부터 보호받을 권리로까지 확대되었다. 이것을 위해
국가는 인권을 존중하고 보호하며, 그것을 촉진하고 충족할
의무를 져야 한다. 이것이 사회 계약적 인권의 핵심이다.

—

2014년의 세월호 침몰은 21세기 들어 전 세계에서 발생한 선박 사고 중 사망자와 실종자 수로 따져 열 번째 안에 든 사건이었다. 그런데 다른 사고들은 대부분 자연 재해로 일어난 것이었음을 기억해야 한다. 예를 들어, 2002년 세네갈에서 르줄라호가 침몰하여 1,863명이 희생되는 초대형 참사가 발생했지만 주 원인은 폭풍이었다. 세월호 사건은 이른바 '인재'로 인한 선박 침몰 중 세계 역사에 기록될 정도의 대형 사고다. 완전히 예방 가능한 일이었기에 비통과 분노가 이토록 큰 것이며, 사고의 성격이 어처구니없을 만큼 초보적이어서 허탈과 절망이 이렇게 깊은 것이다.

현대인이 경험하는 재난을 예전처럼 천재(天災)와 인재(人災)로 명백히 구분하기는 쉽지 않다. 소행성 충돌처럼 문자 그대로의 천재가 아닌 한 오늘날 완전한 의미의 천재는 존재하지 않는다. 자연 재해라 해도 인적 요인이 섞여 있기 마련이다. 특히 지구 온난화가 인

간 생산 활동의 결과라고 할 때 이제 천재냐 인재냐를 따지는 것은 별 의미가 없어졌다. 유엔의 재난 경감 국제 전략(ISDR, International Strategy for Disaster Reduction)에 따르면 '재난(disaster)'이란 위해와 취약성이 합쳐진 것이다. '위해(hazards)'란 인명을 살상하거나 생계와 재산에 피해를 초래하고 사회·경제적 혼란을 야기할 수 있는 위험한 현상 또는 조건을 말한다. 토네이도 엄습, 화학 물질 유출, 지하철 고장 등 수많은 사건들을 들 수 있다.

그런데 위해가 발생했다고 해서 모든 이에게 동일한 재난이 초래되는 것은 아니다. 위해가 가해진 대상의 취약성이 각기 다르기 때문이다. '취약성(vulnerability)'이란, 물리적·사회적·환경적·경제적 요인 때문에 어떤 집단이나 시스템이 위해 요인 앞에서 피해를 당하기 쉬운 상태 혹은 정황을 뜻한다. 똑같이 쓰나미가 덮쳐도 관광지 난개발로 하구 습지의 맹그로브 생태계가 취약해진 연안 지역 주민들이 특히 심한 피해를 입는다. 똑같이 기후 변화에 의한 자연 재해를 당해도 가난하고 취약한 남반구 주민들이 입는 피해가 전체 피해의 93퍼센트를 차지한다.

과적과 관리 부실, 안전 수칙 미적용, 선원들의 임무 방기, 관리 감독 체계의 민관 결탁과 부패, 지휘 계통의 난맥상, 구조 당국의 무능, 재난 관리 대비의 결여, 정부 꼭짓점인 청와대의 무능과 무책임이라는 '취약성'이 합해져 세월호 침몰이라는 '위해'가 초대형 '재난'으로 이어졌다. 열거한 요인들이 정상으로 작동했더라면 침몰이라는 위해가 거대한 재난이라는 결과를 초래하진 않았을 것이다. 특히 이번 사건은 시스템의 취약성이 위해를 발생시킴과 동시에 그 결과를 증폭시켰으므로 이중적 인재의 성격을 띠고 있다.

이처럼 위해와 취약성이 양쪽에서 협공한 충격의 결과로서 재난이 '우지끈'하게 초래된다는 설명을 '재난 크런치 모델(Disaster Crunch Model)'이라 한다.[9] 이때 인과 관계 사슬에서 취약성을 높였던 모든 주체들에게 재난 리스크를 키운 책임을 물어야 한다. 법적으로 직접 책임자를 가릴 수 있을지 몰라도, 재난 리스크의 누적과 방치라는 점에서는 직접 책임자나 간접 책임자나 오십보백보에 불과하다. 만일 선장에게 '살인' 혐의를 씌운다면 선박 회사나 관피아나 해경이나 청와대나 대통령도 '살인'의 인과 고리에서 자유롭지 않다. 인권의 관점에서 보자면 '취약성'을 하나 둘씩 악화시켜 재난 리스크를 높인 당사자들은 모두 인권 유린의 가해자이자 방조자이다. 이것은 대통령이 눈물을 흘리든, 해경을 해체하든 달라질 수 없는 엄연한 사실이다.

체르노빌 원전 사고, 허리케인 카트리나, 멕시코 만 원유 유출, 후쿠시마 핵발전소 사고들을 거친 뒤 요즘 자주 거론되는 인권이 '재난의 경감 및 구호를 받을 권리'다. 재난 보호권이라고도 하는 새로운 인권이다.[10] 재난 예방과 재난에 노출될 위험 요소를 줄여 달라고 요구할 수 있는 권리를 뜻한다. 솔직히 말해 위해 요인을 완전히 통제하는 건 불가능하다. 따라서 취약성 요인을 가능한 한 줄이는 것이 재난 보호권의 핵심이다. 이것은 인간의 의지에 따라 얼마든지 가능한 일이다.

그러나 세월호 사건을 복기해보면 정반대였음이 드러난다. 이명박 정부 때부터 재난 취약성을 높이는 정책을 취한 데다 현 정부는 재난 발생 이후의 대처에서도 낙제점에 가까운 취약성을 드러냈다. '이명박근혜' 정부가 합작하여 돈의 논리에 따라 재난 리스크를 한껏 불려놓아 인권 유린의 적폐가 쌓인 셈이다. 재난 전문가들은 재난 발생후의 손실 비용이 재난에 대비한 투자 비용의 약 7배 정도 된다고 한다. 모든 가치를 돈으로 환산하기 좋아하는 신자유주의자들이 세월호 사건에 어떤 평가를 내릴지 궁금하다.

이번 사건 후 대중들이 대한민국 헌법 10조를 인용하는 빈도가 높아졌다. "모든 국민은 인간으로서의 존엄과 가치를 가지며, 행복을 추구할 권리를 가진다. 국가는 개인이 가지는 불가침의 기본적 인권을 확인하고 이를 보장할 의무를 진다." '세계 인권 선언' 3조는 더 직설적이다. "모든 사람은 생명을 유지할 권리, 자유를 누릴 권리, 그리고 자기 몸의 안전을 지킬 권리가 있다." 원래 '인신의 안전(security of person)'은 자의적인 국가 권력으로부터 내 한 몸 지킬 자유를 의미했지만 오늘날에는 재난으로부터 보호받을 권리로까지 확대되었다. 이것을 위해 국가는 인권을 존중하고 보호하며, 그것을 촉진하고 충족할 의무를 져야 한다. 이것이 사회 계약적 인권의 핵심이다. 세월호의 침몰을 지켜보면서 수많은 사람들이 도대체 국가는 어디 있느냐고 고통스럽게 자문했던 것은 너무나 당연한 반응이었다.

그렇다면 재난 리스크를 줄여 인권을 보호할 수 있는 구체적 방법은 무엇인가? 재난 리스크를 경감하는 데에는 크게 보아 두 가지 접근이 있다.[11] 첫째, 국가의 법령을 강화하고 제도를 정비하며 재난 예방 조치 시스템을 구축하는, 공급 측 조치가 있다. 하향식 국가 계획 방식을 일컫는다. 둘째, 시민 사회 단체를 비롯한 민간의 모든 행위자들이 재난 리스크에 대처할 수 있는 역량을 강화하도록 돕는 방법이 있다. 이것은 수요 측 조치로서 재난의 결과에 대해 시민 사회가 국가에 책임을 묻는 인권 의식을 키우도록 장려하는 것이다. 상향식 자력화 방식이라 한다.

상향식, 하향식 방식이 결합해야 제대로 된 거버넌스가 이루어질 수 있다. 전자의 전통적 방식은 후자의 새로운 방식으로 보완되어야 한다. 국가가 시민의 생명, 자유, 인신의 안전을 위해 제대로 일하고 있는지 감시하는 인권의 '기'가 팽팽히 살아 있을 때에 재난 리스크가 줄어든다. 노동자들이 위험 작업 중지권을 요구할 수 있어야 하는 것도 같은 이치다.[12] 바로 이 때문에 '세계 인권 선언'에서 사회의 모든 개인과 모든 조직이 인간의 권리와 자유가 존중되도록 함께 노력해야 한다고 강조했던 것이다.

사건 후 대통령이 내놓은 조치를 보면 첫째 방안에만 초점이 맞춰져 있다. 징벌적이고 권위주의적인 국가 통제의 느낌이 강하다. "가만히 있으라" 해놓고 학생들을 죽이더니, 또 국민들에게 "가만히 있으라" 하면서 국가 개조라는 어마어마한 테제를 강요하는 식이다. 재난 전문가 우르반 옌손(Urban Jönsson)은 시민들이 스스로 결정하고 행동할 수 있는 권한을 촉진하지 않는 재난 대책은 바람직하지도 않고, 가능하지도 않다고 지적한다.[13]

진정으로 국민의 인권을 존중하는 재난 대책이라면 사람들의 권한과 발언권을 북돋아주고, 인권이라는 '심장'을 지닌 사람들을 두려워하는 내용이 주를 이루어야 한다. 또한 다른 모든 인권과 마찬가지로 재난으로부터 보호받을 권리 역시 합의에 근거해야 하며, 하향식으로 강요되어선 안 된다. 왜 우리는 뼈아픈 고통을 겪은 후에도 인권 존중의 교훈을 배우지 못하는 것일까.

존 로크는《통치론》에서 최고집행권자가 자기 임무를 게을리 해 법 규정이 유명무실해지면 결과적으로 정부가 해체될 수 있다고 말한다. "법률이라는 것은 그 자체를 위해서 만들어진 것이 아니라 그 집행에 의해서 사회의 유대를 강화하고, 정치체의 모든 부분에 제각기 적절한 위치와 기능을 부여하기 위한 것"이므로 법률이 제대로 작동하지 않을 때 정부의 존재 목적이 사라지기 때문이다.[14] 이 점에서 실패하여 세월호 참사를 빚었던 한국 정부가 대책이라고 제시한 것이 고작 원래의 실패를 되풀이하겠다는 내용이라니……. 어찌해야 재난으로부터 인권이 보호될 수 있을 것인가.

《21세기 자본》과 인권 경제학의 탄생

—

정치적 포용성이 높은 민주 제도만으로는 인권 보장이 안 된다.

경제적 포용성이 높은 경제 제도가 뒷받침되어야 인권이 꽃필 수 있다.

민주주의건 경제 발전이건 자원 재분배와 소득 불평등 해소가 동반되어야

인권이 실제로 보장될 수 있다는 말이다.

—

사회과학의 존립 목적이 무엇인가. 세상의 숨은 구조와 작동 방식을 분석하고 그것의 문제점을 파헤치며 어떤 가치관에 근거한 대안을 제시하는 것이 아니던가. 그것을 위해 학자가 할 수 있는 일은 설득력 있는 설명과 대안을 제시하고 사람들의 고정관념을 흔드는 논쟁을 주도하는 것이다. 그런 점에서 토마 피케티(Thomas Piketty)가 내놓은 《21세기 자본》은 전 세계 사회과학계에 적시타를 때린 히트작으로 많은 이의 입에 오르내리고 있다.[15]

자본주의 체제의 역사적 심층 구조와 작동 방식을 분석하고, 부(富)가 소수에게 집중되어 세습되는 문제를 파헤치며, 불평등의 심화가 정치적 파탄으로 이어져선 안 된다는 가치관에 근거하여 최상위 부유층에 글로벌 누진세를 매기자는 대안을 제시한다. 오랜만에 사회과학 논쟁의 야전 교범 같은 책이 등장한 셈이다.

《21세기 자본》은 흥미로운 방식으로 구성되어 있다. 일정한 규범적 서사의 틀 속에 경제사적인 실증 연구와 주장을 채워놓았다. 경제

학적 내용을 평가하는 건 필자의 능력 밖이므로 규범적 서사 부분만 이야기하려 한다. 피케티는 변죽을 울리는 완곡 어법과는 거리가 멀다. 서론에 맨 처음 인용한 제사(題詞)에서부터 규범적 서사를 제시한 뒤 그것을 여러 번 반복하고 변주한다. "공동선에 입각한 경우에만 사회적 구분이 허용될 수 있다."

이 문장은 프랑스 혁명 시기 1789년 8월 26일에 발표된 '인간과 시민의 권리 선언' 1조에 나온다. 선언의 원문에 "l'utilitécommune"이라고 나와 있는 말을 피케티 책을 영역한 아서 골드해머(Arthur Goldhammer)는 '공동의 효용(common utility)'이라고 옮겼다. 하지만 프랑스 헌법재판소의 공식 영역본은 이 말을 '공동선(common good)'이라고 표현한다.[16] 피케티가 프랑스 혁명의 '인권 선언'을 화두로 제시했으니 경제학 렌즈만이 아니라 인권의 렌즈로도 《21세기 자본》을 독해할 수 있어야 그의 메시지를 제대로 파악할 수 있지 않을까 한다.

피케티는 프랑스 혁명이 부르주아 혁명으로는 최고의 경지를 보여주었다고 평가한다. 제도적 특권을 폐지하고 평등한 권리와 기회에 기반을 둔 정치·사회 질서를 주창했다는 의미에서다. 그러나 평등한 권리와 기회 균등을 선언했다고 해서 부의 평등한 분포가 보장된 것은 아니다. 시장에서 평등한 권리는 오히려 총체적인 평등권을 보장하지 못한다. 19세기의 정치 제도는 인간의 총체적 권리가 아닌 재산권만 확실히 보장하는 식으로 왜곡되어 진화했다. 부르주아 혁명의 한계였다.

피케티는 불평등 자체는 자유의 필연적 결과라고 본다. 하지만 불평등이 존재하더라도 그것은 법의 지배를 통한 효과적이고 효율적인 정의 원칙에 의해서만 정당화될 수 있다. 예를 들어, 부유층은 재산을 보호하기 위해 끊임없이 새롭고 정교한 법적 장치를 고안한다. 신탁 기금이나 재단을 통해 교묘하게 부를 세습한다. 이렇게 하면 아직 태어나지도 않은 미래 세대의 평등권은 원천적으로 제한된다. 이런 식의 불평등은 불공정하고 부정의한 것이다.

원래 프랑스 혁명 '인권 선언'의 1조는 두 문장으로 이루어졌다. "모든 사람은 출생과 더불어 그리고 평생토록 평등한 권리를 누린다."라는 문장이 먼저 나온 뒤 "공동선에 입각한 경우에만 사회적 구분이 허용될 수 있다."라는 문장이 이어진다.[17] 그러니 1조는 만인의 평등권이라는 이상과 사회 불평등이라는 현실이 공존하는 모순을 인정하면서, 그 모순을 해소할 방안을 찾는 조항이다. 증명 의무를 불평등에 두고, 불가피하게 불평등하려면 공동선에 입각했다는 점을 입증하라고 요구한다.

프랑스 혁명 당시만 해도 구체제의 특권이야말로 공동선에 반하는 불평등의 극치로 여겨졌다. 그러나 오늘의 현실에선 사회 불평등이 공동선의 주적이 되었다. 따라서 가장 소외된 약자 집단에 도움이 될 때에만 그런 불평등을 인정할 수 있다. 피케티도 인정하는 바지만 이런 관점에서 보면 존 롤스(John Rawls), 아마르티아 센(Amartya Sen), 피케티는 모두 프랑스 혁명 '인권 선언'의 지적 계승자들이다.

피케티는 21세기형 사회 국가(social state)는 이런 식의 모순을 공정하게 다룰 수 있는 정치 제도를 상상하는 것에서부터 출발해야 한다고 본다.[18] 현대에 적합한 재분배 방식은 인간의 권리 확보 논리, 몇몇 핵심 재화에 대한 평등한 접근성 원칙 위에 구축되어 있다. 20세기 사회 국가에서 교육, 의료 등 핵심 재화에 대한 평등한 접근성이 확보되었다면, 21세기에는 은퇴 후 삶을 통합적으로 보장하는 것이 핵심 과제로 떠올랐다. 그것을 위해 민주적 토의와 정치적 대결을 통해 해결책을 마련해야 한다. 요컨대 '공정한 불평등' 조건을 창출함으로써 만인의 평등한 인권이라는 이상을 실현하자는 말이다.

피케티가 경제학자로서 이런 주장을 내놓은 점이 참신하다면, 사회학에서는 진작부터 이 방면의 연구가 축적되어 왔다. 토드 랜드먼(Todd Landman)과 마르코 라리차(Marco Larizza)가 2009년에 발표한 〈불평등과 인권〉이라는 논문을 보자.[19] 이들은 1980년부터 2004년 사이 세계 162개국을 대상으로 시계열 분석을 시도했다. 불평등이 심할수록 시민적·정치적 권리 침해가 높다는 점이 통계적으로 밝혀졌다. 특히 소득 불평등이 인권에 크게 부정적인 영향을 주는 독립 변수임이 확인되었다.

불평등 외의 추가 변수도 발견되었다. 민주주의의 수준이 높으면 인권 보호가 더 잘 이루어졌다. 시민의 불만을 처리하고 자원 편중에 항의할 수 있는 제도적 채널이 보장되기 때문이다. 경제 발전 수준이 높을수록 인권에 긍정적인 영향을 주는 점도 나타났다. 그런데 민주주의 수준이 비슷한 국가들이라도 소득 불평등이 심하면 인권 침해 문제가 많았다.

여기서 민주 정치, 경제, 인권 사이에 일반적인 등식이 도출된다. 민주주의를 해야 인권이 좋아지고 민주주의가 후퇴하면 인권도 후퇴한다. 경제가 발전해야 인권이 좋아지고 경제가 나빠지면 인권도 나빠진다. 그러나 민주주의를 시행하거나 경제가 발전해도 불평등이 심해지면 인권은 다시 추락한다. 사회적 응집력이 떨어지면서 온갖 사회 문제가 창궐하고 그것을 공권력으로 통제하려 들 때 더 큰 문제가 발생하는 악순환에 빠지기 때문이다. 그러므로 정치적 포용성이 높은 민주 제도만으로는 인권 보장이 안 된다. 경제적 포용성이 높은 경제 제도가 뒷받침되어야 인권이 꽃필 수 있다. 민주주의건 경제 발전이건 자원 재분배와 소득 불평등 해소가 동반되어야 인권이 실제로 보장될 수 있다는 말이다. 이런 주장이 최근 논의되기 시작한 소득 주도 성장론*과 어떻게 연결될지 궁금하다.

랜드먼과 라리차는 다음과 같은 결론을 내린다. "경제 성장 노력은 발전의 질에 더욱 주의를 기울이는 데 있어야 한다. 경제 성장의 과실이 축적됨과 동시에 국가의 부가 분배되어야 인권이 보장된다. 정부는 최악의 빈곤과 사회적 배제를 완화하기 위해 누진세 제도 등을 도입해 소득 불평등 문제를 해결해야 한다."[20] 이들의 결론과 피케티의 주장이 어쩌면 이렇게도 비슷한 것일까. 인간의 존엄성을 중심에 놓고 모든 점을 고민하고 사고하면 경제학이든 사회학이든 어떤 동일 지점에 도달할 수밖에 없다는 뜻이 아닐까.

그러나 이런 이야기를 하면 주류 경제학을 신봉하는 사람들의 반응이 어떨지 벌써부터 짐작이 간다. 잘해야 정중한 무관심일 것이고, 심하면 노골적으로 무시할 가능성이 크다. 귀신 씨나락 까먹는 소리라고 힐난하지 않으면 다행이다. 세상 이치가 흔히 그러하듯, 아주 근본적인 차원에서 출발점이 다를 경우, 다시 말해 가치관이 전혀 다를 때엔 문제의 인식부터 해법에 이르기까지 무엇 하나 합의가 쉽지 않다.

바로 이 때문에 인권 원칙과 주류 경제학이 만나야 하고, 둘이 서

소득 주도 성장론(income-led growth) 기존 대기업 중심의 수출 주도 성장 전략에서 벗어나, 임금과 가계 소득을 높여 내수를 튼튼히 함으로써 경제 성장을 촉진하는 대안적 모델. (편집자 주)

로 상호 보완 관계를 이뤄야 한다는 관점이 등장하고 있다. 스칸디나비아 지역의 싱크탱크들이 작성하고 세계은행이 2012년에 펴낸 《인권과 경제학》이라는 보고서가 대표적이다.[21] 이에 따르면 경제학은 총합적이고 평균적인 결과가 아니라 인간 개별적이며, 주변 분포의 결과를 고려한 가치 판단을 받아들여야 한다. 인권적 접근이 경제 성장의 질을 높이고 빈곤 감소에 효과적 도구가 된다는 사실을 인정하자는 주장도 나온다. 경제를 바라보는 시각에 근본적 변화가 오기 시작한 증거로 볼 수 있을 것인가. 피케티의 《21세기 자본》 덕분에 '인권 경제학'이라는 새로운 패러다임을 상상할 수 있는 계기가 마련되었다.

범죄자의 인권과 '우리'의 인권[22]

—

강력 범죄 때문에 시민들의 불안이 커질수록 공권력에 의한 강경책이
등장할 여지도 커진다. 그리고 이런 조치가 여론의 지지를 얻을 경우,
감시와 처벌 수준도 전반적으로 상승한다. '다른 수단에 의한 권위주의'가
재림할 가능성이 높아지는 것이다. 안전을 보호받기 위해
자신의 자유를 내주는 역설이 발생한다.

—

범죄 문제가 사회 전반을 뒤흔들더니 정치 영역으로까지 번졌다.
성폭력과 아동 대상 성범죄에 대한 분노가 하늘을 찌른다. 인권을 강
조하다 보니 범죄자들에게까지 관용을 베풀게 되어 강력 범죄가 늘
었다는 주장마저 나돈다. 강력 범죄를 응징해야 한다는 여론이 들끓
고 사형제에 대한 이야기도 다시 강력하게 제기되기 시작했다. 이런
여론을 무조건 탓할 수는 없다. 보통 사람의 불안 심리는 그 자체가
우리 시대의 병리를 징후적으로 보여주기 때문이다. 또 일부 정치인
들과 일부 언론이 이런 분위기에 편승하여 사태를 선정적으로 단순
화하고 증폭시키는 현실도 감안해야 한다.

상황이 이렇지만 인권 운동의 관점에서 긍정적인 점이 없진 않다.
예를 들어, 사형 제도를 둘러싼 논란이 터져 나오긴 했지만, 적어도
사형 집행을 당장 재개하라는 요구는 사회의 주류적 견해가 아닌 것
같다. 이것만 해도 우리 사회가 강력 범죄를 바라보는 시각이 과거에

비해 어느 정도 이성적으로 차분해졌다고 말할 수 있다(물론 극단적인 주장을 하는 목소리가 아직도 간혹 나오긴 한다). 10년 전과 비교해보아도 큰 변화가 아닐 수 없다.

민주화가 이루어진 후 민주주의가 진행되면서 범죄율이 함께 증가하는 것은 국제적으로도 잘 알려진 사실이다. 브라질, 남아프리카공화국, 아르헨티나 등 여러 포스트-민주화 국가들의 사례가 이를 입증한다. 크게 보면 한국도 이런 추세에 속하는 경우다. 왜 민주주의의 진전과 범죄율 사이에 일종의 상관 관계—인과 관계가 아닌—가 존재할까? 우선 권위주의 시절엔 강압적 통치 방식이 징치적 자유와 일반 범죄를 동시에 억눌렀다는 가설을 기억하자. 독재 체제는 전 사회를 감시하고 탄압하여 꽁꽁 묶어 두기 마련이다. 그 과정에서 시민들의 민주적 권리가 억압되지만, 범죄가 일어날 수 있는 사회 환경도 통제된다는 말이다. 이 때문에 간혹 독재 시절의 '안정되어 있던' 치안을 그리워하는 정서가 나타나기도 한다.

그런데 민주화 이후에는 공권력을 둘러싸고 두 가지 현상이 나타난다. 한편으로 구시대와 빨리 결별해야 한다는 '청산 심리(dismantling mentality)'가 사회의 대세를 이루면서 더는 권위주의적 방식으로 공권력을 동원하지 못한다. 물론 아직도 공권력을 권위주의적으로 동원하는 일이 있긴 하지만(용산 참사가 대표적 사건이다), 그런 일이 잘못된 일이라는 점은 누구나 인정하는 사회가 되었다는 사실을 기억해야 하겠다. 권위주의적으로 치안을 확보할 경우 득보다 실이 크다는 것을 전 사회가 학습한 것이다.

다른 한편으로 민주 체제에 걸맞은 합법적이고 정당한 방식으로 치안을 확보하기에는 공권력의 주체들이 자신감이 부족하고 경험도

적다. 특히 경찰은 딜레마에 빠지기 쉽다. 옛날 식으로 하면 독재라고 비판받고, 민주적으로 하면 무능하다고 손가락질당한다. 그러니 경찰의 언행은 모순적일 때가 많고 자가당착에 빠지는 경우도 많다. 경찰 내부에서 간간히 나오는 자성의 목소리와 시위 현장 등에서 일선 지휘관들이 보이는 시대착오적인 태도를 보면 이 같은 모순성을 잘 알 수 있다.

경우는 다르지만 딜레마에 빠지기는 인권 운동도 마찬가지다. 정치적 탄압에 반대하며 인권을 옹호할 때엔 인권 운동이 국민의 지지를 받기 쉬웠다. 인권 운동은 대중의 마음으로부터 성원을 받을 수 있었고, 인권 운동가는 힘들지만 옳은 일을 하는 사람이라는 인식이 지배적이었다. 하지만 이제 강력 범죄와 관련해서 정반대 현상이 발생하고 있다. 인권 운동이 여론의 전례 없는 돌팔매를 맞고 있는 것이다. 범죄자의 인권을 옹호한다는 것이 범죄 자체를 옹호하거나 불처벌을 옹호하는 것이 아니라 범죄자를 인권 원칙에 맞춰 대우하라는 요구인데도 대중은 인권 운동이 범죄자들을 감싼다고만 오해하곤 한다. 강력 범죄에 관한 한 인권 운동이 국민의 지탄을 받기 쉬워진 것이다. 민주주의 시대의 역설이 아닐 수 없다.

잘 알다시피 오늘날 강력 범죄가 기승을 부리게 된 데에는 민주화 이후의 더욱 개방된 사회 분위기뿐만 아니라 시장 숭배와 경쟁 만능식 경제 정책도 큰 몫을 했다. 사회 양극화가 극심해지면서 실직, 박탈, 열패감으로 자포자기에 빠진 잠재적 가해자들이 양산되었다. 이들은 분노를 자기 자신에게 그리고 자기 바깥으로 표출하곤 한다.

제임스 길리건의 저서 《왜 어떤 정치인은 다른 정치인보다 해로운가》에도 이런 연구가 잘 나와 있다.[23] 사회적 시민권을 박탈당한 사람은 스스로를 죽이거나(자살), 남을 죽이는(타살 혹은 묻지 마 범죄) 치사적 폭력에 빠지기 쉽다는 것이다. 미국만 그런 게 아니라 오늘날 한국 사회에서 우리 눈앞에서 벌어지고 있는 일이다. 가해자만 양산 되는 게 아니다. 사회 안전망이 무너지면서 가정과 학교와 지역 사회 의 지지망 바깥에 놓인 잠재적 피해자들 역시 엄청나게 늘어났다. 부 모가 일터에 나가 야간에도 집에 돌아오지 못할 때 혼자 남겨진 아이 는 어떤 위험에 노출될까? 가정 문제로 가출한 청소년이 쉽게 길거 리 성매매에 빠지고 착취당할 때 이 청소년들을 보호해줄 안전망을 어디에서 찾을 수 있을까?

이런 다양한 배경에서 가해자의 확산, 심각한 범행 양상, 피해자에 대한 연민, 범죄자의 인권만 소중하냐는 식의 일차원적 반감이 겹쳐 대중의 분노가 인권 운동을 향해 폭발하는 것이다. 그런데 이런 악순 환에 대한 일차적 책임은 정부가 져야 마땅하다. 도대체 정부가 무엇 때문에 존재하는가?

마지막으로, 인터넷과 모바일 기술이 발전하여 한국이 착취적 음 란물의 생산과 소비에 관한 한 이미 '강대국' 반열에 들어섰음을 고려 할 필요가 있다. 미성년자 포르노 생산국 중에서 한국이 전 세계 6위 에 속한다고 하니 우리가 모르는 사이에 우리 사회의 범죄적 성도착 현실이 심각한 수준에 이르러 있었던 것이다. 이렇듯 민주주의와 범 죄율은 복합적으로 이해해야 하는데도 마치 민주주의와 인권 운동이 범죄를 양산하는 직접 원인인 양 몰아가는 건 무지하거나 악의적인 태도가 아닐 수 없다.

범죄에 대한 대중의 인식은 지극히 주관적이고 감성적이다. 모든 강력 범죄가 똑같이 지탄의 대상이 되는 것도 아니다. 일부 강력 범죄에 대해 대중이 특히 민감한 반응을 보이는 것은 세계적으로 공통된 현상이다. 예컨대, 체제 변화 이후 범죄 문제로 몸살을 앓았던 우크라이나의 경우, 강도-강간-아동과 관련된 살인범을 극형에 처하라는 요구가 대단히 강했다. 전체 살인 사건 중 강도-강간-아동 관련 살인율이 3.5퍼센트밖에 되지 않았는데도 말이다. 요즘 우리나라의 경우 여성과 아동에 대한 성폭력이 특히 대중에게 분노의 대상이 되고 있다. 과거에 존속 범죄를 특히 심각하게 인식하던 것과는 차이가 있다. 그때만 해도 자식이 부모를 죽인 사건이 벌어지면 패륜 중의 패륜으로 인식하여 온 사회가 발칵 뒤집히다시피 하여 극형을 요구하곤 했다. 다시 말해 대중의 범죄 평가는 현재의 사회적 도덕 감정을 직접 반영한다.

이처럼 범죄의 '실상'과 대중의 범죄 '인식' 사이에는 큰 격차가 있다. 재범자의 관리 부실을 시정해야 한다는 건 백 번 맞는 말이지만, 그것만으로 강력 범죄를 줄이기는 불가능하다. 누군가가 흥미 있는 비유를 한 것을 여기에 인용해본다. 어떤 공장에서 나오는 제품에 불량품이 많다고 치자. 불량품을 아무리 가려내도 계속 불량품이 나올 경우 어떻게 해야 할까? 제조 공정 자체를 점검해서 시스템을 바꾸어야 한다. 시스템을 그대로 두고 불량품만 가린다고 문제가 해결되지 않는다는 것이다. 범죄도 마찬가지다. 뒤에서 다시 이야기하겠지만 범죄는 그 사회의 집단적 사회화 과정에서 발생하는 특정한 일탈을 뜻한다. 개별적으로 강력히 조치하는 것만으로는 문제를 근본적으로 해결하기는 어렵다.

강력 범죄 때문에 시민들의 불안이 커질수록 공권력에 의한 강경책이 등장할 여지도 커진다. 그리고 이런 조치가 여론의 지지를 얻을 경우, 감시와 처벌 수준도 전반적으로 상승한다. 이때 일상적 사회 통제(예를 들어 불심 검문)의 수준도 함께 상승할 수밖에 없다. 결과적으로 '다른 수단에 의한 권위주의'가 재림할 가능성이 높아지는 것이다. 안전을 보호받기 위해 자신의 자유를 내주는 역설이 발생한다. 토머스 홉스(Thomas Hobbes)가 말했던 모순적 사회계약론과 흡사한 구도이다. 생명을 보장받는 조건으로 다른 모든 것을 버리고 무조건 체제에 순응하라는 요구로 들리기 쉽다. 우리가 바라는 사회가 이 정도로 각박하고 절박하고 최저한의 생명 보전 욕구에 급급한 수준의 사회일까?

그런 면에서 2012년 당시 박근혜 대선 후보가 사형제를 언급한 것은 적지 않은 우려를 자아낸다. 살인자에게 "너도 죽을 수 있다"라는 것을 보여주기 위해 사형제가 있어야 한다는 논리이다. 전근대적 응보형 범죄관에서 한 발짝도 나아가지 못한 시각이다. 또한 이것은 일반 범죄가 얼마나 철저히 정치적 쟁점이 될 수 있는지를 구체적으로 보여주는 좋은 예다. 아버지가 유신 체제를 명분으로 삼아 '북괴'의 위협에 맞서 정치적 경찰 국가를 만들더니, 자식은 국민 행복을 명분으로 삼아 '범죄'의 위협에 맞서 사회적 경찰 국가를 만들겠다는 말처럼 들린다.

민주주의는 여러 차원을 거치며 발전하기 마련이다. 87년 체제가 정치 민주화의 서막을 연 이후, 최근 들어 경제 민주화 논의가 활발해지나 싶더니, 범죄 문제를 계기로 하여 '사회 민주화'를 둘러싼 논쟁까지 촉발되었다. 사회 민주화란 각종 사회 문제를 민주적 방식으로 해결하려는 일체의 노력과 움직임을 뜻한다. 사회 문제를 민주적 방식으로 해결하려면 사회 현실과 사회 구조에 대한 냉정한 인식이 필요하고, 특히 시간이 필요하다. 그 어떤 사회적 이슈도 간단히, 한 칼에, 발본적으로 해결할 수는 없다.

범죄를 간단히 해결하겠다는 발상은 전형적인 군인의 발상이다. 5·16 쿠데타 이후 군사 정부는 사회악을 일소한다는 명분으로 깡패들을 잡아 시가 행진을 시키고, 넝마주이들을 강제 노동 현장에 투입하기도 했다. 그렇게 해서 우리 사회의 범죄가 사라졌는가? 전두환 일당이 권력을 잡은 후에도 삼청교육대를 설치해서 조폭과 문신한 사람들 등등 온갖 사람들의 버릇을 고쳐놓겠다고 호언장담했지만 그 결과는 어땠나? 엄청난 부작용만 낳고 우리 사회의 범죄는 아직도 기승을 부리고 있지 않은가. 그만큼 사회 문제를 해결하는 데에는 시간과 현명함이 필요하다는 말이다.

따라서 성범죄자의 거세를 주장하는 사람은 그 동기가 어떠하든 간에 번지수를 잘못 찾았다고 할 수밖에 없다. 요컨대 범죄자의 고환을 제거하자는 사람은 '사회 민주화'의 반대자이고, 사회 문제의 뿌리를 제거하자는 사람은 '사회 민주화'의 지지자라 할 수 있다. 무상 급식 논쟁이 복지 담론에 큰 영향을 준 것처럼, 흉악 범죄 논쟁도 사회 문제에서 민주 시민들에게 중요한 학습 효과를 주었다. '자유민주주의' 체제에서는 범죄 문제도 자유·민주·인권 원칙의 테두리 내에서 다루어야 옳다. 또한 장기적 사회 정책을 중심에 놓고 치안 대책이 그것을 보완하는 방식이 진정한 자유민주적 범죄 대응이다. 바로 이것이 자유민주주의 체제의 강점이자 자랑이 되어야 한다.

바로 이 지점에 인권 운동이 흉악 범죄를 대하는 기본 관점이 숨어 있다. 인권 친화적인 진정한 사회 정책을 내놓을 수 있는 능력을 길러야 한다. 그리고 대중의 분노를 헤아려 범죄 피해자들에 대한 대책

(victimology)을 마련하는 데에도 적극적으로 관여하는 것이 좋겠다.

결론적으로, 이번 논란에서 얻은 정치적 교훈이 있다면 사회 민주화를 보는 관점에서 진정한 자유·민주주의자와, 자유와 민주의 탈을 쓴 잠복성 권위주의 세력을 확실히 구분할 수 있게 된 점이라 할 수 있다.

학생 인권과 교사의 인권²⁴⁾

—

책임감 있는 자유를 가르친 다음에 학생 스스로 선택하는 길은,
교육자가 볼 때는 '잘못된' 길로 보이더라도 그것 역시 교육의 중요한
일부로 수용해야 한다. 이런 과정을 통해 교육자 스스로도 '옳은 길'과
'잘못된 길'에 대해 자신의 기본 전제와 세계관을 원점에서
성찰하는 기회를 누릴 수 있다.

—

오늘날 한국 사회에서 중요한 쟁점으로 떠오른 거의 모든 문제들은 인권의 차원에서 개념화될 수 있다. 그런데 인권이 이처럼 영향력 있는 담론이 된 데 반해 인권을 향한 반대의 목소리도 적지 않다. '학생 인권 조례'를 둘러싼 논란이 대표적 사례. 우리는 흔히 인권을 '천부' 인권 혹은 '절대적' 권리라고 배웠는데 왜 인권을 둘러싼 논란이 계속 이어지는 것일까? 필자는 그 이유가 인권을 제대로 알지 못하기 때문이라고 단언한다. 인권을 둘러싼 '오해'가 그만큼 뿌리깊다는 말이다. 이 글에서는 교육 현장에서 인권을 바라보는 기본적인 시각을 제안하려고 한다.

인권은 그것이 절대적 가치를 지니는 주장임에도 불구하고 여러 본질적 딜레마를 안고 있다. '세계 인권 선언'의 제정자들은 그러한 본질적 딜레마를 잘 이해하고 있었다. 즉, 인권 담론을 맥락에 맞춰 잘 다뤄야 함을 알고 있었다는 말이다. 다시 말해 인권이 '보편적' 언

설로 표현되기는 하지만 인권을 실천하는 데서는 상황과 맥락을 고려해야 한다는 뜻이다. 필자는 인권을 일종의 치료제에 비유하곤 한다. 그런데 이 인권 치료제는 신기한 특성을 지니고 있다. 경우에 따라선 강력한 항생제가 되기도 하고, 일반 치료 약물이 되기도 하고, 단순 진통제가 되기도 하고, 비타민 같은 건강 보조제가 되기도 한다.

인간을 둘러싼 정치, 사회 상황이 극단적으로 나쁘다고 가정해보자. 국민들이 숨도 못 쉴 만큼 독재와 전제가 횡행한다고 치자. 이 경우 인권은 항생제가 되어야 한다. 인간의 기본권과 생존권을 짓밟는 야만적인 탄압 앞에서 인권은 시민들의 목숨과 존엄성을 지켜주는 효과적이고 강력한 구급약이 된다. 이때 인권은 극단적 상황이라는 심각한 급성 질환 앞에서 우리를 구할 수 있는 유일한 희망이자 기적의 항생제가 될 수 있다.

그런데 정치 상황이 변해서 어느 정도 정상적인 민주 질서가 도래했다고 치자. 이런 상황에서도 간혹 엄청난 인권 침해가 발생할 수 있다. 검찰 조사 도중에 가혹 행위를 당했을 경우 인권은 여전히 항생제로서 작용해야 한다. 여성이라는 이유로 공연히 차별당하고 성희롱을 당하고 해고를 당했을 경우에도 인권은 당연히 항생제가 되어야 한다. 그러나 이 정도까지 이르지 않는 일상적 상황도 많다. 이때에도 인권이 여전히 항생제가 되어야 하는가? 답은 '경우에 따라 다르다'이다. 항생제를 일반 질환에 함부로 쓰면 내성이 생기듯이, 인권도 일상적 상황에서 남용하면 내성이 생기거나 부작용이 발생할 수 있다. 이런 경우 인권은 항생제가 아닌 일반 치료제 역할을 하는 것이 좋다.

인권이 일반 치료제 역할을 한다는 말은 인권을 유린하는 가해자에게 저항하는 것을 넘어, 인권 담론이 지닌 일반적 특성을 좀 더 섬세하게 살펴 가면서 인권을 활용한다는 뜻이다. 인권 담론의 일반적 특성이 무엇인가? 모든 권리 요구에는 네 가지 차원이 있다. (A) 권리를 요구하는 권리의 보유자, (B) 그 권리를 들어줄 책임이 있는 의무의 담지자, (C) 무슨 근거에서 그런 요구를 하는지 고려하는 권리의 정당화, (D) 구체적으로 어떤 권리를 요구하는지 고려하는 권리의 내용이 모두 필요하다. 이중에서도 특히 권리의 보유자와 의무의 담지자가 서로 대응한다는 점은 대단히 중요하다. 내가 권리를 요구하면 누군가는 그 권리를 충족시켜주는 의무를 져야 한다. 통상적으로 국가가 의무의 담지자가 되곤 하지만, 엄밀하게 따지면 모든 사람이 다른 모든 사람에게 의무의 담지자가 되어야 한다. 그러므로 한편으로 '나'는 권리를 주장하는 당사자이지만, 다른 한편으로 '나'는 의무를 감당해야 하는 주체이기도 한 것이다.

바로 이런 이유 때문에 인권은 인간 공동체를 전제로 하는 개념이라 할 수 있다. 예를 들어, '나'는 타인으로부터 부당한 대우나 차별이나 폭력을 받지 않을 권리가 있지만, 그와 동시에 '나'는 타인에게 부당한 대우나 차별이나 폭력을 가하지 않아야 할 의무가 있다. '나'는 국가에 일정한 복지를 요구할 수 있는 권리가 있지만, 그와 동시에 '나'는 법을 지키거나 세금을 납부함으로써 사회 공동체를 유지할 의무가 있다.

'세계 인권 선언'을 보더라도 이 점은 명백하다. 선언의 제29조 1항을 보자. 선언의 앞쪽에 여러 권리를 열거한 다음 마지막에 이 조항을 넣어 주의를 환기한다. "모든 사람은 자신이 속한 공동체에 대하여 의무를 진다. 어떤 사람이든 그러한 공동체를 통해서만 자신의 인격을 자유롭고 온전하게 발전시킬 수 있다." 모든 인간은 어떤 공동체 속에서만 인간으로서 의미를 부여받을 수 있으므로 자신에게 부과된 의무를 다하는 것과 권리 주장이 항상 같이 가야 하는 것이다. 그러므로 제대로 인권을 이해한다면 인권이 권리와 의무의 양면을 지닌 동전이라는 점을 알 수 있다.

다음으로 '세계 인권 선언' 제29조의 2항을 보자. "모든 사람이 자신의 권리와 자유를 온전하게 행사할 수 있지만, 다음과 같은 경우에는 예외적으로 그러한 권리와 자유가 제한될 수 있다. 즉, 타인에게도 나와 똑같은 권리와 자유가 있다는 사실을 인정하고 존중해주기 위해 제정된 법률, 그리고 민주 사회의 도덕률과 공공 질서, 사회 전체의 복리를 위해 정당하게 요구되는 사안을 충족시키기 위해 제정된 법률에 의해서는 제한을 받을 수 있다." 즉 '세계 인권 선언'의 제정자들은 사람들이 인권을 권리 주장으로만 받아들이고 공동체에 대한 의무를 등한시할까 봐 대단히 주의를 기울였던 것이다.

그러므로 극단적 독재 상황에서 필요했던 강력한 항생제로서 인권은, 어느 정도 일반적인 상황에서는 권리와 의무를 함께 실천하는 일반 치료제로서 인권으로 전환되어야 한다. 앞에서 보았듯이 인권을 둘러싼 오해가 점점 더 심해지고 있는 현대 사회에서 이 점은 아무리 강조해도 지나치지 않다.

'학생 인권 조례'를 공격하는 사람들은 인권을 제대로 이해하지 못한 채 인권의 한쪽 면인 이기적인 권리 주장만을 문제시하곤 한다. 그러나 인권을 존중하는 사람들, 인권의 참 정신을 제대로 이해하는 사람들, '학생 인권 조례'를 지지하는 사람들은 인권에 내재된 권리와 의무의 양면을 다함께 주장한다. 따라서 인권의 참 정신에 근거해서 인권을 주장하는 청소년은 자신의 권리를 잘 알고 그것을 요구할 줄 아는 사람임과 동시에, 자신이 속한 학교 공동체에 대한 의무를 잘 이해하고 실천하는 사람이기도 하다. 권리와 의무를 잘 이해하고, 성숙하고 책임 있게 활용할 줄 아는 사람, 이것이 바로 민주 시민이 아니겠는가?

그러므로 '학생 인권 조례'는 사실 건전한 '학생 민주 조례'와 같은 말이라 할 수 있다. 균형 있게 인권을 배운 학생이 학급의 다른 학생들에게 함부로 폭력을 가하여 급우가 극단적 선택을 하게끔 내몰겠는가? 이렇게 균형 있게 인권을 익힌 학생이 선생님에게 함부로 대들고 교육 분위기를 흐리겠는가? 물론 인권에는 딜레마가 있다고 말했듯이 인권만으로 이 세상을 완전무결하게 만들기는 어려울 수도 있다. 하지만 적어도 인권의 참 정신을 제대로 이해한다면 '학생 인권 조례' 때문에 교육 현장이 더 나빠진다고 말하는 것은 실로 억지 주장이라 하지 않을 수 없다.

따지고 보면 학교 현장에서 벌어지는 여러 문제들은 학교만의 문제가 아니다. 솔직히 말해 이른바 '문제 학생' 뒤에는 '문제 부모'가 있을 가능성이 높다. 더 나아가 '문제 부모' 뒤에는 '문제 사회'가 있을 가능성이 더 높다. 성공한 1퍼센트만 인정하고 나머지 99퍼센트는 형편없는 낙오자, 실패자로 몰아버리는 비정한 사회의 온갖 병리현상을 정상으로 받아들인 부모는 흔히 알면서도 어쩔 수 없이 자기자녀를 그런 식으로 키우곤 한다. 게다가 학교의 존재 근거를 성적과 입시에서만 찾는 교육관이 전 사회에 팽배해 있으니 학교에서도 그것이 좋지 않다는 점을 잘 알면서도 '대세'에 따라 학생들을 다그치곤 한다. 전 사회적으로 비틀린 교육 환경을 그대로 둔 채 학교 현장에서만 학생과 교육자의 인권이 보장되기를 바라는 것은 어불성설이다.

하지만 일단 학교 현장에서만이라도 우리가 할 수 있는 최대한의 노력을 할 수밖에 없다. 바로 이 지점에서 '학생 인권 조례'의 정당성을 찾을 수 있다고 본다. '학생 인권 조례'라는 특단의 조치를 취해서라도 청소년들의 인격과 존엄성을 지켜주자는 취지인 것이다. 그런데 누누이 강조했듯이 인권을 존중하는 사람일수록 인권의 근본 정신, 즉 나의 권리 주장과 타인에 대한 나의 의무를 함께 추구해야만 한나. 학생들에게도 이 점을 잘 가르쳐야 한다. 권리만 주장하는 반쪽짜리 인권 의식을 지니지 않도록, 그리고 타인에 대한 배려와 공감에 근거해서 자신의 의무를 실천하도록 각별히 강조하고 또 강조해야 한다.

마지막으로 교육자에게도 당부하고 싶은 말이 있다. 학생의 인권을 존중한다는 것은 그 학생이 인간으로서 지니는 자율성을 존중한다는 말이다. 그런데 인간의 자율성을 존중한다는 것은 그 사람의 선택을 존중한다는 말이다. 학생의 선택을 존중한다는 말은, 설령 교육자가 보기에 잘못됐다 하더라도 그 선택이 타인에게 적극적으로 해를 끼치지 않는 한도 내에서는 용인해준다는 뜻이다. 학생에게 '옳은 것'을 교육자가 미리 정해놓고 그것을 강요하는 것은 목적론적 도덕성에 기반을 둔 행동이다. 우리 사회의 교육관은 거의 대다수가 목적론적 교육관에 근거해 있다고 해도 과언이 아닐 것이다. 그 때문에 체벌을 가해서라도 제대로 된 '인간'을 만들어야 한다는 일방적인 사고 방식이 사라지지 않는다. 이런 식의 강박적 교육관에서 하루 빨리 벗어나야 한다.

학생을 인격적으로 대해주고, 교육적으로 잘 배려하면서 가르친 상태에서, 그리고 그 학생이 다른 학생들에게 적극적으로 해를 끼치지 않는 한, 그 학생이 설령 '잘못된' 선택을 하더라도 어떤 고정된 교육관에 비추어 학생을 강압적으로 찍어 누를 필요가 없다. 그런 학생은 대화, 계몽, 상담, 치료, 재교육의 대상이지 강제 훈육과 처벌의 대상이 아니다. 이른바 '잘못된' 선택 역시 삶에서 배워 나가는 과정이기 때문이다. 책임감 있는 자유를 가르친 다음에 학생 스스로 선택하는 길은, 교육자가 볼 때는 '잘못된' 길로 보이더라도, 그것 역시 교육의 중요한 일부로 수용해야 한다.

또한 이런 과정을 통해 교육자 스스로도 '옳은 길'과 '잘못된 길'에 대해 자신의 기본 전제와 세계관을 원점에서 성찰하는 기회를 누릴 수 있다. 교사는 지식과 인생 경험이 학생보다 월등히 풍부하므로 학생을 가르치는 입장에 있다. 그런데 지식과 인생 경험이 더 우월하다고 해서 그것이 언제나 시대적 지혜나 적합성에서 우월함을 의미하지는 않는다. 교육자가 보기에 '옳은 길'이 반드시 적합하지 않을 수도 있다. 교육자가 보기에 '잘못된 길'이 학생 입장에서 반드시 막다른 길이 아닐 수도 있다. 마음의 문을 연 대화와 인격적 교류를 통해 학생도 배우고 교사도 배울 수 있다. 인권도 마찬가지다. 교육자와 학생이 고개를 맞대고 인권의 의미와 실천 방안을 토론하고, '한편'이 되어 인권 친화적 교육 환경을 함께 만들어 가야 한다.

교사와 학생이 어깨동무를 하고 같은 편이 되어 모두의 인권을 보장받을 수 있는 인간 존엄성의 학교를 창조하도록 노력해야 한다. 그래야 인권의 적을 새롭게 발견할 수 있다. 잘못된 인권 논리로 접근하면 학생은 교사나 교장에게, 교사는 학생이나 교장 또는 학부모에게, 학부모는 교사나 교장에게 손가락질을 할지도 모른다. 그러나 인권의 적은 특정 집단에만 있는 게 아니고 자기 안에 있을 수도 있다. 학생 인권과 교사 인권을 편갈라서는 문제가 해결될 수 없다. 세상에 완벽한 인간은 없다. 교육자와 학생이 인권을 자각하고 실천하면서 함께 성숙해지고 함께 커 나가야 하는 것이다. 교육자와 학생과 부모가 함께 권리와 의무를 자각하고 실천하면서 서로가 새롭게 배워 나갈 때에 참된 인권 친화적 교육 환경을 만들 수 있다.

이것은 교육을 포기하는 게 아니라 성숙한 교육의 시작이다. 이런 식의 접근을 민주 절차적 도덕성이라고 부를 수 있다. 교육자와 학부모와 전 사회가 목적론적 도덕성의 굴레에서 벗어나 민주 절차적 도덕성의 경지로 올라갈 때 교육자와 부모 자신부터 해방될 수 있다. 그래야 학생과 교육자의 인권 보장이라는 두 마리 토끼를 동시에 잡을 수 있을 것이다. 이런 주장이 너무 이상론처럼 들리는가? 그러나 인권의 근본 정신이 개인의 자율성 존중이라는 점을 상기한다면 이러한 의식 개혁은 교육 현장에서 인권을 실현하는 데 반드시 필요한 전제가 된다. 물론 민주 절차적인 도덕성을 강조하는 교육 철학을 전 사회가 수긍하고 학부모와 대중들이 응원해야 함은 두말할 나위도 없다.

농민 인권 선언

—

먹거리 문제를 논하기 전에 먹거리를 만드는 사람, 즉 농민의 현실을
먼저 생각해야 한다. 농민 중에서도 특히 소농들의 삶은 참으로 신산하다.
오늘날 기아와 만성 영양실조에 시달리는 인류가 약 10억 명 정도로
추산되는데, 이중 7할이 소농과 농촌에 거주하는 영세민이다.

—

가을이 깊었다. 결실과 수확의 계절이다. 시장에 나가 보면 햇곡
식과 과일이 풍성하다. 각 지방의 특산물 광고도 요란하다. 얼핏 넉
넉해 보이는 풍경이지만 실상은 그렇지 않다. 전 세계 식량 문제
가 심각하기 때문이다. 한국도 예외가 아니다. 이른바 애그플레이션
(agflation)이 이미 코앞에 닥쳤다. 농산물 가격이 급등하여 일반 물가
가 함께 오르는 현상이다.[25] 특히 미국을 비롯한 식량 수출국들의 최
근 여름 농사가 아주 나빴다. 2012년 말과 2013년 초에 먹거리 가격
이 걷잡을 수 없이 뛸 가능성이 있었다. 우리의 식량 자급률은 20퍼
센트 조금 위에서 턱걸이하고 있는 실정이다. 그나마 자급하고 있다
던 쌀도 2011년에는 83퍼센트 수준으로 떨어졌다. 쌀농사를 짓는 농
가에 보조금을 지급하는 제도인 논 농업 직불제 액수가 제자리를 맴
돌면서 쌀농사를 포기하는 농가가 많아진 것이다.

아마 세계에서 우리만큼 식량 자급률이 낮으면서 천하태평인 나
라도 없을 것이다. '필요하면 돈 주고 사오면 된다'는 배금 사상이 뼛

속 깊이 박혀 있기 때문이다.[26] 국외 농업을 개발해서 식량을 확보한다는 발상도 마찬가지다. 실효성도 떨어지고, 위기 상황이 닥쳤을 때 외국에서 식량을 수확해서 고스란히 가져올 수 있을 것이라고 가정하는 것 자체가 황당한 발상이다. 외국에 농지를 구입하는 나라에 토지 수탈이라는 비난이 빗발치고 있는 현실을 직시할 필요가 있다.

크게 보아 이 모든 문제는 이른바 '먹거리 레짐(food regime)', 즉 먹거리의 생산과 분배를 기업, 시장, 무역의 회로 속에 넣어놓은 탓에 발생했다. 먹거리를 일반 상품과 동일한 논리로 다루는 한 식량 위기는 근본직으로 해결할 수 없다. 세상에는 돈으로 실 수 없는 깃이 있다는 진리를 깨쳐야 한다. 일단 식량 자급률을 높여야 한다. 또한 생태 농업적으로 먹거리를 생산하는 것이 기후 변화 시대에 인간과 자연이 함께 살 수 있는 가장 좋은 방식임을 인정해야 한다.[27]

여기까지는 많은 이들이 해 온 이야기다. 그런데 먹거리 문제를 논하기 전에 먹거리를 만드는 사람, 즉 농민의 현실을 먼저 생각해야 한다. 전 세계적으로 농촌 인구 비율이 줄었지만 수로만 따지면 아직도 농민이 인류의 3분의 1을 차지한다. 그런데 농민 중에서도 특히 소농들의 삶은 참으로 신산하다. 오늘날 기아와 만성 영양실조에 시달리는 인류가 약 10억 명 정도로 추산되는데, 이중 7할이 소농과 농촌에 거주하는 영세민이다.

먹거리 생산자들이 가장 헐벗고 굶주리는 역설을 어떻게 설명할 수 있을까. 이런 현실을 세계 인권 운동이 놓칠 리 없다. 2012년 9월 말 유엔 인권이사회에서 중요한 결의안이 통과되었다. '농민과 농촌 지역 노동자들의 권리에 관한 유엔 선언'을 제정하려고 실무 그룹을 구성하기로 한 것이다. 2014년 가을까지 초안을 작성해서 보고한다고 했으니 빠르면 2년 뒤 역사상 최초로 유엔에서 농민 인권 선언이 나오게 된다.[28] 또한 유엔은 2014년을 '국제 가족 농업의 해(International Year of Family Farming, IYFF)'로 지정하기도 했다.

1948년 '세계 인권 선언'이 발표된 후 인권의 발전은 크게 보아 두 가지 경로를 거쳤다. 하나는 주제별로 인권의 폭을 넓히는 것이다. 인종 차별 철폐 혹은 고문 금지와 같은 주제가 대표적이다. 다른 하나는 해당 집단별로 인권의 폭을 넓히는 것이다. 예를 들어, 여성(1979년), 어린이-청소년(1989년), 이주노동자(1990년), 장애인(2006년), 원주민(2007년) 등이 국제 인권 규범의 대상이 되었다. 공식적 조약도 있고, 덜 공식적인 선언도 있었지만 어쨌든 세계가 인정한 인권 보호 대상이라는 점에서 그 무게가 결코 가볍지 않다. 원주민 인권 선언이 나온 다음 세계 각국의 법률이 바뀌었던 것처럼, 유엔 '농민 인권 선언'이 나오면 농민과 농업을 보는 시각이 크게 달라질 것이다. 또 달라져야만 한다.

경제 성장과 발전 이데올로기는 도시 편향성을 그 핵심으로 한다.[29] 산업화를 위해서라면 농민을 도시 노동자로 만들고, 농촌을 포기하며, 식량을 수입하면 된다는 논리가 우리에게 주술처럼 씌워져 있었다. '촌스럽다'는 인권 침해적 언사가 버젓이 통용되는 사회다. 그러나 과거에 장애인을 부르던 멸칭이 이제 사라진 것처럼, 여성을 비하하던 말들이 적어도 공적 담론에서는 더는 통하지 못하는 것처럼, 농어촌과 농어민의 가치를 폄훼하던 관행 역시 조만간 역사의 뒤안길로 사라져야 할 것이다.

식량 인권과 민주주의

—

식량이 필요하면 전자 제품과 자동차를 팔아서 외국에서 수입하면
된다고 자만하고 있는 것은 아닐까? 이제 먹거리 문제를 상업과
무역의 문제로 단순히 대체해버렸던 우리의 발전관을
근본적으로 다시 성찰할 때다.

—

2010년 12월 튀니지에서 모하메드 부아지지(Mohammed Bouazizi)
라는 노점상이 허가 없이 거리에서 좌판을 벌였다는 이유로 경찰이
그의 전 재산인 야채와 과일을 압수한 일이 벌어졌다. 이에 절망한
모하메드는 분신 자살이라는 극단적인 선택을 했지만 이 사건을 보
도한 외부 언론은 거의 없었다. 그때만 해도 북아프리카 아랍 국가
들에서 민주화 운동의 쓰나미가 밀어닥칠 줄 예상했던 사람은 아마
없었을 것이다.

그러나 그 후 튀니지는 어떻게 되었는가. 벤 알리(Ben Ali) 대통
령과 사치스런 성향으로 악명이 높던 영부인 라일라 트라벨지(Leïla
Trabelssi)는 중앙은행에서 금괴 1.5톤을 빼돌려 사우디아라비아로 도
망갔고, 모로코와 알제리에서 소요가 터졌으며, 필자가 글을 쓰고 있
는 시점에도 예멘과 이집트에서 반정부 시위가 격화되고 있다는 보
도가 나오고 있다. 이들 중 권위주의적인 독재자들이 권력을 휘두르
고 미국이 노골적으로 정권을 밀어준 나라가 적지 않다. 부시 전 미

국 대통령의 대테러 전쟁 당시 이집트가 테러 용의자의 불법 구금, 고문, 포로 이송의 중간 기착지로서 악명을 떨친 것은 너무나 잘 알려진 이야기다.

이처럼 정부의 장기 집권과 부패·독재가 마그레브 지역(리비아, 튀니지, 알제리, 모로코 등 아프리카 북서부 일대의 총칭)에서 정치적 저항이 폭발한 근본 원인이지만 이들 나라에서 공통적으로 표출된 민생 사안이 하나 더 있다. 그것은 식량 가격의 폭등이다. 이 지역 주민의 주식인 밀, 우유, 설탕 가격이 근년 들어 천정부지로 뛰었다. 알제리의 경우 서민들의 평균 식품 구입비가 가구 소득의 70퍼센트에 이른다고 하는데 이런 상황에서 식료품 가격이 오르면 봉급을 몽땅 밥먹는 데 쓰거나 아니면 굶거나 둘 중 하나를 선택하는 수밖에 없다.

오죽했으면 시위 현장에서 "설탕을 달라!"라는 구호가 등장할 정도였을까. 2011년 유엔 식량농업기구(FAO)가 펴낸 자료를 보면 2010년 하반기 전 세계 식품 가격 지수가 평균 32퍼센트 올랐는데, 그중에서도 밀은 84퍼센트, 옥수수는 63퍼센트, 설탕은 55퍼센트나 상승했다고 한다. 사상 최대의 상승폭이다. 높은 실업률에 주곡 가격까지 오르니 서민들로부터 못 살겠다는 아우성이 터져 나오는 게 당연하다. 이건 역사에서 되풀이되는 패턴이기도 하다.

1793년 프랑스 혁명 당시 앙라제(Enragés)라는 급진파가 내놓았던 선언에도 '곡물 가격 통제' 요구가 맨 앞에 나와 있지 않았는가. 중동과 북아프리카 국가들은 식민 지배 시기에 고착된 농업 정책과 전력 부족, 영농 기술 낙후 등이 겹쳐 전 세계에서 가장 큰 곡물 수입 지역으로 전락한 상태다. 게다가 정치적 정당성마저 결여된 정권이 분배문제를 도외시하니 이런 식으로 상황이 악화된 것이다.

그렇다면 요즘 들어 왜 식량 가격이 계속 오르는 것일까? 그러고 보니 물가가 비교적 안정되어 있는 독일에서도 빵 값이 올랐음을 피부로 느낀다. 이곳에서 늘 구입해 온 식빵의 정가가 얼마 전부터 약 5퍼센트 정도 올랐다는 것을 알게 되었다. 독일은 식량 자급국이었는데 최근 프랑스에서 밀을 수입하기 시작했다는 소문도 들린다. 식품비의 폭등을 한 가지 요인으로만 설명하기는 어렵다. 우선 식품의 전 세계적 수요가 늘었다. 또한 아시아 신흥 경제권 국민들의 식단이 변했다. 사람들이 전보다 더 많이 먹는 데다, 육류 소비가 늘면서 육류를 생산하려고 가축에게 더 많은 곡물 사료를 주니 사람이 먹을 양식이 모자라게 된 것이다. 고기를 먹으려고 밥을 굶어야 하는 이상한 상황이 벌어진 셈이다.

세계 양곡 시장에 개입한 투기 세력의 장난도 큰 몫을 한다. 2008년 월가가 붕괴하면서 투기 자본 세력이 2천억 달러 이상을 양곡 시장으로 옮겨 갔다는 분석도 있다. 양곡가가 대폭 오르면서 메이저 식품 회사인 카길(Cargill)이 2010년 4분기에 떼돈을 벌었다는 보도도 나왔다. 곡물을 연료 생산용으로 전용하는 것도 한 원인이 되었다. 식량을 일반적 상품과 동일한 논리로 취급하는 자본주의 먹거리 레짐의 필연적 결과다.

그리고 또 하나 중요한 원인으로는 기후 변화로 발생한 작황의 부진을 꼽을 수 있을 것이다. 주요 밀 수출국인 러시아가 수출을 중단했고 아르헨티나와 미국의 곡물 생산도 많이 줄어든 상태다. 이런저런 이유로 향후 전 세계적으로 가장 중요한 장기적 이슈가 식량 확보 문제일 것이라고 내다보는 사람이 늘어나고 있다. 영국의 유수한 국제 정치 싱크탱크인 채텀하우스에서 나오는 출판 목록을 살펴보면 식량 안보에 관한 보고서들이 요즘 유독 많아졌다. 앞으로 G20의 가장 중요한 과제가 식품 가격 안정이라는 공감대도 형성되고 있다. 그만큼 사태가 심각하다.

우리는 과연 어떤 상태에 놓일까? 일부 농산물의 단기적 수요-공급 문제는 발생할 수 있겠지만 식량 자체가 부족한 상황은 오지 않을 거라고 믿는 사람이 많을 것이다. 배고픈 문제는 빈곤층 일부에 해당될 뿐이고, 먹는 것보다 다이어트가 더 중요하며, 식량이 필요하면 전자 제품과 자동차를 팔아서 외국에서 수입하면 된다고 자만하고 있는 것은 아닐까? 이제 먹거리 문제를 상업과 무역의 문제로 단순히 대체해버렸던 우리의 발전관과 상업화된 먹거리 레짐의 문제를 근본적으로 다시 성찰할 때다.

한국에서 외부 강연에 나갔을 때 청중의 연령층이 다양하면 이런 우스갯소리를 하곤 했다. "옛날 학교에서 매일 공짜로 나눠주던 옥수수 빵을 드신 기억이 있는 분은 손들어보세요." 이러면 아주 단칼에 신세대 청중과 구세대 청중을 나눌 수 있었다. 사실 미국 공법 480호* 세대에게 배고픔은 그리 먼 과거지사가 아니다. 1950년대 중반부터 1970년대 후반까지 우리 곁에 있었던 원조 밀가루, 원조 옥수수가루, 원조 분유를 기억하는 사람들에게 '일용할 양식'이란 말은 낭만적 은유가 아니다. 그러나 우리는 가장 중요한 문제일수록 너무 쉽게 망각하곤 한다.

'한국 사회의 10대 과제' 운운하는 소리를 귀가 따갑게 들어 왔지

미국 공법 480호 정식 명칭은 '미국 농업 수출 진흥 및 원조법(Agricultural Trade Development and Assistance Act of 1954)'이다. 미국 내의 잉여 농산물을 식량 원조라는 명분 아래 외국에 매각하여 자국 내 식량 공급 안정화를 꾀하려는 정책을 뜻한다. (편집자 주)

만 단 한 번도 식량의 안정적 확보가 리스트에 오른 것을 본 적이 없다. 어느 경제학자로부터 들었던 말이 생각난다. "주식이 제로가 되어도 우리가 죽진 않지만 농업이 제로가 되면 우린 모두 죽습니다." 따지고 보면 무상 급식도, 한반도 평화-대북 인도적 지원도 식량을 매개로 전개되는 논쟁이 아니던가. 어쩌면 인간에게 가장 중요한 권리 중의 권리로 '먹거리 인권'을 재발견해야 할지도 모른다.[30] 근대 기획의 큰 문턱을 넘었다고 자만하는 순간, 우리는 먹는 문제를 근본적 차원에서 다시 고민해야 하는 출발점에 돌아온 자신의 모습을 발견하고 있다.

'세계 인권 선언'에서 찾는 복지 인권

—

보수의 복지 시혜 정책이 복지 1.0버전의 확장판 정도라면,
시민이 당당하게 국가에 요구할 수 있는 복지 권리 정책은 복지 2.0버전이다.
차원이 다른 문제인 것이다. 보편성을 주장하는 것보다는 권리를 주장하는
편이 정치적인 구호로 표현하기도 더 쉽다.

—

현대 인권 발전사에서 가장 중요한 사건을 하나 꼽는다면 1948
년 '세계 인권 선언'을 들 수 있을 것이다. 트위터에서 스테판 에셀
(Stephane Hessel)의 《분노하라》를 읽고 감동을 받았다는 메시지가
봇물을 이룬 적이 있었다.[31] 하지만 저자가 '세계 인권 선언'의 정신
으로 돌아가자고 호소한 부분에 주목하는 사람은 많지 않았다. 종전
직후 세계인들이 '세계 인권 선언'에 얼마나 큰 기대를 걸었는지, 그
리고 그것이 그 후의 사회 진보 사상에서 얼마나 중요한 역할을 했
는지는 잘 알려져 있지 않다. 《분노하라》는 그 점을 상기시켜준다.
에셀이 속한 프랑스사회당은 말할 것도 없고 대다수의 서구 사회민
주주의 정당에서 '세계 인권 선언'은 정전의 대우를 받고 있다. 예컨
대 네덜란드노동당의 강령은 다음과 같이 못 박는다. "'세계 인권 선
언'에서 합의된 평화, 안전, 인권은 무한한 중요성을 지닌다."

또한 캐나다의 진보 이론가 로빈 시어스(Robin Sears)는 '세계 인권
선언'으로부터 새로운 진보 이념을 재구성하는 노력을 하자고 제안

한다. '세계 인권 선언'은 케케묵은 문헌으로 보이는 겉모습과는 달리 그 내용에서는 오늘날에도 우리에게 주는 지적인 충격이 적지 않다. 특히 '세계 인권 선언' 후반부에 나오는 경제적·사회적 권리 조항들은 현재 진행형 빅이슈인 복지 문제를 정면으로 다룬다.

'세계 인권 선언'의 경제·사회권 조항들이 충분치는 않다. 그러나 경제 지구화의 물결이 휩쓰는 이 시대에 경제·사회권은 새로운 의미로 다가올 수밖에 없다. 흔히 알려진 바와 달리 선언의 초안을 만들 때 자본주의 진영이 경제적·사회적 권리에 반대한 것은 아니다. 미국의 태도가 어느 정도 미온적이었던 것은 사실이지만 전쟁이 끝나자마자 바로 노동당이 집권했던 영국, 1946년 좌파 정당들이 연합해서 제4공화국을 세웠던 프랑스 등 유럽 국가들은 경제적·사회적 권리에 우호적이었다.

물론 복지를 실현하는 방법론, 특히 국가의 역할을 둘러싸고 논쟁이 벌어졌던 것은 사실이다. 자본주의 진영에서는 복지에 찬성하면서도 복지가 자유 시장의 활력을 해치지 않아야 한다고 보았고, 사회주의 진영에서는 국가의 강력한 역할이 없으면 교육, 복지, 건강 등의 조치가 무용지물이 된다는 논리를 폈다.

경제적·사회적 권리를 '세계 인권 선언'에 집어넣기 위해 제일 큰 역할을 한 인물이 있다. 선언의 작성 과정을 보면 칠레 대표단 에르난 산타 크루스가 맹활약을 했다. 산타 크루스는 칠레 전 대통령 살바도르 아옌데의 친구였고, 라틴아메리카 노동 운동으로부터 큰 영향을 받았던 법률가 출신의 외교관이었다. 그는 모성 보호와 어린이를 위한 특별 지원책을 주창했고, 세계 무대에서 가난한 나라들의 입장을 효과적으로 대변했다.

어떤 참관인은 산타 크루스의 의연하고 지칠 줄 모르는 열정 덕분에 '세계 인권 선언'이 18세기 계몽주의 시대의 인권 선언들과는 차원이 다른 문서가 될 수 있었다고 전한다. 그런데 따지고 보면 '세계 인권 선언'의 경제적·사회적 권리들은 제2차 세계대전으로 잠시 중단되었던 19세기 말부터 이어진 사회 입법의 전통이 다시 되살아난 것이었다. 그러한 흐름에는 사회민주주의, 사회주의, 그리고 기독교 사회 교리 사상 등이 함께 포함되어 있었다. 복지는 크게 보아 진보적 패러다임이 분명하지만 그것의 기원에는 여러 갈래의 사상이 섞여 있는 현실을 보여주는 대목이다.

현재 한국 사회는 복지라는 화두가 정치, 경제, 사회적 어젠다로 떠올라 있다. 패러다임의 중요한 변화라 할 수 있다. 박근혜식 보수에서 말하는 복지 확대라는 주장이 시민들에게 상당히 설득력 있게 다가설 가능성이 높다고 보아야 한다. 그렇다면 보수의 복지론과 진보의 복지론의 차이가 무엇인가? 그 차이는 양적인 것인가, 질적인 것인가? 진보 쪽에서는 그것을 선별주의와 보편주의의 차이라고 설명한다. 맞는 말이지만 용어와 논리의 추상성 때문에 일반인의 정서에 크게 다가가기 어려운 설명이라고 본다. 이런 논리가 전문가와 활동가들에게는 상식이라 하더라도 일반 대중에게 설득력 있게 받아들여지기에는 한계가 있다.

여기서 '세계 인권 선언'이 중요한 열쇠 하나를 제공해준다. 요컨대 복지는 경제적·사회적 권리로서, 즉 인권으로 접근하는 것이 우리 사회의 정서상 받아들여질 여지가 크다고 본다. "모든 사람은 사회의 구성원으로서 사회 보장을 받을 권리가 있다."라고 한 선언의 22조를 당당히 알리고 대중을 설득해야 한다. 보수의 복지 시혜 정책이 복지 1.0버전의 확장판 정도라면, 시민이 당당하게 국가에 요구할 수 있는 복지 권리 정책은 복지 2.0버전이다. 차원이 다른 문제인 것이다. 보편성을 주장하는 것보다는 권리를 주장하는 편이 정치적인 구호로 표현하기도 더 쉽다. 신필균의 《복지국가 스웨덴》이라는 책을 보면 사회 구성원의 인권을 보장하기 위한 체제로서 스웨덴 복지 국가가 우뚝 서 있다는 점을 확실히 알 수 있다.[32] 또한 인권으로 접근해야 민주주의, 정치적 권리, 경제적·사회적 권리가 상호 의존 관계를 이룬다는 점을 강조할 수 있다. '나 홀로 복지'가 아니라, 정치적 차원의 민주주의도 함께 가는 복지가 진정한 복지라는 논리가 나오려면 인권의 불가분성 원칙에 기대는 편이 용이하다.

정치적 권리에 미온적이면 경제·사회적 권리도 곧바로 추락하고, 경제·사회적 권리 없는 정치적 권리도 보장될 수 없다. 이명박 시대를 거치면서 우리가 진짜 깨달은 경험이 있다면 바로 이 점이다. 형식 논리로만 본다면 보수주의자들이 절차적 민주주의를 확고하게 지키면서 경제적·사회적 권리만 후퇴시킬 수도 있다. 하지만 한국 보수의 수준이 그 정도에 이를 수 있을까. 필자의 책 《인권의 문법》에서도 말한 적이 있지만 한국은 보수는 영국의 대표적 보수—자유주의 매체인 〈이코노미스트(Economist)〉에 한참 못 미친다. 알다시피 이 잡지는 철저하게 자유 무역과 자본 개방을 지향하지만 그와 동시에 사형제 폐지, 성 소수자 차별 철폐, 표현의 자유, 민주주의를 철저히 옹호한다. 왜 한국 보수는 이게 안 되는 것일까.

마지막으로, "모든 인민과 모든 국가가 다 함께 달성해야 할 하나의 공통된 기준으로서 세계 인권 선언"이라는 구절을 기억할 필요가 있다. 앞으로 몇 년은 한반도의 운명이 결정될 시기가 될 가능성이 높다. 복지와 민주주의와 한반도 정세를 함께 생각하는 진보의 방향이 어느 쪽을 향해야 하는지를 시사해준다고 본다.

과거사 청산과 인권

—

이 사건이 주는 생각거리는 두 가지다.
첫째, 극우파의 역사적 집요함이 보수파의 은근한 동조와 결합할 때
민주주의와 법치주의 정신이 반드시 후퇴한다는 것이다.
둘째, 더 중요한 점은 법률가의 직업적 소명이다.

—

필자는 1998년 런던에서 인권과 관련해 잊지 못할 경험을 한 적이
있다. 당시 영국을 방문 중이던 칠레의 전 독재자 피노체트 장군이
사법당국에 구금되는 일이 벌어졌다. 에스파냐의 어느 판사가 범죄인
인도 협정에 의거해서 영국 정부에게 피노체트를 에스파냐로 보내 달
라고 요청한 것이었다. 날짜도 기억한다. 10월 10일이었다. 피노체트
의 반인도적 범죄를 처벌하겠다는 이유에서였다.

그때 나는 이러다가 보편적 관할(universal jurisdiction)이라는 국제
법 개념이 진짜 실현될 수도 있겠구나 하는 전율마저 느꼈다. 보편적
관할이란 아주 간단히 말해, 반인도적 범죄를 저지른 사람을 그의 국
적이나 범행 장소와 상관없이 다른 나라의 사법당국이 처벌할 수 있
다는 원칙이다. 우여곡절 끝에 고령의 피노체트는 건강 문제를 이유
로 칠레로 돌려보내졌지만, 그가 연금되어 있던 503일 하루하루가
내게는 역사적 순간이었다. 그때 받은 인상이 얼마나 컸던지 귀국 후
제일 처음 쓴 글이 피노체트 사건에 관한 논문이었다.[33] 그 후 내 머

릿속에는 에스파냐의 '그 판사', 발타사르 가르손 레알이라는 이름이 또렷이 새겨졌다. 그런데 오랜 시간이 지난 후 유럽에서 그를 다시 만나게 될 줄이야. 그것도 역설적인 상황에서 말이다.

에스파냐 중앙형사법원 제5재판부의 수사판사로 재직 중이던 가르손은 2010년 대법원으로부터 고의적 태만과 직권 남용 혐의로 기소되어 재판을 받았다. 유죄 판결을 받으면 최대 20년간 법률가 자격 정지 처분이 내려질 수도 있는 심각한 혐의였다. 어떻게 인권 전문 판사가 이런 지경에 처했는가?

에스파냐 사법부는 경찰을 지휘하고 수사를 담당하며 피의자를 기소하는 수사판사, 재판을 담당하는 일반판사, 기소된 피의자에 대해 공소를 유지하는 검사로 이루어져 있다. 수사판사는 우리로 치면 검사 역할까지 맡은 판사라 할 수 있는데, 권한이 아주 크고 중요한 자리다. 가르손 수사판사는 2008년부터 에스파냐 내전 당시 프랑코(Francisco Franco, 1892~1975) 장군 측이 저지른 십만여 명의 민간인 학살을 공식 수사할 수 있을지 여부를 타진해 왔다. 이 수사를 위해 가르손 판사는 전국에 산재해 있는 집단 학살 장소 열아홉 군데의 발굴을 명령했다. 그런데 이런 조치는 오래된 상처를 다시 열어 제친다는 비판과 함께, 아직도 프랑코를 '국난 극복의 영웅'으로 숭상하는 에스파냐 극우파들의 신경을 결정적으로 건드렸다.

앤터니 비버(Antony Beevor)의 저서 《스페인 내전》에도 잘 나오지만 20세기를 거치면서 에스파냐는 사실상 두 개의 에스파냐라고 불릴 정도로 좌우 갈등의 골이 깊게 패여 있던 터였다.[34] 가르손 판사를 비판하는 측은 프랑코 사후 1977년에 제정된 일반 사면법에 따라 과거를 불문에 부치기로 합의해 지금까지 민주주의가 진행되어 왔는

데, 그 법의 존재를 알면서도 과거사를 조사한다는 것은 직권 남용에 해당된다는 논리를 내놓았다. 그러면서 극우파 정당인 팔랑헤당과 '깨끗한 손(Manos Limpias)'이라는 극우 노동 단체를 앞세워 가르손 판사를 고발했고, 대법원은 고발을 얼른 받아들여 그를 정식 기소한 것이었다.[35]

극우 본당들의 자손이자, 민주화 이후 1981년에 군부 쿠데타까지 획책했던 파시즘 세력이 이번 고발을 주도하는 기막힌 역설이 발생한 셈이다. 그래서 역사가들은 범죄자가 그 범죄를 재판하려는 판사를 되레 법정에 세우는, '가공할 대칭성'이 이번 사건의 핵심이라고 지적했다. 우리 표현으로 하자면 도둑이 매를 드는 격이다.

이 사건으로 국제 인권계는 발칵 뒤집혔다. 에스파냐에서는 말할 것도 없고 군정을 겪었던 아르헨티나에서도 가르손 판사 지지 시위가 대대적으로 일어났다. 2010년 당시 가르손 판사는 재판을 기다리는 동안 당분간 헤이그 국제형사재판소에 파견 근무 형식으로 대기 발령이 나 있는 상태였다. 결국 그는 2012년에 유죄 판결을 받아 11년간 판사 자격이 정지되었다. 1955년에 태어난 가르손 판사는 에스파냐 남부 도시 하엔의 가난한 올리브 농가에서 태어나 주유소에서 일하면서 세비야 법대를 고학으로 나온 사람이다. 유년 시절 집안에서 에스파냐 내전 당시의 끔찍했던 기억을 전해 들으면서 훗날 세상에서 정의를 세우는 일에 종사하기로 결심했다고 한다.

이 사건이 주는 생각거리는 두 가지다. 첫째, 극우파의 역사적 집요함이 보수파의 은근한 동조와 결합할 때 민주주의와 법치주의 정신이 반드시 후퇴한다는 것이다. 에스파냐 대법원의 수사판사는 팔랑헤당의 고발장을 두 번이나 직접 고쳐주는 등 상상하기 힘든 '친절'을 베풀었다고 한다. 〈월스트리트저널〉 같은 미국 신문은 '고문 판사의 사필귀정'이라는 사설을 써서 우파 간의 국제적 연대를 과시하기도 했다.

둘째, 더 중요한 점은 법률가의 직업적 소명이다. 나는 가르손 판사가 독재 세력을 단죄하려고 한 것보다, 오히려 그의 투철한 직업 정신에 더 주목하고 싶다. 삼십 대에 법관으로 임용된 이래 가르손 판사는 법 정신을 초지일관하게 실천해 왔다. 그는 지위고하, 권력 유무를 가리지 않고 동일한 법의 잣대를 적용하는 것으로 유명했다. 어떤 마약 조직, 조폭 세력에도 예외가 없었다. 바스크 분리주의 테러 집단에 철퇴를 가했고, 테러 집단을 불법적으로 암살한 경찰도 예외 없이 감옥에 보냈다. 본인 스스로 사회주의자이면서도 사회당 집권 당시의 부패 사건을 철저히 추궁했다. 알 카에다의 전 지도자 오사마 빈 라덴(Osama bin Laden)에게 테러 혐의로 체포 영장을 발부했고, 부시 전 대통령 행정부의 고위 관료들에게도 관타나모 고문 건으로 예외 없이 기소를 시도했다.

그래서 비판자들은 발타사르 가르손을 돈키호테, 혹은 포퓰리스트라고 비아냥거린다. 그렇다, 그게 바로 핵심이다. 모든 불법에 예외 없이 맞서는 게 법률가로서 결격 사유인가. 모든 불의와 예외 없이 싸우는 것이 돈키호테라고 비난받아야 할 처신인가. 가르손 사건이 진행되었던 당시 한국 스폰서 검사들의 활약상이 들려왔다. 세계와 한국 사이, 또 하나의 '가공할 대칭성'으로 읽혔다.*

---

* 가르손 판사의 노력은 유엔 차원에서 결실을 맺었다. 유엔 인권최고대표실은 2014년 가을 유엔 인권이사회에 에스파냐의 과거사 청산에 관한 권고 보고서를 정식으로 제출했다. 본서 〈참고문헌〉에서 다음을 보라. Newsweek(2014).

장애 여성 인권 운동

—

아무리 힘없고 초라해 보이는 사람이라도 "나 인간!"이라고 외치는 순간
그 누구도 감히 범접할 수 없는 존엄을 지닌 인간으로 바뀌는 것이다.
인간을 주체적인 존재로 다시 태어나게 하는 것,
그것이 바로 인권의 궁극적 목표다.

최근 인권 개설서의 원고를 탈고했다.[36] 본문에 넣을 실제 인권 침
해 사례들을 찾다가 씁쓸한 기분이 들었다. 되도록 근래에 일어난 사
건들을 중심으로 하여 사례를 찾았는데도 그 수가 너무 많아 고민에
빠졌던 것이다. 청나라 문인 조익(趙翼, 1727~1814) 이 "나라의 불행
은 시인의 행운인가(國家不幸 詩人幸)."라고 탄식한 적이 있다는데, 이
건 완전히 "인권 침해는 인권학자의 행운인가."라고 장탄식을 해야
할 지경이다. 그런데 원고를 보낸 직후 영화 〈도가니〉 열풍으로 장애
인에 대한 끔찍한 인권 유린이 재조명되는 사태가 벌어졌다. 언제쯤
이면 인권 침해 사건이 너무 적어 실제 사례를 고르기가 어려운 날이
올 것인가.

현실이 이러한데도 인권이 정치나 사회 문제의 중심 의제로 떠오
르는 경우는 극히 드물다. 어쩌다 〈도가니〉 같은 절호의 계기가 생겨
인권이 관심의 대상이 된다 하더라도 우리 사회에서 이해되는 인권
은 아직 초보적인 수준에 머무르고 있다. 가해자와 피해자라는 이분

법, 피해자의 수동성과 고통만 강조되는 시각, 피해자에게 정의를 찾아주기 위해 외부자가 적극적으로 나서서 '해결'해준다는 관점, 부서진 물건을 수리하는 것과 같은 '회복적' 모델에 근거한 접근 방식 등이 그것이다.

물론 현 단계에서는 이 같은 해결책이 절대적으로 필요하다. 그런 해결조차 안 되는 경우가 허다하니 말이다. 하지만 인권이 등장했던 애초의 취지에 부합하려면 인권을 침해 사후의 수동적인 회복 모델로만 보아서는 안 된다. 인권의 가장 깊은 의미는 미국의 젠더 이론가 린다 제릴리(Linda M. G. Zerilli)가 말한 대로 인간이 능동적이고 자신 있게 "나도 인간이다!"라고 소리칠 수 있도록 하는 데 있기 때문이다.[37] 따라서 인권은 회복적 모델을 넘어 인간의 자력화 모델로 나아가는 노력 위에서만 완전한 의미를 부여받는다. 아무리 힘없고 초라해 보이는 사람이라도 "나 인간!"이라고 외치는 순간 그 누구도 감히 범접할 수 없는 존엄을 지닌 인간으로 바뀌는 것이다. 인간을 주체적인 존재로 다시 태어나게 하는 것, 그것이 바로 인권의 궁극적 목표다.

인권의 자력화 모델을 잘 보여주는 아주 드문 모임이 2012년 10월 17일부터 21일까지 서울에서 열렸다. 제2회 세계 장애 여성 대회가 그것이다. '내일을 여는 멋진 여성'이라는 장애 여성 권리 단체가 주최하는 행사였다. 정부의 관련 부처들이 이름을 올리고 각종 기관들이 지원하지만 시민 사회 단체가 주축이 되어 이 정도 규모의 국제 대회를 개최한다는 것은 참 대단한 일이 아닐 수 없다.

주최 측으로부터 참석자 명단을 받아 보았다. 전 세계 모든 대륙에서 60여 명이 넘는 참석자들이 내한했다. 통상 이런 대회는 이른바 선진국들의 참여가 많기 마련인데 2012년 대회의 목표가 새천년 개발 목표*를 실현하기 위해 저개발국 장애 여성의 자립 역량을 키우자는 것이다 보니 특히 개도국 출신의 참석자들이 대부분을 차지했다. 국내 독지가들이 참석자 한 사람씩과 결연하여 이들의 경비를 책임지고 홈스테이 등을 통해 민간의 도움을 최대한 활용하는 식으로 진행했다.

돈도 모자라고 일손도 모자라 단체의 전 스태프들이 사무실에 침낭을 가져다놓고 숙식을 하면서 대회 준비에 골몰했다. 전문 대행업체를 쓰지 않고 순수하게 자원 봉사에만 의존했기에 시민들의 재능 기부가 절실한 형편이었다. 대회의 성격과 목표는 믿기 어려울 만큼 진지하고 모범적이었다. 행사를 위한 행사가 아니라 '세계 장애 여성 연대 기금'을 마련하고 한국에 국제 장애 여성 네트워크를 설치하겠다는 원대한 포부를 지향하니 교과서에 소개할 만한 사례가 아닐 수 없다.

세계 장애 여성 대회는, 2006년 12월 유엔에서 채택되고 2008년 발효된 국제 장애인 권리 협약의 정신에 따라 소집된 국제 회의다. 장애인 권리 협약은 2010년 발효된 국제 강제 실종 금지 협약과 함께 국제 인권 조약들의 긴 계보 중 가장 최근의 흐름을 대표한다. 일반에 잘 알려지진 않았지만 장애인 권리 협약을 만드는 과정에 한국 장애 여성 단체들의 활약이 컸다. 협약을 마련하기 위해 국제적 논의와 협상이 진행되던 2004년에 한국 단체들이 장애인 권리 협약 내에 장애 여성을 위한 독립 조항을 넣자고 맨 먼저 제안하였다.

애초 외국의 반응은 그리 긍정적이지 않았다. 특히 유럽 쪽에서는

새천년 개발 목표(Millennium Development Goals) 2000년 유엔에서 채택된 의제. 2015년까지 세계의 빈곤을 절반으로 감소시키자는 내용을 담고 있다. (편집자 주)

성별에 따른 별도 조항을 두는 데 회의적이었다. 하지만 한국 단체들은 2005년 유엔의 아태경제사회이사회(ESCAP)에서도 이 문제를 계속 제기하는 등 끈질지게 노력한 끝에 드디어 협약의 전문과 6조, 16조, 28조에 장애 여성을 별도로 언급하는 데 성공했다.[38] 마침 그 과정에 열심히 참여했던 엔지오대학원의 제자인 활동가가 뉴욕에서 이메일로 현지 소식을 상세히 전해주던 기억이 생생하다. 필자가 아는 한 한국 시민 사회 운동 전체 역사를 통틀어 국제 조약의 성문화 과정에 장애 여성 단체들만큼 그렇게 철저히, 수준 높게, 구체적인 결과를 낸 단체는 일찍이 없었다고 단언할 수 있다.

영화 〈도가니〉를 계기로 하여 재조명된 장애인 학대 사건을 접하면서 우리 장애 여성들의 공헌에 힘입어 통과된 국제 장애인 권리 협약을 다시 읽어보았다. 전문의 (q) 단락을 보라. "장애 여성과 장애 소녀들이 가정 내외에서의 폭력, 상해 또는 학대, 방임 또는 부주의한 처우, 혹사 또는 착취를 당할 더 큰 위험에 처하는 경우가 많음을 인정하며"라고 나와 있지 않은가. 오늘의 사태를 마치 예언이라도 한 듯하여 전율마저 드는 대목이다. 한편에서 장애 소녀들이 성폭력과 인권 유린을 당하는 와중에 또 다른 한편에서는 장애 여성들이 이렇게 구조적인 해결책을 국제적으로 제안하고 있었던 것은 거의 기적에 가까운 일이라고 본다.

이 두 사례는 인권의 회복적 모델과 자력화 모델을 각각 상징하면서 우리에게 큰 영감을 준다. 아울러 인권에 관심 있는 개인들, 단체들, 언론 기관들이 어떤 일을 해야 하는지를 정확히 제시해준다고 하겠다. 전자의 경우 고발과 비판이 필요하다면 후자의 경우 격려와 지원과 홍보가 필요하다. 독자 여러분의 관심을 호소한다.

인권 의식과 인권 사회학

—

인권 문제의 최종적인 해결이란 본래 불가능하다.
새로운 인권 비판이 나타나고 새로운 인권 문제가 자꾸 출현하는 것 자체가
인권의 발전을 역으로 증명하기 때문이다. 어찌 보면 민주주의를 실천할수록
'새로운 불만의 사이클'이 만들어지는 것 같다.

—

최근 인권 연구에서 의미심장한 움직임이 일어나고 있다. 일군의
사회학자들이 '인권 사회학'이라는 지붕 아래서 인권을 공부하기 시
작했다.[39) 민주화 이래 우리 사회의 주목할 만한 변화 중 인권 의제
가 폭발적으로 늘어난 것을 빼놓을 수 없다. 어느 하루 인권과 관련
된 사건이 보도되지 않는 날을 찾기 어렵다. 2011년을 떠나 보내면서
한 해를 돌이켜 봐도 희망 버스로부터 〈도가니〉 사건에 이르기까지,
무상 급식으로부터 국가보안법 논쟁에 이르기까지 인권과 동떨어진
사안을 찾기 어려울 정도로 인권의 이름으로 사회적 의제가 형성되
었음을 알 수 있다.

그러나 이런 현실에도 불구하고 인권 연구는 전통적 패러다임 안
에 머물러 있었다. 아직도 우리는 법 규범 위반을 중심으로 삼아 인
권 침해를 규정하고 그것을 제도적으로 어떻게 해결할 것인지를 고
민한다. 또는 인권 원칙을 나열한 조례나 헌장을 만들어 인권을 신성
한 규범의 자리에 '모시려' 한다. 다시 말해 인권이라는 '절대 반지'에

비춰 현실을 평가하거나 그것을 개선하려는 것이다. 일종의 연역적 방식이다. 우리 사회에서 이 방식은 여전히 필요하고 중요하다. 하지만 이런 접근만으로 인권 담론의 확산을 설명하는 데는 한계가 있다. 여기에 문제가 있다.

인권 사회학은 바로 이 지점을 파고든다. 시민들은 왜 인권을 제각기 다르게 이해할까? 이른바 '객관적'인 인권 지수와 사람들이 느끼는 '체감 인권' 사이의 온도 차를 어떻게 설명할 수 있을까? 사회 발전 정도에 따라 대중이 인권 우선 순위를 다른 식으로 정하는 것이 정치에 어떤 교훈을 주는가? 인권에서 대중 여론은 어떤 의미를 띨까? 또는 여론으로 인권을 파악하려는 시도 자체가 인권의 원래 취지에 어긋나는 일은 아닐까?

이런 질문에 답하는 과정을 통해 우리는 인권을 둘러싼 사람들의 태도와 인식을 정교하게 파악할 수 있다. 사회학의 주특기라 할 수 있는 경험적이고 귀납적인 방식으로 인권을 이해할 수 있다는 말이다. 왜 이런 접근이 필요한가? 절대 반지로 평가해서 옳으면 옳고 그르면 그른 것이지, 사람들이 인권을 '어떻게' 인식하고 이해하는지가 뭐 그리 중요한가? 사람들의 인권 인식과 의식이 인권의 실천에 큰 영향을 끼치기 때문이다. 또한 새로운 인권 의제를 여론이 어떻게 평가하느냐에 따라 어떤 이슈가 인권 의제가 될 수도 있고 안 될 수도 있기 때문이다. 무상 급식을 둘러싼 주민 투표 논쟁이 정확히 이런 점을 보여주었다.

요컨대 무상 급식 이슈는 규범적으로 인권을 파악하는 쪽에서 보면 문제가 될 수도 없는 상식적 사안이었지만, 현실에서는 주민의 '여론들'이 충돌하는 정치 과정 속에서 판가름이 난 사안이었다. 그러므로 사회학적으로 인권을 연구한다는 말은 천부인권 개념을 넘어, 인권이 특정한 역사와 상황 속에서 만들어지는 사회적 합의의 산물임을 인정한다는 뜻이다.

한 가지 흥미로운 연구를 예로 들어보자. 2005년부터 2011년까지 한국인의 인권 의식과 경험을 추적한 논문이 있다. 연구 결과에 따르면 우선 지난 6년 동안 시민들의 인권 인지도와 차별 경험에 대한 민감성이 모두 늘어났다. 시민들이 인권을 많이 알게 되었고 비판도 더 많이 하게 되었다. 그러나 인권 의식이 늘어난 것과는 달리 인권 의식과 인권을 개인 차원에서 실제로 실천하는 헌신성 사이에는 괴리가 존재했다. 또한 정치적 성향과 인권 의식 사이에 뚜렷한 관계가 있었다. 이른바 성향이 진보적일수록 인권을 중시했다. 더 나아가 새로운 인권 이슈들, 즉 경제적 문제나 새로운 차별 문제로 관심이 확장되는 경향이 관찰되었다. 마지막으로 가부장적 권위, 질서 유지, 국가 안보와 같은 구시대적 가치와 새롭게 대두된 인권 가치 사이의 충돌이 뚜렷이 드러났다.

이중에서 인권 인지도와 차별 경험에 대한 민감성이 동시에 증가했다는 결론이 우리의 관심을 끈다. 추가 질문을 던져보자. 인권 의식이 높아질수록 인권 상황에 대한 비판도 늘어나고 그 결과 상황을 더욱 비관적으로 보게 되는가? 즉 인권을 더 많이 알고 더 많이 의식하고 기대치가 높아질수록 인권 상황에 대한 평가가 더 엄격해지는가? 또는 객관적 인권 상황은 국제적으로 비교해서 그다지 나쁘지 않은 편인데 우리의 눈높이가 높아졌기 때문에 현실을 부정적으로 파악하는 경향이 생기는가? 필자는 이 문제에 답할 수 있으면 인권의 역설적 특징을 제대로 이해할 수 있다고 생각한다.

인권은 민주주의의 두 가지 축, 그러니까 다수결 제도와 대의제를 통해 집단의 문제를 위로 걸러 올리는 수직적 정책 여과의 차원, 소수의 요구를 발굴하고 권력 집중을 희석시키려는 수평적 평등 확산의 차원을 모두 반영한다. 전자는 집단의 문제를 관리 가능한 형태와 수준에서 제도화하려는 경향을 대표한다. 후자는 인간의 평등성을 말 그대로 해석하고 실천하려는 이상주의적 열망을 대변한다. 인권은 두 차원이 만나는 긴장과 갈등 속에서 발전한다.

수많은 인권 문제들이 제도화를 통해 정책적으로 여과될수록 그것으로부터 배제되는 새로운 집단과 개인이 계속 '발견'된다. 따라서 인권 문제의 최종적인 해결이란 본래 불가능하다. 새로운 인권 비판이 나타나고 새로운 인권 문제가 자꾸 출현하는 것 자체가 인권의 발전을 역으로 증명하기 때문이다. 어찌 보면 민주주의를 실천하면 할수록 '새로운 불만의 사이클'이 만들어지는 것 같다.

그러한 불만을 이끄는 힘이 바로 인간 평등을 향한 인권의 수평적 요구라 할 수 있다. 그렇게 본다면 사람들 머릿속에서 새로운 불만을 상상하게 하는 영원한 과정을 민주주의라고 정의할 수도 있겠다. '애정남'식으로 말하자면 이 불만을 억누르면 보수고 떠받들면 진보다. 인권 사회학의 궁극적 과업은 이 새로운 불만을 예민하게 찾아내고 그것에 이름을 붙여주는 것이 되어야 한다.

21세기 토지 수탈과 농민 인권

—

오늘날 외국 자본의 개도국 토지 구입 열풍을 19세기 서구 열강의
아프리카 쟁탈전에 빗대어 '토지 수탈(land grabs)'이라고
부르는 것이 이해가 간다. 신식민주의적 강탈이라는
격렬한 비판의 소리도 들린다.

—

인터넷에서 '티라나 선언'이 국내에서 어떻게 보도되었는지를 찾아
보다 크게 놀란 적이 있었다. 이 선언을 다룬 한글 자료가 전혀 없었
기 때문이다. 설마 하고 재확인했지만 뉴스 사이트는 물론 많고 많
은 블로그나 카페 가운데 이 소식을 전한 곳은 전혀 없었다. '티라나
선언'은 2011년 5월 알바니아의 수도 티라나에서 국제토지연합이 주
도해서 제정한 인권 원칙이다.[40)]

정식 명칭은 '극심한 자연 자원의 경쟁 시기에 빈곤층의 토지 접근
성 보장을 위한 티라나 선언'이며, 세계은행을 비롯한 많은 국제 단
체들이 합의한 문서다. 요즘 들어 인권 운동에서 재발견되고 있는 핵
심 권리인 식량권이 얼마나 절박한 문제인지를 시사해주는 움직임이
다. 이렇게 중요한 동향을 다룬 한글 기사나 자료가 단 하나도 없다
는 사실이 무엇을 뜻하는가? 요즘 넘쳐나는 국제 개발 담론이 얼마
나 허약한 토대 위에 서 있는지를 보여주는 사례가 아닐까?

아프리카와 아시아 저개발국의 토지를 구입하거나 장기 임대하는

관행은 기후 변화에 따른 농산물 공급 불안정과 가격 앙등이 직접적인 원인이 되었다. 외국의 땅을 사는 추세가 서서히 진행되어 오다 국제 곡물 가격이 급등한 2008년을 기점으로 해서 일종의 유행처럼 번졌다. 2001년 이래 외국으로 넘어간 개도국들의 땅은 모두 8천만 헥타르, 남한 면적의 8배 크기다. 아프리카에선 에티오피아, 가나, 마다가스카르, 말리, 수단 등이 주요 공급지이고, 아시아에선 인도네시아의 땅이 많이 팔리고 있다. 어떤 나라가 외국 땅을 사들일까?

대한민국이 앞장서고 사우디아라비아, 중국, 아랍에미리트연방 등이 큰손들이다. 지방 자치 단체가 나서서 땅을 사는 경우도 있고, 곡물 메이저들이 농업 개발의 형태로 사들이기도 한다. 앞으로 식량이 결정적 자원이자 돈벌이 수단이 될 것을 눈치챈 한국의 종합상사들도 국외 곡물 자원 확보 경쟁에 이미 깊이 발을 들여놓았다. 중앙 정부의 암묵적인 지원이 뒷받침되는 경우가 많다. 글로벌 금융 위기로 인해 초국적 투기 자본이 곡물 시장으로 대거 유입된 것도 이런 경향을 부채질한다.

돈 많고 자원이 부족한 나라의 자본이 해외에 농지를 구입할 때 반드시 등장하는 논리가 있다. 농업 기술 이전과 협력을 통해 개도국의 발전을 돕고, 일자리를 창출하고, 농업 생산력을 높여 현지 주민과 투자 회사가 모두 이득을 보는 윈윈 상황을 만든다는 것이다. 물론 농업 투자가 순기능을 하는 경우도 간혹 있다. 하지만 해외 토지 구입이 본격화된 지난 몇 년간 우려의 목소리가 점점 더 많이 나오는 실정이다.

저개발국 농지 구입에 널리 유포된 황당한 신화가 있다. 아프리카 저 어딘가 오지에는 개발을 기다리고 있는 광활한 황무지, 인간의 손길이 미치지 않은 미개척지가 꿈같이 펼쳐져 있을 거라는 환상이 그것이다. 국제 엔지오인 옥스팜(Oxfam)이 펴낸 〈토지와 권력〉이라는 보고서를 보면 이런 식의 낭만적 오해가 서류상의 통계 자료나 인공 위성 사진에서 울창한 살림 지역처럼 나타나는 시각 이미지에 의해 굳어진다고 한다. 그러나 현실은 천만의 말씀이다. 오늘날 70억 인구 가 사는 지구에서 전인미답의 옥토를 찾는 일은 화성에서 물을 찾는 것보다 더 어렵다.[41]

2008년에 미국 텍사스의 한 농업 투자 회사가 아프리카 수단에서 60만 헥타르의 땅을 49년간 계약하여 2만 5천 달러에 구입했다. 18 억 평의 땅을 단돈 3천만 원에 산 것이다! 사람이 살지 않은 황무지 라는 전제가 깔려 있었다. 그러나 실제로는 9만 명이 넘는 원주민이 그 땅에서 나오는 소출로 생계를 꾸리고 있었다. 이 사람들은 법적으 로 소유권이 없다 뿐이지 대대손손 그 땅에서 산 사람들이었다. 만일 외국계 회사가 들어와 대규모 산업형 영농을 시작하면 주민들은 자 기 땅에서 농업 노동자로 전락하며, 그나마 고용 효과는 극히 미미하 다고 한다. 국제 엔지오가 개입하여 그 계약은 무산되었지만 이런 일 이 부지기수로 일어나고 있다.

그러니 오늘날 외국 자본의 개도국 토지 구입 열풍을 19세기 서구 열강의 아프리카 쟁탈전에 빗대어 '토지 수탈(land grabs)'이라고 부 르는 것이 이해가 간다. 신식민주의적 강탈이라는 격렬한 비판의 소 리도 들린다. 한국 농림수산식품부가 2011년 4월에 펴낸 〈해외 곡물 자원 개발·확보 전략〉이라는 브리핑 자료를 보면, 저개발국 농업 투 자를 토지 수탈로 보는 여론이 존재한다고 솔직하게 인정했다.[42] 국 민 국가 시대에 자기 나라 땅의 소유·통제권을 상실하는 것 이상으 로 국민 감정을 건드리는 사안도 없을 것이다.

외국 땅 구입은 장기적으로 대단히 민감한 국제 정치 이슈다. 2009년 마다가스카르에서 한국계 기업 '대우'가 전체 농경지(250만 헥타르)의 절반이 넘는 130만 헥타르 이상의 땅을 사려다 국민 감정이 폭발하여 마르크 라발로마나나(Marc Ravalomanana) 대통령이 하야하는 사태까지 벌어진 적이 있다. 상식적으로 생각해보라. 기근에 찌들어 신음하는 국민들이 있는 나라에 외국 기업이 들어가 농사를 잘 지어본들 추수한 농산물을 해외로 쉽사리 반출할 수 있겠는가. 세계적인 환경 전문가인 레스터 브라운(Lester Brown)은 이런 상황을 묵시록적으로 묘사한다. "굶주린 사람들로 둘러싸인 추수 직전의 황금 들판은 불 질러 태워버리기에 안성맞춤인 무대이다."[43] 그러니 21세기가 식량 안보를 둘러싼 지정학의 시대가 될 것으로 예견하는 브라운의 경고는 우리에게 비수처럼 와 닿아야 마땅하다.

티라나 선언은 토지 수탈을 "기존 거주자들의 인권과 결정권을 침해하는 형태의 토지 획득"이라고 정의한다. 우리나라처럼 곡물 자급률이 낮고 농산물 수입 비중이 큰 나라가 식량 문제를 놓고 취해야 할 바람직한 태도가 무엇일까? 국내 농업을 죽이고 전 지구적 비교우위와 경쟁 논리를 가지고 이 난관을 돌파한다? FTA가 바로 이런 인식에 근거한 것이 아니었던가.

우리 먹거리 인권의 관점에서 보나, 인류 공동선의 관점에서 보나, 수익성 논리로만 미래에 대처하는 것은 가능하지도 바람직하지도 않다. 언론 기관이 탐사보도 특집으로 한국 기업의 해외 곡물 자원 확보 현황을 취재해보면 좋겠다. 단, 진출 기업의 안내를 받지 말고 현지 주민의 말을 직접 들어보라. 그리고 우리의 먹거리 확보 문제를 근본에서부터 되짚어봤으면 한다.

제3세계와 한국

—

탈성장, 고른 분배, 지속 가능 개발이라는 렌즈로 본다면
제3세계의 늦은 개발 현실은 부정적으로만 평가할 일이 아니다.
새로운 발전 모델에 대한 아이디어의 일부를 이곳에서
찾아낼 여지가 있을지도 모른다.

—

2012년 5월 이명박 전 대통령이 미얀마를 국빈 방문했다. 언론에
크게 보도되진 않았지만 보름 전에는 반기문 유엔 사무총장이 미얀
마 의회에서 연설을 했다. 반기문 사무총장은 미얀마의 새 수도 네피
도에 있는 의사당에서 연설을 한 최초의 외국 고위급 인사가 되었다.
그 광경을 보면서 미얀마와 한국의 현대사가 주마등처럼 뇌리를 스
쳤다. 비슷한 점이 많으면서도 너무 다른 두 나라이기 때문이다. 양
국의 비교만이 아니라 20세기 가장 큰 화두에 속했던 제3세계 발전
의 문제에까지 꼬리에 꼬리를 물고 생각이 이어졌다.

반기문 사무총장이 아시아인으로서 처음으로 유엔 사무총장이 된
건 아니다. 아시아계 최초의 유엔 사무총장은 우 탄트(U Thant, 1909~
1974)였다. 미얀마를 버마라고 부르던 시절, 우 탄트는 1961년부터
1971년까지 10년간 유엔의 수장을 맡아 세계 평화를 이끌었다. 라디
오를 통해 바깥 세상을 접하며 자랐던 우리 세대에게 "우 탄트 유엔
사무총장은……"이라고 시작되던 뉴스는 아주 친숙한 일상의 일부

였다. 아마 그즈음 대학에서 외교학을 공부하던 반기문 사무총장에게 우 탄트는 신화적 존재이자 우상과도 같은 롤모델이었을 가능성이 있다.

1960년대 초만 하더라도 버마의 국제적 영향력은 지금과 비교할수 없을 만큼 높았다. 1948년 영국으로부터 독립했을 때 동남아 국가들 중 경제 상황이 제일 나았다. 세계 최대 쌀 수출국이었고 전 세계 티크 목재의 75퍼센트를 생산하는 나라였다. 또한 비서구권에서발전 잠재력이 가장 큰 나라 중 하나로 꼽혔다. 게다가 민주공화국체제를 유지하면서 비동맹 반둥 회의*의 공동 개최국에다 유엔 사무총장까지 배출할 정도였으니, 요즘 우리가 미얀마에 품고 있는 폐쇄적이고 낙후된 이미지와는 천양지차였다.

우 탄트는 1961년 다그 함마르셸드(Dag Hammarskjöld) 유엔 사무총장이 아프리카에서 비행기 사고로 순직한 후 총장직을 이어 받았는데, 재임 기간 중 쿠바 미사일 위기, 아랍-이스라엘 전쟁 등을 해결하는 데 큰 역할을 하면서 국제적인 명성을 쌓았다. 그는 미소 양진영과 비동맹권이 모두 동의할 수 있는 유일한 인물이라는 평을 받으면서, 유엔의 수장 역할을 톡톡히 해냈다. 냉전 시대 분열된 세계정세를 기억한다면 그 사실 하나만으로도 우 탄트가 어떤 인물이었는지 알 수 있을 것이다. 여담이지만 우 탄트가 유엔 사무총장을 지낼 때 유엔 사무국에서 회계 실무를 보던 아웅 산 수 치라는 여직원은 오늘날 버마 민주주의의 상징과 같은 지도자가 되어 있다.

반둥(Bandung) 회의 1955년 인도네시아 반둥에서 아시아와 아프리카의 29개국 정상이 모여 개최한 국제 회의. 외세에 시달려 온 아시아, 아프리카 국가가 집단적으로 식민지주의 종식을 촉구했다는 의의를 지닌다. (편집자 주)

하지만 버마에선 1962년 쿠데타가 일어났고, 장기간에 걸친 버마식 사회주의 체제와 독재의 결과가 어떤지 우리는 잘 알고 있다. 요즘 들어 개방화, 민주화의 새로운 변화가 일어나고 있지만, 미얀마는 여전히 1인당 GDP 1,300달러 정도의 최빈국 수준에 머물러 있다. 우 탄트가 사무총장에 취임했을 무렵 우리나라의 위상은 어떠했는가. 요즘의 미얀마와 비교하더라도 떨어지는 수준이었다. 경제적으로는 말할 것도 없고 정치적으로는 분단국으로서 내전을 겪은 직후의 어수선한 나라였다. 유엔 사무총장은커녕 유엔에 가입하지도 못한 상태였으니 말이다. 대낮부터 술 취한 상이 군인들이 가두에서 행패를 부리기 일쑤였고, 미국에서 보내준 구호 물자로 만든 옥수수 죽과 빵을 전국의 학생들이 매일 받아 먹으며 학교를 다녔다.

이 모든 어려움을 딛고 우리가 단기간에 이룩한 발전은 그렇게 힘든 출발점에서 시작되었으므로 더욱 소중한 것이기도 하고, 노동자를 비롯한 수많은 사람들의 크나큰 희생의 피라미드 위에 구축된 것이므로 더욱 숙연하게 생각해야 할 대상이기도 하다. 발전을 하되 인간답게 발전하자고 호소한 것이 민주화의 토대가 되었으니 말이다. 그러므로 경제 성장과 민주주의는 흔히 말하는 것과는 달리 서로 반대가 아니라, 같은 동전의 양면이고, 특정 세력이 아닌 우리 국민 모두의 결실로 받아들여야 한다.

이명박 대통령의 미얀마 방문 후 그해 8월엔 이란의 테헤란에서 비동맹 운동 회의가 열렸다. 아직도 비동맹 운동 회의가 남아 있다니, 의아해하는 분이 있을지 모르겠다. 현재도 이 회의는 정회원과 옵저버를 합쳐 전체 유엔 회원국의 70퍼센트 이상을 차지하는, 숫자로만 보면 대단한 세를 과시하는 모임으로 존재하고 있다.[44] 그러나 비동맹권의 영향력은 냉전 시대에 비해 현저하게 줄었다. 비동맹 운동을 이야기하면서 '제3세계' 이야기를 꺼내지 않을 수 없다. 제3세계의 발전 방향을 놓고 열띤 토론을 벌이던 시절이 우리에게 있었기 때문이다. 이제는 오히려 우리의 경제력을 바탕으로 하여 개도국과 어떠한 협력 관계를 맺어야 할지 고민하는 시대가 되었다.

그런데 2012년이 '제3세계'라는 말이 탄생한 지 60년이 된 해라는 사실을 기억하는 사람은 많지 않다. 프랑스의 경제학자이자 인구학자 알프레드 소비(Alfred Sauvy)가 1952년 8월 〈옵세르바퇴르〉지에서 '제3세계(Tiers Monde)'란 신조어를 처음으로 소개했다. 소비는 프랑스 혁명에서 그 아이디어를 가져왔다. 혁명 당시 프랑스 사회는 제1신분 성직자, 제2신분 귀족, 제3신분 평민으로 나뉜 철저한 계급 사회였다. 제3신분이 절대 다수를 차지했지만 그들의 삶은 비참했다.

소비에 따르면 제3세계는 "무시받고 착취당하고 경멸의 대상으로 전락했지만, 마치 제3신분이 그러했듯, 중요한 어떤 것이 되고 싶어 하는" 존재였다. 그 당시 제3세계로 분류되었던 나라들은 지금도 극소수를 제외하고 경제력과 사회 발전 정도의 상대적인 지위에 큰 변화가 없다. 그들을 부르는 호칭만 달라졌을 뿐이다. 개발도상국(Developing country), 글로벌 사우스(Global South), 혹은 대다수 세계(Majority World)라고 불리지만 여전히 해외 원조에 의존하는 나라들이 많다.[45]

과거 수많은 제3세계 국가들이 경제 민족주의 노선을 추구하면서 자립형 발전 모델을 지향했다. 서구 제국주의에 의한 식민 지배에 한을 품고 비서구적 산업화의 길, 즉 사회주의형 발전 경로를 모색한 경우도 많았다. 하지만 그 길은 성공하지 못했다. 게다가 경제 지구화 시대를 맞아 채무 위기와 대외 의존도는 더욱 커졌다.

그렇지만 한국은 달랐다. 제3세계에 속했다가 그 그룹에서 빠져 나온 극소수 나라 중 하나가 되었다. 한국의 성공 탓에 제3세계의 일체감이 깨졌다는 평가까지 나오곤 한다. 한국은 분단 국가라는 특수성, 민주주의를 향한 역동적 이행, 경제의 특이한 성장 패턴으로 인해 기존 유형으로 분류하기 어려운 예외적인 국가가 되었다. 하지만 엄청난 무리가 뒤따랐다. 국제 개발론의 대가인 필립 맥마이클(Philip McMichael)은 한국의 경제 성장이 제3세계 기준으로 보더라도 "유별나게 탄압이 심한" 상태에서 진행됐다고 지적한다.[46]

한국의 발전을 놓고 국내 진보-보수 진영에서 내리는 평가는 결국 제3세계 발전에 대한 인식에서 갈라진다고 해도 과언이 아니다. 보수 측은 우리 현대사를 결과론적으로 평가한다. 목표가 옳았으니 방법이야 어떻든 이만큼 살게 된 게 기적이 아니냐고 소리 높인다. 진보 쪽은 우리 현대사를 그 성격과 과정에 비추어 평가하곤 한다. 내재적으로 취약하고 불평등하고 모순적인 발전의 특징이 우리 사회에 얼마나 악영향을 끼쳤는지 직시하라고 비판한다. 또한 '묻지 마'식 성장이라는 목표 자체가 21세기에는 불가능한 모델이라고 지적한다.

이런 논쟁을 변증법적으로 종합하여 산업화와 민주화를 둘 다 인정하고 그 다음 단계를 모색해야 한다는 논리를 일부에서 내놓기도 했다. 그런데 기후 변화, 자원 고갈, 환경 파괴의 시대를 맞아 기존의 발전 모델 자체가 이제 더는 가능하지 않다는 관점도 많이 등장하고 있다. 이런 주장에 따르면 인류에게 지속 가능성이라는 화두는 이제 선택의 문제가 아니라 절박한 생존의 문제가 되었다. 그동안 유엔이 추진해 온 새천년 개발 목표(MDG)가 2015년이면 종료된다. 유엔은 그 후의 모델로 지속 가능 발전 계획(SDG, Sustainable Development Goals)을 이미 제시해놓은 상태다.[47]

만일 인간 종의 생존이 걸린 문제를 중심으로 하여 인류의 미래를 걱정한다면 무한정한 성장과 발전이라는 신기루는 20세기 한때의 일장춘몽이었을 가능성이 크다. 오히려 탈성장, 고른 분배, 지속 가능 개발이라는 렌즈로 본다면 제3세계의 늦은 개발 현실은 부정적으로만 평가할 일이 아니다. 새로운 발전 모델에 대한 아이디어의 일부를 이곳에서 찾아낼 여지가 있을지도 모른다. 결국 어떤 것도 만고불변의 진리일 순 없고 돌고 도는 것이 세상 이치임을 기억할 필요가 있다. 요즘 인권과 발전을 연결시킨, '권리에 기반을 둔 발전(rights-based development)' 개념이 아주 중요하게 취급되고 있다. 이처럼 제3세계 발전의 문제는 인권에 있어 새로운 차원의 고민을 우리에게 제시한다.

독재자와 지식인의 책무

—

독재 정권의 불변성을 이유 삼아 모든 대화를 원천적으로 거부하는 태도가
과연 옳은가 하는 질문도 던져야 하겠다. 리비아의 참담한 결과만을 놓고
과거의 포용 정책 전체가 과오였다고 말하는 것은 지나친 일반화이며,
포용 정책이 없었어야 더 좋은 결과가 나왔을 것이라고 한다면
그것은 억지에 가깝다고 생각된다.

—

2011년 리비아에서 민중 봉기가 일어나고 최고 지도자 무아마르
카다피(Muammar al Qaddafi)가 피살되었을 때, 영국의 런던정경대학
(LSE)이 카다피재단으로부터 연구비를 지원받았다는 이유로 하워드
데이비스(Howard Davies) 총장이 사임한 사건이 크게 보도되었다.
또한 카다피의 아들 사이프 카다피(Saif al Qaddafi)가 이 대학에서 받
은 박사학위의 표절 여부를 둘러싼 논란도 있었다. 학교 측은 대법원
장을 지낸 울프 경(Loard Harry Woof)에게 이번 사건의 조사를 위임
했다. 그 후 최종 출판된 보고서에서 사이프의 논문 표절 혐의는 사
실무근으로 밝혀졌다.[48]

그런데 이 사건의 낙진이 폭넓게 확산되었다. 미국 보스턴에 소재
한 홍보 회사 모니터그룹(Monitor Group)이 리비아 정부의 의뢰를
받고 '새 리비아'의 이미지 개선 작업을 위해 활동했던 내용이 알려진
것이다. 리비아는 1984년 런던 주재 리비아 대사관이 연루된 영국 경

관 살해 사건과 1988년 팬아메리칸월드에어 항공기 폭파 사건으로 국제적으로 고립된 처지에 있었다. 그러나 리비아는 2003년을 기점으로 하여 국제 사회에 다시 등장하기 시작했는데, 이 해빙의 움직임은 이른바 '리비아 모델'로 세계의 이목을 끌었다.

모니터그룹이 대외비로 작성한 보고서에 따르면, 리비아 홍보를 위해 2006년부터 국제 여론 주도층을 초청해 카다피를 만나게 주선했다고 한다. 초청된 인사들의 면면을 보면 런던정경대학의 앤서니 기든스(Anthony Giddens, 구조화 이론, 제3의 길), 하버드대학 석좌 교수 조지프 나이(Joseph Nye, 소프트 파워 이론), 미국 정치학자 로버트 퍼트넘(Robert D. Putnam, 사회자본론), 뉴욕시립대학 교수 벤저민 바버(Benjamin R. Barber, 강한 민주주의론) 등 세계적 지식인들이 포함돼 있었다.

이들은 〈뉴 스테이츠맨〉이나 〈가디언〉 같은 진보 언론에 자신의 방문기를 기고하여 국제 사회가 리비아와 대화에 나서야 한다고 주장했다. 또한 저서 《민주주의의 모델들》로 잘 알려진 정치학자 데이비드 헬드(David Held)는 사이프의 박사 논문을 지도하면서 리비아의 내부 개혁에 힘을 보태려고 했다. 요컨대 이들은 리비아판 '포용정책'을 지지했던 셈인데 사태가 이렇게 악화되고 보니 독재 권력을 편들었다는 비난의 대상이 되고 말았다. 그런데 이 문제는 시간이 지나도 수그러들지 않고 학계의 격렬한 논쟁으로 번졌다.

리비아 사태가 발생하자 짤막한 개인 성명을 낸 후 침묵하던 헬드는 온라인 토론 매체인 '오픈데모크라시(Open Democracy)'에 '순진함, 결탁, 또는 조심스런 관여?'라는 제하의 해명문을 발표했다.[49] 그는 세 차원에서 문제를 분석한다. 첫째, 독재 정권과 상대하는 것이 순진하고 얼빠진 짓인가. 아니다, 어떤 독재 정권도 완전히 한 덩어리일 수는 없고 언제나 조금이라도 정치적 공간이 존재한다. 그러므로 내부 개혁을 위한 통로를 여는 일이 필요하다. 둘째, 독재 정권과 상대하는 것이 결국 그 정권의 수명만 연장해주는 결탁 행위가 아닌가. 아니다. 그런 이유로 만남 자체를 원천 차단하면 독재 정권이 변화할 수 있는 기회가 아예 없어진다. 사이프 카다피가 카다피재단을 통해 리비아 내정을 조금이나마 변화시키려 노력했던 게 사실이다. 셋째, 조심스런 관여(cautious engagement)는 독재 정권의 개방을 위해 여전히 유용한 방식이다. 독재 정권을 상대하는 데 따르는 위험이 전혀 없을 수는 없고, 작금의 사태가 대단히 유감이고 비극적이지만, 포용을 지지하는 입장 자체가 잘못됐다는 비판은 받아들일 수 없다는 것이다.

그런데 헬드의 주장을 정면으로 반박하는 글이 곧바로 나왔다. 놀랍게도 또 다른 민주주의 이론가인 시드니대학의 민주주의인권연구소(IDHR) 소장 존 킨(John Keane)이었다.[50] 존 킨은 다음과 같이 묻는다. 헬드가 지식인의 헛된 자부심과 지적 허영심을 교묘하게 이용하는 독재 정권에 놀아난 것이 아닌가. 자기 의도와 달리 결과적으로 독재 정권의 선전을 도와주는 '쓸모 있는 바보(useful idiots)'가 된 게 아닌가. 과거 냉전 당시에도 서방의 민주 진영 일각에서 소련의 반체제 인사들을 돕기보다 소련 체제 지배 세력 내의 (숨은) 개혁파를 지원하는 편이 낫다고들 했는데, 이번에도 그렇게 된 셈이 아닌가. 독재 정권은 본질적으로 변할 수 없고 '철옹성 같은 단일함'을 특징으로 하는데, 그런 체제와 상대하는 것이 과연 가능한가.

킨은 더 나아가 헬드의 처신이 민주주의 학계 전체를 욕보였다고 힐난하면서 그가 주장한 민주주의, 글로벌 거버넌스, 시민 사회 등의 개념 때문에 오늘날 이 같은 결과가 초래되었다고 성토했다. 동료학자에게 상상을 초월하는 맹공을 퍼부은 것이다. 킨의 힐난에 대해 헬드는 침묵을 지켰지만, 학계의 분위기는 킨을 지지하는 쪽보다는 그가 지나쳤다는 의견이 다수인 듯하다.

이 논쟁을 보면 독재 정권을 파악하는 태도가 보수적 거부론과 진보적 대화론으로만 나뉘는 게 아니라, 이른바 민주 진영 내에서도 매파와 비둘기파 사이의 균열이 크다는 사실을 알 수 있다. 사건이 일어난 맥락을 짚는 것도 중요하다. 영국 신노동당은 포용 정책을 펴면서 토니 블레어(Tony Blair) 전 총리가 2004년에 무아마르 카다피를 직접 만난 후 경제계, 문화계, 학계에 리비아와의 교류를 권장하였다. 그리고 대학의 시장화 추세도 한몫을 했다. 외부 연구 기금을 끌어오는 일이 실제 연구보다 중시되는 분위기에서 외부 기금의 성격을 엄밀하게 따지지 않게 된 것이다. 보도에 따르면 영국의 주요 대학 중 아랍 독재 국가들로부터 기부를 받지 않은 곳이 거의 없다고 한다.

더 나아가, 독재 정권의 불변성을 이유 삼아 모든 대화를 원천적으로 거부하는 태도가 과연 옳은가 하는 질문도 던져야 하겠다. 리비아의 참담한 결과만을 놓고 과거의 포용 정책 전체가 과오였다고 말하는 것은 지나친 일반화이며, 포용 정책이 없었어야 더 좋은 결과가 나왔을 것이라고 한다면 그것은 억지에 가깝다고 생각된다. 이런 입장은 과거 히틀러에게 유화 정책을 취했던 역사적 결과에 대한 통렬한 반성에 근거하고 있는 것 같다. 하지만 히틀러 이후의 모든 독재 세력에 대해 똑같은 기준을 적용하는 것이 타당한가. 이 질문은 대단히 민감하고 복잡하다. 구체적이고 경험적인 질문이기도 하지만, 주관적인 질문이자 세계관에 관한 질문이기도 하기 때문이다.

단, 포용 정책을 지지하더라도 그 목적과 효과에 대해서는 단기적인 연착륙·경착륙의 공리적 관점이 아니라(두 경우 모두 가능하다), 장기적 확률의 관점에서 생각하고 신중하고 투명하게 접근하는 자세가 필요한 건 사실이다.

마지막으로, 지식인의 처신과는 별개로 문제의 궁극적인 관건은 결국 그 체제의 행보에 달려 있다. 무아마르 카다피가 쓴 《그린북(The Green Book)》의 제1부 '민주주의의 해법'에는 폭력 혁명에 관한 구절이 나온다.[51] "폭력과 힘을 통한 변혁은 그것이 설령 반민주적 조건에 반발해서 나타났다 하더라도 반민주적인 변혁에 불과하다. 기존의 통치 체제를 그대로 둔 채 통치 수단만을 놓고 설왕설래하는 것은 후진적이기 때문이다."

그러므로 카다피는 전통적 민주 체제의 모순을 영구적으로 해결할 수 있는 "인민의 권위 체제"를 수립하자고 역설한다. 그러나 현실은 어떻게 나타났는가. 그는 자신의 '이론'을 실천에 옮겼는가. 아니면 자기가 경고했던 바로 그 함정에 빠져 자기 자신과 리비아 전체를 수렁에 빠뜨렸는가. 정치적 이상과 현실의 조화를 고민하는 모든 사람에게 제기되는 심각한 질문이 아닐 수 없다.

4장

인권 공화국으로 가는 길

민주화와 인권의 역설

—

현대 인권은 기본권의 범위를 계속 넓히며 발전해 왔다.
개인의 자유뿐 아니라 선택권, 의식주를 포함한 최저한의 생활권,
차별받지 않을 권리, 문화 생활을 누릴 자유도 인권에 포함된다.

—

권위주의 시대엔 인권이 곧 정의였다. 독재자들조차 실제로 탄압을 하면서도 인권 자체를 반대한다고 감히 말하지는 못했다. 그만큼 인권에는 신성불가침의 도덕적 후광이 무지개처럼 걸려 있었다. 그러나 사회가 발전하면서 역설적으로 인권에 시비를 거는 경우가 늘어났다. 학생 인권과 교권의 대립, 학교 폭력 등을 둘러싸고 벌어진 논란을 보라. 학생 인권을 반대하는 이들이 과거엔 인권을 옹호하다 최근 들어 이 문제 때문에 갑자기 생각을 바꾼 것인지는 확실치 않다.

아무튼 오늘날 인권은 절대적 지위에서 논쟁적 지위로 자리바꿈을 했다. 이 논쟁에는 두 가지 관점이 섞여 있다. 우선 인권을 오해한 데서 비롯된 오류가 있다. 계몽이 필요한 부분이다. 그리고 인간 존재를 어떻게 보느냐 하는 가치관의 문제가 깔려 있다. 토론과 설득이 필요한 부분이다. 하나씩 짚어보자.

첫 번째, 기본권만이 인권이고 요즘 말하는 인권은 사치다.

인권의 범위를 극히 좁게 보는 것이다. 기본권이란 인간의 본질적

자유를 가리킨다. 하지만 현대 인권은 기본권의 범위를 계속 넓히며 발전해 왔다. 개인의 자유뿐 아니라 선택권, 의식주를 포함한 최저한의 생활권, 차별받지 않을 권리, 문화 생활을 누릴 자유도 인권에 포함된다. 국제적으로 공인된 목록이고 대한민국이 정식으로 비준한 내용들이다. 모든 인권은 한 덩어리로 봐야 하고 서로 나눌 수 없다. 1948년에 제정된 '대한민국 헌법'과 '세계 인권 선언'을 한번 읽어보기 바란다.

두 번째, 인권은 이기적인 자기 주장에 불과하다.

전형적인 오해다. 내가 어떤 권리를 요구하려면 그것을 충족시켜 줄 의무가 있는 상대방이 존재해야 한다. 권리와 의무는 동전의 양면과 같다. 로빈슨 크루소처럼 무인도에 홀로 산다면 권리를 요구할 수 없다. 인권은 타인과 더불어 사는 삶을 전제로 한다. "모든 사람은 자신이 속한 공동체에 의무를 진다." '세계 인권 선언' 29조의 지적이다.

세 번째, 학생 인권과 교권은 대립된다.

천만의 말씀이다. 학생에게 체벌을 가하는 것을 교권이라 한다면 그런 교권은 제한되어야 한다. 마찬가지로 교사의 정당한 수업 진행을 방해하는 것을 학생 인권이라 한다면 그런 학생 인권은 제한되어야 한다. 하지만 학생 인권과 교권을 제로섬 관계로 봐선 안 된다. 인권은 상호 이해와 상호 존중에서 출발하기 때문이다. 인격적인 교육 환경이 중요하다. 학생 인권과 교권은 대립하는 것이 아니다. 인권적 교육 환경과 반인권적 교육 환경이 대립할 뿐이다. 학생 인권이 지켜지는 곳에서 참다운 의미의 교권도 보장될 수 있다. 학생 인권과 교권은 같은 편이 되어 반인권적 교육과 싸워야 한다.

네 번째, 인권은 온정주의다.

과연 그럴까? 명백한 잘못을 무조건 용서해주자는 게 인권은 아니다. 하지만 그 잘못이 왜 발생했는가를 따져봐야 한다. 문제 학생의 뒤에는 흔히 문제 부모가 있고 그 뒤에는 문제 사회가 있기 마련이다. 설령 훈육과 규율이 필요하다 하더라도 교화와 교정과 치료와 재사회화를 목표로 삼아야 하고, 그 과정과 절차를 잘 지켜야 한다. 인권은 무조건적 온정주의가 아니라 개명된 규율과 인도적 처벌을 옹호한다.

다섯 번째, 인권은 무질서, 방종, 폭력을 조장한다.

노파심과 논리의 비약이다. 인권을 극단적으로 자기 중심적으로 이해할 때 이런 부작용이 나타날 수도 있다. 하지만 인권은 타인에 대한 공감과 책임을 강조한다. 인권이 학교 폭력과 임신을 부추긴다고? 부당한 낙인이나 차별을 가하지 말자는 것과, 방종과 일탈을 찬양하는 것은 전혀 다른 차원의 문제다. 다칠 가능성이 있다고 운동을 금지할 수 있는가?

여섯 번째, 인권은 좌파의 정치 공세다.

이 말이야말로 정치 공세다. 보편적 국제 기준에 맞춰 선진화하자는 말이 어째서 좌파의 정치 공세인가? 예를 들어보자. "정치 지도자들은 동성애 권리를 인정해야 한다." 우리 국민의 자랑인 반기문 유엔 사무총장이 2012년 1월 에티오피아에서 한 연설이다. 그러면 반기문 유엔 사무총장이 세계 좌파의 정치 공세를 펴고 있는가?

일곱 번째, 학생 인권을 존중하면 올바른 교육을 망친다.

이러한 강박에서 벗어나야 한다. 인간의 자율성을 존중한다면 그의 선택을 존중해야 마땅하다. 설령 교육자가 보기에 잘못 됐다 하더라도 타인에게 적극적으로 해를 끼치지 않는 선택은 용인해야 한다. 옳은 길을 미리 정해놓고 그것을 강요하는 건 아무리 선의에서 나왔다 하더라도 목적론적 도덕성에 기반을 둔 교육관이다.

책임 있는 자유를 가르친 후에 본인이 스스로 '잘못된' 길을 간다면 그것 역시 교육의 중요한 일부로 받아들여야 한다. 실수하면서 배울 수 있기 때문이다. 그것은 교육의 포기가 아니라 성숙한 교육의 시작이다. 인권은 민주 절차적 도덕성을 지향한다. 두발 자유화 때문에 교육이 무너진다고 걱정할 정도면 이미 그 교육은 속병이 깊게 든 상태다.

인권을 보호하자는 말은 결국 인간화된 사회를 지향한다는 뜻이다. 지나친 권리 주장이 사회 공동체를 해칠 수 있다는 지적은 경청할 만하다. 그러나 애초에 학생 인권이 등장해야만 했던 비정상적이고 가혹한 교육 현장을 먼저 성찰하는 게 정상적인 순서다. 이제 인권 논쟁도 권리와 책임을 균형 있게 구사하는 민주 시민의 양성을 둘러싼 건설적인 논의로 업그레이드될 필요가 있다.

성매매와 자기 결정권 논란

—

개인의 자기 선택권, 자기 결정권도 물론 소중하다.
그러나 인신매매라는 천인공노할 범죄의 창궐을 무릅쓰고라도
그런 길을 선택해야 하는가라는 질문 앞에서 좀 더 근본적인 성찰이 필요해졌다.

—

　인권 분야에서 민감한 논쟁으로 떠오른 주제가 있다. 성매매를 합법화하고 성매매 종사자를 정상적 노동자로 인정할 것인가 하는 문제다. 합법화하자는 쪽에서는 성매매를 법의 테두리 안에 두고 규제하면 여러 문제들을 더 잘 해결할 수 있다고 본다. 이렇게 될 때 성매매 종사자들을 법적으로 보호할 수 있고 이들의 자기 결정권과 고객의 선택권을 존중해줄 수 있다고 주장한다.

　합법화를 반대하는 쪽에서는 성매매가 일어나는 사회·경제적 차별 구조를 직시해야 하고, 성매매가 남성이 여성을 억압하는 권력의 장에서 이루어지는 착취 행위라는 본질을 놓쳐서는 안 된다고 지적한다. 물론 이런 입장에서는 성매매 종사자를 처벌하거나 그들을 피해자로만 규정하는 것에 반대한다. 이런 관점을 비범죄화(decriminalization)라 한다. 오해가 없도록 정리할 필요가 있다. 비범죄화를 요구하는 입장 내에 성매매 합법화 찬성론자도 있고 반대론자도 있다. 이런 논쟁 자체가 우리 사회 변화의 한 단면이다. 하지만 전통적인 인권 담론에서 이 주제는 여전히 뜨거운 감자다.

이 논란에 중요한 시사점을 던져주는 전 세계적 비교 연구가 2013년 초에 발표되었다. 저명한 국제 학술지 〈세계 개발(World Development)〉에 실린 '성매매 합법화로 인신매매가 증가하는가?'라는 논문이 그 주인공이다.[1] 독일과 영국 런던정경대학(LSE)의 연구진은 전 세계 150개국을 대상으로 합법화된 성매매가 인신매매의 유입을 증가시켰는지 여부를 조사했다.

지금까지 이 논쟁에는 두 이론이 맞서고 있었다. '규모의 효과(scale effect)' 이론에서는 성매매가 합법화되면 성매매 시장이 확대되면서 인신매매도 같이 증가할 것이라 본다. 반면, '대체 효과(substitution effect)' 이론에서는 합법적 성매매가 인정되면 불법적 인신매매에 의한 성매매 비중이 줄어들 것으로 예상한다. 합법적으로 가능한 성매매가 불법 성매매를 대체할 것이라는 논리다.

연구 결과, 규모의 효과가 대체 효과를 압도하는 것으로 나타났다. 즉, 성매매가 합법화된 나라에서 불법적 인신매매의 규모도 큰 폭으로 늘어난 것이다. 연구진은 몇몇 개별 사례도 살펴보았다. 특히 스웨덴과 독일을 비교한 사례가 흥미를 끈다. 스웨덴에서는 오랫동안 성매매의 근본 원인을 연구한 후 1999년 법을 개정하여 성매매를 전면적으로 금지했다. 모든 형태의 상업적 성관계가 금지되었고, 성을 구입한 사람은 벌금형 또는 최대 6개월의 징역형에 처해진다. 새로운 법은 "성매매는 본질적으로 언제나 착취적이며, 여성이 제공하는 성적 서비스를 구매하는 것 자체가 여성에 대한 차별"이 되므로, 차별을 가하는 사람(구매자)을 처벌해야 한다고 규정했다. 더 나아가 성매매는 인신매매의 원인으로 추정된다고도 했다. 이번 연구 덕분에 스웨덴이 시행한 조치의 정당성이 입증되었다고 볼 수 있다.

독일의 경우는 정반대였다. 독일은 과거에 개인들 사이에서 성을 사고파는 것만 허용하다 2002년부터 성매매에서 제3자 개입을 허용했다. 그 결과 현재 유럽 전체에서 가장 큰 성매매 시장을 갖춘 나라가 되었다. 성매매 종사자들은 이제 '정상 노동자'로 분류되어 노동 조건의 규제를 받고 세금을 내며 퇴직 연금도 받을 수 있다. 독일의 성매매 종사자는 총 15만 명 규모로 추산된다.

독일 인구가 스웨덴의 10배 조금 못 미치는데, 독일의 성매매 종사자 수는 스웨덴의 음성적 성매매 종사자의 60배가 넘는다. 더 중요한 점은 독일의 성매매 시장에 유입된 불법적 인신매매 피해자들 역시 스웨덴에 비해 62배나 높았다는 사실이다. 성매매 합법화로 인해 합법적 성매매 시장이 크게 늘어났고, 그와 함께 불법 인신매매도 폭발적으로 증가했음을 알 수 있다.

이 연구는 성매매를 둘러싼 논쟁에 극히 중요한 함의를 지닌다. 성매매를 양성화하는 데 따르는 긍정적 측면이 분명히 있다. 개인의 자기 선택권, 자기 결정권도 물론 소중하다. 그러나 인신매매라는 천인 공노할 범죄의 창궐을 무릅쓰고라도 그런 길을 선택해야 하는가라는 질문 앞에서 좀 더 근본적인 성찰이 필요해졌다.

자유는 인권의 핵심 기반에 속하는 가치이지만, 어떤 맥락에서 표출되는 자유가 진정 가치 있는 자유인지를 짚어야 하겠다. 전통적 인권 담론은 모든 종류의 자기 결정권을 인권으로 인정하라는 수정주의의 도전을 받고 있다. 사상사적으로 보자면 전통적 자유주의와 수정주의적 자유지상주의가 인권의 장에서 격렬한 충돌을 일으키고 있는 것이다.

권리들의 충돌

—

권리 간 충돌은 인류 진보의 성장통인 셈이다. "권리들의 충돌은
사법부도, 입법부도 어떤 일관된 원칙으로 해결하기 어려운 독특한 문제"라는
말이 있다. 새로운 권리 충돌 문제가 나타난다는 것은 그 사회가
정체되지 않고 진화하고 있다는 증거다.

2014년 2월 한 신문에 '사생활 보호와 알 권리, 무엇이 우선일까
요'라는 기사가 실린 적이 있다.[2] 권리 간 충돌 문제를 다룬 내용이
었다. 집회의 권리와 통행의 권리가 부딪친다면, 학생 인권과 교권이
맞선다면, 죄수의 권리와 간수의 권리가 대립한다면, 노동자의 권리
와 기업의 경영권이 갈등한다면 등등, 권리들끼리 싸우는 사례는 많
다. 필자가 이런 질문을 받을 때마다 동전을 모았더라면 지금쯤 돼지
저금통이 하나 가득 찼을 것이다. 그만큼 많은 사람들이 궁금해하는
이슈다. 권리 간 충돌 문제는 인권에서 이론적으로나 현실적으로나
민감하고 골치 아픈 난제다.

권리 간 충돌은 21세기 들어 전 세계적으로도 커다란 쟁점이 되었
다. 9·11 사태 이후 국가 안보냐, 개인 자유권이냐라는 질문은 대테
러 전쟁에서 논란이 되었던 핵심 쟁점이었다. 중국의 한 자녀 정책으
로 비롯된 논란 역시 비슷한 구도였다. 부부가 자녀를 가질 수 있는
재생산권과 사회 전체의 지속 가능성을 우선시하는 공리주의적 요구

가 대립했던 것이다.

무슬림들의 히잡 착용 권리와 모든 공공 교육 시설에서 종교적 상징물을 금지하는 프랑스 정부의 입장 대립 역시 권리 간 충돌 사례였다. 일단 결론부터 말하자면, '권리 간 충돌 문제에 관해선 확실한 정답이 없다'가 정답이다. 사례별로 따져봐야 한다. 하지만 이상하지 않은가. 인권은 무조건 우선시해야 할 절대적 규범이라고 배웠는데 어째서 이렇게 어중간한 답이 나온단 말인가.

우선 권리의 충돌에도 여러 유형이 있음을 지적해야 하겠다. 첫째, 종류가 다른 권리들이 충돌하는 경우가 있다. 대중의 알 권리와 공인의 사생활 권리를 생각하면 된다. 둘째, 동일한 권리의 행사 방식과 한계 설정을 놓고 갈등하는 경우도 있다. 표현의 자유가 소중하지만 '일베'의 행태에 어떤 제한을 가해야 할지 고심하는 경우가 여기에 해당된다. 셋째, 한 사람의 내면에서 서로 다른 권리들이 충돌하기도 한다. 내가 믿는 종교의 가르침과 시민 의식이 갈등하는 게 좋은 예다. 넷째, 법적 권리와 사람들의 가치가 충돌하는 경우도 있다.

그리고 '권리'라는 말에는 여러 차원이 있음을 이해해야 한다. 아무 데나 '권' 자를 붙인다고 해서 무조건 인권이 되는 건 아니다. 인권의 관점에서 보자면 제일 중요한 권리는 국제적으로 공인된 인권 규범에 부합하는 권리다. 국제 인권 규범은 대개 국내법으로도 인정되지만 반드시 그런 건 아니다. 인권은 아니지만 법적 효력을 지닌 권리도 있다. 그다음 단계로, 중요한 이익 또는 권익이 있을 수 있다. 이 역시 현실에서나 법정에서 중요하게 취급된다. 또한 법에 명시되진 않았지만 어떤 집단에서 매우 소중하게 여기는 가치가 있다면 그것의 문화적 영향력을 감안해 권리 비슷하게 인정해주기도 한다. 특히 신앙이나 정체성, 섹슈얼리티와 관련된 권리는 정서적 인화성이 강해 아주 작은 일로도 충돌을 일으키고 파열음을 내기 쉽다.[3]

그렇다면 권리 간 갈등 문제를 해소할 방안이 있는가. 몇 가지 기본 원칙이 있다. 첫째, 권리들 중 대다수는 절대적 권리가 아니다. 가장 오해가 많은 부분이다. 자연법 전통의 천부인권론이 오늘날까지 큰 영향을 끼치면서 인권은 신성불가침이고 절대적이라는 믿음이 정설처럼 자리 잡았다. 어떤 데에 '권' 자를 붙이면 그 누구도 감히 건드리지 못하는 것이 되었다고 오해하기 쉽다. 권리 간 충돌의 근원을 따져보면 이런 오해에서 비롯된 바가 크다.

하지만 남을 해치면서까지 내 권리를 주장할 순 없다. 표현의 자유가 아무리 중요해도 아동 음란물을 제작할 자유는 인정되지 않는다. 아무리 확실한 권리라 하더라도 타인과의 관계 속에서, 일정한 한도 내에서 행사되어야 한다. 오늘날 인권이 대단히 매력적인 담론으로 떠오르면서 이런 초보적 사실조차 헷갈리는 경우가 많아졌다. 스테판 에셀이 《분노하라》에서 명쾌하게 정의했던 유명한 구절을 기억해보라. '세계 인권 선언'에서 말하는 자유란, "닭장 속의 여우가 제멋대로 누리는 무제한의 자유가 아니다."[4]

둘째, 권리들 간에 서열을 매길 수는 없다. 정책적으로 어떤 권리를 먼저 시행할 수는 있겠지만 원칙적으로 모든 인권의 가치는 똑같이 중요하다. 권리들이 충돌할 때 어떤 권리를 배제할 것이 아니라 모든 권리를 반영할 수 있는 최선의 방도를 찾아야 한다. 최선이 어려우면 차선책이라도 모색해야 한다. 즉 인권에서도 균형과 타협이 필요하다는 말이다.

셋째, 어떤 것에 대한 청구권이 있다 하더라도 그 권리를 모두 누릴 수 있는 건 아니다. 예를 들어, "무엇이든 물어보세요."라고 했다 해서 다산콜센터의 상담사에게 모든 맛집 정보를 요구하거나 어떤 속옷을 입고 있느냐고 묻는 따위의 성희롱을 할 권리는 세상에 없다.

넷째, 권리들끼리 충돌할 때엔 각 권리의 범위를 정해야 하고 사안의 맥락을 살펴야 한다. 예를 들어, 누구나 공개적으로 발언할 자유가 있지만 어떤 맥락에서 그것이 표출되는지는 따져보아야 한다. 사람이 가득 찬 소방서에서 "극장이야!"라고 소리치는 건 큰 문제가 아닐 수 있지만, 사람이 가득 찬 극장에서 "불이야!"라고 소리칠 자유는 인정되지 않는다. 전혀 다른 맥락의 행동이고, 전혀 다른 결과를 초래할 수 있는 행동이기 때문이다. 또한 그 사회의 법적, 문화적 규범도 중요한 판단 기준이 된다. 예컨대 장유유서의 정서가 강한 사회에서 자식이 부모에게 욕설을 퍼붓는 행위를 표현의 자유라는 식으로 옹호하기는 어렵다.

다섯째, 본질적 권리인지 부차적 권리인지 경중을 판단해야 한다. 이것을 핵심적 권리와 주변적 권리로 구분하기도 한다. 자기가 중요하다고 여기는 어떤 가치에다 '권'자를 붙여 절대적 권리로 내세울 때 제로섬 게임 같은 갈등이 발생할 가능성이 높아진다. 하지만 모든 '권리'의 무게가 동일하지 않다는 점을 분별할 수 있어야 한다. 사안별로 권리들의 무게가 다르고, 같은 권리라 해도 경우에 따라 무게가 달라진다.

서구에서 간혹 인용되는 사례가 있다. 소수자 정체성을 지닌 어떤 사람이 자기 정체성과 관련된 업무로 관공서를 찾았다. 공교롭게도 종교를 이유 삼아 그런 정체성에 반대하는 공무원이 창구를 지키고 있었다. 그 직원은 자신의 신앙 때문에 그 업무를 볼 수 없다고 하면서 다른 직원을 불러주겠다고 했지만 차별적 행동을 했다는 이유로 고소를 당했다. 하지만 법원은 종교적 신념에 따른 업무 거부가 본질적 권리에 해당한다고 공무원의 손을 들어줬다. 비슷한 사례가 또 있었다. 특정 종교적 신념이 있는 인쇄업자가 소수자 단체에서 요청한 책자 제작을 거부했다가 제소당했다. 이번에는 법원이 인쇄업자의 행동을 차별이라고 판결했다. 종교적 신념 때문이라 해도 영업 거부권은 주변적 권리에 불과하다고 본 것이다.[5]

이처럼 권리 간 충돌 문제는 일률적 잣대로 판단하기 어렵다. 원칙, 상식, 균형 감각을 발휘해서 황금비를 찾는 수밖에 없다. 하지만 어떤 원칙인지, 어떤 상식인지를 면밀히 따질 필요는 있다. 인권의 원래 취지는 인간의 본질적 이익을 보호하려는 것이다. 따라서 민주적 다수결 원칙으로도 인권을 침해하진 못한다. 그렇다면 권리 충돌이 발생할 때 되도록이면 약한 사람과 소수자의 눈높이에 인권의 눈금을 맞춘다는 원칙과 상식을 지켜야 한다.

이 점에서 법률가들의 역할이 특히 중요하다. 권리 간 충돌은 앞으로도 계속 발생할 문제다. 인권의 목록이 늘어나고, 신념과 이념에 근거하여 인권 문제가 제기되는 경우가 많아지고 있기 때문이다. 인권의 불확실성 때문에 권리 간 충돌이 인권의 가장 중요한 특징이라고 지적하는 학자도 있다. 또한 권리들이 서로 충돌해 온 과정이 인권의 역사 그 자체라고 할 수도 있다. 인권이 발전한다는 말은 인간 사회가 진보한다는 말과 마찬가지다.[6]

인간 사회가 전진할 때 갈등과 긴장이 없을 수도 없다. 권리 간 충돌은 인류 진보의 성장통인 셈이다. "권리들의 충돌은 사법부도, 입법부도 어떤 일관된 원칙으로 해결하기 어려운 독특한 문제"라는 말이 있다. 새로운 권리 충돌 문제가 나타난다는 것은 그 사회가 정체되지 않고 진화하고 있다는 증거다. '잊혀질 권리', '존엄하게 죽을 권리' 혹은 '자기 몸에 대한 결정권'과 같은 논란을 보라. 단시간에 인권 목록에 오르는 권리 요구도 있지만 오랜 논쟁을 거쳐도 풀리지 않는 문제가 적지 않다. 권리 간 충돌이 우리에게 주는 교훈은 명백하다. 인권은 그 시대에 특유한 억압 권력에 맞서는 투쟁 속에서 끊임없이 새롭게 규정된다는 사실이다.

죄형 법정주의와 무죄 추정 원칙

죄와 벌을 감정의 문제로 다루어서 무고한 사람들을 수없이 괴롭혔던
과거를 되풀이하지 않기 위해 죄형 법정주의가 만들어진 것이다.
99명의 진범을 놓치는 한이 있더라도 1명의 억울한 죄인을
만들어서는 안 된다는 다짐이 깔려 있는 원칙이다.

사람들은 강력 범죄 소식을 접하면 마치 자신의 일인 양 민감하게
반응하면서 분노를 표출한다. 잊을 만하면 들려오는 끔찍한 범죄 소
식에 치를 떨지 않는 사람은 드물다. 범죄 피해자를 동정하고 그런
짓을 저지른 범죄자를 일벌백계로 엄하게 다스릴 것을 요구하기 마
련이다. 범죄는 흔히 사회적 영역의 문제로 간주되곤 했다. 그러나
지난 몇 년 사이에 범죄 문제가 정치 영역에서도 중요한 이슈로 떠올
랐다. 2012년 대통령 선거 당시 보수 정당의 대선 후보가 강력 범죄
소탕을 주요 공약으로 들고 나왔기 때문이다. 범죄를 뿌리 뽑고 흉
악범을 응징하는 것을 대선 공약으로 내건 최초의 사례였다. 범죄자
를 엄벌에 처해야 범죄 피해자의 '인권'을 보장할 수 있다는 논리가
등장했다. 이런 분위기 속에서 인권 운동을 향한 비난이 나오기 시작
했다. 흉악 범죄자의 인권을 존중해주자고 하면 그 즉시 '피해자 인
권은 안중에 없고 범죄자 인권만 중요한가'라는 불만이 터져 나왔다.
범죄자의 인권을 옹호하는 인권 운동가는 범죄자만큼이나 나쁜 사

람들로 묘사되었다.

흉악범은 선량한 타인에게 끔찍한 범죄를 저질러 스스로 인간이기를 포기한 자인데, 그런 사람의 인권을 존중해야 한다고 말하는 것 자체가 정신 나간 일인 것처럼 생각하는 사회 풍조가 생겨났다. 과연 흉악범의 인권을 보장해주면 안 되는 것일까. 흉악범의 인권을 존중해주면 그가 저지른 만행을 용서해주는 셈이 되는 것일까. 여기서 한 가지 중요한 전제를 짚고 넘어가자. 범죄자 인권 존중은 죄를 용서해주는 것이 아니며, 처벌을 면제해주자는 것도 아니다. 그리고 인권은 온정주의와 동의어가 아니다. 흉악범의 인권을 존중하자는 것을 그 사람이 지은 죄를 무조건 용서해주자는 뜻으로 받아들이면 안 된다. 인권 운동은 흉악 범죄자의 죄를 용서해주자는 운동이 아니라 법에 나와 있는 원칙과 절차를 지키면서 처벌을 하자는 주장이다.

이는 아주 간단한 사실이면서도 흔히 오해되는 점이다. 왜 이런 오해가 생겼을까. 혹시 "죄는 미워해도 사람은 미워하지 말라."라는 격언 때문이 아닐까. 이 격언은 도덕적인 인간관을 표현한 것이라 할 수 있지만, "사람을 미워하지 말라"라는 가르침이 인권과 동일한 것은 아니다. 범죄자를 미워하거나 혹은 미워하지 않는 것이 인권과 직접적으로 연결되진 않는다.

아주 극단적으로 말한다면 그 사람을 미워하면서도 그의 인권을 존중하자고 주장할 수 있다. 요컨대, 우리가 설령 흉악 범죄자를 도저히 용서하지 못하고 그를 진심으로 미워한다 하더라도, 법에 규정되어 있는 그의 권리를 옹호할 수 있고, 옹호해야 마땅하다는 뜻이다. 물론 피해자에게 이런 태도를 요구하는 것이 얼마나 어려울지 능히 짐작할 수 있다. 군 복무 중 동료 병사에게 구타당해 사망한 자식을 둔 부모가 울부짖으며 정의를 요구하는 것을 우리는 목도한 바 있다. 그 광경을 옆에서 보는 사람들도 고통과 연민으로부터 전혀 자유로울 수 없다. 우리는 한 인간으로서 다른 인간의 절실한 심정 앞에서 침묵의 공감이라는 자세를 표해야 한다.

그럼에도 불구하고 원칙적으로 말해 인권은 가해자를 포함한 모든 이들에게 적용되어야 한다. 필자는 인권 운동이 도덕적이고 인도주의적인 정신의 감화를 통해 발현되는 것이 좋다고 생각하지만, 설령 그런 정신이 없더라도 인권 원칙을 준수하는 것이 불가능하지 않다는 점을 강조하고 싶다. 인권을 개인의 감정이나 선호와 구분해서 볼 줄 아는 초연한 자세가 필요하다.

2014년 세월호 침몰로 어린 학생들을 포함하여 수백 명이 희생당한 참사가 벌어졌다. 국민들의 안타까움과 비판을 자아낸 요인이 여럿 있었지만, 승객들의 안전을 팽개치고 자기 목숨만 부지했던 선장과 선원들에 대한 대중의 분노는 하늘을 찌를 정도로 높았다. 그런데 이 선원들의 변호를 맡은 변호사가 한 일간지에 '세월호의 악마들에게도 인권이 있을까'라는 제목의 글을 기고하였다. 발췌한 내용을 살펴보자.[7]

지난달 21일 세월호 선장과 항해사, 조타수를 접견했다. 언론은 온갖 음모설과 의혹들을 제기하고 있었고 혼란스러운 국민들은 진실에 목말라 있었다. 6시간에 걸친 접견을 통해 상당히 많은 의문이 해소되었고 사건의 진상을 알 수 있었다. 수사 기관의 수사 활동과 피의자들의 방어 활동에 저촉되지 않는 범위 내에서 진실을 밝혀야만 한다는 생각을 하게 되었고 사실 왜곡을 방지하는 차원에서 꼭 필요한 사실들을 언론에 공개하였다. 그런데 전혀 예상치 못한 일들이 벌어졌다. 세월호의 악마들을 변론하는 것 아니냐는 반발이었다. 사무실로 항의 전화가 빗발쳤다. 세월호 선원들이 수많은 생명 피해를 야기한 것은 결코 용서될 수 없다. 응분의 처벌을 받아야만 한다. 중요한 것은 응분의 처벌이다. 대한민국 형사법은 '죄형 법정주의'와 '무죄 추정의 원칙'을 대원칙으로 삼고 있다. 이것은 세월호 선원들에게도 마땅히 적용되어야 하는 원칙이다.

여기서 말하는 '죄형 법정주의(罪刑法定主義)'란 법에서 미리 정해 놓은 대로 범죄를 규정하고 형벌을 결정해야 한다는 근대 형법의 대원칙이다.[8] 독일 법학자 파울 포이어바흐(Paul Feuerbach, 1775~1833)의 '바이에른 형법'에 "법률 없이는 범죄도 형벌도 없다."라는 문장이 있다. 국가가 죄와 벌을 마음대로 결정하는 '죄형 전단주의(罪刑專斷主義)'의 반대말이다. 아무리 비난받을 만한 행위를 했더라도 법률에 정해진 대로 범죄를 규정해야 하고 법률에 정해진 범위 내에서 형벌을 가해야 한다는 뜻이다.

전근대 시절에는 국가가 "네가 네 죄를 알렸다!"는 식으로 사람을 함부로 죄인으로 몰아 처벌하곤 했다. 그러나 근대에 들어 시민들은 자신의 자유와 권리를 국가가 자의적으로 침해하지 못하도록 오랜 투쟁을 거쳐 인권 원칙에 따른 형법 체계를 도입할 수 있었다. 예를 들어, 프랑스 혁명의 '인간과 시민의 권리 선언' 8조는 다음과 같이 규정한다. "엄격하고 명백하게 필요한 벌칙만이 법으로 정해질 수 있으며, 누구도 범죄 행위 이전에 제정·시행되고 또 합법적으로 적용된 법에 의하지 않으면 처벌될 수 없다."

'세계 인권 선언'의 11조 2항은 다음과 같다. "범죄를 저지른 당시에 부과할 수 있었던 처벌보다 더 무거운 처벌을 그 후에 부과해서도 안 된다." 대한민국 형법의 1조 1항을 보라. "범죄의 성립과 처벌은 행위 시의 법률에 의한다." 또한 '세계 인권 선언' 11조 1항은 다음과 같다. "형사상 범죄 행위로 기소당한 사람은 누구나 자신의 변호를 위해 필요한 모든 법적 보장이 되어 있는 공개 재판에서 법에 따라 정식으로 유죄 판결이 나기 전까지는 무죄로 추정받을 권리가 있다."

그렇다면 이런 의문이 들지도 모른다. 아주 나쁜 잘못을 저지른 범죄자에게 왜 이렇게까지 철저히 법적 권리를 보장해주어야 하는가? 아량을 너무 많이 베푸는 것은 아닌가? 피해자와 그 가족들의 억울하고 비통한 심정을 무시하는 게 아닌가? 여기서 우리는 근대 형법에서 죄와 벌을 감정의 문제가 아닌 이성의 문제로 다루고 있음을 한 번 더 기억할 필요가 있다.

죄와 벌을 감정의 문제로 다루어서 무고한 사람들을 수없이 괴롭혔던 과거를 되풀이하지 않기 위해 죄형 법정주의가 만들어진 것이다. 99명의 진범을 놓치는 한이 있더라도 1명의 억울한 죄인을 만들어선 안 된다는 다짐이 깔려 있는 원칙이다. 억울한 사람을 만들지 않기 위해 나타난 사상이 인권인데, 마치 인권이 범죄자를 옹호하고 흉악범을 감싸는 것처럼 오해해선 곤란하다. 이런 오해는 인권 발전의 역사를 부정하고 무시하는 것이다.

만약 어떤 범죄의 심각성에 비해 처벌이 너무 약하다고 시민들이 동의한다면 입법부에서 민주적 과정을 거쳐 처벌을 강화하는 쪽으로 법을 제정하면 된다. 그런 절차 없이 범죄자를 무조건 엄벌에 처하고 그의 기본권마저 박탈해야 한다고 주장한다면 그것이야말로 감정적이고 반민주적이며 독재적인 행태가 된다. 그렇게 하지 않는 것이 자유민주 체제의 우월성이고 장점이다.

그런 점에서 대통령이 세월호 선장을 '살인자'와 같다고 공개적으로 언급한 것은 지극히 부적절한 언행이었다고 하지 않을 수 없다. 선장과 선원들에 대해 우리가 아무리 분노를 느끼더라도 법 집행에서는 인권 원칙을 지킬 줄 알아야 한다. 그들을 미워한다 하더라도 그들의 인권을 존중해줄 수 있어야 한다.

결론적으로 흉악범에게도 인권이 있다. 그렇다고 해서 그를 무조건 용서하자는 말은 아니다. 죄를 지었으면 응분의 처벌을 받아야 한다. 다만 감정에 휩싸이지 않고 근대 형법의 원칙에 따라 절차를 준수하면서 벌을 주어야 한다. 그리고 복수할 목적이 아닌 교화와 사회 재통합을 궁극적 목표로 삼아야 한다. 이것은 이상주의적이거나 비현실적인 주장이 아니다. 상식적 주장에 불과하다. 이런 상식의 준수가 장기적으로 모든 사람의 인권을 보장해줄 수 있다. "죄는 미워해도 사람은 미워하지 말라." 이 말이 훌륭한 도덕률이긴 하나 인권과 관련해서는 오해를 사기 딱 좋은 말이다. 차라리 다음과 같이 바꾸면 좋겠다. "사람은 미워해도 인권은 잊지 말자."

인권은 좌우의 날개로 난다

인권의 '진보성'은 모든 사람에게 적어도 어느 정도의 인간 존엄성을
반드시 보장해주자는 의미에서의 보편성을 가리킨다. 여기서
'모든 사람'이라는 전제 조건이 중요하다. 인권이 당파적이거나 진영 논리에
갇혀 있지 않고 보편적 목표를 지향한다는 증거이기 때문이다.

어떤 입장이나 주장을 놓고 진보냐 보수냐 묻는 것이 요즘 흔한 일이 되었다. 일상 생활이나 직장에서 조금만 입바른 소리를 하거나 사회적 발언을 해도 그것이 마치 어떤 정치색을 띤 것인 양 색안경을 끼고 보는 경우가 많아졌다. 한국처럼 진보냐 보수냐를 자주 따지는 나라도 세상에 많지 않다. 또한 한국처럼 칼 같이 진보와 보수를 나누면서도 정작 그것이 정확히 무엇을 의미하는지 불분명한 나라도 많지 않다.

인권에서도 마찬가지다. 현재 우리나라에서 인권은 거의 언제나 진보와 동의어로 간주된다. 하지만 이 정도는 약과다. 인권의 의미와 출발점과 지향점을 제대로 알지 못하는 사람들이 인권 운동에 대해 '좌파' 혹은 심지어 '종북 좌파'라는 딱지를 붙이기도 한다. 과거 권위주의 독재 시절에도 인권 단체와 인권 운동가에게 정권 차원에서 엉뚱한 혐의를 덮어씌운 적이 있었지만 일반인 중에서 요즘처럼 인권을 곡해하는 사람들이 많진 않았다. 그런 점에서 본다면 우리 역사

가 혹시 거꾸로 가고 있는 게 아닌지 염려스러울 때가 있다.

과연 인권은 '진보' 혹은 '좌파' 혹은 '종북'일까? 이런 식의 통념이 우리 사회 일부에 상당히 널리 유포되어 있으므로 이 문제를 정면으로 다룰 필요가 있다. 이 점을 설명하기 위해선 몇 가지 전제가 필요하다. 우선, 사람들이 사회와 정치를 보는 여러 다양한 견해를 단순히 진보 혹은 보수라는 정치 스펙트럼으로만 나누는 것은 대단히 미흡하고 거칠고 위험천만한 일이다. 거의 불가능에 가깝다. 예를 들어 컬러 사진을 보면서 어떤 부분이 '흑'이고 어떤 부분이 '백'인지를 나누라고 한다면 그것이 가능한가. 북한산에 올라 푸른 숲과 바위와 하늘을 배경으로 찍은 사진에서 어떻게 '흑'과 '백'을 가려낼 수 있을까. 인간 사회는 총천연색 사진이지 결코 흑백 사진이 아니다.

백 보를 양보해서 공적 영역에 국한하여 이 질문을 던진다 하더라도 진보-보수의 양분론은 정확하지도 않고 공정하지도 않은 구분이다. 극히 자의적이고 부정확한 잣대이기 때문이다. 정치, 경제, 통일, 사회, 문화, 교육 등 모든 분야에 한 방향의 의견만 일률적으로 지닌 사람은 거의 없다. 특히 진보라는 말은 상대적인 개념이므로 어떤 쟁점에서 '진보적' 입장이 반드시 '좌파'인 것도 아니다. 정치학자 폴 슈메이커(Paul Schumaker)는 근대 이후에 나타난 중요한 정치 이념을 적어도 12가지로 나눠봐야 한다고 강조한다.[9] 12가지 안에서도 세밀하게 구분하면 수십 가지 정치 사상을 더 찾을 수 있다. 이런데도 세상을 진보-보수로만 나누는 것은 가능하지도 바람직하지도 않다.

또한 진보-보수는 역사적 조건에 따라 바뀌는 개념임을 잊어선 안 된다. 18~19세기에 진보적이었던 입장이 20세기 들어 대단히 보수적인 사상으로 변했거나, 또는 그 반대인 경우도 있다. 마지막으로, 한국 사회에서 진보-보수 논쟁은 단순히 사상 논쟁만을 의미하지 않고 구체적인 권력 투쟁을 뜻하는 경우가 많았다. 6·25전쟁 이래 한국에서 '진보', '좌파' 혹은 '종북'이라는 딱지는 단순히 정치적인 입장 차이만을 뜻하는 게 아니라, 실제적인 처벌과 탄압을 의미했다. 이런 살벌한 분위기에서 어떤 사람에게 좌파니 종북이니 하는 딱지를 붙이면 우리 사회에서 추방 대상으로 낙인 찍는 것과 같은 부정적 효과가 발생하였다. 잘못하면 국가보안법으로 처벌될 수도 있고, 죽을 수도 있는 무서운 손가락질이었다. 이런 이유로 우리 사회에서 진보나 좌파라는 표현은 서구에서처럼 맘 편하게 사용할 수 있는 보통 용어가 아니다.

일단 이런 기본 전제를 이해한 상태에서 원래 질문으로 돌아가보자. 정치적으로 보아 인권은 진보인가? 정답부터 말하면 다음과 같다. 인권은 크게 보아 진보적 담론에 속한다고 할 수 있지만, 인권의 이론과 목적은 통상적 정치 이념과 다르다. 특히 현실 정치의 진영 논리와는 전혀 다르다. 다시 말해 인권이 '진보적'이라 해도 그것이 이른바 정치적 진보-좌파 진영에서 말하는 '진보'와 항상 겹치는 것은 아니다. 더더구나 인권은 특정 정당, 정권, 정치 세력의 전유물이 아니며 그렇게 되어서도 안 된다. 보수 정권이라 해도 인권을 존중해야 하고, 진보 정권이라 해도 인권을 혹여 침해하지 않는지 늘 조심해야 한다.

인권의 '진보성'은 모든 사람에게 적어도 어느 정도의 인간 존엄성을 반드시 보장해주자는 의미에서의 보편성을 가리킨다. 여기서 '모든 사람'이라는 전제 조건이 중요하다. 인권이 당파적이거나 진영 논리에 갇혀 있지 않고 보편적 목표를 지향한다는 증거이기 때문이다.

이러한 보편적 원칙이 받아들여지고 확산되는 것, 그것이 인권적 '진보'라 할 수 있다.

예를 들어, 누구에게나 공정한 재판을 받을 권리가 있다는 보편적 원칙을 보자. 잔인한 독재자가 다스리는 나라에서 민주화 운동가들이 구속되었다고 치자. 이때 인권 운동은 구속자들의 공정한 재판 권리를 보장하라고 독재 정권에 요구하고 그것을 감시한다. 그런데 이 나라에 민주 정부가 수립되어 과거의 독재자가 법정에 서게 되었다고 치자. 인권 운동은 이번에는 그 독재자의 공정한 재판 권리를 보장해주라고 민주 정부에 요구하고 그것을 감시해야 한다. 아무리 나쁜 인간이더라도 기본적 인권이 보장되어야 하기 때문이다. 바로 이런 움직임이 인권적 관점에서의 진보다. 인권적 진보와 현실 정치에서의 진보가 겹치는 경우가 많은 건 사실이다. 하지만 '모든 사람'의 존엄성을 보장하려는 인권적 진보는 자체적으로 고유한 특색과 장점을 지니고 있다.

인권의 진보성에 관한 논쟁은 20세기 현대사와도 밀접한 관련이 있다. 현대 인권의 바이블이라 일컬어지는 '세계 인권 선언'을 만들기 시작했던 1947년 초의 이야기다.[10] 유엔 인권위원회는 당시 유엔 사무국의 인권 담당관이었던 존 험프리(John Humphrey) 교수에게 인권선언을 작성하기 위한 기본 초안을 만들어 달라고 부탁했다. 이때 만들어진 '험프리 초안'은 그당시 세계 각국의 헌법에 나와 있던 기본권 조항들을 범주 별로 정리하고 거기에 일정한 체계를 덧붙인 것이었다. 바로 이 초안이 1948년 12월 10일에 제정된 '세계 인권 선언'의 중요한 밑그림이 되었다. 훗날 험프리는 "인도적 자유주의와 사회민주주의의 종합"을 염두에 두고 자기 초안을 만들었다는 기록을 남겼다.[11]

험프리의 고백은 인권의 진보성을 둘러싼 질문에 중요한 실마리를 제공한다. 즉 인권이란 자유주의에서 말하는 법의 지배 및 시민적·정치적 권리, 그리고 사회민주주의에서 말하는 복지 국가와 경제적·사회적 권리를 동시에 추구하는 사상인 것이다. 비유하자면 인권은 인도주의의 몸통에다 자유주의와 사회민주주의라는 양 날개를 달고 나는 새라 할 수 있다.

알다시피 법의 지배와 시민적·정치적 권리는 정상적인 자유주의-보수주의자라면 누구나 동의해야 하는 민주주의의 기본 가치다. 우리나라 헌법의 전문과 4조에 나오는 '자유민주적 기본 질서'라고 이해해도 아무 문제가 없다. 그리고 복지 국가와 경제적·사회적 권리는 진보 좌파가 특히 강조하는 가치다. 이러한 두 가치 체계를 인도주의라는 몸통에 연결해놓은 게 인권인 것이다. 우리가 통상적으로 이해하는 진보와 보수의 변증법적 통일을 지향하는 사상이라 할 수 있다. 유엔은 1948년 당시 인류의 미래를 위한 청사진으로 좌우 이념의 종합과 화해를 제시했음을 기억해야 한다.

안타깝게도 '세계 인권 선언'이 나올 무렵 국제 정세에는 이미 냉전의 그림자가 드리워져 있었다. 미국을 중심으로 한 민주자본주의 진영과 소련을 중심으로 한 계획공산주의 진영은 '세계 인권 선언'의 좌우 통합 정신을 좋아하지 않았고, 그것을 실천할 의향도 없었다. 민주자본주의 진영은 자기들이 자신 있다고 믿었던 시민적·정치적 권리만을 진정한 인권이라고 주장하기 시작했고, 계획공산주의 진영은 자기들 체제의 장점이라 여겨지던 경제적·사회적 권리만이 진짜 인권이라고 선전하기 시작했다.

그와 동시에 양 진영은 상대 진영이 인권을 침해하는 체제라고 비난했다. 인권의 통합 정신은 간 곳 없고 반쪽짜리 인권만 존재하던 시절이었다. 그래서 냉전 시대의 인권 운동은 동서 양 진영의 인권 침해를 두루 비판하는 운동이었고, 그것 때문에 미국과 소련 모두로 부터 공격을 받곤 했다.[12]

냉전이 끝난 후에도 인권이 제대로 실현되는 세상이 오지 않았다. 이번에는 신자유주의적 지구화라는 쓰나미가 밀려와 온 세상이 우경화되었다. 그러자 이번에는 인권이 좌파라는 비난을 듣기 시작했다. 그렇게 비난하는 사람들은 '세계 인권 선언'이 어떻게 탄생했고, 냉전 시절 인권 운동이 보편적 인권 가치를 지키기 위해 얼마나 좌충우돌했는지 전혀 기억하지 못하는 기억상실증 환자나 마찬가지다. 그러나 세상이 어떻게 요동치든 인권은 꿋꿋이 자기 중심을 지키며 서 있었다. 인권의 기본 출발점은 인간 존엄성의 보장 원칙에 있다. 바로 그것이 만인의 기본 가치를 옹호하려는 '보편성'에 근거한 진보 정신이다.

'인권 유토피아'를 찾아서

—

결론적으로 인권이 상대적으로 양호한 나라들이 분명 있지만
인권의 지상 낙원을 꼭 집어 선정하기는 어렵다. 한 가지는 확실하다.
자기 나라 인권을 좋게 만들기 위해 노력하는 민주 시민들이 많은 나라가
인권 선진국이 될 가능성이 높은 나라라는 사실이다.

—

수업 시간에 학생들이 자주 묻는 단골 질문이 있다. "전 세계에서 인권이 제일 잘 보장되는 나라가 어디입니까?" 이런 물음 속에는 '나도 그런 나라에서 살아 봤으면' 하는 선망이 숨어 있는 것 같다. 세월호 사건 이후 차라리 이민이나 가는 게 좋지 않을까 하는 소리도 들린다. 우리 인간에겐 자신의 선택 너머에 존재하는 실존적 조건들이 있다. 세계 전체로 보아 운 좋게 인권의 '지상 낙원'에 태어난 사람도 있겠지만 운 나쁘게 '지옥' 같은 나라에 태어난 사람도 있다. 아마 대다수 사람들은 낙원과 지옥의 중간 어디쯤에서 살아갈 것이다. 그런데 이런 질문은 학생들만 하는 게 아니다. 실제로 수많은 관련 연구들이 나왔다. 전 세계 국가들의 인권을 비교하고 순위를 매기는 자료들이 많이 개발되어 있다.

일단 이 질문에 답하기 위해 인권이 무엇인지에 관해 합의가 필요하다. 흔히 인권이라 하면 집회의 자유, 결사의 자유, 언론의 자유와 같은 권리를 떠올리는 사람이 많다. 그러나 이것은 전체 인권 중 일

부에 불과하다. 인권은 뷔페에 비유할 수 있다. 뷔페에 가면 한식, 중식, 일식 코너가 있듯이 인권에도 모둠이 있다. 이것을 세대별 인권이라 한다. 체코 출신의 프랑스 법학자 카렐 바삭(Karel Vasak)이 내놓은 개념이다. 프랑스 대혁명의 구호였던 자유, 평등, 우애를 바탕으로 하여 인권을 나눈 것이다.[13]

바삭에 따르면 1세대 인권은 자유권이다. 시민적·정치적 권리라고도 하며 '세계 인권 선언'의 3조에서 21조 사이에 나와 있다. 2세대 인권은 평등권이다. 경제적·사회적 권리라고도 하며 '세계 인권 선언'의 22조에서 27조 사이에 나와 있다. 3세대 인권은 연대권이다. 집합적 권리라고도 하며 '세계 인권 선언'에는 암시만 되어 있고, 나중에 구체화되었다. 이처럼 인권은 1·2·3세대 전체를 포괄하는 종합적 개념으로 이해해야 한다. 따라서 인권의 지상 낙원을 찾으려면 세 종류의 인권이 모두 잘 보장되는 곳을 찾을 필요가 있다.

1세대 인권의 실태에 대해서는 국제 인권 운동계에서 오래전부터 관심을 기울여 왔다. 국제앰네스티에서 매년 발간하는 연례 인권 보고서, 휴먼라이츠워치(Human Rights Watch)에서 발간하는 인권 보고서, 미국 국무부의 연례인권보고서 등이 대표적이다. 1세대 인권의 특성상 인권 침해 상황이 명확하게 드러나곤 한다. 그리고 이 권리는 이른바 자유민주주의를 실행하는 나라에서 잘 보장되는 인권이기도 하다.

영국의 〈옵서버〉라는 저명한 주간 신문이 1999년 세계 인권 지수를 발표한 적이 있다. 국제앰네스티와 미 국무부의 보고서 등에 나오는 초법적 살인, 고문, 실종, 구금 중 사망, 양심수, 불공정 재판, 사형 등의 사례를 모아 최악의 인권 국가를 선정했던 것이다. 콩고, 르완다, 부룬디, 알제리, 시에라리온, 이집트 등이 열거되었다.

국제 인권 조약을 비준하고 국제적으로 개인 청원을 허용한 나라들을 중심으로 하여 국가의 인권 보장 의지를 조사한 연구도 있다. 아르헨티나, 에콰도르, 독일, 에스파냐, 슬로베니아 등이 상위권에 올랐다. 인신매매 혹은 강제적 아동 결혼 등을 연구한 '전 세계 노예 지수'도 나와 있다. 아일랜드, 아이슬란드, 영국, 뉴질랜드, 오스트리아 등이 가장 모범적인 나라였다. 여성에게 언제부터 참정권을 허용했느냐를 시기별로 따질 수도 있다. 투표권이 부여된 순서대로 뉴질랜드(1893년, 피선거권은 1919년), 오스트레일리아(1902년), 핀란드(1906년), 노르웨이(1913년), 아이슬란드(1915년), 덴마크(1915년), 러시아(1917년) 등을 꼽을 수 있다.

의회의 여성 의원 비율, 남녀 간 교육 격차 등을 비교하여 '성별 격차 지수'를 조사한 것도 있다. 네덜란드, 스웨덴, 덴마크, 스위스, 노르웨이가 최상위 국가들이다. 동성애자들이 살기에는 네덜란드, 벨기에, 캐나다, 스웨덴, 에스파냐가 양호한 환경을 제공한다. 프리덤 하우스에서 발표한 조사를 보면 핀란드, 네덜란드, 노르웨이, 룩셈부르크, 안도라 등이 모범적으로 언론 자유를 누리는 국가들이다. 인터넷 자유는 에스토니아, 미국, 독일, 오스트레일리아, 헝가리 등이 우수 국가로 꼽힌다.

2세대 인권 지표로는 아무래도 유엔에서 나온 '인간 개발 지수'를 첫 손에 꼽을 수 있다. 기대 수명, 교육 연한, 1인당 국민 소득(구매력 기준)을 종합한 통계다. 2014년을 기준으로 노르웨이, 오스트레일리아, 스위스, 네덜란드, 미국, 독일, 뉴질랜드, 캐나다, 싱가포르, 덴마크, 아일랜드, 스웨덴 순으로 나와 있다. 종합적 생활 만족도를 조사한 자료도 있다. 덴마크, 노르웨이, 네덜란드, 스웨덴, 오스트리아 국민들이 삶에 대한 만족도가 높다. '국민 총 행복'을 따지는 지수도 제안되어 있다. 부탄의 국왕이 1972년에 내놓은 개념이다. 경제, 환경, 신체, 정신, 노동, 사회, 정치에서 행복도를 계산하는 것이다. 이 지수는 아직 개발 중인 단계다.

국제노동조합총연맹(ITUC)이 조사한 '세계 노동자 권리 지수'는 특히 중요한 2세대 인권 지표이다. 신자유주의 시대에 각국의 노동자들이 노동과 관련된 시민적 자유, 노조 설립, 노조 활동, 단체 교섭, 파업권 따위를 얼마나 누리는지 비교한 통계이다. 최고 1등급 국가는 집단적 노동권이 일반적으로 잘 보장되는 나라다. 노동자 권리 침해가 없는 건 아니지만 정기적인 권리 침해가 발생하지 않는 노동권 우수 국가들이다. 바베이도스, 벨기에, 덴마크, 에스토니아, 핀란드, 프랑스, 독일, 아이슬란드, 이탈리아, 리투아니아, 몬테네그로, 네덜란드, 노르웨이, 슬로바키아, 남아프리카, 스웨덴, 토고, 우루과이 등이 1등급에 속한다.

마지막으로 3세대 인권을 살펴보자. 우선 '환경 성과 지수'는 수자원, 환경 건강, 에너지 및 기후, 대기의 질과 오염도, 하수 처리, 이산화탄소 배출 등을 따진 것이다. 스위스, 룩셈부르크, 오스트레일리아, 싱가포르, 체코, 독일, 에스파냐, 오스트리아, 스웨덴, 노르웨이 등이 상위군 국가들이다. '전 세계 평화 지수'는 국내외 폭력 갈등과 사망자, 인근 국가와의 관계, 체감 범죄 지수, 난민, 정치적 불안정 등을 집계한다. 아이슬란드, 덴마크, 뉴질랜드, 오스트리아, 스위스, 일본, 핀란드, 캐나다, 스웨덴, 벨기에 등이 평화로운 나라에 속한다.

1 · 2 · 3세대 인권을 통틀어 상위권에서 자주 거론되는 국가들은 주

로 스칸디나비아, 서유럽, 북미, 오세아니아에 몰려 있다. 아마 이들이 상대적으로 인권의 지상 낙원에 가깝다고 할 수 있을 것이다. 미국의 인권학자 잭 도널리(Jack Donnelly)는 스칸디나비아형 사민주의 복지 국가가 인권을 종합적으로 가장 잘 보호하는 나라라고 말한다.[14]

그러나 주의할 점이 있다. 이런 나라에도 특유한 인권 문제들이 있다. 스웨덴 같은 나라에서도 경찰이 가한 폭행 사망 사건이 발생하고, 노르웨이에서는 극우파가 일으킨 살인 테러 사건이 발생하기도 했다. 또한 지구화의 영향으로 서구 선진국에서 이민자, 난민, 망명자와 관련된 갈등이 심하게 노출되기도 한다. 동성애자의 인권 특히 결혼 및 입양을 둘러싼 논쟁이 극심하게 벌어지고 있는 나라도 있다.

인권에 대한 주관적 인식이 나라마다 다르다는 사실도 기억할 필요가 있다. 인권의 기본이 어느 정도 보장되면 각국 시민들이 느끼는 주관적 인권 인식은 조금씩 달라지기 마련이다. 예를 들어, '인간 개발 지수'에서는 교육을 받는 연한이 길수록 긍정적으로 평가되지만, 한국처럼 병적인 교육열과 경쟁 체제로 인해 아이들에게 과외 공부를 줄여주는 것이 오히려 인권의 관점에서 더 바람직한 경우도 있다. 그리고 본인의 가치관도 자기 나라의 인권 상황을 평가하는 데 영향을 끼친다. 결론적으로 인권이 상대적으로 양호한 나라들이 분명 있지만 인권의 지상 낙원을 꼭 집어 선정하기는 어렵다. 한 가지는 확실하다. 자기 나라 인권을 좋게 만들기 위해 노력하는 민주 시민들이 많은 나라가 인권 선진국이 될 가능성이 높은 나라라는 사실이다.

대한민국 인권 지수

—

한국은 경제로는 '수'를 받으면서도 삶의 질이나 인권 현실은
우·미·양 사이를 헤매고 있는 극히 모순적인 사회다. 더욱 심각한 것은
이런 문제를 결코 인정하지 않는 가운데 경제 논리가 더욱 공격적이고
폭력적으로 인권 논리를 억압하고 있다는 점이다.

—

퀴즈 하나. 일본, 리히텐슈타인, 이스라엘, 프랑스, 오스트리아, 벨
기에, 룩셈부르크, 핀란드의 공통점은? 2014년을 기준으로 유엔 '인
간 개발 지수'에서 대한민국보다 순위가 낮은 나라들이라는 점이
다.[15] 한국이 이들을 제치고 세계 15위를 차지한 것은 상당히 의미
있는 결과다.

퀴즈 둘. 경제협력개발기구(OECD) 국가 중 자살률이 1위인 나라,
세계 150개국 중 연간 노동 시간 1위에 출산율은 146위인 나라, 세계
경제포럼의 세계 성 격차 보고서[16]에서 136개국 중 111위를 차지한
나라는? 대한민국이다. 한 나라에 어떻게 이처럼 상반되는 측면이
동시에 있을 수 있는가. 좀 더 구체적으로 살펴보자.

한국은 2013년 기준으로 국제 무역 규모 세계 7위, 외환 보유액 세
계 7위, 세계은행이 조사한 기업 환경 평가 세계 7위, 법적 분쟁 해결
세계 2위, 전기 연결 세계 2위, 휴대폰 출하량 세계 1위, 반도체 매출
액 세계 2위, 선박 수주량 세계 2위, 자동차 생산 세계 5위, 주식 거

래량 세계 8위, 전자 정부 지수 세계 1위, 인천공항 기준 공항 화물 처리 세계 5위, 국제회의 개최 건수 세계 5위, 2010년 〈뉴스위크〉 조사 100개국 중 베스트 국가 15위에 교육 성취 2위와 경제 역동성 3위, 그리고 경제 규모 세계 15위를 자랑한다. 우리나라는 이제 세계 차원의 비교보다 이른바 선진국 클럽인 OECD 내의 비교가 더 의미 있을 정도로 덩치가 커졌다. 약소 국가라는 말을 매일 들어야 했고, '메이드 인 코리아'는 저질이라고 생각하며 자란 세대에게는 천지개벽 비슷한 변화가 아닐 수 없다.

그러나 한국의 또 다른 얼굴을 보자. 국회의원과 장차관 수로 계산한 여성의 정치 권력 공유 세계 86위, 여성의 경제 참여도와 기회 세계 118위, 여성 보건 세계 75위, 국민 건강 세계 23위, 삶의 질 세계 29위, 이 모두 한국의 현실이다. 또한 '도움이 필요할 때 의지할 수 있는 사람이 있다'는 문항에 OECD 평균이 90퍼센트인데 한국은 77퍼센트에 그친다. 외형과 내실의 격차가 대단히 크다.

전 세계 국가들을 동일한 경제 기준으로 비교하는 것을 목표로 한 '국민 계정 체계(System of National Accounts)'는 유엔에서 개발되어 1953년부터 발표되기 시작했다. 옛 식민 지역이 대거 신생 주권 국가로 독립하는 와중에 유엔 가입국 수를 늘리기 위한 조처였던 측면이 있었다.[17] 이것을 기점으로 하여 온갖 비교 지표들이 개발되었다. 이 영향을 받아 인권 운동에서도 국제 비교를 위한 지표들을 만들어냈다.

프리덤하우스는 정치적 권리(자유선거, 정치적 다원주의, 정부의 기능)와 시민적 자유(의사 표현과 신앙의 자유, 결사의 자유, 법의 지배, 개인 권리)를 합산해 국가의 자유도를 평가한다. 2012년 당시 세계의 46퍼센트에 해당하는 90개국이 자유국으로 분류되었는데 한국도 여기에 속했다. 그러나 같은 단체에서 집계한 세계 언론 자유 지수를 보면 한국은 인터넷 부분적 자유국, 언론 부분적 자유국으로, 세계 197개국 중 68위에 그쳤다.[18] 〈이코노미스트〉가 내놓는 정치 불안정 지수로는 세계 165개국 중 49번째로 안정된 나라이고, 국제투명성기구의 부패 지수로는 174개국 중 45위다.[19] 사회 갈등, 정치 불안, 정치 폭력, 흉악 범죄, 살인율, 교도소 재소자, 군대 규모, 무기 수입 등으로 계산한 '전 세계 평화 지수'로는 162개국 중 47위 수준이다.

2014년 국제노동조합총연맹이 조사한 '세계 노동자 권리 지수'에서 한국은 최하위에 속하는 결과가 나왔다. 노동 관련 법률이 있긴 하지만 노동권 접근이 어렵고 독재 정치와 부당한 노동 관행에 노출되기 쉬운 5등급 국가로 분류된 것이다. 알제리, 방글라데시, 중국, 이집트, 과테말라, 라오스, 나이지리아, 잠비아, 짐바브웨, 한국이 여기에 속한다.[20] 한 번 더 요약하자면 한국은 외형적 경제 수준에 비해 삶의 질과 인권이 턱없이 부족한 나라라고 할 수 있다.

물론 인간 삶을 양적인 지표로만 비교하기는 어렵다. 수치로 묘사하는 사회상은 그것 자체가 인위적 구성물이어서 그런 지표가 개선된다고 해서 사회 문제가 진정으로 해결될 수 있을지 확실치 않기 때문이다. 남의 떡이 더 커 보이는 인간 심리도 무시할 수 없다. 한국은 스웨덴을 따르고 싶어 하는데 스웨덴의 사민당 대표는 한국의 교육을 부러워한다. 한국이 배우려 하는 독일에서는 스웨덴 복지를 선망한다. 에드워드 스노든(Edward Snowden)이 제공한 도청 정보를 폭로한 영국 〈가디언〉의 앨런 러스브리저(Alan Rusbridger) 편집장은 미국의 언론 자유를 부러워한다.

또한 본질적 차원에서 인간의 고통은 서로 비교가 불가능하다는 점 역시 기억해야 한다. 사회의 물질적 수준이 평균적으로 올라가더라도 불평등과 차별이 존재하는 한 소외된 사람들의 사회적 고통은 훨씬 커진다. 따라서 객관적 수치로 드러나는 큰 윤곽 못지않게 세부 묘사도 중요하다. 인권이 '모든' 사람을 옹호하는 사상으로 남아 있는 한, 큰 틀에서 잡히지 않는 '작은' 사람들의 실상이 더 중요하기 때문이다.

이 때문에 인권을 계량적 순위로 표시하지 않는 인권 단체들이 많다. 휴먼라이츠워치나 국제앰네스티가 대표적이다. 이들 엔지오는 완벽한 인권 존중 사회란 이 세상에 없다는 전제 아래 각국의 고유한 문제와 결함을 찾아내 비판한다. 그렇게 해야 어느 사회에나 존재하는 잊혀진 '작은' 사람들의 고통을 드러낼 수 있다는 이유에서다. 한국 항목에서는 의사 표현의 자유, 양심에 따른 병역 거부자, 집회의 자유, 노동 문제와 노동자 권리, 이주자, 사형 제도 등을 중요한 인권 문제로 다루고 있다.[21] 근대 초기부터 확립되어 온 고전적 인권 목록이 많다는 점에서 우리 인권이 가야 할 길이 멀다는 것을 알 수 있다.

최근에 널리 알려진 각종 인권 문제를 생각하면 더욱 기가 막힌다. 고객에게 억지 미소를 지으라고 강요하여 직원을 정신 이상으로 몰아가는 감정 노동, 보조 출연자들을 짐승처럼 부리고 성폭력을 가해 죽음에까지 이르게 한 방송계의 야만적 관행, 21세기 세계 최고 스마트폰을 생산하는 대기업의 협력 업체 서비스직 노동자가 "배고파 못 살았고 다들 너무 힘들어서……. 전태일 님처럼 그러진 못해도 전 선택했어요."라는 유서를 남기고 자살을 할 정도로 야만적인 19세기적 현실을 보라.

요컨대 한국은 경제로는 '수'를 받으면서도 삶의 질이나 인권 현실은 우·미·양 사이를 헤매고 있는 극히 모순적인 사회다. 더욱 심각한 것은 이런 문제를 결코 인정하지 않는 가운데 경제 논리가 더욱 공격적이고 폭력적으로 인권 논리를 억압하고 있다는 점이다. 이런 현상은 이명박 정부 이래 일관되게 나타났고 박근혜 정부가 들어서도 호전될 기미가 없다. 통합진보당에 대한 정당 해산 심판 청구가 받아들여진 데서 볼 수 있듯이 반공 매카시즘이 오히려 불사조처럼 부활하는 조짐마저 보인다.

필자는 한국의 인권이 국제적으로 어느 정도 수준인가라는 질문을 받으면 다음과 같은 비유를 들곤 한다. 모든 나라 사람들이 자기 나라 산에 오른다고 치자. 높이 오를수록 공기가 맑아지고 산길이 더욱 평탄해진 나라들이 꽤 있었다. 산 정상 가까이에 스카이웨이를 닦은 나라도 있다. 우리나라 사람들은 산에 높이 오를수록 그렇게 될 것이라 믿고 지난 반세기 동안 악착같이 노력해서 이제 거의 8부 능선까지 오를 수 있었다.

그런데 공기의 질은 기대했던 것만큼 좋아지지 않았고, 산길도 그리 평탄해지지 않았다. 산길 중간중간에 깊은 웅덩이까지 패어 있어 빠져 죽는 사람이 나올 정도로 문제가 많다. 게다가 이 산 아래로 지진대가 통과하고 있어 산 전체가 요동을 칠 가능성이 높다. 이게 우리 인권의 현실이다. 여기서 등산은 발전을 상징한다. 높이 오르는 것은 경제가 성장한다는 뜻이다. 공기는 삶의 질이다. 산길은 인권 상황이다. 지진대는 분단과 반공주의를 가리킨다.

결론적으로, 한국은 큰 그림으로 봤을 때 먹고 사는 문제와 물질적 축적에서 대단한 발전을 이뤘음을 부정할 수 없다. 과거에 비해 공권력에 의한 노골적인 인권 침해가 많이 줄어든 것도 사실이다. 그러나 경제 수준에 비해 삶의 질은 충격적일 정도로 열악한 상태다. 인간 존중 가치는 실종되었고 실질적 인권은 부분적으로만 보장되며 그마저 우려스러울 정도로 뒷걸음치고 있다. 더욱이 분단으로 인한 인권의 환경적 제약은 변할 기색이 보이지 않는다. 눈부신 경제 발전, 약간의 제도 개선, 팍팍한 생활상, 부분적 자유, 보수 권력의 소극적 인권 정책, 구조적 취약성……. 이런 것들의 기이하고 불안정한 조합이 우리 인권의 객관적인 모습이다.

북한 인권을 보는 두 가지 시각

—

인권의 정치화를 거부하되, 인권이 결국 정치적 역학 속에서 구현된다는
점을 이해해야 한다. 북한 인권법도 마찬가지다. 북한을 붕괴시킬 목적으로
북한 인권법을 제정하겠다면 그것이 바로 인권의 정치화다.

—

전두환의 폭정이 극에 달했던 1980년대 중반, 미국의 인권 단체
아시아워치위원회(Asia Watch, 현재 정식 명칭은 '휴먼라이츠워치'다)가
남한에 조사단을 파견한 적이 있다. 위원회는 민주화 단체와 재야 인
사들을 만나 생생한 증언을 청취하였다. 아시아워치는 이 조사에 근
거하여 1986년 초 방대한 보고서를 펴냈다.[22] 학생들과 민주 인사들
에 대한 탄압, 대학에 대한 감시와 개입, 반체제 인사들의 가혹한 형
기, 노동 운동의 폭력적 억압, 언론인 추방과 재갈 물리기, 출판물 검
열 등이 상세하게 열거되었다. 특히 정치적 반대자에 대한 고문 관행
이 심각한 인권 유린으로 지적되었다. 레이건 행정부의 한국 정책에
대해서도 비판이 제기되었다. 남한의 민주 진영에서 크게 공감할 수
있는 내용이었다.

홍미롭게도 이 보고서 중 한 챕터가 북한 인권 문제에 할애되었
다. 집필자는 당시 위싱턴대학 교수 브루스 커밍스(Bruce Cumings)
였다.[23] 커밍스 교수가 파악한 북한의 인권은 한마디로 짙은 안개에
뒤덮인 상태였다. 세계에서 가장 폐쇄적인 나라 중 하나, 언론 자유

나 표현의 자유가 단지 억압되는 정도가 아니라 존재하지도 않는 나라였다. 적어도 국제 사회에서 통용되는 집회 및 결사의 자유는 아예 존재하지도 않았다. 학생들의 자유로운 발언과 체제 비판, 독자적인 정치 조직, 이런 것들을 논하기 어려운 나라였다. 애초에 아시아워치는 남북한 모두에 조사단을 파견하려고 했으나 북한에는 입국조차 할 수 없었다.

북한 인권을 말하는 자리에서 이런 이야기를 꺼낸 이유가 있다. 북한 인권 문제에는 남한과의 대비가 언제나 배경에 깔려 있다는 점, 그리고 냉전이라는 특수한 이념 대결 구도 하에서 인권을 균형 있게 보기가 어려운 점을 강조하기 위해서다. 그 당시 남한은 형식적으론 민주 체제이면서 극단적으로 인권 탄압을 하는 나라, 그러나 그나마 반민주 현실을 비판적으로 평가할 기준이 있는 나라였다. 반면 북한은 평가 기준 자체가 다른 나라였다. 전자는 인권 유린 리스트가 길게 나오는 나라였고, 후자는 그런 리스트를 작성하기도 어려운 나라였다.

그렇다면 남북한의 인권 우열을 가릴 수 있었을까. 반공주의자들은 바로 이런 이유를 들어 남한이 무조건 우월한 체제라고 본다. 이들은 남한 사회에서 반민주·반인권 상황을 비판하는 것은 사치라고 판단한다. 이런 입장에 따르면 남한 국민의 기본권은 남한이 이북에 의해 적화되지 않은 '불성립에 따른 반사적 가치' 즉, 북한에 의한 적화가 이루어지지 않았으니 그것만으로도 남한의 인권은 최상의 상태에 있음을 뜻한다. 더 나아가, 반공주의자들은 훨씬 더 '행복한' 남한 국민이 자국에 대한 비판보다 북한 주민의 인권 개선에 노력을 다해야 마땅하다고 주장한다. 이 점에 동의하지 않는 사람은 당장 북한으로 보내자는 폭언도 서슴없이 퍼붓는다.

남한의 민주파는 본질적으로 인권 침해는 단순 비교가 불가능하다고 본다. 형식적 민주 체제에서 벌어지는 인권 침해든, 전체주의 치하에서 벌어지는 인권 유린이든 모두 투쟁의 대상이지, 비교를 운운할 일이 아니라고 생각한다. 해방 후 민간인 학살 사건, 유신 암흑기, 광주 항쟁을 겪은 남한에서 길고 긴 투쟁을 거쳐 이 정도라도 민주주의를 기반 위에 올려놓은 과정 자체가 중요하다고 생각한다. 거대한 희생을 치른 뒤에야 남한이 인권 보장을 위한 투쟁을 펼칠 공간이 크게 확장된, 곧 반증이 가능한 열린 사회가 될 수 있었다고 평가한다.

물론 오늘날 북한은 남한과 비교가 불가능한 사회다. 건성건성 박수 치고 오만불손하게 행동했다고 총살당한 장성택을 보라. 인권에 관한 한 상식적으로나 국제 기준으로나 아주 열악한 나라다. 하지만 민주파는 그런 이유만으로 북한에 대해 우리가 일방적으로 인권을 설교할 수 있는 여유로운 입장은 아니라고 볼 것이다. 인권은 스스로 실천해야 할 가치이지, 타자에게 설교할 수 있는 가치가 아니기 때문이다. 인권에 관한 한 완벽한 사회 체제는 이 세상에 없다. 이밖에 북한의 인권 문제 자체를 부정하는 경향을 가진 민족파도 있지만 이들의 견해는 극소수가 되었다.

이러한 존재론적 대립이 북한 인권 문제를 둘러싼 남한 내 견해 차이의 근본을 이루고 있다. 인권은 절대적 가치로 주창되지만 그것을 실천할 때에는 맥락과 상황을 고려할 수밖에 없다. 더구나 인권을 상대를 비난하기 위한 도구로 악용하는 행태를 정상이라 생각해선 안 된다. 인권의 정치 도구화는 원래 냉전의 산물이었다. 냉전 당시 동서 진영은 상대를 공격하기 위해 인권을 경쟁적으로 오용했다.

미국은 시민·정치적 권리를 내세워 소련을, 소련은 경제적·사회적 권리를 내세워 미국을 난타했다. 이런 양분 구도 때문에 국제앰네스티는 냉전 시절 양심수 명단을 발표할 때마다 자본주의, 사회주의, 비동맹 진영 사이에서 기계적으로 균형을 맞추어야 했다. 국제앰네스티는 모든 쪽에서 욕을 먹었지만 그 점을 역이용해 모든 진영의 비판들을 모아 책자를 간행하기도 했다.[24] 두루 욕을 먹는 것 자체가 인권 단체의 공정성을 입증한다고 보았기 때문이다. 알다시피 한반도에신 냉전이 현재 진행형이다. 오늘날 남한의 인권 단체가 이렇게 처신해야 하는지를 냉전 당시의 국제 인권 운동이 잘 보여주고 있다.

인권 운동은 교실에 비유할 수 있다. 학생들이 의자에 앉아 있고, 앞쪽에는 칠판이 있다. 칠판은 인권의 수직적 차원이다. 여기엔 인권의 기본 원칙들이 적혀 있다. 모든 인권이 모든 이에게 적용된다는 보편성, 인권 목록은 나눌 수 없고 크게 한 덩어리로 보아야 한다는 불가분성, 빵과 장미가 다 필요하다는 원칙, 인권 목록이 서로 기대고 있다는 상호 의존성, 유엔을 포함한 국제 인권 규범에 대한 동의, 인권은 인권적인 방식으로 추구해야 한다는 평화 원칙 등이 그것이다. 의자들은 인권의 수평적 차원이다. 각각의 의자는 인권 운동의 여러 영역을 상징한다. 여성 인권, 장애인 인권, 노동 인권, 언론 인권, 집회 결사 인권 등등. 어떤 영역에서 활동하든 간에 인권 운동가라면 칠판에 적힌 인권의 대전제에 동의해야 한다. 예를 들어, 가정 폭력 반대 운동을 하더라도(의자), 국가보안법이나 양심에 따른 병역 거부에 관한 유엔의 권고에 원칙적으로 동의해야(칠판) 정상적 인권 운동이라 할 수 있다.

그런데 북한 인권에 관해선 이상한 일이 벌어지고 있다. 북한 인권 운동 의자에 앉아 있는 단체 중 상당수가 칠판에 적힌 원칙을 외면하거나 편리할 때에만 활용한다. 이들은 엄밀하게 말해 북한 인권 운동이 아니라 북한 타도 운동을 하는 단체들이다. 인권 교실에 앉아 있을 이유가 없다. 반대로 칠판의 대원칙에 동의하는 전통적 인권 운동 중에는 북한 인권 의자에 앉아 있는 단체가 드물다. 여러 이유가 있겠지만 바람직한 상황은 아니다.

전자에 대해 우리는 이렇게 물어야 한다. 인권 운동을 한다면서 왜 인권의 수직적 차원인 칠판을 외면하는가. 당신 인권 운동을 하는 게 맞나. 인권 운동을 하려면 똑바로 하라. 후자에 대해 우리는 이렇게 말해야 한다. 왜 중요한 인권 영역을 방치하고 있는가. 당신 직무 유기한 게 아닌가. 가능한 선에서 개입하도록 노력하라. 북한 이탈 주민을 위한 활동 같은 것도 있지 않은가.

한 가지 더 있다. 인권 교실이 어떤 건물 내에 있는지도 따져봐야 한다. 튼튼한 건물 안에 있다면 통상적인 인권 운동이 가능하다. 하지만 기초가 튼튼하지 않은 건물에 교실이 들어서 있다면 어떻게 될까. 이럴 때엔 인권 운동과 건물 붕괴 예방 조치를 함께 취해야 한다. 인권 운동이 구체적 인권 침해에 대응하면서도 구조적 요인을 함께 고려해야 한다는 말이다. 동북아의 지정학적 특수 상황이 꼭 이런 경우다. 역내의 갈등과 불안정 요인을 감안하면서 인권 운동을 전개해야 한다.

인권의 정치화를 거부하되, 인권이 결국 정치적 역학 속에서 구현된다는 점을 이해해야 한다. 북한 인권법도 마찬가지다. 북한을 붕괴시킬 목적으로 북한 인권법을 제정하겠다면 그것이 바로 인권의 정치화다. 군이 만들겠다면 반북 단체 지원이 아니라 북한 주민의 실질적 인권 향상을 위한 법을 내놓아야 한다.

이런 점들을 고려한 통찰이 이미 나와 있다. 구조적 차원에선 백낙청의 분단체제론이 유력한 이론적 대안이 될 수 있다.[25) 이행 차원에선 헬싱키 프로세스의 한반도 버전을 모색하는 박경서의 제안,[26) 코리아 인권 개념을 제시한 서보혁의 제안,[27) 진보적 북한 인권 운동을 주창하는 황재옥의 제안[28) 등을 꼽을 수 있다. 북한의 인권 문제는 이제 되돌릴 수 없을 만큼 거대한 국제 인권 이슈가 되었다. 이것을 어떻게 풀어내느냐가 장기적으로 한반도의 평화와 통일을 좌우하는 중요 변수가 될 가능성이 높아졌다.

인권과 민주주의

—

최소한의 경제적 권리 없는 민주주의는 속 빈 강정이다.
민주주의 없이도 경제적 권리를 보장받을 수 있다고 생각하는 오류를
경계해야 한다. 설령 민주주의 없이 경제가 발전한다 해도 그런 상태는
노동권의 억압과 경제 불평등의 심화를 가져오기 쉽다.

—

인권과 민주주의는 서로 어울리는 커플인가? 인권과 민주주의가
원래 천생연분이라고 생각해 온 사람에게 이 질문은 생뚱맞게 들릴
것이다. 인권이 잘 보장되면 민주주의가 제대로 작동하고 있다는 뜻
이고, 민주주의를 실천하는 정부가 인권을 더 잘 보장해준다는 것은
일종의 상식 아닌가. 또한 다수결로 실행되는 민주주의라 하더라도
소수에 속한 사람의 권리를 보호해주고 소수 의견을 묵살하지 않는
인권 원칙을 지켜야 제대로 된 민주주의라 할 수 있는 게 아닌가. 그
런데 이런 상식적인 관념에도 불구하고 인권과 민주주의의 상관 관
계를 모든 사람이 인정하는 것은 아니다. 만일 인권과 민주주의의 관
계를 정비례 관계로 받아들이지 않는다면 어떤 이유로 그럴까?

구체적인 사례를 들어보자. 1994년 미국의 저명한 외교 전문지 〈포
린 어페어스〉에 당시 싱가포르 총리였던 리콴유의 긴 인터뷰 기사가
실렸다. '문화가 운명이다'라는 제목의 글이었다.[29] 인터뷰에서 리콴
유는 싱가포르를 포함한 아시아 국가들이 문화의 측면에서 서구와

많이 다르다고 주장했다. 개인의 권리와 자기 주장, 그리고 더 많은 자유를 중시하는 서구식 자유민주주의는 아시아의 실정에 맞지 않는다고 했다.

아시아에서는 개인 권리나 자기 주장보다 자기가 속한 공동체와 가문의 보존, 타인과의 조화로운 삶, 그리고 사회의 안녕을 더 중시하기 때문이라는 것이었다. 유교 전통도 이런 문화에 큰 역할을 한다고 했다. 이러한 특성 때문에 아시아에서 서구식 민주주의는 바람직하지 않고 가능하지도 않다. 오히려 아시아 문화에 부합하는 독특한 정치 체제를 발전시키는 편이 훨씬 지혜롭다는 주장이었다. 리콴유의 견해에는 싱가포르의 '성공'에 대한 자부심이 깔려 있었다.

알다시피 싱가포르는 서울보다 약간 더 큰 면적에 약 530만 명 정도의 인구가 사는 미니 도시 국가다. 그러나 2014년을 기준으로 1인당 GDP가 5만 달러를 훨씬 웃돌 정도로 경제적으로 윤택하고 신흥 공업국 중에서도 선두 주자로 꼽히는 '성공한' 나라다. 그러나 물질적으론 풍족하지만 싱가포르를 완전한 민주 국가로 보긴 어렵다. 선출된 국회의원 87명 대다수가 집권 여당인 인민행동당에 속하고 최근 2011년 총선에서 야당인 노동자당 국회의원 6명이 의회에 진출했을 정도다.

인권 단체 프리덤하우스는 싱가포르를 온전한 선거민주주의 체제로 여기지 않는다. 언론의 자유가 전 세계 100위권에도 들지 못하는 열악한 상태에 있으며 아직도 형법상 태형(곤장)을 실시할 정도로 후진적인 인권 상황이 존재한다. 싱가포르에 비판적인 사람들은 이 나라가 배고픈 소크라테스와는 반대 상태, 즉 '배부른 돼지'의 길을 선택했다고 혹평하곤 한다.

리콴유 총리의 문제 제기는 이른바 '아시아적 가치'가 과연 독자적인 사상인지, 그것이 실체가 있는 것인지, 그리고 그것을 아시아인들이 진정 원하는지를 둘러싸고 큰 논쟁을 불러왔다. 말레이시아의 마하티르 전 총리도 아시아적 가치를 지지하는 지도자로 간주되었다. 리콴유의 기사가 나오고 몇 달 뒤 〈포린 어페어스〉에 한 편의 반박 논문이 실렸다. '리콴유에 대한 답변 : 문화가 운명인가? 아시아의 반민주적 가치라는 허구적 신화'라는 제목을 단 글이었다.[30] 필자는 한국의 야당 지도자 김대중이었다. 김대중은 이 논문에서 리콴유의 주장을 조목조목 반박하였다. 그는 아시아인들이 위계적인 유교 문화 속에서 민주주의보다 먹고 사는 문제를 우선시한다는 생각은 전혀 사실과 다르다고 주장했다. 민주주의, 인권, 자유의 가치는 시대와 지역을 초월한 인류의 보편적 진리라고도 했다.

또한 '아시아적 가치'라는 개념이 혹시 권위주의 독재자들에게 면죄부를 줄 수 있는 위험한 발상이 아닌가 반문했다. 김대중은 '수신 제가 치국 평천하(修身 齊家 治國 平天下)'라는 중국 고사성어를 인용하면서 나라를 다스리는 '치국'의 궁극적 목표는 '평천하'인데, 그것을 이루기 위해선 우선 '제가'를 해야 하고, 제가는 결국 '수신'에 달려 있다는 주장을 폈다. 수신의 참뜻은 개인의 계발과 발전인데, 그것이 존재하지 않으면 전 세계에 평화가 올 수 없다는 말이었다. 개인의 자유와 권리 없이 더 큰 수준의 공동선을 논할 수 없다는 관점이었다.

아시아적 가치 논쟁은 그 후에도 이어져 중국계 정치학자 린춘은 인권과 민주주의를 분리할 필요가 있다는 주장을 내놓기도 했다.[31] 중국처럼 가난하고 큰 나라의 인민들에겐 민주주의에 앞서 의식주를 넉넉하게 누리는 경제적 인권이 급선무라는 논리였다. 여기서 우리는 시민적·정치적 권리와 경제적·사회적 권리가 합해져 인권의 전체 모습을 만든다는 점을 기억해야 한다. 린춘은 그중에서 경제적·사회적 권리만을 떼어내 시급한 인권으로 본 것이다.

여기서 '경제 발전'과 '경제적 권리'를 구분할 필요가 있다. 경제 발전은 집단적·평균적 개념이지만 경제적 권리는 개인적·분배적 개념이다. 한 재벌이 엄청나게 커져 국가 전체의 평균적 경제 수준이 올라갈 수 있을지 몰라도 그것이 자동적으로 모든 사람의 복지권을 보장해주지는 않는다. 그러나 인권-민주주의 분리론을 주장하는 사람들은 개인의 자유와 권리와 민주주의를 유보하고라도 일단 잘 먹고 잘사는 게 중요하다고 주장한다.

이들은 반쪽짜리 인권만 인정하겠다는 오류를 저지를 뿐만 아니라, 경제 발전과 경제적 권리를 혼동하는 잘못에 빠지기도 한다. 이런 생각은 박정희 시절 이래 권위주의적 발전 국가를 지탱해주었던 논리이기도 하다. 흔히 "민주주의가 밥 먹여주나." 하는 비아냥거림에도 이러한 그릇된 사고가 들어 있음을 알 수 있다. 이런 생각이 21세기를 사는 우리에게 아직도 남아 있다는 사실이 놀라울 따름이다.

아시아적 가치를 주창한 정치인들이나 중국식 발전 모델에 대해 요즘은 과거에 비해 비판적인 평가가 많아졌다. 특히 각국 민중들 스스로 인권과 민주주의를 분리하는 데 비판적인 입장을 취하는 편이다. 솔직히 말해 보통 사람들은 개인의 자유와 민주주의, 그리고 먹고살 권리를 모두 원한다. '배부른 돼지' 상태를 선호하는 사람이 아주 예외적으로 있을 수 있겠지만 대다수 시민들은 그런 식의 모욕적인 상황을 좋아하지 않을 것이다.

독재 국가의 지도자가 경제적으로 유능한 경우는 거의 없지만, 설령 있다 하더라도 사람들은 탄압 때문에 대놓고 말을 못해서 그렇지 시민적·정치적 권리와 경제적·사회적 권리가 모두 중요하며, 인간에 겐 두 가지가 함께 필요하다는 사실을 잘 알고 있다. 그렇지 않다고 말하는 것은 사실을 왜곡하거나 시민의 의식을 얕잡아 보는 것이다.

민주주의를 위해서는 시민적·정치적 권리가 물론 중요하다.[32] 시민적·정치적 권리에는 참정권, 의사 표현의 자유, 집회 및 결사의 자유 등의 '민주' 권리, 그리고 생명권, 안전권, 사생활 자유, 사상과 양심의 자유 및 법의 지배 등의 '자유' 권리가 포함된다. 전자는 다수 대중이 소수의 국가 엘리트에게 요구하는 권리이며, 후자는 소수파가 다수의 횡포에 맞서기 위해 요구하는 권리이다. '자유' 권리가 있어야 '민주' 권리가 생기며, '민주' 권리가 있어야 민주주의를 제대로 실시할 수 있으며, 민주주의가 되어야 인권이 전체적으로 보장된다.

경제적·사회적 권리와 민주주의의 관계도 대단히 중요하다. 최소한의 경제적 권리 없는 민주주의는 속 빈 강정이다. 노동과 취업 조건이 열악하고 사람들의 삶이 팍팍한 사회에서 민주주의가 제대로 작동되기 어렵다. 한 번 더 강조하지만 민주주의 없이도 경제적 권리를 보장받을 수 있다고 생각하는 오류를 경계해야 한다. 설령 민주주의 없이 경제가 발전한다 해도 그런 상태는 노동권의 억압과 경제 불평등의 심화를 가져오기 쉽다.

국민들에게 '가만히 있으라' 해놓고 정부가 알아서 모든 사람을 골고루 잘살게 해주진 않는다. 시민들이 스스로 자신의 권리를 적극적으로 찾고 요구해야 한다. 시민적·정치적 권리 및 경제적·사회적 권리를 합친 종합적 인권과 민주주의는 사이 좋은 커플로 남아 있을 때에 진정한 가치를 발휘할 수 있다.

다문화 사회를 위한 인권 교실

—

이민과 관련된 가장 좋은 대책은 이른바 이 땅의 '토박이'들이
새로 유입된 사람들과 한 사회 내에서 어울려 살 수 있는 다문화적 수용성을
높이는 것이다. 피부색, 언어, 문화, 전통, 종교가 달라도 결국 같은
인간으로서 서로 존중하면서 살아갈 수 있다면 우리 사회 전체의
관용성과 민주 의식도 크게 향상될 수 있다.

—

2014년 6월에 실시된 지방 선거에 투표를 하는 외국인들의 모습이 뉴스에 등장했다. 영주권을 취득한 후 3년 넘게 거주한 사람들이다. 이런 외국인이 48,426명이나 된다고 한다. 외국계이지만 어엿한 주민으로서 지방 선거에 참정권을 행사할 수 있게 된 것은 우리 민주주의의 수준을 보여주는 긍정적인 측면이다.*

2014년 기준으로 대한민국의 인구는 약 5120만 명이다. 이중 외국계 주민은 약 149만 명으로 추산된다. 외국계 주민은 한국에 90일 이상 장기 체류한 외국인, 한국 국적을 취득한 사람 및 그들의 자녀를 말한다. 전체 인구에서 2.9퍼센트를 차지하는데 그 비율이 계속 증가하고 있다. 이들을 유형별로 보면 외국인 노동자가 약 절반이며, 그밖에 국제 결혼 이민자, 외국계 주민 자녀, 상사 주재원, 한국 국적

---

* 한국에서는 2006년 지방 선거에서부터 외국계 주민들에게 투표권이 부여되었다. 당시에는 주로 타이완계 주민들이 참정권을 행사하였다.

취득자, 유학생, 재외 동포로서 국내 거주자 등이 있다. 2010년 당시 외국계 주민 중 국제 결혼 이주자들은 한국 국적 취득 여부와 상관없이 총 15.9퍼센트에 달했다.

외국계 주민을 국적으로 보면 중국 국적의 조선족이 제일 많고, 중국인이 그다음이다. 이들이 전체 외국계 주민 중 절반 이상이다. 나머지는 베트남, 미국, 필리핀, 인도네시아, 일본, 태국, 몽골, 우즈베키스탄, 타이완, 기타 국가 순서다. 거주 지역으로 보면 서울과 경기도, 인천 등 수도권에 외국계 주민들 중 약 3분의 2가 집중되어 있다. '불법' 체류자라는 말 자체가 반인권적 의미를 품고 있음을 기억해야 한다. 행정상 '불법(illegal)'이라는 말에 형법상 '범죄적(criminal)'이라는 어감이 많이 들어 있기 때문이다. 요즘 들어선 '미등록'이라는 말을 쓰는 추세다.[33]

한국은 단일한 민족 공동체라는 믿음이 대단히 강한 나라이다. 순혈주의와 혈통주의를 신봉하는 경향 때문에 민족적 동질성에 큰 가치를 부여하는 경향이 많다. 외국인과 결혼에서 태어난 아이를 흔히 '혼혈아'라 하는데 '피가 섞인 아이'라는 뜻의 이 단어는 최근까지 부정적인 의미로 사용되어 왔다.[34]

다문화에 관한 용어들을 정리해보자. 우선 다문화(multiculture) 또는 다문화적(multicultural)이라는 말이 있다. 정도의 차이는 있겠지만 문화적 다양성은 어느 사회에나 존재하는 현상이다. 좁은 의미의 다문화적 상황이란 한 국민국가 내에 인종, 언어, 역사, 문화적 동질성에 기반을 둔 공동체들이 여러 개 존재하면서 사회적으로 유의미한 영향을 끼치는 경우를 지칭한다. 다문화 사회를 규정하는 객관적 기준은 없다. 인구의 10퍼센트 이상이 소수 민족들로 이루어진 사회를 다문화 사회라고 규정하는 학자도 있다. 그렇게 본다면 한국은 다문화 사회로 나아가고 있는 나라라고 할 수 있다. '다문화주의(multi-culturalism)'라는 개념도 있다. 이는 일종의 규범적 목표를 지향하는 용어이다. 이질적이고 다양한 문화들을 제도권 내에서 적극적으로 수용해야 하고, 문화적 다양성을 관리하기 위해 공식적으로 상호 존중과 문화적 차이에 대한 톨레랑스(tolerance, 관용)를 지지하는 정책을 채택해야 한다고 보는 입장이다.[35]

한국은 1980년대 말까지만 해도 전형적인 이민 송출 국가였지만 그 후부디는 이민을 받아들이는 유입 국가로 변했다. 한국인들은 19세기 말부터 외국으로 이주해 나가기 시작했다. 그 후 1910년부터 중국의 만주, 러시아의 연해주, 일본 본토 등으로 많은 사람이 이주했다. 1960년대 초부터 한국의 광부와 간호사들이 독일로 파견되어 근무하였다. 1965년부터 미국의 이민 문호가 개방되면서 많은 한국인들이 미국으로 영주 이민을 떠났다. 그리고 1970년대와 1980년대 사이에 중동에서 건설 붐이 불어 대규모 노동 이주가 일어났다.[36]

그러나 1980년대 말 이후부터 '유입 경향'이 발생하기 시작했다. 1988년 서울올림픽을 계기로 하여 한국 사회의 국제적 문호가 많이 개방되었으며 1990년대 초 냉전 종식 후 한국과 중국 본토의 외교 관계가 열리면서 조선족이 외국인 노동자로서 국내에 들어오기 시작했다. 그 뒤 필리핀과 방글라데시에서도 노동자들이 유입되었다. 이와 동시에 국제 결혼을 통해 한국으로 유입되는 외국인 배우자들이 늘어났다. 2013년 기준으로 한국 내 외국계 배우자는 총 22만 명이고, 전국적으로 결혼 11쌍 중 다문화 가정이 1쌍의 비율을 차지한다. 농촌 지역에서는 결혼 4쌍 중 1쌍이 다문화 가정이다. 국제 결혼의

70퍼센트 이상이 한국 남성과 외국인 여성(특히 중국과 베트남 출신) 사이에서 이루어지고 있다.

외국인 이주자들의 유입 초기인 1980년대 말~1990년대 초만 하더라도 한국 정부는 뚜렷한 이민 정책을 가지고 있지 않았다. 정부의 분명한 정책이 없었으므로 유입된 외국인 노동자들 중 많은 사람들이 이른바 '불법' 이주자가 되었다. 임금 체불, 금전 사기, 심신 가혹 행위, 인격 모욕, 거주 및 이동의 자유 제한, 사회적 차별과 배제, 산업 안전 조치의 미흡, 산업 재해에 대한 대책 부재, 열악한 의식주, 의료 서비스의 제한 등이 이주 노동자들이 흔히 겪던 인권 침해 사례였다. 2014년 국제노동기구(ILO)는 한국 내 이주 노동자들이 '여전히' 심각한 인권 유린을 당하고 있다고 지적한 바 있다.

국제 결혼 이주자들에 대한 인권 침해도 적지 않다. 결혼 중개 업체의 무책임한 마케팅과 과장 광고, 외국 출신의 신부를 마치 상품처럼 취급하여 사고파는 비인격적 대우, 거의 인신매매에 가까운 결혼 중개 과정, 가정 내 폭력과 방치, 심지어 살인 사건과 같은 극단적 사례, 배우자와의 의사소통 어려움으로 인한 사회적 고립과 단절, 시댁 식구들과의 문화적 차이로 인한 의사소통 부재와 갈등, 한국 배우자의 실직 또는 병환 시 가족의 생계를 책임져야 하는 상황, 결혼 후 즉시 한국 시민권을 취득하지 못하고 한국 배우자의 동의가 있어야만 시민권 취득이 가능한 규정의 허점을 한국 배우자가 악용하여 외국 출신 배우자에게 절대적으로 통제권을 행사하는 문제, 자녀들의 정체성 혼란, 한국어를 할 수 없는 어머니에게서 자라난 2세 자녀의 언어적·문화적 문제, 재혼 국제 결혼의 경우 본국에서 데리고 온 자녀의 한국 사회 적응 문제, 국제 결혼 후 이혼한 외국인이 한국 사회에서 겪는 냉대와 고립 등 대단히 많은 인권 침해 사례들이 발생하고 있다. 한국 체류 외국인의 기본적 인권을 얼마나 보호할 수 있는가 하는 문제는 다문화 사회 운운하기 이전에 문명 사회가 갖추어야 하는 최소한의 기본 토대로 취급해야 한다.[37]

외국인 노동자들은 초기에는 산업 연수생 제도 하에서 유입되다 현재엔 고용 허가제가 시행되고 있다. 느리긴 하지만 외국인 노동자 문제를 장기적인 이주의 이슈로 보려는 시각도 나타나고 있다. 한국에 장기 체류하는 외국인에게 적용되는 법률은 크게 보아 두 가지이다. 첫째, 2007년에 제정된 '재한 외국인 처우 기본법'은 외국인들의 인권 보호, 사회 적응 지원, 결혼 이민자 및 그 자녀들의 적응 지원, 그리고 전문 인력의 처우 개선을 다룬다. 둘째, 2008년에 제정된 '다문화 가족 지원법'은 다문화 이해 교육과 홍보, 다문화 가정에 대한 정보 제공, 다문화 가정의 폭력 피해자 보호와 지원, 그리고 외국인에 대한 다국어 서비스 등을 다룬다. 이 두 가지 법률만으로 한국의 이주 현실과 관련된 모든 문제를 해결하기는 어렵다. 공식적인 이주 원칙과 종합적인 대책이 마련되어야 한다.

한국은 경제 발전과 민주화가 동시에 이루어졌고, 대단히 활발한 시민 사회가 존재하며, 분단 국가인 데다, 인구 대비 해외 동포의 숫자가 많고, 출산율 저하와 고령화가 동시에 나타나고 있는 복합적인 나라다. 이런 상황에 다문화 현상까지 겹쳐서 우리 사회를 일종의 사회적 실험실로 만들고 있다. 아주 근본적으로 보아 이민과 관련된 가장 좋은 대책은 이른바 이 땅의 '토박이'들이 새로 유입된 사람들과 한 사회 내에서 어울려 살 수 있는 다문화적 수용성을 높이는 것이다.[38]

피부색, 언어, 문화, 전통, 종교가 달라도 결국 같은 인간으로서 서로 존중하면서 살아갈 수 있다면 우리 사회 전체의 관용성과 민주의식도 크게 향상될 수 있다. 또한 소수의 이주민들과 잘 지내지 못하면서 통일 후에 남북한 주민들이 함께 어울려 살 수 있을 것으로 기대하긴 어렵다. 우리 사회의 인간화된 내일을 만들기 위해 오늘의 다문화 현실을 열린 마음으로 받아들일 필요가 있다.

다시 생각하는 사회권

—

사회권은 규정이 아닌 '원칙'의 문제이다. 문제를 이렇게 보면
당장 모든 복지 조치가 '이행'되고, 높은 수준의 사회보장이 이루어져야만
사회권이 보장되는 건 아니다. 국가 정책의 패러다임이
사회권 보장의 방향으로 가고 있는지가 더 중요하다.

—

인권이라 하면 열 사람 중 아홉은 고전적인 인권 개념을 떠올리기
쉽다. 1세대 인권으로 불리는 '자유권(시민적·정치적 인권)'을 중심으
로 하여 인권을 이해한다. 범죄, 처벌, 재판, 언론, 표현, 사생활, 집
회, 결사, 사상, 양심, 정치 참여 등과 관련된 자유권은 인권에서 극
히 중요한 부분을 차지한다. 역사적으로 가장 먼저 출현한 권리들이
다. 사람들이 자유권과 인권을 동의어로 받아들이는 건 어쩌면 자연
스럽다. 그러나 먹고사는 문제, 의식주, 생계, 의료, 사회보장, 복지,
노동, 여가, 교육, 문화 등 '사회권'을 인권으로 받아들이는 시각은
아직도 낯설다.

사회권은 경제적·사회적·문화적 권리의 줄임말이다. 몇 해 전 무
상 급식에 반대했던 사람들은 어떻게 이런 이슈가 '인권'일 수 있는
지 도저히 이해할 수 없었다. 가난은 나라님도 구제할 수 없다는 생
각, 평등주의 정책은 사회주의라는 의구심, 왜 부자들에게도 무상으
로 복지를 제공해야 하는가 하는 불만이 컸기 때문이다.

하지만 현대 인권이 형성될 때부터 사회권은 인권의 일부였다. 갑자기 하늘에서 떨어진 개념이 아님을 분명히 기억해야 한다. 유엔 총회에서 1948년에 제정되고 인권의 바이블로 널리 인정되는 '세계 인권 선언'에서 사회권은 정당한 인권으로 인정받는다. 22조 경제·사회권 원칙, 23조 노동권, 24조 휴식과 여가 권리, 25조 의식주, 의료, 사회보장, 실업, 생계, 노약자와 어린이·청소년 권리, 26조 교육 권리, 27조 문화 생활 권리 등이 그것이다.

그런데 '세계 인권 선언'의 사회권 조항들은 1948년에 갑자기 만들어진 것이 아니다. 선언을 만들기 위해 세계 각국 헌법을 광범위하게 수집하여 분석했는데, 이미 19세기 말과 20세기 초부터 여러 나라에서 사회권을 시민의 기본권으로 보장했던 사실을 파악할 수 있었던 것이다. 특히 유럽 대륙에서는 국가가 시민의 기본 의식주를 보장해 주어야 한다는 개입주의 정치 사상, 그리고 시민들은 그것을 당연한 권리로 국가에 요구할 수 있다는 생각의 흐름이 존재하고 있었다. 자유권이 18~19세기 시대의 산물이라면 사회권도 19세기 말 이래 인도주의적 문명의 흐름 속에서 발전해 온 인권이다.[39] 그런데 이런 역사적 사실과 상관없이 사회권을 둘러싼 각종 오해는 오늘날까지 이어지고 있다.

첫째, 사회보장과 복지를 국가가 시민에게 '베풀어주는' 선물 혹은 은혜 비슷하게 생각하는 오해가 있다. 사회보장을 '시혜'로 보는 관점이다. 사람이 죽든 살든 다 자기 책임인데 그나마 국가에서 이 정도라도 도와주는 것이 얼마나 감사한 일인가, 하는 시각이 그것이다. 이것은 사회보장에 관한 아주 흔한 오해이며 국가를 바라보는 기본적 관점의 교정이 필요한 오해다. 시민과 국가의 관계를 어떤 식으로 설정해야 하는가 하는 점에 대해 기본적 수준에서 합의가 필요하다. 예를 들어, 국가와 시민의 관계를 소가 닭 보듯 하는 관계로 파악한다면, 다시 말해 국가는 그저 법 질서를 유지하고 최소한의 역할만 하는 존재이고 나머지는 시민들이 알아서 하는 것이 상식처럼 된 나라에서는 국가가 앞장서서 적극적으로 사회보장 정책을 시행하는 것이 어색하거나 이상할 수도 있으며, 도무지 이해되지 않을 수도 있다. 심지어 그래서는 안 되는 일처럼 생각될 수도 있다. 사지가 멀쩡한 사람들에게 왜 세금으로 공짜 복지를 해줘야 하느냐는 비판이 대표적인 사례다.

20세기 복지 국가는 시민권(citizenship) 사상을 그 바탕에 깔고 있다.[40] 국가가 시민들을 보호해줄 것이라는 무언의 약속이 애초에 있었기 때문에 사람들이 국가 권력의 출현에 동의했다는 사회 계약적 국가관이 시민권의 출발이다. 이런 논리 구도 하에서 시민과 국가는 상호 간 권리와 의무 관계를 계약으로 설정한다. 이런 관계 속에서 모든 사람이 생존하기 위해 필요한 기본 욕구를 국가가 충족시켜줄 의무가 있고, 시민은 그것을 '고마운 은혜'가 아니라 당당한 '권리'로서 요구할 자격이 있다. 시민권에 근거한 국가-국민 관계를 구체적으로 체험한 역사가 짧은 한국인들은 사회보장이 단순한 시혜가 아니라 시민의 '권리'라는 점을 잘 인식하지 못한다. 필자 역시 처음 유학을 가서 접한 시민권에 대한 서양 사람들의 기본 인식을 이해하기가 참 어려웠다. 왜 국가가 사람들에게 먹고사는 문제까지 책임져야 하는지, 그런 것이 어떻게 시민들의 정당한 권리일 수 있는지, 도무지 이해할 수 없었다. 그래서 요즘 한국 사회에서 사회권을 반대하는 사람들을 볼 때 예전의 필자 자신을 보는 듯하다. 단순히 지식과 논리만으로는 사람들의 인식이 변화하지 않으며, 구체적 경험을 통해 생각과 느낌이 쌓여야 인식도 변할 수 있다.

두 번째 오해는 사회권이 아무리 좋다 한들 예산이 없으면 못 해준다는 생각이다. 이런 입장은 흔히 경제가 어느 정도 수준이 되어야 사회보장을 실시할 수 있다는 주장과 맞물려 있다. 극히 원론적으로 따지면 이 말이 맞다. 대통령부터 일반 서민까지 정말 쌀 한 톨 없어서 모두 굶어 죽을 지경에 놓인 상황이라면 사회권이라는 말 자체가 성립될 수 없다. 그러나 이런 상황은 현실에서 거의 존재하지 않는다. 정말 그런 나라가 있다면 국제 사회가 나서서 도와줄 의무가 있다. 그렇지 않다면 국가는 어떤 식으로든 일정 수준의 사회권을 보장할 책임을 져야 한다.

물론 극도로 가난한 나라에서 잘사는 복지 국가 수준의 사회보장을 해주긴 힘들다. 그러나 가난하다 하더라도 그 형편이 허용하는 한도 내에선 사회권을 보장해주어야 한다. 이 때문에 '세계 인권 선언'에서 "각 나라가 조직된 방식과 보유한 자원의 형편에 맞춰" 사람들이 사회권을 누릴 수 있도록 해주어야 한다고 했던 것이다.[41] 국민소득이 3만, 4만, 5만 달러가 되어야 사회보장을 제대로 할 수 있고 그 전까지는 일단 파이를 키워야 한다는 성장 논리는 문제 해결을 미래의 불확실한 시점으로 끊임없이 미루는 궤변에 불과하다. 그런 식으로 따지면 이 세상에서 제일 잘사는 단 하나의 나라를 제외하고 다른 모든 나라들은 무조건 경제 성장부터 해야 할 것이다. 결국 사회권은 인식의 문제이자 관점의 문제다. 사회권을 인간 존엄성을 지키기 위한 기본권으로 보느냐, 그리고 그 나라가 처한 수준에서 '가능한 한' 최선을 다하고 있느냐의 문제인 것이다.

셋째, 사회권의 범위와 내용을 정확히 규정하기 어렵다는 오해가 있다. 자유권의 경우엔 이런 문제를 가리기가 비교적 쉽다. 예컨대 범죄 혐의가 있어 조사를 받는 사람이 고문이나 가혹 행위를 당했느냐 여부는 상당히 명확하다. 고문을 당했거나 혹은 당하지 않았거나, 둘 중 하나다. 투표할 권리가 있느냐 하는 문제도 제도적으로 아주 명확하게 규정되어 있다. 논란의 여지가 없는 건 아니지만 집회 및 결사의 자유도 보장되는 경우와 그렇지 않은 경우를 비교적 쉽게 구분할 수 있다. 이러한 성격 때문에 자유권을 '법정에서 가릴 수 있는(justiciable)' 권리라고 부르기도 한다.

그러나 사회권의 경우엔 이런 구분이 쉽지 않다. 사회보장을 어디까지 해주는 것이 인권인가. 모든 노인에게 20만 원씩 제공하는 것이 인권인가, 70퍼센트의 노인에게만 준다면 나머지 30퍼센트에 속한 노인의 인권이 침해된 것인가, 또는 20만 원이라는 기준은 어디에서 나왔는가, 금액이 적절한 것인가 혹은 그 자체가 크게 미흡한 것인가. 대학생 반값 등록금은 사회권의 문제인가, 대학에 가지 않는 청소년들에게 이 조치가 어떻게 받아들여질 것인가 등등. 이처럼 사회권에 속하는 이슈들은 모두가 딱 부러지게 해결하기 어려운 문제다. 그 때문에 대중의 주관적 판단이 많이 개입하곤 한다. 또한 이런 이유로 사회권은 법정에서 판단하기 어려운 문제라고 보는 학자도 있다.

그러나 사회권을 단순히 이행 또는 불이행의 문제, 즉 규정 준수냐 규정 위반이냐의 흑백 문제로 봐서는 안 된다는 의견도 있다. 이 점이 사회권과 자유권을 가르는 중요한 구분이라는 견해다. 이에 따르면 사회권은 규정이 아닌 '원칙'의 문제이다.[42] 문제를 이렇게 보면 당장 모든 복지 조치가 '이행'되고, 높은 수준의 사회보장이 이루어져야만 사회권이 보장되는 건 아니다. 국가 정책의 패러다임이 사회권 보장의 방향으로 가고 있는지가 더 중요하다. 인권의 관점으로는 설령 현재 상태가 미흡하더라도 복지 국가를 최종 목표로 설정하고 그 쪽으로 가는 것이 인권 친화적이다. 또한 '지속적이고 전향적으로' 정책을 실천해야 한다. 요컨대 복지 정책이 후퇴하거나, 지속적이고 일관성 있게 정책이 시행되지 않는다면 그것은 심각한 사회권 침해가 된다.

왜 차별이 인권 문제인가

—

차별과 배제가 중요한 인권 침해인 이유는,
그것 자체가 사람에게 좌절과 열등감을 안겨줄 뿐만 아니라,
차별에 근거한 정책을 시행하는 정치 체제가 인권 침해를
양산한다는 역사적 증거가 확실하기 때문이다.

—

누구나 학창 시절을 회상하면 좋은 기억도 있고 언짢은 기억도 있다. 좋지 않은 기억 중 담임 선생님이 공부 잘하는 모범생이나 집안 좋은 아이만 편애하고 그렇지 않은 아이를 무시했던 것을 꼽는 사람이 많다. 이런 기억이 평생을 가는 걸 보면 확실히 인간은 존중받기를 원하고 남들과 동등하게 대접받고 싶어 하는 사회적 동물이다. 자신의 존재를 인정받고 싶어 하고 기본적 차원에서 평등한 인간의 몫을 요구하는 것이 인지상정이다. 그렇지 않을 때 사람의 인격과 인권은 땅에 떨어진다.

〈오프사이드〉라는 영화가 있었다.[43] 이란에선 1979년 이슬람 혁명 이후 여성이 스포츠 경기장에 들어가는 것이 금지되었다. 이 영화는 축구 경기를 직접 관람하기 위해 이란 여성들이 남장을 하고 스타디움에 숨어 들어갔다 적발되면서 벌어지는 이야기를 코믹하게 그렸다. 관객은 영화 보는 내내 웃음을 참지 못하면서도 축구 경기를 보기 위해 체포, 희롱, 연행도 마다하지 않는 이란 여성들에게 공감과

연민을 느꼈다. 별것 아닌 사례처럼 보일지 몰라도 차별과 배제의 메커니즘은 이처럼 사람 사는 사회의 모든 차원에서 큰 영향을 미친다.

차별에 대한 한국인의 인식을 조사한 연구가 2011년에 발표된 적이 있다. 당시 응답자들이 우리 사회의 가장 심각한 차별 1위로 꼽은 사안이 학력 및 학벌 차별이었다. 무려 29.6퍼센트가 이 점을 지적했다. 2위가 동성애자에 대한 차별(16퍼센트), 3위가 외모 차별(11.7퍼센트)이었다. 그 뒤를 이어 장애인, 출신국, 미혼모, 인종 또는 피부색, 나이 많음, 여성, 이혼자, 새터민(탈북자), 나이 어림 순이었다. 아마 학력과 학벌이 가장 심각한 차별 사유로 거론되는 나라는 전 세계에서 대한민국밖에 없을 것이다. 외모도 마찬가지다. 성형 수술 열풍, 화장과 피부 가꾸기 열풍이 말해주듯 겉모습으로 사람을 평가하고 인품의 가치를 매기는 풍조 역시 한국 특유의 현상이라 할 수 있다.

차별과 배제가 중요한 인권 침해인 이유는, 그것 자체가 사람에게 좌절과 열등감을 안겨줄 뿐만 아니라, 차별에 근거한 정책을 시행하는 정치 체제가 인권 침해를 양산한다는 역사적 증거가 확실하기 때문이다. 히틀러의 나치 정권은 민족, 사상, 국적, 장애 등 차별에 근거하여 홀로코스트라는 사상 최악의 인권 유린을 저질렀다. 독일에서는 지금까지도 "우리 민족이 살아 숨 쉬는 한 이 사건을 잊어선 안 된다."고 학교에서 가르친다. 남아프리카공화국에서 흑인들을 배제했던 아파르트헤이트(apartheid) 역시 극단적인 인종 차별 정치 체제였다.

미국에서 1960년대 공민권 운동의 시발점이 되었던 남부 지역의 흑백 분리 정책 역시 아직도 그 후유증이 남아 있는 문제다. 우리 사회에서 흔히 통용되는 혈연, 지연, 학연 등도 일정한 연고에 근거하여 패거리를 형성하고, 그 그룹에 속하지 않는 사람에게 눈에 보이지 않는 차별과 불이익을 가하기 때문에 사회 문제가 된다. 예컨대 특정 지역 출신 인사들이 요직을 싹쓸이한다면 그것은 명백한 차별이다. 모든 사람이 공직에 참여할 수 있는 인권을 침해하는 행위다.[44)

1945년 '유엔헌장'이 제정되었을 때에는 인종, 성, 언어, 종교 등 네 가지 차별 사유가 제시되었다. 그런데 1948년에 나온 '세계 인권 선언'은 앞부분의 2조에서부터 반차별 원칙을 강조한다. "모든 사람은 인종, 피부색, 성, 언어, 종교, 정치적 견해 또는 그밖의 견해, 출신 민족 또는 사회적 신분, 재산의 많고 적음, 출생 또는 그밖의 지위에 따른 그 어떤 종류의 구분도 없이, 이 선언에 나와 있는 모든 권리와 자유를 누릴 자격이 있다." 차별 사유가 12가지로 늘어난 것이다. '세계 인권 선언'이 이토록 반차별을 강조한 것은 차별 행위가 모든 인권을 '가로질러(cross-cutting)' 고려해야 할 문제이기 때문이다.[45)

이 때문에 어떤 집단에 대한 차별을 금지하는 인권 기준들이 국내외에서 많이 만들어졌다. 인종 차별 철폐 협약(1969년), 여성 차별 철폐 협약(1979년), 장애인 권리 협약(2006년), 한국의 장애인차별금지법(2007년) 등이 대표적이다. 2013년 우리나라에서 포괄적인 차별금지법을 제정하려던 움직임이 사회 일각의 반대로 무산된 것은 세계적인 추세와 어긋나는 일이었다.

한국의 국가인권위원회법에서는 '평등권 침해의 차별 행위'라는 항목에서 "성별, 종교, 장애, 나이, 사회적 신분, 출신 지역(출생지, 등록 기준지, 성년이 되기 전의 주된 거주지 등을 말한다), 출신 국가, 출신 민족, 용모 등 신체 조건, 기혼·미혼·별거·이혼·사별·재혼·사실혼 등 혼인 여부, 임신 또는 출산, 가족 형태 또는 가족 상황, 인종, 피부색, 사상 또는 정치적 의견, 형의 효력이 실효된 전과, 성적 지향,

학력, 병력" 등의 차별 사유를 열거한다. 시대가 바뀌면서 차별의 범위가 대폭 늘어나고, 과거에 예상치 못한 차별 조건들이 발생함을 알 수 있다. 이 법은 이러한 사유에 근거해서 고용, 서비스, 교육에서 불이익을 주면 안 된다고 하면서 성희롱에 대해서도 주의를 환기시킨다. 새로운 차별 사유가 늘어난다는 것은 사회상의 변화를 반영함과 동시에, 사람들의 인권 감수성이 높아진 현실을 보여주는 측면도 있다.

원래 '차별(discrimination)'이란 용어는 라틴어 'discrīmĭnátus'에서 나온 말이다. '나누어서 별도로 취급'한다는 뜻이다. 여기서 '차이는 인정하되 차별은 금지한다'는 대원칙을 살펴보자. 우선 '차이를 인정'한다는 말은 개개인의 고유한 특성, 자질, 정체성 등의 개별성을 있는 그대로 받아들인다는 뜻이다. 개별성에 근거하여 사람을 구분하는 것은 가능하다. 그러나 어떤 상황이나 맥락에서 그것이 차별로 이어지면 안 된다. 그렇다면 어디까지가 '정당한 구분'이고 어디부터가 '부당한 차별'인가.

첫째, 구분을 하는 합리적인 이유가 있으면 차별이 아니다. 예를 들어, 버스 회사에서 기사를 채용할 때는 버스 운전 면허증이 있는 사람을 뽑아야 한다. 면허증 없는 사람을 채용하지 않는 것은 차별이 아니다. 하지만 제대로 된 면허증이 있는데도 어떤 지역 출신이라는 이유로 채용하지 않는다면 그것은 차별이다. 둘째, 구분해야 하는 목적과 구분을 하는 방식 사이에 비례 관계가 성립해야 한다. 예를 들어, 야간 운전을 해야 하는 버스 기사로서 야간에 시력이 약해지는 증상이 있는 사람에 대해서는 채용하는 데 까다로운 조건을 달 수 있다. 하지만 그것만을 이유로 무조건 채용 불가라고 하면 안 된다. 셋째, 역사적으로 오랫동안 차별받아 온 전력이 있는 집단의 경우엔 그들의 특별한 상황과 조건을 고려해야 한다. 따라서 인종, 성별, 장애 등의 이유로 차별받아 온 사람들에게 적극적 시정 조치를 취하는 것은 정당하다. 국가인권위원회법에서도 이런 경우는 평등권을 침해하는 차별 행위가 아니라고 명시한다.

차별을 시정하더라도 그것이 단지 눈에 보이는 차별만 없애는 '형식적 기회 균등'인지, 아니면 차별의 선행 요인을 고려한 '공평한 기회 균등'인지를 나눠봐야 한다. 100미터 달리기 출발선에 똑같이 세워주는 것은 형식적(소극적) 기회 균등이라 할 수 있다. 하지만 키 작은 아이와 키 큰 어른을 똑같이 경쟁시키는 것이 과연 진짜 기회 균등일까. 키 작은 아이를 몇 발 앞서 세운다면 그것은 공평한(적극적) 기회 균등으로 볼 수 있다.

마지막으로, 차별을 금지한다는 인권의 원칙을 더욱 근본적인 차원에서 비판하는 시각도 있음을 기억해야 한다.[46] 반차별의 원칙은 일단 모든 '사람'이 인간임을 인정하는 바탕 위에서 그들의 특성과 조건에 따라 차별을 하지 말라는 뜻이다. 그런데 어떤 부류의 인간들을 주류 사회가 애당초 '같은 인간'으로 인정하지 않는다면 어떻게 될까. 물론 대놓고 어떤 집단이 인간 이하라고 말하진 않을 것이다. 하지만 어떤 사람들에게 원천적으로 열등한 존재라는 무형의 딱지를 붙여놓은 상태에서 대다수가 은연중에 그 점을 당연시한다면 어떻게 될까. 공식적으론 차별을 하지 않는 척하면서 실질적으로 무시한다면 어떻게 될까. 이때엔 차별 금지 제도 이전에 그들도 우리와 같은 부류의 인간이라는 사실부터 인정해야 할 것이다. 법이나 제도상의 반차별이 중요하지만 약자에 대한 인식상의 인정과 심리적 포용도 그에 못지않게 중요한 까닭이 여기에 있다.

자유롭게 말할 권리

—

인간이 선에 도달하기 위해서 선과 악의 모든 지식이
자유롭게 표현되어야 한다는 입장은 말할 자유가 있어야
좋은 결과가 나올 수 있다는 주장이다. 즉 말할 자유는
더 큰 선을 위한 '도구적' 가치를 지닌다.

—

헬렌 켈러(Helen Keller, 1880~1968) 여사는 삼중고(三重苦)를 딛고 일어선 분이었다. 듣지 못하고 보지 못하고 말하지 못한 장애인이었지만 비장애인보다 훨씬 큰 업적과 희망을 남긴 인물이다. 특히 말하지 못한 장애가 준 고통을 극복한 스토리는 큰 감동을 준다. 헬렌 켈러는 생후 19개월 때 성홍열을 앓고 장애인이 되었다. 이분의 자서전에 의사 표현과 관련된 중요한 대목이 나온다.

생후 19개월 무렵에 앓은 병 때문에 시각과 청각을 잃은 후 어린 헬렌은 고개를 저으면 '아니오', 고개를 끄덕이면 '예', 당기면 '오라', 밀면 '가라'는 식으로 의사소통을 했다. 하지만 그것만으로는 항상 부족했다. "내 의사를 표현하고픈 갈망이 커졌다. 보이지 않는 손이 나를 가로막고 있는 것 같아서 그것에서 벗어나기 위해 미친 듯이 애를 썼다. 나는 오랫동안 내 주위 사람들이 나와는 의사소통 방식이 다르다는 것을 이해하고 있었다. 나는 나의 의사 소통 수단이 남들보다 못하다는 점 때문에 크게 낙담했다."[47] 이처럼 생존에 필요한

최소한의 의사 표현 외에도 자기 의사를 하나라도 더 표현하고 싶은 강렬한 욕망, 그것이 인간의 특징이다.

인간은 만물의 영장이라 한다. 인간은 동물의 하나이지만 인간이 평범한 동물에 머무르지 않는 이유는 이성을 지닌 도덕적·자율적 존재이기 때문이다. '세계 인권 선언'의 제1조는 "모든 사람은 자유로운 존재로 태어났고……."로 시작하여 "사람은 이성과 양심을 타고났으므로 서로를 형제애의 정신으로 대해야 한다."라고 끝을 맺는다. 지구상에 수많은 생물종이 있지만 이성과 양심을 타고난 존재는 호모 사피엔스밖에 없다. 아니, 더 정확히 말하면 스스로 이성과 양심을 타고난 존재라고 믿으면서 인권 선언을 만들 줄 아는 생물은 인간밖에 없다.

이성과 양심을 타고났다는 말은 스스로 생각하고 판단할 능력이 있다는 뜻이다. 더 나아가, 서로를 형제애의 정신으로 대하려면 각자가 생각하는 바를 서로 존중해줘야 한다. "네 생각은 무조건 틀렸어. 그냥 입 다물고 살아!"라고 윽박지른다면 그건 형제애의 정신이 아니라 인간 이하로 천시하는 것이다. 최악의 구박과 멸시다.

그런데 각자가 자유롭게 생각하는 바를 존중한다는 말은 머릿속에 들어 있는 생각만 존중한다는 의미가 아니다. 어차피 머릿속의 생각은 다른 사람이 존중하든 하지 않든 상관없이 독자적으로 존재할 수 있다. 진정으로 어떤 생각의 자유를 존중하고 보장하려면 그 생각이 사람의 머리 밖으로 나와 말과 행동으로 표출되는 것까지 존중하고 보장해주어야 한다.

여기서 우리는 '생각 → 말 → 연설 → 출판 → 언론 → 정보 → 표현 → 집회 → 결사 → 투표'로 이어지는 일련의 과정을 상상해볼 수 있다. ① 머릿속에서 자유롭게 생각한다. ② 머릿속의 생각을 자유롭게 말과 행동으로 내놓는다. ③ 단지 발설하고 행동하는 정도가 아니라 그것을 대중 앞에서 연설이나 기타 방식을 통해 적극적으로 개진한다. ④ 자기 생각을 글로 적어 타인에게 알리고 책자 형태로 발표한다. ⑤ 신문, 방송, 인터넷을 통해 자기 생각을 밝히고 주장한다. ⑥ 지식과 정보를 각종 매체를 통해 자유롭게 교환하고 전파한다. ⑦ 자신의 생각(사상)과 견해를 자유롭게 표출하고, 문학이나 예술의 형태로 마음대로 표현한다. ⑧ 비슷한 생각과 견해를 지닌 사람들이 제약 없이 모여 토론하고 집회하고 조직을 만들고 시위를 벌인다. ⑨ 자유롭고 정기적인 선거를 통해 자기가 좋아하는 정당에 투표하고 대표자를 선출하거나, 대표자로 선출된다.

이런 전체 연결 고리 중 하나라도 빠지면 다른 고리들이 무너지거나 제대로 효과를 발휘하지 못한다. 생각의 자유부터 투표할 자유까지 이어지는 전체 과정이 긴 사슬을 이루면서 민주주의를 가능하게 하는 것이다. 따라서 이 주제에서 다루는 '자유롭게 말할 권리'는 민주주의의 거대한 사슬 전체를 관통하는 키워드라 해도 과언이 아니다.

인권의 역사에서 말할 권리와 언론·출판의 자유를 확실하게 주장한 선구자로 흔히 존 밀턴(John Milton, 1608~1674)을 꼽는다. 《실락원》을 쓴 시인이자 대문호인 밀턴은 독실한 청교도 크리스천이었는데 당시 영국의 국법이나 교회법과 달리 부부 간에 성격이 맞지 않으면 이혼할 수 있어야 하고 그것이 성경의 뜻과 부합한다고 주장했다. 그는 이런 점을 《이혼의 교의와 질서》라는 책으로 1643년에 펴냈다. 하지만 이 책은 출판 허가법에 걸려 사회적으로 큰 문제가 되었다. 실망한 밀턴은 아예 언론과 출판의 자유를 정면으로 다룬 저서 《아레오파지티카(Areopagitica)》를 그 이듬해에 출간했다. 이 책은 오늘 날까지 언론과 출판의 자유에 관한 최고의 고전으로 간주된다.

밀턴이 무제한의 언론·출판 자유를 주창한 것은 아니지만 17세기를 기준으로 보아 파격적이고 급진적인 자유를 요구했다. 시대 상황 때문에 그는 신학적인 논리에 기반한 언론 자유를 요구했지만 오늘날의 시각에서 보면 두 가지 핵심 이론으로 이루어진 주장을 내세웠다.

우선 밀턴은 아담이 에덴 동산에서 선악과를 맛본 후부터 인간 세상에는 선과 악이 뒤섞이게 되었다고 본다. 인간 사회는 선만 존재하는 완벽한 장소가 아니다. 아담의 후예인 우리는 선과 악을 함께 알고, '악에 의해 선을 아는' 운명을 타고 났다. 따라서 인간 사회에선 선과 악에 대한 지식이 두루 허용되어야 한다. "악에 대한 지식 없이 무슨 지혜를 얻을 수 있으며 무엇을 삼가고 절제해야 하는가를 어떻게 알 수 있겠는가? 악의 유혹과 외견상 즐거움을 주는 악을 파악하고 이를 숙고할 수 있는, 그리하여 절제하고 이를 구별하면서 진정 더 좋은 것을 선호하는 그런 사람이 진정 투쟁하는 기독교인이다. 나는 활동하지 않고 숨 쉬지 않는 도피적이고 은둔해 있는 덕(德)을 찬양할 수 없다."[48] 이 주장이 오늘날 '사상의 공개적인 시장'이라 불리는 개념이다.

하지만 악에 대한 지식까지 모두 허용할 때 사람들이 악에 빠질 위험은 없을까. 존 밀턴의 둘째 기둥은 이 점을 다룬다. 사람의 이성을 신뢰하면 자연스레 선이 이기게 되어 있다는 것이다.

하느님은 정신을 위한 양식도 육체의 양식을 결정하실 때와 마찬가지로 그 종류와 양은 사람들이 자율적으로 결정하도록 하셨다. 그리하여 하느님은 모든 성숙한 인간은 그 자신이 이를 결정하는 힘을 행사하도록 하신 것이다. 하느님은 특정한 법이나 규정을 만들지 않으신 채 인간을 크게 신뢰하시고 모든 성인의 경우 그 관리를 전적으로 그에게 맡기셨다. 하느님은 인간을 어떤 규율 아래 어린아이처럼 묶어놓고 사용하시는 것이 아니라 사람에게 이성(理性)이란 선물을 주신 후 그 자신이 선택자로서의 신뢰를 주셨다.[49]

"선택자로서의 신뢰를 주셨다"라는 것은 신이 사람에게 자유를 준 다음에 그것을 어떻게 선택해서 쓸지에 대해서는 무조건 신뢰했다는 뜻이다. 오늘의 개념으로 보면 이것은 '자율 조정 과정(self-rightening process)'이라 할 수 있다. 요컨대 선악의 사상들을 모두 사상의 공개 시장에 내놓고 경쟁시키면 자율적으로 선의 사상이 승리할 것이므로 인간은 두려워하지 말고 언론과 출판의 자유를 누려야 한다는 말이다.[50]

인간이 선에 도달하기 위해서 선과 악의 모든 지식이 자유롭게 표현되어야 한다는 입장은 말할 자유가 있어야 좋은 결과가 나올 수 있다는 주장이다. 즉 말할 자유는 더 큰 선을 위한 '도구적' 가치를 지닌다. 더 나아가 사람에게 말할 자유는 그 자체로도 중요하다. 인권 변론으로 유명한 홍성우 변호사의 체험적 증언이 있다.

사람이란 자존심을 지키며 살아야 되잖아요. 인간적인 품위를 지키고 그야말로 체면도 있고. 법정에서 당당하게 굽히지 않고 자기 소신을 떳떳하게 다 이야기하고. 그러면 유죄 판결 받고 징역을 갈 가능성이 높지요. 그런데 징역 가면 얼마나 삽니까. 대한민국의 굴곡 많은 정치사를 볼 때, 거의 다 사면복권 되고 일반 사회인으로 복귀해요. 그러면 그게 스스로 자랑스럽고 평생 긍지가 됩니다. 근데 거기 가서 '아이고, 잘못했습니다' 하며 굽히고 나오면 평생 떳떳하지가 못한 거예요. 그게 얼마나 중요한 건지 몰라요.[51]

이 경우 자유롭게 말할 권리는 인간의 내적 존엄성 자체가 되므로 '내재적' 가치를 지닌 어떤 것이다. 더 깊은 차원에서 사상·의견 표현의 자유를 파악하는 원칙이다.

물론 자유롭게 말할 권리가 있더라도 그것에는 한계가 있다. 타인에게 해를 끼치면서까지 자유를 악용하면 안 된다. 또한 타인의 존엄성과 인권을 짓밟는 주장을 '표현의 자유'라는 미명으로 정당화해서도 안 된다. "타인에게도 나와 똑같은 권리와 자유가 있다는 사실을 인정하고 존중해주기 위해 제정된 법률"에 의해서는 권리와 자유가 제한될 수 있다. '세계 인권 선언' 29조가 일깨우는 경고다.[52]

인권 사회를 만드는 팬더 원칙

—

인권 간판을 내건다고 해서 인권을 존중하는 운영이
저절로 이루어지지는 않는다. 조직의 일상적 활동 속에
인권 정신이 반영되고 스며들어야 한다. 그러려면
체계적으로 방식을 익혀야 한다.

—

흔히 받는 질문이 있다. 인권 친화적인 조직을 운영하려면 어떻게
해야 하는가? 요즘 인권에 대한 관심이 늘어서인지 인권을 조직 운
영에 반영하려는 기관이나 조직이 많아졌다. 앞장서서 인권을 실천
하겠다는 자세는 바람직하고 권장할 일이다. 하지만 문제는 방법이
너무 막막하다는 데 있다. 인권이 표제 중심으로 구성되어 있기 때문
이다. 무슨 권리, 무슨 권리 식으로 나열된 인권 표제들은 인권의 종
류를 파악하는 데는 도움이 되지만 구체적으로 어떻게 실천하느냐
하는 의문에는 친절한 답을 주진 못한다.

게다가 권리만 열거해놓으면 흔히 권리와 권리가 충돌하는 것처
럼 보이는 상황이 발생하기도 한다. 학생 인권이 중요하다고 하면 당
장 교권은 어떻게 되느냐고 반박하는 게 대표적 예다. 이런 문제를
해결하기 위해 나온 것이 '인권에 기반을 둔 접근 방식(human rights-
based approach)'이다.[53] 인권의 바탕을 이루는 원칙들을 활용해서
구체적으로 인권을 실현하는 데 도움이 되도록 하자는 취지다.

이런 방안들 중 팬더 원칙(PANTHER principles)이 있다. 본디 개발론에서 나온 아이디어다. 인권에 기반을 둔 개발 프로젝트를 시행하기 위해 고안된 일곱 가지 원칙을 말한다. 경제 개발뿐 아니라 인간의 잠재된 능력을 활짝 꽃피울 수 있도록 도와주는 게 개발(발전)의 궁극적 목표가 되어야 한다는 말이다. 팬더 원칙을 만든 사람들은 이 원칙에 따라 인권을 존중하는 개발을 추진하면 개발의 본디 이상에 가까운 목표에 도달할 수 있다고 본다. 개발 과정에만 팬더 원칙이 유용한 건 아니다. 조직을 인권에 맞게 운영하려 할 때에도 이 원칙을 활용할 수 있나. 특히 학교·복지 시설·병원·언론·행정 기관 등 서비스를 제공하는 조직에서 팬더 원칙을 활용하면 인권에 기반을 둔 조직을 꾸리는 데 큰 도움을 받을 수 있다. 인권 간판을 내건다고 해서 인권을 존중하는 운영이 저절로 이루어지지는 않는다. 조직의 일상적 활동 속에 인권 정신이 반영되고 스며들어야 한다. 그러려면 체계적으로 방식을 익혀야 한다. 지금부터 팬더 원칙을 차례대로 살펴보자.[54] 순서가 중요성을 나타내는 건 아니다.

첫째, '참여(Participation)'가 보장되어야 한다. 모든 사람은 자기 존재를 증명하고 싶어 한다. 자기 뜻이 관철되느냐 여부와 상관없이 의사 표현의 자유를 누릴 수 있으면 심리적 충족감이 배가된다. 그걸 존중해주는 것이 인권이다. 타인과 사회로부터 인정받고자 하는 욕구를 조직 운영에 반영하는 것이 참여의 원칙이다. 여기서 맥락이 중요하다. 참여 문화, 대화 환경이 만들어져야 한다. 권위적이거나 불통인 리더의 그림자가 짙게 깔린 조직에서 아무리 참여를 외쳐봐야 공염불이다. 우선 지도자부터 적극적 경청을 실천하고 소통을 위해 노력해야 한다. 또한 조직 내 여러 집단이 서로의 의견을 경청하고 서로 다른 의견들이 서로 섞이고 타협하고 양보될 필요가 있다. 그러나 조심해야 할 점이 있다. 비민주적 운영을 숨기기 위한 알리바이로 참여를 내세워선 안 된다. 그리고 조직 내 자원 분배에 대한 발언권을 인정하느냐가 참여의 관건이 된다.

둘째, 조직이 '책무성(Accountability)'을 지키는지를 따질 수 있다. 책무성 원칙은 원래 국가가 시민들에게 정치적 책임을 지는 것에서 비롯되었다. 서비스를 제공하는 기관도 그렇게 해야 한다. 정확한 정보에 따라 결정을 내리고, 약자와 소수자의 욕구를 우선적으로 고려하며, 이해 관계가 충돌할 때엔 솔직히 양해를 구해야 한다. 아무리 의도가 좋더라도 무능하고 책임 회피적인 조직은 책무성에서 낙제점을 받는다. 전문적인 자세로 고객의 요구에 민감하게 반응하고, 최소한의 윤리 원칙을 견지해야 한다. 서비스 사용자에게도 책무성이 요구된다. 서비스를 막무가내로 오용하지 말고, 사용자 쪽에서도 지켜야 할 것은 지켜야 한다.

셋째, '차별 없음(Nondiscrimination)'은 인권의 고전적 원칙에 속한다. "모든 제도는 명백히 그렇지 않다고 입증되지 않은 한 당연히 차별적일 거라고 간주해야 한다." 세계보건기구(WHO)의 행정가 조너선 맨(Jonathan Mann)의 경고다. 차별을 당하지 않는 사람의 눈에는 차별의 현실이 쉽게 보이지 않는다. 차별당하는 사람일수록 그것을 적극적으로 드러낼 방법을 모르거나 그렇게 할 처지가 못 되거나 용기가 없는 경우가 많다. 예컨대, 아파트 경비원들은 자신이 차별당하고 있지만 혹시 불만을 표시했다가 해고될까 봐 숨죽이고 있는 경우가 많은 것이다. 불이익을 당하는 사람과 집단을 적극적으로 찾고 그들의 눈높이에서 문제를 보려는 노력을 의식적으로 기울여야 한다. 여성·장애인·외국인 등 널리 알려진 차별 대상 외에도 드러나지 않은 차별들이 도처에 널려 있다. 한 집단의 차별을 해결하면 모든 사람이 이득을 본다. 장애인을 위해 전철역에 엘리베이터를 설치하면 노약자와 유모차 부모들이 함께 혜택을 누릴 수 있지 않은가.

넷째, '투명성(Transparency)' 원칙을 기억해야 한다. 투명성은 인권과 무슨 관련이 있는가. 정보의 공개와 공유 때문이다. 비대칭적 정보, 불투명한 정보는 부패의 온상이 되기 십상이다. 언론 자유가 소중한 인권인 것도 바로 이 때문이다. 정보가 공개되어 있어도 적극적으로 서비스 사용자들에게 전달되지 않으면 무용지물이다. 또한 어려운 행정 용어는 그 자체가 불투명한 정보다. 모든 공적 정보는 그 사회의 의무 교육 이수자 정도라면 누구나 이해할 수 있는 수준으로 표현되어야 한다. 필자는 서울시 인권 위원으로 있으면서 서울시에서 나오는 모든 문건은 중학교 3학년 학생 수준이면 누구나 이해할 수 있어야 한다고 누누이 강조하곤 했다. 이것은 단순히 언어 순화의 차원이 아니다. 인권 존중이냐 인권 무시냐를 가르는 기준이다.

다섯째, 모든 조직은 '인간 존엄(Human dignity)'의 원칙을 늘 염두에 두어야 한다. 그리 거창한 게 아니다. 인간으로서 최소한의 체면과 위엄을 지켜주자는 뜻이다. 학생이 치욕적인 언사와 체벌을 받거나 왕따를 당해 몸과 마음이 멍들 때, 성적으로 줄을 세워 멀쩡한 아이의 자존감을 그 싹부터 잘라버릴 때, 청소 노동자 아주머니가 창고 한구석에 쪼그리고 앉아 식사를 해야 할 때, 공중파에서 조선족의 말투를 우스개로 만들어 조롱할 때, 치매 노인이 기저귀 한 장으로 하루 종일 버텨야 할 때 인간 존엄은 사전 속에나 존재하는 말로 추락한다. 조직의 수장은 자기 조직 내에서 인간 존엄을 해칠 수 있는 위험 요인을 주의 깊게 관리할 줄 알아야 한다.

여섯째, '자력화(Empowerment)' 원칙도 인권에 기반을 둔 조직 운영에 필수적이다. 인권의 목표는 인간의 핵심 이익을 보호하는 것에서 더 나아가 인간을 활짝 핀 존재로 키우는 데 있다. "나도 똑같은 인간이다."라고 당당히 주장할 줄 아는 사람을 만들자는 게 인권의 궁극적 목표다. 조직 입장에선 구성원들에게 어떤 종류의 권한을 먼저 부여해야 할지를 잘 골라야 한다. 또한 자기 주장을 하지 않는 구성원 혹은 고객이 있다면 왜 그러는지 원인을 찾아봐야 한다. 서비스 제공자 입장에선 자력화된 고객이 목청을 높이는 상황이 피곤하고 귀찮을 수 있다. 하지만 그것이 서비스 제공 기관의 존립 목적임을 잊어선 안 된다. 물론 사용자가 자기 권리를 책임 있게 행사할 수 있도록 계몽하는 것도 서비스 제공자의 몫이다.

일곱째, '법의 지배(Rule of law)' 원칙이 있다. 영국 사회학자 토마스 험프리 마셜(T. H. Marshall)의 시민권 이론 중 제일 먼저 나오는 공민적 권리의 핵심 내용이다. 조직 내에서 법의 지배 원칙은 규정과 절차를 뜻한다. 모든 사람을 규정대로 평등하게 대우하는 것, 업무상 잘못이 발생했을 때 적절히 사과하고 배상·보상을 해주는 것, 민원과 진정을 접수하고 공정하게 다룰 수 있는 부서나 절차를 완비하는 것 등이 법의 지배 원칙이다. 만일 조직 내에서 법의 지배 원칙이 지켜지지 않는다면 왜 그런지 따져보는 게 중요하다. 지연과 학연이 은연중에, 혹은 노골적으로 작동하는 조직은 그 자체로 인권 침해 조직이다. 몇 년 전에 모 권력 기관의 높은 서열을 특정 지역 출신들이 싹쓸이했다는 보도가 있었다. 국가 기관이 스스로 인권 유린 기관임을 자인한 셈이다.

이 모든 원칙들은 조직의 특성에 맞춰 비교 평가가 가능한 지표로 만들 수 있다. 그것을 구상하는 과정에서부터 구성원들의 의견과 상상력을 담는다면 인권 친화 조직으로 가는 첫 관문을 통과하게 된다. 그 지표에 따라 단기·중기·장기 변화를 점검할 수 있다. 팬더 원칙의 장점은 상식적인 호소력이 강하다는 것이다. 또한 간단한 지표를 통해 변화를 양적으로 표현할 수 있는 것도 장점이다. 굳이 인권이라는 말을 쓰지 않고도 실질적으로 조직 내의 인권을 증진할 수 있는 것 역시 좋은 점이라 할 수 있다. 모든 조직에서 팬더 로고를 자랑스럽게 내거는 날이 우리가 바라는 인권의 미래일 것이다.

다시 인권을 생각한다

짧지 않은 인권 오디세이의 여정을 마치면서 여행을 시작했던 출발점을 돌이켜보자. 인권이 왜 필요한가. 그리고 인권을 어떻게 하면 더 많이 누릴 수 있는가. 인권이 왜 필요한가, 이 첫 번째 질문은 길게 생각하지 않아도 해답이 나온다. 가장 쉬운 답변은 '인간이 인간답게 살아가기 위해서'일 것이다. 다소 추상적으로 표현하자면 '인간존엄성을 지키기 위해서'가 된다. 여기서 핵심은 과연 '인간답게' 사는 것이 무엇인지, 그게 정확히 무엇을 뜻하는지를 가려내는 일이다.

인간답게 살기 위해선 일단 생명을 지킬 수 있어야 한다. 이건 상식이다. 목숨을 부지할 수 없는 상태에서 인간답게 사는 것은 원천적으로 불가능하다. 생명을 지키려면 최소한의 의식주가 갖춰져야 하고, 사람 목숨과 생존권을 함부로 빼앗는 폭력과 억압─정치적, 사회적, 경제적─이 없어야 한다. 이런 문제는 이른바 '후진국'에서나 발생하는 일이라고 생각할지 몰라도 지금 이 순간 우리 땅에서도 버젓이 일어나고 있는 일이다. 세월호 사건 후 많은 사람이 국가의 존립 근거에 대해 고뇌에 찬 의문을 던졌던 것이 무엇을 의미하는가.

결국 우리 사회가 생명 보전조차 확실히 보장하지 못할 정도로 인간답지 못하다는 현실을 통탄한 것이 아니었을까.

인간답게 살기 위한 또 다른 차원은, 타인에게 해를 끼치지 않는 한 내가 생각하는 바를 말과 행동으로 표현할 수 있고, 내가 옳다고 생각하는 바를 실천할 수 있고, 내 뜻에 동조하는 타인들과 어떤 행동을 함께 취할 자유를 누리는 것이다. 생명만 붙어 있다고 인간답게 살 수 있는 것은 아니다. 인간은 사회적 동물이기 때문이다. 다소 극단적인 상상을 해보자. 어떤 사람을 고급 호텔방에 모셔놓고 산해진미를 제공한다고 치자. 이 사람은 생물학적 차원에서 호의호식한다고 할 수 있겠다. 하지만 그 누구와도 접촉하지 못하고 절대 그 방에서 나오지 못하게 하면서 수십 년 동안 그 상태로 가둬 둔다면 어떻게 될까. 생명 보전은 가능할지 몰라도 그 상태가 과연 인간답게 사는 것이라 말할 수 있을까. 그래도 죽는 것보다는 낫다고 말하는 사람이 있을 수 있겠지만, 그런 상황을 인간답게 사는 삶이라고 진심으로 생각하진 않을 것이다. 인간답게 사는 삶은 물리적 생명을 유지하는 것 이상의 어떤 사회적 상태를 뜻하기 때문이다.

더 나아가, 인간 사회에서 인간답게 살기 위해서는 적어도 어느 정도는 타인으로부터 사람 대접을 받고, 멸시받고 차별받고 배제되지 않고, 인간으로서 체면과 자존감에 큰 손상이 없는 삶을 영위할 수 있어야 한다. 영국의 사회정책학자 리처드 티트머스(Richard Titmuss)는 가난한 아이가 몹시 초라한 옷을 입고 등교해야 하는 것도 인간 존엄성의 심각한 침해로 보았다. 어린 마음에 다른 아이들 앞에서 겪을 모멸감이 얼마나 크겠는가. 적어도 학교 갈 나이가 된 아이라면 자신이 처한 상황을 객관적으로 이해하고 그 상황에 의미를 부여할 줄 아는 법이다. 빈곤에 짓눌린 세 모녀가 머리맡에 집세가 든 봉투와 미안하다는 유서를 남기고 스스로 목숨을 끊었던 사건을 기억할 것이다. 그들은 자살이라는 마지막 길을 가면서도 인간으로서 최소한의 자존과 위신을 지키려고 끝까지 노력했다. 사람은 이런 존재다. 가난해도, 못났어도, 배우지 못했어도, 상대적 존엄의 박탈을 견디기 어려워하는 존재다. 차라리 죽음을 선택하는 한이 있더라도 말이다.

우리가 무상 급식을 옹호하는 것은 결식 아동에게 공짜로 밥을 준다는 이유뿐만은 아니다(그 점도 필요하지만). 비슷한 또래 집단 내에서 서로 같은 인간이라는 관점과 기본적인 상호 인정, 그리고 최소한의 공동체 결속력을 유지하기 위해선 적어도 밥 한 끼를 함께 먹는 자리를 통해 모두가 같은 친구들이라는 우애를 키우는 것이 필요하기 때문이다. 이것은 우리 공동체를 구성하는 토대가 되는 사회적 원단(social fabric)을 어떻게 짜느냐의 문제다. 이 원단이 처음부터 얼룩지고 일그러진 채 직조되었다면 어떤 일류 디자이너의 손을 거치더라도 편하고 아름다운 옷이 만들어지기를 기대할 수는 없다. 마찬가지로, 초등학교 때부터 가정 형편과 아파트 평수와 성적순으로 아이들을 줄 세우고 편 갈랐을 때 그 후 어떤 정부, 어떤 제도가 들어서더라도 서로 이해하고 보살피는 시민들의 공동체가 만들어지기는 어렵다고 봐야 한다.

인간답게 살기 위한 조건은 인간 사회의 변화와 연결되어 시대와 장소에 따라 변하기 마련이다. 정체성을 둘러싼 갈등과 고통을 보라. 성적 소수자라는 이유로, 피부색이 다르다는 이유로, 낯선 종교를 신봉한다는 이유로 적극적으로 혹은 교묘하게 차별함으로써 그 사람을 인정하지 않고 같은 인간으로 받아들이지 않을 때 그런 사람은 설령 의식주가 충족된다 하더라도, 또는 당장 죽거나 감옥에 갈 염려가 없다 하더라도 자신이 인간답게 산다고 느끼지 못할 것이다. 그때 느끼는 소외와 배제의 고통은 살아도 제대로 사는 것이 아닌 상태일 가능성이 크다.

이처럼 인간답게 산다는 것은 초보적인 생명 보전에서부터 타인으로부터 인정받고 수용되는 것을 포괄하는 종합적인 차원을 뜻한다. 어느 것이 더 중요하고 덜 중요한지를 따지는 것은 큰 의미가 없다. 우리가 서로 인간 사회에서 함께 살아가는 동일한 종적 존재라는 점을 인정한다면, 인간답게 산다는 것은 생물학적 차원부터 심리적 차원까지를 모두 포함하는 어떤 전체론적(holistic) 상태임을 인정하지 않을 수 없다는 말이다.[1] 그러므로 한 사회의 구성원들에게 일반적으로 인정되는 어떤 최소한의 기대에 미치지 못하는 조건은 인간답게 사는 것이 아니고 인간 존엄성이 침해되는 상태, 즉 인권 침해라 할 수 있다. 이것은 법이나 제도를 떠나 인간 존엄성의 조건을 규정하는 중요한 판단 기준이다. 각 사회마다 최소한의 기준이 다를 수 있고 인간 존엄성을 실현하는 방법에서 차이가 날 순 있지만, 그런 방향으로 나아가야 한다는 점에서는 전 세계적으로 합의가 이루어져 있다. 이것이 곧 인권의 보편성이라 할 수 있다.

어떻게 하면 인권을 더 많이 누릴 수 있을까

1974년 캐나다의 마크 라롱드(Marc Lalonde) 보건부 장관이 중요한 보고서를 펴냈다. 그의 이름을 따서 〈라롱드 보고서〉라 불리는 이 문서의 정식 명칭은 〈캐나다 국민 건강에 관한 새로운 관점〉이었다.[2] 〈라롱드 보고서〉는 전 세계적으로 건강에 관한 정책을 변화시키는

데 큰 역할을 했다. 그 전에는 건강 문제를 질병의 문제로 접근하는 경우가 많았다. 우리 역시 그럴 때가 많다. 건강 하면 제일 먼저 떠오르는 사람이 흔히 의사, 약사, 간호사 같은 보건 의료 전문가들이다. 병이 나면 의사를 찾아가 치료를 받아 다시 건강을 회복한다는 식으로 생각한다. 그렇게 되면 '건강=질병 치료'라는 등식이 성립한다. 즉 병이 나은 상태, 또는 질병이 없는 상태가 건강을 뜻하게 된다. 따라서 질병을 치료해주는 의사가 건강을 지켜주는 주인공처럼 보이는 것이 어쩌면 당연하다.

그러나 건강을 이런 식으로 이해하는 것은 세계보건기구의 건강 개념과 맞지 않는다. 세계보건기구의 정관은 국제 보건 총회에서 1946년 채택되고 1948년부터 효력이 발생한 국제 기준이다. 이 정관의 전문에 건강에 관한 유명한 정의가 나온다. "건강은 온전한 신체적·정신적·사회적 안녕 상태이며, 단순히 질환이나 병약함이 결여된 상태만이 아니다."³⁾ 즉, 건강은 질환이나 병약함이 없는 상태만이 아니라, 그것을 포함하되 그것을 넘어선, 더 큰 신체적·정신적·사회적 차원의 웰빙을 의미한다는 것이다. 여기서 질환이나 병약함을 치료하는 것 자체를 부정하진 않지만, 건강을 훨씬 더 넓은 개념으로 제시하고 있음을 눈여겨봐야 한다. 이런 건강 개념은 질병의 치료를 절대화하지 않고 상대화해서 보는 관점이다. 그리고 건강의 정의에 이어 바로 다음 문장에 "높은 수준의 건강을 향유하는 것이 모든 인간의 기본권"이라는 말이 나온다. 두 문장의 취지를 종합해보면 신체적·정신적·사회적 안녕 상태를 최대한 누릴 수 있는 것이 바로 인권임을 알수 있다.

일찌감치 국제적으로 건강 개념이 이렇게 확실하게 정립되어 있었는데도 왜 사람들은 계속해서 건강을 질병-질환-의사와 연결해서 생각하는 것일까? 건강을 주로 '의료 모델'을 통해 보기 때문이다. 의료 전문가 모델이라고도 한다. 의료 전문가와 의료 기관의 개입을 통해 좋은 치료를 받는 것이 건강 유지의 지름길이라는 통념은 의료 모델의 대중적 영향력이 얼마나 큰지를 보여준다.

　건강을 어떤 식으로 규정하고 어떤 모델로 이해하느냐 하는 문제는 단순히 지적인 호기심에서 그치는 문제가 아니다. 국가와 국제 사회가 보건 의료 정책을 수립하는 데 큰 영향을 끼치는 중요한 질문이다. 천문학적인 예산이 걸려 있는 문제이기도 하고, 사람들의 건강 증진 결과를 실질적으로 좌우하는 극히 심각한 현실적 문제이기도 하다. 만일 의료 모델을 건강의 주된 패러다임으로 인정하면 한 나라의 보건 예산을 주로 의료 기관, 의료 보험, 의료 체계에 투입해야 한다. 하지만 건강을 다른 모델로 이해하면 정책의 방향이 완전히 달라진다. 〈라롱드 보고서〉는 바로 이 점에 주목하여 국가의 건강 관련 정책이 의료 모델을 넘어설 수 있는 방안을 모색한다. 여기서 유명한 '건강 장(health field)' 개념이 나온다. 라롱드는 국민의 건강이 '건강→질병 발생→의료 개입→치료→건강 회복'이라는 단순한 도식으로 성취될 수 없다고 믿었다. 사망률, 유병률, 흡연이나 마약 같은 개인의 행동에 의한 건강 리스크, 각종 외부적 리스크 등을 의료 모델로만 설명할 수 없다는 것이다. 라롱드에 따르면 세계보건기구가 제시한 광의의 건강 개념을 받아들일 때 국민의 건강은 '건강 장' 내에서 결정된다. 건강 장은 네 가지 요소로 이루어진다. 첫째, 인간의 생물학적 요인(human biology)이 있다. 인간의 신체 조건, 유전적 특성, 노화 등 인체 내부에서 일어나는 모든 과정을 말한다. 둘째, 환경 요인(environment)이 있다. 환경이란 인간의 몸 외부에서 일어나는 모든 영향을 일컫는다. 음식, 약품, 공해, 감염 질환, 사회 계급을 포함한 사회적 조건을 모두 포함한다. 셋째, 크게 보아 개인이 스스로 선택하거나 통제할 수 있는 라이프 스타일(life style)의 요인이 있다. 식습관, 흡연, 음주, 운동, 중독 등이 그것이다. 넷째, 의료 조직(health care organizations)의 요인이 있다. 병의원, 의료진, 의료 전달 체계를 모두 일컫는 범주다.

라롱드는 생물학적 요인, 환경 요인, 라이프 스타일 요인, 의료 조직 요인을 전부 합한 건강 장이 국민의 건강을 좌우한다고 설명한다. 어느 한 요인만이 건강을 좌우하거나 증진시킬 수 없다는 것이다. 기존의 보건 의료 정책에서 마지막 요인인 의료 조직에만 집중해 온 것을 비판하면서 전체적인 건강 장을 감안해서 국가의 건강 정책과 예산 및 자원 배분이 이루어져야 한다고 강조한다. 라롱드의 주장은 한마디로 기존의 의료 모델(medical model)을 벗어나 세계보건기구의 건강 모델(health model)로 돌아가자는 것이라 할 수 있다. 거칠게 비유하여 의료 모델에서 건강에 대한 의료의 역할이 100퍼센트라면, 건강 모델에서 건강에 대한 의료의 역할은 그 4분의 1 수준으로 떨어진다고 할 수 있다.

독자 여러분은 왜 인권을 다룬 책에서 필자가 라롱드의 건강 모델을 장황하게 설명하는지 궁금할 것이다. 그 이유는 다음과 같다. 건강에 대한 우리의 인식과 인권에 대한 우리의 인식 사이에 유사한 구도가 성립되기 때문이다. 우리가 마치 건강을 질병 치료라고 생각하는 것처럼, 인권 역시 인권 침해의 해결로만 이해하는 것은 아닐까. 다시 말해, 우리는 흔히 '인권=인권 침해가 없는 상태'로 간주하는 경향이 있는 게 아닐까. 이렇게 되면 의료 모델에서 질병의 치료를 중시하는 것처럼, 인권에서도 인권 침해가 해결되기만 하면 인권이 달성된 것으로 오해할 개연성이 높아진다. 그러나 인권 침해의 가해자를 밝히고, 그를 처벌하고, 피해자에게 어떤 적절한 조치를 취하고, 재발을 방지하기 위한 제도 개선을 하는 것만으로 인권이 달성되는 것은 아니다. 물론 우리가 아플 때 병원에 가는 것처럼, 인권 침해가 발생했을 때는 국가인권위원회나 법원이 각종 제도를 통해 문제를 해결해야 한다. 이런 해법은 지금도, 앞으로도 계속 중요할 것이다. 하지만 그것만으로는 크게 부족하다는 데 문제의 핵심이 있다.

인권 문제를 제도적으로 해결하는 것만으로 인권이 달성됐다고 말하기 어려운 이유가 무엇일까. 첫째, 법이나 제도의 기준에서 보아 인권 문제로 인정될 수 있는 확실한 인권 침해조차도 실제로 법원이나 국가인권위원회에서 다루어지는 비율은 아주 낮다고 봐야 한다. 대다수 인권 침해는 피해 당사자만 괴로움을 당한 채 유야무야되곤 한다. 법과 제도의 도움을 받아 어떤 사건이 인권 침해로 판정 난 사례는 전체 인권 침해 사건에서 아주 낮은 비율일 가능성이 높다. 둘째, 법이나 제도상으론 인권 침해라고 규정하기 어렵지만, 당하는 사람 입장에선 엄청나게 괴롭고 원통한 인권 침해 상황이 얼마든지 있을 수 있다. 직장에서 어느 한 사람이 왕따를 당한다고 치자. 성별, 학력, 학벌, 지연, 희생양 만들기, 패배자·약자 탄압을 통한 우월 의식 등 왕따가 일어나는 데엔 여러 이유가 있을 수 있다. 그런데 따돌림이 아주 교묘하고 은밀한 방식, 그러나 확실히 느낄 수 있는 방식으로 일어난다고 치자. 예를 들어, 퇴근 후 함께 모이는 자리에 어떤 사람만 부르지 않는다든지, 직원 자녀의 돌 잔치에 어떤 사람만 초대하지 않는다든지 하는 식으로 멀쩡한 사람을 철저히 주눅 들게 만들 수 있다. 언성 한번 안 높이고, 싫은 표정 한번 짓지 않고도 얼마든지 그 사람을 인간 이하의 비참한 존재로 만들 수 있는 것이다. 하지만 법적으로 그런 상황을 인권 침해라고 규정해 처벌하기는 거의 불가능하다. 대단히 불공평하고 치사한 상황이면서도 법이나 규정상으로는 인권 침해가 아닌 경우가 얼마든지 있을 수 있다는 말이다.

셋째, 위에서 거론한 상황이 미시적 차원에서 인권의 사각지대가 발생한 예라면 기존의 인권 기준과 개념으로는 도저히 다루기 어려운 거시적 차원의 인권 사각지대도 존재한다. 전쟁이나 제노사이드(집단 학살) 같은 거대 규모의 정치적 폭력이 그것이다. 물론 국제 사회는 국제형사재판소나 제노사이드 협정 같은 국제법적 기준과 제도를 고안하여 그런 사건을 해결하기 위한 장치를 마련하고 있다. 그러나 리비아 사태, 시리아 사태, 아프가니스탄 사태, 가자 지구 사태에서 보았듯이 수천수만의 무고한 인명이 희생되어도 인권 침해의 해결은커녕 누구에게 진정으로 책임이 있는지 규명하는 일조차 잘 이루어지지 않는다. 예를 들어, 2003년 미국의 이라크 침공으로 발생한 민간인 사망자 누계는 최소 13만 4천 명, 최대 25만 명 이상으로 추산된다.[4] 극히 보수적으로 계산해도 10만 명이 넘는 것이다. 침공의 빌미가 되었던 알 카에다와의 연계설, 대량 살상 무기 개발설 따위는 새빨간 거짓이었음이 일찌감치 드러났다. 그렇지만 전쟁을 주도했던 미국과 영국의 정치 지도자들 중 처벌받은 자가 있는가. 아니, 처벌은 고사하고 이들에게 민간인 사망의 책임이 있다는 공식적인 유권 해석이라도 내려진 적이 있는가. 인권을 금과옥조로, 보편적 황금률로 떠받드는 국제 사회가 이렇게 명명백백한 대규모 인권 유린에 대해 꿀 먹은 벙어리가 되는 걸 어떻게 이해해야 할까. 여기서 우리는 인권의 법제적 해결 방식(legalistic solution)이, 너무 미시적인 경우에도, 너무 거시적인 경우에도 별로 도움이 되지 않는다는 현실을 새삼 깨닫게 된다.

마지막으로, 제도적 인권의 포괄 범위를 간단히 뛰어넘어버리는 거시적·정치적 폭력 외에 또 다른 차원의 구조적 폭력의 문제가 있다. 이 역시 인권 관련 법과 제도만으로는 해결되기 어려운 문제다. 지구 온난화 때문에 남태평양의 작은 섬에 사는 주민들의 생존이 경각에 달려 있지만 그런 문제의 궁극적 책임이 누구에게 있는지를 따지기는 쉽지 않다. 각종 산업 활동이 온실 가스를 배출하는 것을 알면서도 화석 연료를 사용하고, 매일 자동차를 몰고 다니며, 메탄 가스를 방출하는 축산업으로 생산된 고기를 먹는 너와 나, 우리 모두의 책임일 가능성이 크다. 비정규직을 양산하는 구조 조정은 결국 누구의 책임인가. 글로벌 이주 물결의 궁극적 책임은 누구에게 있는가. 신자유주의적 경제 지구화, 그것의 창안자와 설계자들, 그 정책의 결정자와 집행자들, 그런 사람들을 국민의 대표로 뽑은 너와 나, 결국 우리 모두의 책임일 가능성이 크다.[5] 모두 엄청난 인권 문제들이지만 기존의 인권 틀로는 제대로 대처할 수 없다는 모순 앞에서 우리는 무력감과 절망감을 느끼곤 한다. 결국 법적으로, 제도적으로 인권 침해라고 인정되고 해결될 수 있는 문제는 한정되어 있고, 실제 어마어마한 규모로 벌어지는 대다수 인권 침해는 손아귀의 모래알처럼 통상적 인권의 범위에서 빠져나가버리니 말이다. 공식적 인권 담론을 통하면 전체 인권 침해 사례 중 극히 일부만 취급 가능한 인권 문제로 분리되어 남고, 나머지는 무시되거나 망각되기 일쑤다.

이렇게 된 데에는 이유가 있다. 인권은 어떤 심오한 철학이나 추상적 원칙이 먼저 세워진 후 현실에 적용된 담론이 아니라, 역사 속에서 그때그때 시급한 문제들을 해결하는 과정에서 출현한 실용적 담론이다. 그래서 역사 변화의 우연성과 불규칙성을 그대로 반영하고 있는 개념이며, 문제 해결을 중심으로 한 담론이며, 본질적으로 철학자들의 도구가 아닌 법률가들의 도구처럼 다루어져 왔다.[6] 그런데 20세기 후반에 들어서 인권의 현실 정치적 유용성이 전 세계적으로 인정되고, 인권 담론이 세상의 비참과 부조리를 해결할 수 있는 유력한 담론으로 주목받으면서, 인권에 일관된 철학과 원칙을 부여하려는 노력이 등장하였다. 그 과정에서 철학자, 실천가, 이론가들은 구체적인 역사 상황 속에서 특정한 목적으로 만들어진 기존의 인권 목록이 그 자체로서는 의미가 있지만, 인권 발전의 다양한 경험적 조각들을 모아 인권 전체를 포괄하는 어떤 통일된 이론으로 만드는 일이 아주 어려운 과제임을 깨달았다. 앞서 예로 든 사례들은 그러한 어려움을 보여준다.

여기서 우리는 '인권=인권 침해의 해결'이라는 단순 도식으로 담아내지 못하는 전체적 인권의 설계도를 그려야 할 필요에 직면한다. 전체 인권을 증진하기 위해서는 기존의 인권 모델을 넘어서는 광의의 인권 모델을 상상할 수 있어야 하는 것이다. 이런 이유 때문에 정치적 폭력의 실상, 구조적 억압, 뿌리 깊은 반인권적 의식이 확대·재생산되는 복잡한 사회심리적 역학 관계를 제대로 이해할 필요가 생긴다. 이때 우리는 세상의 모든 불의와 부조리와 사회적 고통 중에서 통상적 인권 개념으로 호명할 수 있는 전형적 인권 문제와, 통상적 인권 개념으로 대처하기 어려운 메타적 인권 문제를 분별하면서

도 동시에 그 둘 모두를 감당할 수 있는 방안을 모색해야만 하는 것이다.[7]

어떻게 할 것인가

민주화 이후의 민주 제도 수립과 지속적인 경제 발전에도 불구하고 우리 시민들이 체감하는 생활상의 안녕과 행복은 기대치에 미치지 못하는 것 같다. 우리의 제도적, 물질적, 외형적 성장에 걸맞지 않은 초보적 수준의 사회 문제들이 여전히 우리를 괴롭히고 있다. 또한 이런 문제들을 해결하기 위해 과거와 다른 언어와 형식의 담론이 필요해졌다. 지난 20년 사이 각종 사회·정치 문제의 해결책으로 인권을 호명하는 일이 잦아진 것도 이런 시대적 배경을 방증한다. 하지만 최근 또 다른 현상도 벌어지고 있다. 인권에 역풍이 불기 시작한 것이다. 과거에는 민주주의와 개혁을 반대하거나 미온적이던 사람이라해도 인권을 드러내놓고 반대하는 경우는 드물었다. 인권이 '신성불가침'한 인간 존엄성의 보루처럼 간주되었으므로 누구도 인권을 명시적으로 부정하기는 어려웠기 때문이다.

그러나 최근 들어 인권에 대한 암묵적인 합의가 크게 훼손되면서 인권과 인권 운동을 공개적으로 조롱하고 뒤흔드는 경우가 많아졌다. 인권에 대한 최소한의 존중마저 부정하는 듯한 노골적인 언사와 행동이 적지 않게 출현하고 있다. 인권의 초보적 기반도 아직 완전히 갖춰지지 않은 상태에서 인권에 역행하는 반동의 물결이 빠르게 불어닥치고 있다. 우리 사회 전반의 이념 과잉과 정치적 양극화 경향 속에서 인권이 대표적인 희생양이 된 듯하다. 많은 이들이 인권을 이른바 '좌파'의 전유물로 치부하거나 인권을 옹호하는 사람에게 용공이나 종북 딱지를 붙이는 데 주저하지 않는다. 학생 인권을 주장하면 용공이고, 성 소수자 차별 반대를 말해도 종북이라 매도한다. 이런 사람들은 북한 인권만 인권 문제이고 한국 사회에서 인권을 거론하는 것은 이적 행위 비슷하게 몰아간다. 좌경화된 인권이 자유민주주의 체제의 적이 되었다는 식으로 공격하기도 한다. 지성사적 계보를 따져볼 때 자유주의의 핵심 중 핵심으로서 출발한 인권을 자유민주주의 체제의 적이라고 인식하는 태도는 실로 거대한 무지와 왜곡의 산물이라 하지 않을 수 없다. 이런 점에서 우리 사회의 사상적 성숙도가 과거에 비해 오히려 후퇴하고 있는 듯한 불길한 조짐마저 엿보인다.

이러한 신종 매카시즘 분위기 속에서 인권에 상당히 호의적인 사람들조차 인권을 인용하거나 적극적으로 주창하는 데 조심스러워하는 태도를 보이곤 한다. 민주·개혁파라고 생각되는 일부 정치인들이 선거 공약에서 인권을 조용히 뒷전으로 물리는 경우도 관찰된다. 이들이 진심으로 인권에 등을 돌린 것은 아닐 것이다. 그러나 적어도 선거 운동을 할 때 인권을 전면에 내세울 경우 현실적으로 득표하는 데 도움이 되기 어렵다고 현실적 고려를 하는 것은 분명해 보인다. 정치인들은 여론의 풍향에 대단히 민감하다. 이들이 인권의 간판을 뒤로 물리기 시작했다는 것은 일반 대중이 인권에 우호적이지만은 않다는 사실을 감지했다는 뜻이다. 일단 이런 움직임이 인권 운동가에게 실망을 주는 건 사실이지만 그러한 일련의 풍토로부터 우리가 얻을 수 있는 중요한 시사점이 있다.

인권의 근본 정신은 보편적인 항구불변성에 기반을 두지만, 인권의 의미 규정, 인권의 이해와 실행과 달성 방식은 시대와 장소의 맥락 속에서 항상 처음부터 새롭게 출발해야 한다는 것이다. 필자는 앞에서 제도화된 인권과 제도로 포착하기 어려운 인권을 나누어 설명하였다. 그리고 전자의 인권이 후자의 인권—거시적인 정치적 폭력, 구조적 억압, 사회심리적 차원 등—에 좀 더 관심을 기울여야 한다고 주장했다. 법과 제도와 공식적 기준으로 인정되는 인권은 인권의 명칭을 내걸고 추구하는 인권, 즉 기명(記名)의 인권이라 할 수 있다. 기명의 인권은 인권의 명칭을 정면에 내건 인권법, 인권 기준, 인권 제도, 인권 운동, 인권 단체, 인권 연구 활동을 일컫는다. 그런데 사실 더 넓은 차원에서의 인권, 즉 거시적인 정치적 폭력이나 구조적 억압, 사회심리적 요인과 관련된 익명의 인권이 기명의 인권을 확장하고 실질적으로 보장하는 데 결정적인 역할을 한다.

인권을 옹호하는 많은 사람들이 세상의 모든 불의와 억압을 인권 문제라 부르고 인권법과 제도라는 수단으로써 해결하고 싶어 하는 건 사실이다. 인간 존엄성이라는 숭고한 가치가 제공하는 도덕적 권위의 깃발 아래 모이고 싶어 한다. 넓은 의미에서 모든 정의와 인간 자유는 그 내용상 인권과 인간 존엄성을 의미하기 때문이다. 필자 역시 이런 입장의 간절함에 공감하고 그 동기를 충분히 이해한다. 하지만 그렇더라도 넓은 뜻의 인권을 추구하는 데서는 세상의 모든 불의와 억압을 항상 인권의 이름으로 호명할 필요는 없다고 본다. 다시 말해 기명의 인권과 구분되는 넓은 뜻의 인권은 '익명(匿名)의 인권'으로 다루어도 무방하다고 생각한다. 아니, 넓은 뜻의 인권은 익명의 인권으로 다루는 편이 훨씬 더 낫다고 적극적으로 주장하고 싶다. 앞서 어느 정도 설명했지만 이론적 이유와 현실적 이유가 다 있다. 공식적 인권 담론이 기대고 있는 국제 기준의 제도성, 권리(rights) 개넘 자체의 법적 성격 등으로 인해 정의와 자유에 대한 모든 요구를 권리라는 그릇으로 담아내기에는 인권 개념의 이론적·현실적 자원이 대단히 특정적이고 협소하기 때문이다. 반면 넓은 뜻의 인권은 익명의 인권으로 추구될 때 장기적인 효과를 발휘한다. 세상의 수많은 불의를 인권 문제로 호명함으로써 해결하고 싶어 하는 많은 분들에게 이런 주장은 다소 실망스러울지 모르겠다. 그러나 필자는 인권 연구자로서 솔직히 사실을 밝혀야 할 학문적 의무를 느낀다.

그러나 자세히 알고 보면 크게 실망할 일도 아니다. 다음에 나올 설명에 주의를 기울여주시기 바란다. 기명의 인권이 빙산의 일각이라면, 익명의 인권은 빙산의 저변을 이룬다. 이렇게 본다면 익명의 인권이 기명의 인권보다 장기적인 효과와 토대적인 내구성이 있다는 점에서 더 중요하다. 물론 기명의 인권이 반드시 필요한 경우가 있다. 의료의 비유를 빌리자면, 위급한 환자가 병원 응급실에 가서 의사의 구급 조치를 받아야 함은 너무나 당연하다. 그러나 그것이 전부가 아니다. 건강은 병원 응급실, 수술실, 진찰대에만 존재하는 것이 아니다. 건강은 체질, 거주 지역, 계급 구성, 직업 조건, 근무 환경, 공해와 오염, 산업 재해, 규칙적 운동, 식습관, 평소 몸 관리, 중독성 탐닉의 절제 등 폭넓은 영역에서 존재한다. 인권 전문가가 개입하여 인권의 이름을 내걸고 문제를 해결하는 것이 기명의 인권이라면, 더 다양한 차원의 요인을 감안해서 인간 존엄성을 폭넓게 증진하는 것은 익명의 인권이다.

익명의 인권은 인권의 이름으로 호칭되느냐의 여부, 즉 개념 정의(semantic definition)와 상관 없이, 실질적으로 인간 존엄성을 확보하는 데 극히 중요한 조건을 형성한다. 익명의 인권 조건이 확대될수록 인간 존엄성을 위한 우호적 환경을 조성할 수 있기 때문이다. 기명의 인권을 제대로 보장하기 위해서라도 익명의 인권 조건들이 충족되는 것이 필요하다. 앞에서 설명했지만 우리 사회에서 인권을 경원시하는 풍조가 늘어나면 인권 보장을 위한 법과 제도가 존재하더라도 인권은 방어적이 되고 위축될 수밖에 없다. 기명의 인권을 튼튼하게 받쳐주는 익명의 인권 조건이 확고히 존재할 때, 기명의 인권은 실질화되고 항구화한다. 더 나아가, 익명의 인권 조건이 성숙하면 굳이 기명으로 인권을 불러내지 않아도 인간 존엄성이 잘 보장되는 사회가 된다. 흔히 인권을 구호처럼 자주 외치고 선포하고 요구하면 인권 가치를 확산시킬 수 있을 것처럼 생각하기 쉽지만 꼭 그렇지는 않다. 평화롭고 민주적이고 사회 보장이 잘 이루어진 나라들은 굳이 인권을 내세우지 않으면서도 인권을 잘 보호하는 경우가 많음을 필자는 여러 번 관찰할 수 있었다. 스칸디나비아 국가들처럼 자타가 공인하는 인권 모범 사회에 가보라. 우리만큼 그렇게 자주, 흔하게 인권이라는 말을 사용하지 않는다. 모든 상황에서 인권을 호명하는 사회는 그만큼 인권 상황이 좋지 않아 인권에 대한 간절한 소망이 높은 사회라 할 수 있다. 그런데 그렇게 인권을 호명하는 것이 언제나 효과가 있을지는 확실치 않다. 인권 전문가 잭 도널리(Jack Donnelly)는 이를 '인권 보유의 역설(the possession paradox)'이라 불렀다. 인권을 지니지 못할 때엔 인권을 지니는 것이 중요하지만, 인권을 지니고 있을 때엔 인권을 굳이 요구할 필요 자체가 없어지는 역설적 상황을 뜻한다.[8]

정말 위급한 인권 침해 상황에서는 인권을 전면에 내걸고 투쟁해야 한다. 인권에 관한 지식과 경험이 풍부한 운동가들과 전문가들의 도움이 절대적으로 필요하다. 시급하고 구체적인 인권 침해가 발생했을 때 법원, 국가인권위원회, 국민권익위원회, 지자체 인권위원회, 인권 단체, 변호사 단체, 시민 단체의 유능하고 양심적인 인권 전문가들의 도움을 받는 게 좋고, 인권 보장 절차와 과정과 논리를 활용해야 한다. 기명의 인권에 적합한 소재에는 어떤 게 있을까. 가장 확실한 목록은 국제 인권 기준에 나오는 60여 가지 인권이다. 물론 인권 항목은 사회 변화에 발맞춰 새롭게 재구성되거나 가짓수가 늘어나는 경향이 있다. 어쨌든 현존하는 국제 기준에서 다룰 수 있는 인권 문제는 최대한, 철저히, 기명의 인권으로 처리해야 한다. 우리 사회에서 최근 몇 년 사이에 벌어진 대표적인 인권 문제들은 확실히 기명의 인권 범주에 속하는 것들이 많았다. 예를 들어 용산 참사, 민간인 사찰, 간첩 조작, 군인 인권 유린, 가정 폭력, 성 소수자 차별, 장애인 사망, 노예 노동, 이주 노동자 탄압 등은 전문적 인권 지식과 제도를 활용하여 기명의 인권으로 풀기에 적합한, 전형적인 인권 문제들이었다.

한 번 더 강조하지만 급한 병이 났을 때엔 유능하고 양심적인 의사들의 도움을 받아야 한다. 그러나 그외의 경우에는 건강을 위한 조건 형성 —사회적, 환경적, 물질적, 개인 습관— 에 힘쓰는 편이 훨씬 낫다. 아무리 의학 기술이 발달해도 평소 건강 관리를 잘 하는 것만 못한 법이다. 질병을 발생시키는 근본 원인을 찾다 보면 자연스레 평소에 건강을 지키는 것과 연결되곤 한다. 마찬가지로 인권 역시 아주 전형적이고 시급한 인권 문제는 기명의 인권으로 처리하되 나머지 부분은 시간이 좀 걸리더라도 인간 존엄성이 자연스레 보장되는 사회적 환경을 조성하는 편이 길게 보아 훨씬 효과적이다. 이런 식으로 활동의 분업이 이루어지면 기명의 인권 활동이 훨씬 전문적이고 효율적으로 발전할 수 있다.

인권 침해는 모기에 비유할 수 있다. 모기는 말라리아, 뎅기열, 황열과 같은 치명적인 질병을 옮기는 해충이다. 모기는 눈에 보이는 대로 잡아야 한다. 약을 살포하고 모기장을 쳐야 한다. 이런 행동은 기명의 인권 활동과 비슷하다. 그런데 그런 노력에 더하여 모기가 창궐하는 원천을 찾아야만 한다. 이것은 익명의 인권 활동에 비견된다. 모기가 서식하는 웅덩이와 습지의 물을 비우고 소독하는 활동은 모기 한 마리 한 마리를 잡는 것만큼이나, 아니 어쩌면 그것보다 더 중요하다. 이것을 전문 용어로 '발생원 억제(source reduction)'라 한다. 인권에서도 인권 침해의 근본 원인(root causes)에 더욱 주목해야 한다는 흐름이 최근에 중요하게 등장하고 있다.[9] 그러므로 인권 침해를 야기하는 근본 원인들 즉, 정치 폭력, 구조적, 사회심리적 차원의 인권 침해 요인들을 발견하고 차단함으로써 인권을 장기적으로 증진하고 확대할 방안을 언제나 고민하고 모색해야 한다. 이런 노력 없이 눈앞의 인권 침해 문제에만 몰두하다 보면 아무리 헌신적으로 노력해도 인권 침해 악순환의 고리를 끊기 어렵다. 모기를 잡는 일과 웅덩이를 메우는 일을 언제나 병행해야 한다는 뜻이다.

기명의 인권은 주로 인권 운동가와 인권 전문가의 몫이지만, 익명의 인권은 모든 사람이 담당할 수 있다. 단, 일정한 방향성과 의식은 필요하다. 스탠리 코언(Stanley Cohen)의 지적을 들어보자. "사회 정의는 분명 법 이상의 어떤 것을 요구한다. '훌륭한 시민성(good citizenship)'이라는 상태도 있을 수 있다. 영웅적인 것까지는 아니지만 단순히 법을 지키는 것보다는 더 고귀한 상태를 말한다. 훌륭한 시민성은 거창한 영웅적 행동을 요구하지 않지만, 평범한 침묵을 장려하지도 않는다."[10] 익명의 인권은 전문적 인권 운동가까지는 아니라도, 훌륭한 시민을 키우고 장려하는 정도만 되어도 충분히 달성될 수 있다. 인권 침해의 근본 원인을 다루는 데 효과가 있는 방법이다. 훌륭한 시민성은 공공성, 공동선, 사회 정의, 연대의 가치를 자기가 서 있는 자리에서 조금이라도 실천하는 정신이다. 아주 작은 몸짓으로 조금씩 자주 행하기만 하면 그게 훌륭한 시민성의 바탕이 된다. 노동자의 입장에서 세상을 바라보는 습관을 들이고, 전쟁 반대 캠페인에 서명하고, 한반도 평화를 위한 노력에 작은 힘이라도 보태고, 장애인과 성 소수자 차별에 항의하는 편지 쓰기에 동참하고, 자신의 성향에 맞는 인권 단체, 자선 단체, 시민 단체에 아주 소액이라도 기부를 하고, 훌륭한 시민성을 실천하는 연예인, 작가, 예술가들의 공연에 참여하거나 그들의 창작물을 구입하고, 차별적인 발언이나 성희롱을 하는 직장 동료에게 정중하지만 단호하게 지적해주고, 지구를 구하기 위해 에너지를 최대한 아끼고, 동물과 자연 사랑이 인간 존중과 동전의 양면임을 인정하고 실천하고, 정치인의 언설을 회의적으로 보는 안목을 갖추고, 기업의 거짓 선전과 광고에 쉽게 넘어가지 않고, 자신의 우월한 위치를 이용해서 약자에게 '갑질'하지 말고, 사회 관계망의 거품 같은 언설에 부화뇌동하지 말고 자신의 주관을 기르고, 공정 무역과 협동 조합의 물품을 구매하고, 귀찮더라도 선거에 참여하여 인간 존엄성 확보라는 측면에서 조금이라도 더 나은 후보와 정당에게 표를 던지는 것, 이런 행동들이 모이면 익명의 인권이라는 빙산의 저변이 확대될 수 있다.

이런 활동이 우리 사회의 상식이 되고 기준이 되는 날이 온다면 그 상태가 곧 인권 친화적 사회가 아니겠는가. 인권을 보장하기 위해 인권을 굳이 일일이 불러낼 필요가 크게 줄어든 사회 말이다. 또한 이렇게 되어야 기명의 인권 활동도 제대로 이루어진다. 빙산의 저변이 형편없는 상태에서 크고 멋진 빙산의 꼭지가 만들어질 순 없는 노릇이다. 이것을 사회 변화의 '압핀 이론'이라 부르는 사람도 있다. 압핀의 뾰족한 끝이 제대로 꽂히려면 압핀의 편평한 베이스 부분을 힘 있게 잘 눌러줘야 한다는 말이다. 익명의 인권 활동은 결국 많은 사람들의 관점과 가치관과 생각을 올바른 시민성의 방향으로 바꿔 나가는 과정을 통해 효과적으로 이루어진다. 인지적으로 어떤 것을 깨닫고, 그것이 정서적인 감응으로 이어질 때에 행동이 따라오게 되기 때문이다. 따라서 각종 시민 단체의 기획 강좌, 문화 강좌, 특강, 학교 선생님들의 새로운 관점 갖추기, 토론 동아리와 같은 활동이 특히 중요하다. 이런 활동이 어릴 때부터 이루어질수록 좋다. 각종 첨단 커뮤니케이션 매체를 통한 지적 교류도 마찬가지다. 인권 운동 단체에서도 기명의 인권과 익명의 인권을 결합시킬 수 있다. 한편으로 명백한 인권 침해 사건에 대응하는 일에 매진하면서도, 다른 한편으로 학생들의 영화 모임을 진행할 수 있고, 또 그렇게 해야 한다.

필자가 이 책을 통해 말하고 싶었던 것은 결국 이런 점이었다. 시간과 공간이 달라도 인간의 존엄성을 확보하기 위한 긴 노정은 같은 생각을 하는 수많은 사람들의 작은 노력들—굳이 인권의 간판을 달지 않더라도—이 합쳐질 때에 성공적으로 답파될 수 있다. 공동선의 가치관과 지향을 품은, 상식적으로 건강한(decent) 수준의 시민들을 많이 길러내어 무수한 '익명의 작은 인권 운동가'들로 변화시킬 수 있다면 우리 사회 인간 존엄성의 조건은 앞당겨 이루어질 것이 분명하다. 그 오디세이의 길을 가면서 인간이 인간답게 산다는 것이 무엇인가 하는 기본적 질문에 이미 주어진 정답이 있다고 가정하지 말고, 그것을 끊임없이 원점에서 새롭게 제기하고 토론할 마음의 자세를 갖추어야 할 것이다.

'저자명(출간 연도)' 혹은 '저자명(출간 연도: 참조 페이지)'의 형태로 실린 주석에서 해당 도서명은 뒤에 실린 〈참고문헌〉에서 확인할 수 있다.

들어가는 글

1) 다음 책 3장 "인권의 의미 밝히기"를 참조하라. 제임스 니켈(2010).
2) 다음 책 10장 "The Shadow Hitler, His 'Primitive Hatred,' and the 'Strange Bond'"을 보라. Rosenbaum(2014).
3) 다음을 보라. 스탠리 코언(2009).

1장 인권의 뿌리를 찾아서

1) 다음을 보라. 토머스 페인(2004).
2) 이 문제 때문에 여성 운동가 올랭프 드 구즈(Olympe de Gouges)는 1791년 '여성과 여성 시민의 권리 선언'을 발표했다. 다음을 보라. 미셸린 이샤이(2005: 200).
3) 다음을 보라. Thoreau(1849: 14).
4) 권리에 관한 철저한 연구로는 다음을 보라. 김도균(2008).
5) 자세한 설명으로 다음을 보라. Wenar(2011).
6) 다음을 보라. 마루야마 마사오, 가토 슈이치(2000).
7) 이 사건의 전말은 다음을 보라. Reichert(2013).
8) 다음을 보라. 야나부 아키라(2003).
9) 인권의 입법화·제도화 경향이 언제나 건설적인 것만은 아니다. 이런 경향은 인권을 법적으로 보장된 일련의 권리 목록으로 이해하게 함으로써 인권을 보장

할 수 있는 정치적·경제적·사회적·구조적·심리적 측면을 간과하게 할 위험이 있다. 이 책의 '나오는 글' 부분을 참고하라.

10) 세계 인권 선언의 각국 번역본은 유엔의 다음 사이트를 보라. 〈http://www. ohchr.org/en/udhr/pages/introduction.aspx〉(검색: 2015. 1. 5)

11) 다음을 보라. 이정은(2013).

12) 웰스의 다음 책 10장에 총 10조로 이루어진 '인간 권리 선언(Declaration of Rights of Man)'이 실려 있다. 흥미롭게도 이 선언의 1조는 차별 금지와 사회 보장으로 이루어져 있다. "모든 사람은 인종, 피부색, 신앙 또는 의견에 따른 차별 없이 최대한 자신의 심신을 발전시키기 위해 필요한, 그리고 태어나서 죽을 때까지 건강하게 지내는 데 필요한, 영양, 의복, 의료, 돌봄을 받을 권리가 있다." 다음을 보라. Wells(1940).

13) 다음에도 이 사실이 언급되어 있다. 미셸린 이샤이(2005: 357-365).

14) '아메리카 인간 권리와 의무 선언'의 전문은 다음과 같이 시작된다. "All men are born free and equal, in dignity and in rights, and, being endowed by nature with reason and conscience, they should conduct themselves as brothers one to another." 이 문장을 '세계 인권 선언'의 1조와 비교해보라. "All human beings are born free and equal in dignity and rights. They are endowed with reason and conscience and should act towards one another in a spirit of brotherhood."

15) 다음을 보라. Twiss(2011).

16) 이 글 전체의 기본 구도는 다음의 설명을 따른 것이다. Waltz(2001).

17) 다음을 보라. 벨덴 필즈(2013: 151).

18) 다음을 보라. Dash(2013).

19) 다음을 보라. Greene(1997).

20) 다음을 보라. Langlois(2009: 23).

21) 다음을 보라. Klabbers(2009).

22) 1918년 1월 8일 발표된 우드로 윌슨의 '14개 조항' 전문은 다음 사이트를 참조하라. 〈http://avalon.law.yale.edu/20th_century/wilson14.asp〉(접속: 2014. 12. 30)

23) 정확한 명칭은 다음과 같다. Declaration on the Granting of Independence to Colonial Countries and Peoples.

24) 두 국제 규약 1조의 원문은 다음과 같다. "All peoples have the right of self-determination. By virtue of that right they freely determine their political status and freely pursue their economic, social and cultural development."

25) "우리는 한국전쟁을 인간의 존엄성을 앗아 가는 이러한 세계 자본주의, 그것의 정치적 표현인 국제적 군사 대결 체제라는 틀 속에서 보아야 하고, 한반도는 물론 전 세계에서의 항구적인 평화 질서의 구축과 인권의 실현이라는 전망 속에서 그 부정적 유산을 청산할 길을 찾아야 한다." 김동춘(2000: 309).

26) 다음을 보라. 앙리 뒤낭(1862).

27) 다음 책의 부록에 전문이 실려 있다. 앙리 뒤낭(1862: 131-135).

28) 다음을 보라. Rousseau(1762: 90).

29) 다음을 보라. 이마누엘 칸트(1796).

30) 다음에서 재인용함. 최종고(1980: 146).

31) 다음을 보라. 이경주(2014).

32) 한국어 번역본은 다음을 보라. 저자 이름이 '벡카리아'로 나와 있다. 체사레 벡카리아(1764/2006).

33) 《범죄와 형벌》에 관한 상세한 해제는 다음을 보라. 박홍규(2000).

34) 나치의 홀로코스트로 죽어간 1200만 명의 희생자를 추모하고 그 교훈을 후세에 교육적으로 전하기 위해 만들어진 The Nizkor Project의 사이트를 참고하라. 〈www.nizkor.org〉(접속: 2015. 1. 5)

35) 다음을 보라. Arendt(1964).

36) 아렌트의 예루살렘 재판 참관기가 〈뉴요커〉지에 실리게 된 전후 사정과 책의 출간 후 야기된 크나큰 논란은 마가레테 폰 트로타(Margarethe von Trotta) 감독이 2012년 제작한 영화 〈한나 아렌트(Hannah Arendt)〉에 잘 묘사되어 있다.

37) 다음을 보라. Cesarani(2006).

38) 다음을 보라. 존 로크(1698/1996: 14장 168절).

39) 다음을 보라. 존 로크(1698/1996: 13장 155절).

40) 다음을 보라. Tucker(2001).

41) 1980년 5월 8일 채택된 세계 보건 총회(World Health Assembly) 결의안 33.3호를 말한다. 자세한 전말은 다음을 보라. Pennington(2003).

42) 다음을 보라. Stavrianos(2004).

43) 북한 인권 보고서에 '보호 책임'에 관한 언급이 세 번 등장한다. 20항의 인권 피해자를 구제할 일차적 책임이 국가에 있다는 언급, 86항의 국제 공동체가 보호 책임을 이행해야 한다는 언급, 그리고 94(F)항의 인권 유린 발생 시 국제 사회 전체가 책임을 공유해야 한다는 언급이 그것이다. 다음을 보라. UN Human Rights Council(2014).

44) 다음을 보라. Heinze(2009).

45) 다음을 보라. Deng et al.(1996).

46) 본 위원회는 오스트레일리아의 외무장관을 역임한 가레스 에반스와 알제리의 고위 외교관 모하메드 사눈이 공동위원장을 맡았다. 군사 개입의 조건과 준비 및 실행에 관한 기술은 7장 "The Operational Dimension"을 보라. ICISS(2001).

47) 다음을 보라. UN General Assembly(2005).

48) '산림헌장(Carta de Foresta)'은 1217년에 독립해서 별도의 헌장이 되었다.

49) 피노체트의 비자금 문제를 다룬 가장 포괄적인 연구는 다음을 보라. Kornbluh(2013).

50) 피노체트의 체포와 에스파냐 인도를 둘러싼 상세한 전말 및 그 정치적 논쟁은 다음을 보라. 조효제(2000).

51) 다음을 보라. Lagos and Munoz(1999). 라고스의 정치 역정과 칠레의 민주화 과정에 대해서는 다음을 보라. 리카르도 라고스(2012).

52) 보편적 관할권 논의가 가장 진전된 지역인 유럽에서 벨기에, 프랑스, 스위스, 영국, 네덜란드, 스칸디나비아, 독일, 오스트리아, 에스파냐 등지에서 보편적 관할권 개념을 법적 논리로 확립했거나 확립 중에 있다. 다음을 보라. Kaleck(2009).

53) 이 당시 코스타리카 노동 운동의 태동에 대해서는 다음을 보라. Alba(1968: 279-280).

54) 이 부분은 다음에서 재인용한 것이다. Molina and Palmer(2007: 108).

55) 다음을 보라. Miller(1996).

56) 다음을 보라. Jimenez(2011).

57) 이 글은 다음 기고문을 일부 수정한 것이다. 조효제(2012).

58) 다음을 보라. 미셸린 이샤이(2005).

59) 다음을 보라. Edwards(2008).

2장 아우슈비츠에서 코스타리카까지

1) 다음 보고서를 보라. European Commission(2009).

2) 다음을 보라. Walker(2007-9).

3) 다음을 보라. 미하엘 호프만(2009).

4) 다음을 보라. Mills(1956).

5) 다음을 보라. Ambrosewicz-Jacobs(2009).

6) 필자가 발표했던 논문은 나중에 단행본의 한 챕터로 출판되었다. 다음을 보라.
Cho(2010).

7) 다음을 보라. Goffman(1956).

8) 청원의 전문은 다음을 보라. 〈http://www.chartists.net/The-six-points.
htm〉(접속: 2014. 11. 23)

9) 다음을 보라. Kim(1994: 193-194).

10) 다음을 보라. 폴 슈메이커(2010).

11) 다음을 보라. 우르밀라 필(2009).

12) 다음을 보라. Thorhallsson(2012).

13) 파이겐블라트는 코스타리카가 '권리'(right)를 '힘'(might)으로 승화시킨 사례
라고 말한다. 다음을 보라. Feigenblatt(2008).

14) 파나마 운하지대 내의 포트 걸릭(Fort Gulick)에는 미국이 운영한 아메리카육
군학교(Army School of the Americas)가 있었다. 제2차 세계대전 후부터 1973
년 사이 이곳에서 라틴아메리카 전역의 친미 정권 군사요원들과 우파 반군들
33,147명을 훈련시켰다고 한다. 다음을 보라. Wickham-Crawley(1992: 77).

15) 다음을 보라. 아다치 리키야(2011).

16) 정식 명칭은 일본국헌법(日本國憲法)이며, 1946년 11월 3일 공포되고 1947년

5월 3일부터 시행되었다. 전쟁의 포기(戰爭の放棄)라는 제목의 제2장 9조는 다음과 같이 규정한다. 번역문에 일본어투가 들어 있다. "① 일본국 국민은, 정의와 질서를 기조로 하는 국제 평화를 성실하게 희구하고, 국권의 발동 내지 전쟁과, 무력에 의한 위협 또는 무력의 행사는, 국제 분쟁을 해결하는 수단으로서는, 영구히 이것을 포기한다. ② 전항의 목적을 이루기 위해서, 육해공군 기타의 전력은, 이를 보유하지 않는다. 나라의 교전권은, 이를 인정하지 않는다." 다음을 보라. 〈http://mirror.enha.kr/wiki/%EC%9D%BC%EB%B3%B8%20%ED%97%8C%EB%B2%95〉(접속: 2014. 10. 3)

17) 코스타리카 헌법 12조는 다음과 같다. "① 항구적 제도로서의 군대는 폐지한다. 공공질서의 동향파악과 유지를 위한 경찰력의 필요는 인정한다. ② 군사력은 아메리카대륙 전체의 합의에 의해, 또는 국방을 위해 조직될 수 있다. 그런 경우라 하더라도 군은 문민 권력에 종속된다. 군은 공적 논의와 발언을 하지 못하며, 개인적·집단적으로 대표를 내세우지 못한다." 헌법 제정 과정에서 피게레스 정부가 주도적 역할을 수행한 설명은 다음을 보라. Vera(2007).

18) 코스타리카의 군대 폐지에 관한 역사적 연구는 다음을 보라. Bulgarelli(2004).

19) 내전의 전개 과정을 피게레스의 관점에서 다룬 저서는 다음을 보라. Hoffmeister(1998).

20) 다음을 보라. Kaiser(2013: 154-156).

21) 리우 조약의 정식 명칭은 '미주 상호 지원 조약'(TIAR, Tratado Interamericano de Asistencia Recíproca)이다.

22) 1919년 6월 티나코 군사정권에 맞선 대중 투쟁에서 여교사들의 전국적인 동원이 결정적인 역할을 했던 사례의 설명으로 다음을 보라. Molina and Palmer(2011: 92-93).

23) 코스타리카에서 경찰의 공식 명칭은 '공권력'(Fuerza Pública)이다.

24) 전 국민 90퍼센트 이상이 무상 의료 혜택을 받으며, 문자 해독률은 95퍼센트를 웃돈다. 라틴아메리카에서 최상위 수준이다. 또한 Happy Planet Index, World Database for Happiness 등 각종 행복 지수에서 1위를 차지하곤 한다. 다음을 보라. 〈http://www.happyplanetindex.org/〉(접속: 2014. 10. 3). 〈http://www1.eur.nl/fsw/happiness/〉(접속: 2014. 10. 3)

25) 다음을 보라. 임수진(2011).

26) 다음 사이트를 참고하라. 〈www.sinabi.go.cr〉(접속: 2014. 9. 19)

27) 〈라 마르세예즈〉는 1792년 프랑스 혁명 전쟁 때 군인이던 클로드 조제프 루제 드 릴(Claude Joseph Rouget de Lisle)이 작곡했다.

28) 정식 명칭은 'Manifesto de Córdoba'이다. 1918년 6월 21일 아르헨티나 코르 도바대학의 학생회와 교수들이 대학의 자율성 보장, 교수 및 총장의 민주적 선 출, 대학의 세속적 진리 추구 인정, 대학 운영에 구성원 참여, 커리큘럼 현대화, 모든 대중의 대학 교육 접근성 높이기, 교수의 강의 내용 자유 선택 등을 요구 하며 발표한 선언문. 다음을 보라. Burg(1998).

3장 21세기 인권의 확장

1) 다음을 보라. 서경식(2011: 38-39).

2) 다음을 보라. UDLR Follow-up Committee(1998).

3) 다음을 보라. Freedom House(2013).

4) 다음의 설명을 참조하라. 조효제(2011: 186-191).

5) 다음을 참조하라. Tuzin(2010).

6) 다음 사이트를 참조하라. Harris(2013).

7) 다음을 보라. 머튼(2006: 100-101).

8) 다음을 보라. Ackerly(2013: 32).

9) 다음 논문의 〈그림 2〉를 참고하라. 배천직(2010: 9).

10) 다음을 보라. Kent(2001).

11) 다음을 보라. Oxley(2012: 9-10).

12) 현장 노동자가 자신의 판단으로 위험한 작업의 중지 명령을 내릴 수 있는 권리 가 선진국형 산업 안전의 핵심으로 꼽힌다. 다음을 보라. 하종강(2014).

13) 다음을 보라. Jonsson(2003).

14) 《통치론》 19장 219절을 보라. 존 로크(1689/1996: 206).

15) 다음을 보라. Piketty(2014). 한국어 번역본은 다음을 보라. 토마 피케티 (2014).

16) 프랑스 헌법재판소의 공식 영역본은 다음 사이트를 보라. 〈http://www.

conseil-constitutionnel.fr/conseil-constitutionnel/root/bank_mm/anglais/
cst2.pdf〉(접속: 2014. 7. 20)

17) 프랑스 혁명 인권 선언 1조의 원문은 다음과 같다. "Les hommes naissent et demeurent libres et égaux en droits. Les distinctions sociales ne peuvent être fondées que sur l'utilité commune."

18) 이 단락은 피케티 책의 13장 '21세기를 위한 사회 국가'를 요약한 것이다. 피케티는 복지국가라는 말보다 '사회 국가(social state)'를 선호한다. 그 이유는 단순히 소득 재분배를 하는 국가가 목적이 아니라 만인이 평등한 권리를 누리는 사회를 추구하는 국가를 이상으로 삼기 때문이다.

19) 다음을 보라. Landman and Larizza(2009).

20) 다음을 보라. Landman and Larizza(2009: 731).

21) 다음을 보라. Nordic Trust Fund(2012).

22) 이 글은 '창비 주간논평' 2012년 9월 12일자에 실린 기고문을 수정, 보완한 것이다.

23) 다음을 보라. 제임스 길리건(2012).

24) 이 글은 계간 〈우리교육〉 2012년 3월호에 '돌개바람: 두 마리 토끼를 잡아라'라는 제목으로 실린 기고문을 대폭 수정한 것이다.

25) 다음을 보라. 윤병선(2008).

26) 다음을 보라. 황연수(2009).

27) 다음을 보라. 김흥주(2012).

28) 유엔 인권이사회의 심의 과정에서 합의가 이루어지지 못해 2015년 2월 현재 농민 인권 선언은 계속 논의 중에 있다. 다음을 보라. Geneva Academy(2015).

29) 다음을 보라. 필립 맥마이클(2013)

30) 다음을 보라. 조효제(2013).

31) 다음을 보라. 스테판 에셀(2011).

32) 다음을 보라. 신필균(2011).

33) 다음을 보라. 조효제(2000).

34) 다음을 보라. 앤터니 비버(2009).

35) 그 후의 사건 전개에 대해서는 다음을 보라. Newsweek(2014).

36) '인권을 찾아서'라는 제목으로 출간되었다. 다음을 보라. 조효제(2011).

37) 다음을 보라. Zerilli(2004).

38) 예를 들어 6조 1항은 다음과 같다. "당사국은 장애 여성과 장애 소녀가 다중적 차별의 대상이 되고 있음을 인정하고, 이러한 측면에서 모든 인권과 기본적인 자유의 완전하고 동등한 향유를 보장하기 위한 조치를 취한다."

39) 이 꼭지의 모든 설명과 사례는 다음을 참고하라. 정진성 외(2013).

40) 티라나 선언에 관한 간략한 설명은 다음을 보라. 조효제(2013: 286-287).

41) 다음을 보라. Oxfam(2011).

42) 다음을 보라. 〈http://www.kdi.re.kr/infor/ep_view.jsp?num=113045〉(접속: 2011. 5. 1)

43) 다음을 보라. Brown(2011).

44) 비동맹 운동 회의의 공식 웹사이트는 다음을 보라. 〈http://www.nam.gov.za/〉

45) 최근 들어 전 세계 각지의 소수 원주민들(또는 선주민, indigenous peoples)을 지칭하는 '제4세계(The Fourth World)'라는 용어가 나와 있다.

46) 다음을 보라. 필립 맥마이클(2013).

47) 다음 사이트를 참고하라. 〈https://sustainabledevelopment.un.org/topics/sustainabledevelopmentgoals〉(접속: 2015. 2. 1)

48) 로드 울프의 보고서는 다음을 보라. 〈http://www.woolflse.com/dl/woolf-lse-report.pdf〉(접속: 2014. 11. 23)

49) 다음을 보라. Held(2011).

50) 다음을 보라. Keane(2011).

51) 다음을 보라. Al Qaddafi(1975).

4장 인권 공화국으로 가는 길

1) 다음을 보라. Cho, Dreher, and Neumayer(2013).

2) 다음을 보라. 한겨레(2014).

3) 특히 섹슈얼리티와 여성의 재생산권과 같은 이슈를 종교적 이유로 통제하려는 갈등 양상이 전 세계적으로 발생하고 있으며 이는 사법적 판단에 커다란 도전

을 제기하고 있다. 다음을 보라. Klein(2010).

4) 다음을 보라. 스테판 에셀(2011 : 15-16).

5) 캐나다에서 발생했던 권리 충돌 사례들이 다음 보고서에 잘 나와 있다.
Ontario Human Rights Commission(2012).

6) 권리간 충돌 문제를 인권의 발전에서 나타나는 창조적 갈등으로 해석하는 대
표적인 시각으로 다음을 보라. Xu and Wilson(2006).

7) 다음 기사를 참조하라. 강정민(2014).

8) 죄형 법정주의에 대해서는 다음의 논문들을 참조하라. 심재우(2007); 허일태
(2011).

9) 슈메이커가 분류한 12가지 징치 이념은 다음과 같다. 고전적 자유주의, 전통적
보수주의, 아나키즘, 마르크스주의, 공산주의, 파시즘과 나치즘, 현대 자유주
의, 현대 보수주의, 급진적 좌파, 급진적 우파, 극단적 좌파, 극단적 우파. 이중
마지막 네 가지 사상 속에 다양한 이념들이 분포해 있다. 다음을 보라. 폴 슈메
이커(2010).

10) 이 부분의 역사적 설명은 다음을 보라. 조효제(2011 : 19-26).

11) 다음을 보라. Sears(2005).

12) 이 때문에 국제앰네스티는 자기 단체에 대해 세계 각국에서 쏟아진 비난들을
모아 책자를 펴내기도 했다. 모든 진영으로부터 공격을 받는다는 사실 자체가
그 단체의 중립성을 상징한다는 증거가 될 수 있다고 생각했기 때문이다. 다음
을 보라. Amnesty International(1985).

13) 다음을 보라. 카렐 바삭(1986).

14) 다음을 보라. Donnelly(2013).

15) 인간 개발 지수(Human Development Index)는 ① 출생시 기대수명, ② 평균
교육연한 및 기대 교육연한, ③ 일인당 국민소득, 세 차원을 합산하여 평균을
낸 수치이다. 다음을 보라. UNDP(2013).

16) 다음을 보라. World Economic Forum(2013).

17) 다음을 보라. 필립 맥마이클(2013).

18) 다음을 보라. Freedom House(2014). 프리덤하우스는 언론을 둘러싼 법적 환
경, 정치적 환경, 경제적 환경을 합산하여 언론 자유 지수를 산출하는데 한국은

2014년 32점으로 '부분적 언론 자유 국가(partly free country)'로 분류되었고 전 세계 68위로서 2013년에 비해 4위 하락한 수준이었다. 한편 2013년에 인터넷 자유 부문에서는 접근성 장애, 내용 제한, 사용자 권리 침해를 합산하여 34점을 받아 역시 '부분적 인터넷 자유국가'로 분류되었다. 다음을 보라. 〈http://freedomhouse.org/sites/default/files/FOTP_2014.pdf〉(접속: 2014. 5. 4).

19) 다음을 보라. Transparency International(2013).

20) 다음을 보라. ITUC(2014).

21) 다음을 보라. Amnesty International(2013).

22) 다음을 보라. Asia Watch(1986).

23) 다음을 보라. Cumings(1986).

24) 다음을 보라. Amnesty International(1985).

25) 다음을 보라. 백낙청(2006).

26) 다음을 보라. 박경서 외(2012).

27) 다음을 보라. 서보혁(2011).

28) 다음을 보라. 황재옥(2012).

29) 〈포린 어페어스(Foreign Affairs)〉의 파리드 자카리아가 집필한 다음 기사를 보라. Zakaria(1994).

30) 본 논문은 유교 문화의 영향을 인정하면서도 이른바 '아시아적 가치'론에 기울지 않고 아시아인의 시선으로 보편적 인권과 민주주의를 옹호했다는 이유에서 크게 주목받았다. 다음을 보라. Kim(1994).

31) 다음을 보라. Lin(2001).

32) 이하 설명은 다음을 참고하라. 조효제(2007). 특히 8장 〈인권과 민주주의〉.

33) 영어로는 'undocumented', 프랑스어로는 'sans-papier'라 한다.

34) 한국 사회의 동질적 문화와 그것에 의한 소수자 배제의 문제를 종합적으로 소개한 저술로는 다음을 보라. 박경태(2008).

35) 다문화주의를 전향적으로 수용하면서 그것의 적용 가능성과 정책 제언을 담은 연구로는 다음을 보라. 오경석·김희정 외(2007), 윤인진(2011). 민족주의적 관점에서 다문화주의를 비판적으로 고찰한 연구는 다음을 보라. 양승태(2007).

36) 한국인의 해외 이주 역사를 다룬 종합적 연구서로는 다음을 보라. 윤인진

(2013).

37) 외국계 이주민들에 대한 차별적 태도를 실증적으로 연구한 논문으로 다음을 보라. 조정인(2011).

38) 한국인의 다문화 수용성을 실증적으로 고찰한 연구로는 다음을 보라. 황정미(2010).

39) 다음의 설명을 참조하라. 조효제(2011: 22-26).

40) 시민권(시티즌십)에 관한 고전적 저술로는 다음을 참조하라. Marshall and Bottomore(1992).

41) 다음을 보라. 조효제(2011: 197-202).

42) 다음을 보라. 샌드라 프레드먼(2009).

43) 이란의 자파 파나히(Jafar Panahi) 감독이 2006년에 제작한 극영화. 이란에서 촬영하고 2006년 베를린국제영화제에서 은곰상까지 수상했지만 정작 이란 국내에서는 상영이 불허되었다.

44) 세계 인권 선언 제21조 2항은 다음과 같이 규정한다. "모든 사람은 자기 나라의 공직을 맡을 평등한 권리가 있다."

45) 세계 인권 선언 제2조의 반차별 원칙에 관한 상세한 설명은 다음을 보라. 조효제(2011: 76-85).

46) 여성의 차별 금지 원칙을 이런 관점에서 근본적으로 비판한 글은 다음을 보라. Ackerly(2013: 27-41).

47) 다음을 보라. Keller(1903: 8; 30).

48) 다음을 보라. 존 밀턴(1644: 69).

49) 다음 여러 페이지의 내용을 축약한 것이다. 존 밀턴(1644: 65-67).

50) 존 밀턴의 《아레오파지티카》 번역본 2부에 실린 역자 임상원의 '표현의 자유 원리' 논문을 참고하라. 존 밀턴(1644: 167-263).

51) 다음을 보라. 홍성우·한인섭(2011: 480).

52) 세계 인권 선언 29조 2항은 다음과 같다. "모든 사람이 자신의 권리와 자유를 온전하게 행사할 수 있지만, 다음과 같은 경우에는 예외적으로 그러한 권리와 자유가 제한될 수 있다. 즉, 타인에게도 나와 같은 권리와 자유가 있다는 사실을 인정하고 존중해주기 위해 제정된 법률, 그리고 민주 사회의 도덕률과 공공

질서, 사회 전체의 복리를 위해 정당하게 요구되는 사안을 충족시키기 위해 제
정된 법률에 의해서는 제한될 수 있다."

53) 기본적인 설명으로 다음을 보라. United Nations(2006).

54) 다음을 보라. Ekwall and Rosales(2009).

나오는 글

 1) 다음을 보라. 벨덴 필즈(2013).

 2) 다음을 보라. Lalonde(1974).

 3) 이 문장의 원문은 다음과 같다. "Health is s state of complete physical,
   mental and social well-being and not merely the absence of disease or
   infirmity." 이 정의는 1948년부터 지금까지 한 번도 바뀌지 않고 계속 사용
   되고 있다. 다음을 보라. 〈http://www.who.int/about/definition/en/print.
   html〉(접속: 2014 10. 6)

 4) 다음 보고서를 보라. Crawford(2013).

 5) 구조적 문제에 관한 정치적 책임을 다룬 다음 책을 참고하라. 아이리스 M. 영
   (2013).

 6) 다음을 보라. 제임스 니켈(2010).

 7) 다음을 참조하라. 조효제.《인권 달성의 원리》(근간).

 8) 다음을 보라. Donnelly(2013: 9).

 9) 다음을 보라. Marks(2011).

10) 다음을 보라. 스탠리 코언(2009: 557).

강정민. 2014. '세월호의 악마들에게도 인권이 있을까'. 〈한겨레〉. 2014. 5. 9.

김도균. 2008. 《권리의 문법: 도덕적 권리 인권 법적 권리》. 박영사.

김동춘. 2000. 《전쟁과 사회: 우리에게 한국전쟁은 무엇이었나?》. 돌베개.

김흥주. 2012. '먹거리 신뢰의 구조적 특성과 영향요인 분석'. 〈농촌사회〉. 21(1): 173-214.

리카르도 라고스. 2012. 《피노체트 넘어서기: 칠레 민주화 대장정》. 정진상 옮김. 삼천리.

마루야마 마사오, 가토 슈이치. 2000. 《번역과 일본의 근대》. 임성모 옮김. 이산.

미셸린 이샤이. 2005. 《세계인권사상사》. 한국어 개정판. 조효제 옮김. 도서출판 길.

미하엘 호프만. 2009. 〈사회주의 엘리트는 어떻게 되었나: 구동독과 통일 후 동독 지역의 사회 구조들〉. FES-Information-Series. 2009-07.

박경서 · 서보혁 · 우평균 · 김수암 · 신인아. 2012. 《헬싱키 프로세스와 동북아 안보 협력》. 한국학술정보.

박경태. 2008. 《소수자와 한국사회》. 후마니타스.

박홍규. 2000. '베카리아의 《범죄와 형벌》'. 〈민주법학〉. 18(1): 251-274.

배천직. 2010. 〈자연 재해 리스크 관리 방안에 관한 연구〉. 한국정책개발학회 하계 학술대회. 8월 21일.

백낙청. 2006. 《한반도식 통일, 현재진행형》. 창비.

벨덴 필즈. 2013. 《인권: 인간이기 때문에 누려야 할 권리》. 박동천 옮김. 모티브북.

샌드라 프레드먼. 2009. 《인권의 대전환: 인권 공화국을 위한 법과 국가의 역할》. 조효제 옮김. 교양인.

서경식. 2011. 《언어의 감옥에서: 어느 재일조선인의 초상》. 권혁태 옮김. 돌베개.

서보혁. 2011.《코리아 인권》. 책세상.

심재우. 2007. '죄형 법정주의의 현대적 의의'.〈형사정책연구〉. 18(3): 1-15.

스탠리 코언. 2009.《잔인한 국가, 외면하는 대중: 왜 국가와 사회는 인권 침해를 부인하는가》. 조효제 옮김. 창비.

스테판 에셀. 2011.《분노하라》. 임희근 옮김. 돌베개.

신필균. 2011.《복지국가 스웨덴: 국민의 집으로 가는 길》. 후마니타스.

아다치 리키야. 2011.《군대를 버린 나라: 코스타리카 사람들의 평화 이야기》. 설배환 옮김. 검둥소.

아이리스 M. 영. 2013.《정치적 책임에 관하여》. 허라금 · 김양희 · 천수정 옮김. 이후.

앙리 뒤낭. 1862/2009.《솔페리노의 회상》. 대한적십자사 인도법연구소.

야나부 아키라. 2003.《번역어 성립 사정》. 서혜영 옮김. 일빛.

양승태. 2007. '똘레랑스, 차이성과 정체성, 민족정체성, 그리고 21세기 한국의 민족주의'.〈정치사상연구〉. 13(1): 53-77.

앤터니 비버. 2009.《스페인 내전》. 김원중 옮김. 교양인.

오경석 · 김희정 외. 2007.《한국에서의 다문화주의: 현실과 쟁점》. 한울.

우르밀라 괼. 2009.〈독일 통일 이후 서독인의 특권〉. FES-Information-Series. 2009-03.

윤병선. 2008. '식량 주권의 관점에서 본 국제 곡물 가격 급등의 시사점'.〈한국사회학회 2008 전기 사회학대회 자료집〉. 419-431.

윤인진. 2011.〈한국적 다문화주의, 새로운 패러다임 모색〉유네스코아시아태평양국제이해교육원.〈http://eiuforum.unescoapceiu.org/pdf/Presentation3_ko.pdf〉(접속: 2014. 6. 5)

윤인진. 2013.《세계의 한인이주사》. 나남.

이경주. 2014.《평화권의 이해: 개념과 역사, 분석과 적용》. 사회평론.

이정은. 2013. '한국 인권 운동의 토대 형성: 해방 후부터 1970년대 초까지'.〈역사비평〉. 103: 61-91.

이마누엘 칸트. 1796/1992.《영원한 평화를 위하여》. 이한구 역. 서광사.

임수진. 2011.《커피밭 사람들: 라틴아메리카 커피 노동자 그들 삶의 기록》. 그린비.

정진성 · 구정우 · 유은혜 · 정병은 · 공석기 · 김두년 · 이정은 · 박경태 · 한성훈. 2013.

《인권사회학》. 다산출판사.

제임스 길리건. 2012. 《왜 어떤 정치인은 다른 정치인보다 해로운가》. 이희재 옮김. 교양인.

제임스 니켈. 2010. 《인권의 좌표》. 조국 옮김. 명인문화사.

조정인. 2011. '누가 왜 여성 결혼 이민자들과 생산 기능직 근로자들의 유입 증가를 반대하는가'. 〈한국정치학회보〉. 45(2): 281-305.

조효제. 2000. '인권의 정치학: 피노체트 사건을 중심으로'. 〈인권과평화〉. 1(1): 1-33.

조효제. 2007. 《인권의 문법》. 후마니타스.

조효제. 2011. 《인권을 찾아서: 신세대를 위한 세계 인권 선언》. 한울아카데미.

조효제. 2012. '탕췬잉, 여성 권리, 신해 혁명'. 〈시민과세계〉. 21: 136-145.

조효제. 2013. '먹거리 인권과 먹거리 주권의 시론적 고찰'. 〈민주주의와 인권〉. 13(2): 267-301.

존 로크. 1689/1996. 《통치론: 시민정부의 참된 기원, 범위 및 그 목적에 관한 시론》. 강정인·문지영 옮김. 까치.

존 밀턴. 1644/1998. 《아레오파지티카: 존 밀턴의 언론 출판 자유에 대한 선언》. 임상원 역주. 나남출판.

체사레 벡카리아. 1764/2006. 《범죄와 형벌》. 한인섭 신역. 박영사.

최종고. 1980. '이 땅의 사람들: 김병로와 김홍섭'. 〈뿌리 깊은 나무〉. 8월: 140-147.

카렐 바삭 (편). 1986. 《인권론》. 박홍규 옮김. 실천문학사.

토마 피케티. 2014. 《21세기 자본》. 장경덕 외 옮김. 글항아리.

토마스 머튼. 2006. 《머튼의 평화론》. 조효제 옮김. 분도출판사.

토머스 페인. 2004. 《상식, 인권》. 박홍규 옮김. 필맥.

폴 슈메이커. 2010. 《진보와 보수의 12가지 이념: 다원적 공공 정치를 위한 철학》. 조효제 옮김. 후마니타스.

필립 맥마이클. 2013. 《거대한 역설: 왜 개발할수록 불평등해지는가》. 조효제 옮김. 교양인.

하종강. 2014. '위험 작업 중지권에 주목하자'. 〈한겨레〉. 2014. 5. 21.

한겨레. 2014. '사생활 보호와 알 권리, 무엇이 우선일까요'. 〈한겨레〉. 2014. 2. 4.

허일태. 2011. '죄형 법정주의의 연혁과 그 사상적 배경에 관한 연구'. 〈법학논고〉. 35: 115-148.

황연수. 2009. '식량 자급률 제고의 필요성과 정책 과제'. 〈지역사회연구〉. 17(1): 29-58.

황재옥. 2012.《북한 인권 문제, 원인과 해법》. 선인.

황정미. 2010. '한국인의 다문화 수용성 분석'. 〈아세아연구〉. 142: 152-184.

홍성우 · 한인섭. 2011.《인권변론 한 시대: 홍성우 변호사의 증언》. 경인문화사.

Ackerly, Brooke. 2013. "Feminist and activist approaches to human rights." In: M. Goodhart (Ed). *Human Rights: Politics & Practice*. Oxford: Oxford University Press, pp. 27-41.

Al Qaddafi, Muammar. 1975. *The Green Book*. 〈http://zadishefreeman.com/images/Muammar-Qaddafi-Green-Book-Eng.pdf〉(접속: 2014. 9. 1)

Alba, Victor. 1968. *Politics and the Labor Movement in Latin America*. Stanford: Stanford University Press.

Ambrosewicz-Jacobs, Jolanta. 2009. *The Holocaust: The Voices of Scholars*. Cracow: Centre for Holocaust Studies, Jagiellonian University.

Amnesty International. 1985. *AI in Quotes*. London: Amnesty International Publications.

Amnesty International. 2013. *Amnesty International Report 2013: The State of the World's Human Rights*. London: AI.

Arendt, Hannah. 1964. *Eichmann in Jerusalem: A Report on the Banality of Evil*. New York: Penguin Classics.

Asia Watch (Ed.) 1986. *Human Rights in Korea*. Washington: Asia Watch Committee.

Bulgarelli, Oscar Aguilar. 2004. *Costa Rica y Sus Hechos Políticos de 1948: Problemática de una década*. San Jose: Editorial Universidad Estatal a Distancia.

Brown, Lester R. 2011. "The geopolitics of food." *Foreign Policy* May/June.

Burg, David F. 1998. "Córdoba Manifesto." *Encyclopedia of Student and Youth Movements*. New York: Facts on File, Inc.

Cesarani, David. 2006. *Becoming Eichmann: Rethinking the Life, Crimes, and Trial of a "Desk Murderer"*. Cambridge, MA: Da Capo Press.

Cho, Hyo-Je. 2010. "Lessons for global human rights movement: The response of South Korean human rights movement to the North Korean situation." In: Hans Harbers (ed). *Strangeness and Familiarity: Global Unity and Diversity in Human Rights and Democracy*. Utrecht: Forum, pp. 206-235.

Cho, Seo-Young, Dreher, Axel, and Neumayer, Axel. 2013. "Does legalized prostitution increase human trafficking?" *World Development* 41: 67-82.

Crawford, Neta C. 2013. "Civilian death and injury in Iraq War, 2003-2013." 〈http://costsofwar.org/sites/all/themes/costsofwar/images/Civilian_ Death.pdf〉 (접속: 2014. 11. 18)

Cumings, Bruce. 1986. "Human rights in the Democratic People's Republic of Korea." Asia Watch (Ed.) *Human Rights in Korea*. Washington: Asia Watch Committee, pp. 340-364.

Dash, Mike. "For 40 Years, This Russian Family Was Cut Off From All Human Contact, Unaware of WWII." *Smithsonian.com* 29 January. 〈www. smithsonianmag.com/history-archaeology/For-40-Years-This-Russian- Family-Was-Cut-Off-From-Human-Contact-Unaware-of-World-War- II-188843001.html〉 (접속: 2013. 6. 22)

Deng, Francis M., Sadikiel Kimaro, Terrence Lyons, Donald Rothchild, and I. William Zartman. 1996. *Sovereignty as Responsibility: Conflict Management in Africa*. Washington DC: The Brookings Institution.

Donnelly, Jack. 2013. *Universal Human Rights in Theory and practice*. 3rd Edition. New York: Cornell University Press.

Edwards, Louise P. 2008. *Gender, Politics, and Democracy: Women's Suffrage in China*. Stanford: Stanford University Press.

Ekwall, Barbara and Mauricio Rosales. 2009. *A Human Right Obligations and Responsibilities: PANTHER*. Rome: FAO.

European Commission. 2009. *The Size of the Language Industry in EU*. Surrey: European Commission Directorate-General for Translation.

Feigenblatt, Otto F. von. 2008. "Costa Rica's foreign policy: Can 'Right' become 'Might'?" *Journal of Alternative Perspectives in the Social Sciences* 1(1): 11-15.

Freedom House. 2014. *Freedom in the World 2014: The Democratic Leadership Gap*. Washington DC: Freedom House.

Geneva Academy. 2015. *Negotiation of a United Nations Declaration on the Rigts of Peasants and Other People Working in Rural Areas*. Geneva: Université de Genère.

Goffman, Erving. 1956. *The Presentation of Self in Everyday Life*. New York: Doubleday.

Greene, Robert A. 1997. "Instinct of nature: Natural law, synderesis, and the moral sense." *Journal of the History of Ideas* 58(2): 173-198.

Harris, Bev. 2013. "Elections and transparency." Black Box Voting. 〈http://blackboxvoting.org/reports/transparency/〉(접속: 2013. 12. 25)

Heinze, Eric A. 2009. "Humanitarian intervention: Overview." In: David P. Forsythe (Ed). *Encyclopedia of Human Rights Vol. 2*. Oxford: Oxford University Press, pp. 443-455.

Held, David. 2011. "Dealing with Saif Gaddafi: naivety, complicity or cautious engagement?" *OpenDemocracy* 16 March.
〈https://www.opendemocracy.net/david-held/dealing-with-saif-gaddafi-naivety-complicity-or-cautious-engagement〉(접속: 2014. 9. 19)

Hoffmeister, Guillermo Villegas. 1998. *La Guerra de Figueres: Crónica de ocho años*. San Jose: Editorial Universidad Estatal a Distancia.

ICISS (International Commission on Intervention and State Sovereignty). 2001. *The Responsibility to Protect*. Ottawa: International Development

Research Centre.

ITUC (International Trade Union Confederation). 2014. *ITUC Global Rights Index: The World's Worst Countries for Workers.* 〈http://www.ituc-csi. org/IMG/pdf/survey_ra_2014_eng_v2.pdf〉(접속: 2014. 5. 25)

Jimenez, Idalia Alpizar. 2011. "Derechos humanos en Costa Rica." *Revista Latinoamericana de Derechos Humanos* 22(2): 21-38.

Jonsson, Urban. 2003. *Human Rights Approach to Development Programming.* UNICEF Eastern and Southern Africa Regional Office.

Kaiser, James. 2013. *Costa Rica: The Complete Guide.* Destination Press.

Kaleck, Wolfgang. 2009. "From Pinochet to Rumsfeld: Universal jurisdiction in Europe 1998-2008." *Michigan Journal of International Law* 30(3): 927-980.

Keane, John. 2011. "Libya, intellectuals and democracy: An open letter to Professor David Held." *OpenDemocracy* 18 March. 〈https://www. opendemocracy.net/john-keane/libya-intellectuals-and-democracy-open-letter-to-professor-david-held〉(접속: 2014. 9. 19)

Keller, Helen. 1903/1996. *The Story of My Life.* Edited by Candace Ward. Mineola, NY: Dover Publications.

Kent, George. 2001. "The human right to disaster mitigation and relief." *Environmental Hazards* 3(3): 137-138.

Kim, Dae Jung. 1994. "A response to Lee Kuan Yew: Is culture destiny?: The myth of Asia's anti-democratic values". *Foreign Affairs* 73(6): 189-194.

Klabbers, Jan. 2009. "Self-determination." In: David P. Forsythe (Ed). *Encyclopedia of Human Rights Vol. 4.* Oxford: Oxford University Press, pp. 418-427.

Klein, Laura K. 2010. "Rights clash: How conflicts between gay rights and religious freedoms challenge the legal system." *The Georgetown Law Journal* 98: 505-533.

Kornbluh, Peter. 2013. *The Pinochet File: A Declassified Dossier on Atrocity and Accountability*. Revised and Updated. New York: The New Press.

Lagos, Ricardo and Munoz, Heraldo. 1999. "The Pinochet dilemma." *Foreign Policy* 114: 26–39.

Lalonde, Marc. 1974. *A New Perspective on the Health of Canadians: A Working Document*. Ottawa: Minister of Supply and Services Canada.

Landman, Todd and Marco Larizza. 2009. "Inequality and human rights: Who controls what, when, and how." *International Studies Quarterly* 53(3): 715–736.

Langlois, Anthony J. 2009. "Normative and theoretical foundation of human rights." In: M. Goodhart (Ed.) *Human Rights: Politics and Practice*. Oxford: Oxford University Press, pp. 11–25.

Lin, Chun. 2001. "Human rights and democracy: The case for decoupling." *International Journal of Human Rights* 5(3): 19–44.

Marks, Susan. 2011. "Human rights and root causes." *The Modern Law Review* 74(1): 57–78.

Marshall, T.H. and Tom Bottomore. 1992. *Citizenship and Social Class*. London: Pluto.

Miller, Eugene D. 1996. *A Holy Alliance?: The Church and the Left in Costa Rica, 1932–1948*. New York: M.E. Sharpe.

Mills, C. Wright. 1956. *The Power Elite*. New York: Oxford University Press.

Molina, Iván and Palmer, Steven. 2007. *The History of Costa Rica*. Second Edition. San Jose: Editorial UCR.

Newsweek. 2014. "UN tells Spanish government it must atone for Franco's crimes." *Newsweek* 29 August: 24–27.

Nordic Trust Fund. 2012. *Human Rights and Economics: Tensions and Positive Relationships*. World Bank. ⟨www.worldbank.org/nordictrustfund⟩(접속: 2014. 7. 16)

Ontario Human Rights Commission (OHRC). 2012. *Policy on Competing Human Rights*. Toronto: OHRC.

Oxfam. 2011. "Land and power: The growing scandal surrounding the new wave of investments in land." 151 Oxfam Briefing Paper. 〈www.oxfam. org/grow〉 (접속: 2014. 9. 20)

Oxley, Marcus. 2012. "Developing a post-2015 HFA Policy-Framework: Final Draft." Global Network Discussion Paper. 〈http://www.pacificdisaster. net/pdnadmin/data/original/GNDR_2012_Post_2015_HFA.pdf〉(접속: 2014. 5. 22)

Pennington, Hugh. 2003. "Smallpox and bioterrorism." *Bulletin of the World Health Organization* 81(10): 762-767.

Piketty, Thomas. 2014. *Capital in the Twenty-First Century.* Translated by Arthur Goldhammer. Cambridge, MA: The Belknap Press of the Harvard University Press.

Reichert, Volker. 2013. "Mort in Namamugi: Japans erzwungener Marsch in die Moderne." *Damals* 45(3): 66-69.

Rosenbaum, Ron. 2014. *Explaining Hitler: The Search for the Origins of His Evil.* Updated Edition. Boston: Da Capo Press.

Rousseau, Jean Jacques. 1762/1988. *On Social Contract or Principles of Political Right.* In: Alan Ritter and Julia Conaway Bondanella (Eds). *Rousseau's Political Writings.* Translated by Julia Conaway Bondanella. New York: W.W. Norton and Company.

Sears, Robin V. 2005. "The left: From hope to sneers in only 25 years." *Policy Options* March-April: 19-26.

Stavrianos, L.S. 2004. *A Global History: From Prehistory to the 21ˢᵗ Century, Vol. I & II.* Peking: Pearson Education Asian Ltd.

Thoreau, Henry David. 1849. *On the Duty of Civil Disobedience.* Elegant Ebooks.

Thorhallsson, Baldur. 2012. "Small states in the UN Security Council: Means of influence?" *The Hague Journal of Diplomacy* 7: 135-160.

Transparency International (TI). 2013. *Global Corruption Barometer 2013.*

Berlin. TI.

Tucker, Jonathan B. 2001. *Scourge: The Once and Future Threat of Smallpox*. New York: Grove Press.

Tuzin, Alexander. 2010. "The right to vote: A basic human right in need of protection." *Human Rights Advocates 5*. International Human Rights Clinic, University of San Francisco School of Law.

Twiss, Sumner B. 2011. "Confucian contributions to the Universal Declaration of Human Rights: A historical and philosophical perspective." In: Arvind Sharma (Ed). *The World's Religions: A Contemporary Reader*. Augsburg Fortress, MN: Fortress Press, pp. 102–114.

UDLR Follow-up Committee. 1998. *Universal Declaration of Linguistic Rights*. Barcelona: Institut d'Edicions de la Diputació de Barcelona.

UNDP. 2013. *Human Development Report 2013: The Rise of the South: Human Progress in a Diverse World*. New York: The United Nations Development Programme.

UN (United Nations). 2006. *Frequently-Asked Questions on A Human Rights-Based Approach to Development Cooperation*. New York: Office of the High Commissioner for Human Rights.

UN General Assembly. 2005. *2005 World Summit Outcome*. Sixtieth session: Items 48 and 121 [A/60/L.1].

UN Human Rights Council. 2014. *Report of the Commission of Inquiry on Human Rights in the Democratic People's Republic of Korea*. Twenty-fifth session: Agenda item 4 [A/HRC/25/63].

Vera, Oscar Castro. 2007. *Figueres y la Constituyente del 49: Fin de la Segunda República*. San Jose: Editorial Universidad Estatal a Distancia.

Walker, Charles. 2007-9. "New dimensions of social inequality." Centre for East European Language Based Studies. ⟨http://www.ceelbas.ac.uk/research/socialinequality⟩(접속: 2014. 9. 18)

Waltz, Susan Eileen. 2001. "Universalizing human rights: The role of small states in the construction of the Universal Declaration of Human Rights." *Human Rights Quarterly* 23(1): 44-72.

Wells, H.G. 1940. *The New World Order*. London: Secker and Warburg.

Wenar, Leif. 2011. "Rights." *Stanford Encyclopedia of Philosophy*. 〈http:// plato.stanford.edu/entries/rights/〉(접속: 2013. 5. 24)

Wickham-Crawley, Timothy P. 1992. *Guerrillas and Revolution in Latin America: A Comparative Study of Insurgents and Regimes Since 1956*. Princeton: Princeton University Press.

World Economic Forum. 2013. *The Global Gender Gap Report 2013*. Cologny/Geneva: World Economic Forum.

Xu, Xiaobing and Wilson, George. 2006. "On conflict of human rights." *Pierce Law Review* 5(1): 31-57.

Zakaria, Fareed. 1994. "Culture is destiny: A conversation with Lee Kuan Yew". *Foreign Affairs* 73(2): 109-126.

Zerilli, Linda M.G. 2004. "Refiguring rights through the political practice of sexual difference." *differences: A Journal of Feminist Cultural Studies* 15(2): 54-90.

세계 인권 선언[*]

(번역 : 조효제)

전문

우리가 인류 가족 모든 구성원들의 타고난 존엄성과, 그들의 평등한 권리 및 빼앗길 수 없는 권리를 인정할 때, 자유롭고 정의롭고 평화로운 세상의 토대가 마련될 것이다.

인권을 무시하고 짓밟은 탓에 인류의 양심을 분노하게 한 야만적인 일들이 발생했다. 따라서 보통 사람들이 바라는 간절한 소망이 있다면 그것은 모든 사람이 말할 자유, 신앙의 자유, 공포로부터의 자유, 그리고 결핍으로부터의 자유를 누릴 수 있는 세상의 등장이라고 우리 모두가 한목소리로 외치게 되었다.

인간이 폭정과 탄압에 맞서, 최후의 수단으로 폭력 저항에 의존해야 할 지경에까지 몰리지 않으려면 법의 지배로써 인권을 반드시 보호해야 한다.

오늘날 여러 나라 사이에서 친선 관계의 발전을 도모하는 일이 참으로 필요해졌다.

유엔에 속한 여러 인민들은 유엔헌장을 통해 기본 인권에 대한 신

---

[*] 1948년 12월 10일 유엔 총회에서 선포되었다.

념, 인간의 존엄성 및 가치에 대한 신념, 남성과 여성의 평등한 권리에 대한 신념을 재확인했으며, 더욱 폭넓은 자유 속에서 사회 진보 및 더 나은 생활 수준을 촉진시키자고 다짐한 바 있다.

유엔 회원국들은, 유엔과 협력하여, 인권과 기본적 자유를 함께 존중하고 준수하며, 그것을 증진하자고 약속했다.

그런데 이러한 서약을 온전히 실현하려면 인권이 무엇인지 또 자유가 무엇인지에 관해 모든 사람이 공통적으로 이해하는 것이 가장 중요하다.

따라서 이제, 유엔 총회는, 사회 속의 모든 개인과 모든 조직이 이 선언을 언제나 마음속 깊이 간직하면서, 가르침과 배움을 통해 이러한 권리와 자유가 존중되도록 애써 노력하며, 국내에서든 국제적으로든, 전향적이고 지속적인 조치를 통해 이러한 권리와 자유가 보편적이고 효과적으로 인정되고 지켜지도록 애써 노력하기 위하여, 모든 인민과 모든 국가가 다 함께 달성해야 할 하나의 공통된 기준으로서 '세계 인권 선언'을 유엔 회원국들의 인민들뿐만 아니라 회원국의 법적 관할 하에 있는 영토의 인민들에게 선포하는 바이다.

제1조

모든 사람은 자유로운 존재로 태어났고, 똑같은 존엄과 권리를 가진다. 사람은 이성과 양심을 타고났으므로 서로를 형제애의 정신으로 대해야 한다.

제2조

모든 사람은 인종, 피부색, 성, 언어, 종교, 정치적 견해 또는 그밖의 견해, 출신 민족 또는 사회적 신분, 재산의 많고 적음, 출생 또는 그밖의 지위에 따른 그 어떤 종류의 구분도 없이, 이 선언에 나와 있는 모든 권리와 자유를 누릴 자격이 있다.

더 나아가, 어떤 사람이 속한 곳이 독립국이든, 신탁통치령이든, 비자치령이든, 그밖의 어떤 주권상의 제약을 받는 지역이든 상관없이, 그곳의 정치적 지위나 사법 관할권 상의 지위 혹은 국제적 지위를 근거로 사람을 구분해서는 절대로 안 된다.

제3조

모든 사람은 생명을 유지할 권리, 자유를 누릴 권리, 그리고 자기 몸의 안전을 지킬 권리가 있다.

제4조

어느 누구도 노예가 되거나 타인에게 예속된 상태에 놓여서는 안 된다. 노예 제도와 노예 매매는 어떤 형태로든 모두 금지된다.

제5조

어느 누구도 고문, 또는 잔인하고 비인도적이거나 모욕적인 대우 또는 처벌을 받아서는 안 된다.

제6조

모든 사람은 그 어디에서건 법 앞에서 다른 사람과 똑같이 한 인간으로 인정받을 권리가 있다.

제7조

모든 사람은 법 앞에 평등하며, 어떤 차별도 없이 똑같이 법의 보호를 받을 자격이 있다. 모든 사람은 이 선언에 위배되는 그 어떤 차별에 대해서도, 그리고 그러한 차별에 대한 그 어떤 선동 행위에 대해서도 똑같은 보호를 받을 자격이 있다.

제8조

모든 사람은 헌법 또는 법률이 보장하는 기본권을 침해당했을 때

해당 국가의 법정에 의해 적절하게 구제받을 권리가 있다.

제9조

어느 누구도 함부로 체포 또는 구금되거나 국외로 추방되어서는 안 된다.

제10조

모든 사람은 자신의 권리와 의무가 무엇인지를 가려내고, 자신에게 가해진 범죄 혐의에 대해 심판받을 때에, 독립적이고 불편부당한 법정에서 다른 사람과 똑같이 공정하고 공개적인 재판을 받을 자격이 있다.

제11조

1. 형사상 범죄 혐의로 기소당한 사람은 누구나 자신의 변호를 위해 필요한 모든 법적 보장이 되어 있는 공개 재판에서 법에 따라 정식으로 유죄 판결이 나기 전까지는 무죄로 추정받을 권리가 있다.

2. 어떤 사람이 그 전에 국내법 또는 국제법 상으로 범죄가 아니었던 일을, 행하거나 행하지 않았던 것을 두고 그 후에 유죄라고 판결해서는 안 된다. 또한 범죄를 저지른 당시에 부과할 수 있었던 처벌보다 더 무거운 처벌을 그 후에 부과해서도 안 된다.

제12조

어느 누구도 자신의 사생활, 가족 관계, 가정, 또는 타인과의 연락에 대해 외부의 자의적인 간섭을 받지 않으며, 자신의 명예와 평판에 대해 침해를 받지 않는다. 모든 사람은 그러한 간섭과 침해에 대해 법의 보호를 받을 권리가 있다.

제13조

1. 모든 사람은 자기 나라 내에서 어디든 갈 수 있고, 어디에서든 살 수 있는 자유를 누릴 권리가 있다.

2. 모든 사람은 자기 나라를 포함한 어떤 나라로부터도 출국할 권리가 있으며, 또한 자기 나라로 다시 돌아갈 권리가 있다.

제14조

1. 모든 사람은 박해를 피해 다른 나라에서 피난처를 구할 권리와 그것을 누릴 권리를 가진다.

2. 그러나 이 권리는 순수하게 비정치적인 범죄로 제기된 법적 소추, 또는 유엔의 목적과 원칙에 위배되는 행위로 제기된 법적 소추의 경우에는 적용되지 않는다.

제15조

1. 모든 사람은 국적을 가질 권리가 있다.

2. 어느 누구도 함부로 자신의 국적을 빼앗기지 않으며, 또한 자신의 국적을 바꿀 권리를 부정당하지 않는다.

제16조

1. 성인이 된 남녀는 인종이나 국적, 종교에 따른 어떠한 제약도 받지 않고, 결혼할 수 있는 권리 그리고 가정을 이룰 권리가 있다. 남성과 여성은 결혼 도중 그리고 이혼할 때, 혼인과 관련된 모든 문제에서 서로 똑같은 권리를 가진다.

2. 결혼은 오직 배우자가 되려는 당사자들 간의 자유롭고 완전한 합의에 의해서만 유효하다.

3. 가정은 사회의 자연적이고 기본적인 구성 단위이므로 사회와 국가의 보호를 받을 자격이 있다.

제17조

1. 모든 사람은, 다른 사람들과 공동으로 재산을 소유할 권리 그리고 단독으로 재산을 소유할 권리가 있다.

2. 어느 누구도 자기 재산을 함부로 빼앗기지 않는다.

제18조

모든 사람은 사상의 자유, 양심의 자유, 그리고 종교의 자유를 누릴 권리가 있다. 이러한 권리에는 자신의 종교 또는 신앙을 바꿀 자유도 포함된다. 또한 이러한 권리에는 혼자 또는 다른 사람들과 함께, 공개적으로 또는 사적으로, 자신의 종교나 신앙을 가르치고 실천하고 예배드리고 엄수할 자유가 포함된다.

제19조

모든 사람은 의사 표현의 자유를 누릴 권리가 있다. 이 권리에는 간섭받지 않고 자기 의견을 가질 수 있는 자유와, 모든 매체를 통하여 국경과 상관없이 정보와 생각을 구하고 받아들이고 전파할 수 있는 자유가 포함된다.

제20조

1. 모든 사람은 평화적 집회 및 결사의 자유를 누릴 권리가 있다.
2. 어느 누구도 어떤 모임에 소속될 것을 강요당해서는 안 된다.

제21조

1. 모든 사람은 자기가 직접 참여하든 또는 자유롭게 선출된 대표를 통해서 간접적으로 참여하든 간에, 자기 나라의 국가 운영에 참여할 권리가 있다.
2. 모든 사람은 자기 나라의 공직을 맡을 평등한 권리가 있다.
3. 인민의 의지가 정부 권위의 토대를 이룬다. 인민의 의지는, 주기적으로 시행되는 진정한 선거를 통해 표출된다. 이러한 선거는 보통선거와 평등선거로 이루어지고, 비밀 투표 또는 비밀 투표에 해당하는 자유로운 투표 절차에 따라 시행된다.

제22조

모든 사람은 사회의 구성원으로서 사회 보장을 받을 권리가 있다. 또한 모든 사람은, 국가의 자체적인 노력과 국제적인 협력을 통해, 그리고 각 나라가 조직된 방식과 보유한 자원의 형편에 맞춰 자신의 존엄성과 인격의 자유로운 발전에 반드시 필요한 경제적·사회적·문화적 권리를 실현할 자격이 있다.

제23조

1. 모든 사람은 노동할 권리, 자유롭게 직업을 선택할 권리, 공정하고 유리한 조건으로 일할 권리, 그리고 실업 상태에 놓였을 때 보호받을 권리가 있다.

2. 모든 사람은 어떠한 차별도 받지 않고 동일한 노동에 대해서 동일한 보수를 받을 권리가 있다.

3. 모든 노동자는 자신과 그 가족이 인간적으로 존엄을 지키고 살아갈 수 있도록 보장해주는 정당하고 유리한 보수를 받을 권리가 있다. 또한 이러한 보수가 부족할 때에는 필요하다면 여타 사회 보호 수단을 통해 부조를 받을 권리가 있다.

4. 모든 사람은 자신의 이익을 지키기 위해 노동조합을 결성하고 노동조합에 가입할 권리가 있다.

제24조

모든 사람은 휴식을 취하고 여가를 즐길 권리가 있다. 이러한 권리에는 노동 시간을 적절한 수준으로 제한할 수 있는 권리 그리고 정기적인 유급 휴가를 받을 권리가 포함된다.

제25조

1. 모든 사람은 자신과 가족의 건강과 안녕에 적합한 생활 수준을

누릴 권리가 있다. 이러한 권리에는 음식, 입을 옷, 주거, 의료, 그리고 생활에 필요한 사회 서비스 등을 누릴 권리가 포함된다. 또한 실업 상태에 놓였거나, 질병에 걸렸거나, 장애를 당했거나, 배우자와 사별했거나, 나이가 많이 들었거나, 그밖에 자신의 힘으로 어찌할 수 없는 형편이 되어 생계가 곤란해진 모든 사람은 사회나 국가로부터 보호를 받을 권리가 있다.

2. 자식이 딸린 어머니 그리고 어린이와 청소년은 사회로부터 특별한 보살핌과 도움을 받을 자격이 있다. 모든 어린이와 청소년은 그 부모가 결혼한 상태에서 태어났건 아니건 간에 똑같은 보호를 받는다.

제26조

1. 모든 사람은 교육받을 권리가 있다. 적어도 초등 교육과 기본 교육 단계에서는 무상 교육을 해야 한다. 초등 교육은 의무적으로 실시해야 한다. 보통 사람들이 큰 어려움 없이 기술 교육과 직업 교육을 받을 수 있어야 하며, 고등 교육은 오직 학업 능력으로만 판단하여 모든 사람에게 똑같이 개방되어야 한다.

2. 교육은 인격을 온전하게 발달시키고, 인권과 기본적 자유를 더욱 존중할 수 있도록 그 방향을 맞춰야 한다. 교육은 모든 국가, 모든 인종 집단 또는 모든 종교 집단이 서로 이해하고 서로 너그러운 마음으로 포용하며 친선을 도모할 수 있게 해야 하고, 평화를 유지하기 위한 유엔의 활동을 촉진해야 한다.

3. 부모는 자기 자녀가 어떤 교육을 받을지를 우선적으로 선택할 권리가 있다.

제27조

1. 모든 사람은 자기가 속한 공동체의 문화 생활에 자유롭게 참여

할 권리, 예술을 즐길 권리, 학문적 진보와 그 혜택을 다 함께 누릴 권리가 있다.

2. 모든 사람은 자신이 만들어낸 모든 학문, 문예, 예술의 창작물에서 생기는 정신적·물질적 이익을 보호받을 권리가 있다.

제28조

모든 사람은 이 선언에 나와 있는 권리와 자유가 온전히 실현될 수 있는 사회 체제 및 국제 체제 내에서 살아갈 자격이 있다.

제29조

1. 모든 사람은 자신이 속한 공동체에 의무를 진다. 어떤 사람이든 그러한 공동체를 통해서만 자신의 인격을 자유롭고 온전하게 발전시킬 수 있다.

2. 모든 사람이 자신의 권리와 자유를 온전하게 행사할 수 있지만, 다음과 같은 경우에는 예외적으로 그러한 권리와 자유가 제한될 수 있다. 즉, 타인에게도 나와 똑같은 권리와 자유가 있다는 사실을 인정하고 존중해주기 위해 제정된 법률, 그리고 민주 사회의 도덕률과 공공질서, 사회 전체의 복리를 위해 정당하게 요구되는 사안을 충족시키기 위해 제정된 법률에 의해서는 제한될 수 있다.

3. 그 어떤 경우에도 이러한 권리와 자유를 유엔의 목적과 원칙에 어긋나게 행사해서는 안 된다.

제30조

이 선언에 나와 있는 어떤 내용도 다음과 같이 해석해서는 안 된다. 즉, 어떤 국가, 집단 또는 개인이 이 선언에 나와 있는 그 어떤 권리와 자유라도 파괴하기 위한 활동에 가담할 권리가 있다고 암시하거나, 그러한 행동을 할 권리가 있다는 식으로 해석해서는 절대로 안 된다.

인명

ㄱ·ㄷ

게바라, 체 192

고르바초프, 미하일 158

고프먼, 어빙 134

과르디아, 칼데론 91, 92, 93, 176

낄, 우르밀라 148

구스타프 3세 196

글로프케, 한스 60

김대중 144, 345

대처, 마거릿 86

데이비슨, 에밀리 와일딩 228, 229

뒤낭, 앙리 47

디드로, 드니 31

ㄹ·ㅁ

라고스, 리카르도 86, 87

럼스펠드, 도널드 87

레알, 발타사르 가르손 85, 273, 274, 275

로크, 존 22, 63, 64, 65, 235

롤스, 존 239

루소, 장자크 47

루스벨트, 엘리너 77

루스벨트, 프랭클린 27, 49, 157

르펜, 마린 152

르펜, 장마리 152

리콴유 144, 343, 344, 345

마르티, 호세 192

마셜, 토마스 험프리 375

마키아벨리, 니콜로 57

만네르헤임, 라르스 아우구스틴 197

만델라, 넬슨 30, 192

머튼, 토머스 227

모라, 마누엘 91, 93

밀스, C. 라이트 122

밀턴, 존 367, 368

ㅂ·ㅅ

바삭, 카렐 327

용어

조효제 교수의 인권 오디세이

2015년 2월 25일 초판 1쇄 발행
2022년 9월 2일 초판 7쇄 발행

■ 지은이 ───────── 조효제
■ 펴낸이 ───────── 한예원
■ 편집 ───────── 이승희, 윤슬기, 양경아, 김지희, 유가람
■ 조판 ───────── 성인기획
■ 펴낸곳   교양인
　　　　　우 04020 서울 마포구 포은로 29 신성빌딩 202호
　　　　　전화 : 02)2266-2776 팩스 : 02)2266-2771
　　　　　e-mail : gyoyangin@naver.com
　　　　　출판등록 : 2003년 10월 13일 제2003-0060

이 도서의 국립중앙도서관 출판예정도서목록(CIP)은 서지정보유통지
원시스템 홈페이지(http://seoji.nl.go.kr)와 국가자료공동목록시스템
(http://www.nl.go.kr/kolisnet)에서 이용하실 수 있습니다.(CIP제어번호:
CIP2015004110)